华南师范大学马克思主义理论研究丛书

# 经典马克思主义与中国特色社会主义新时代

JINGDIAN MAKESI ZHUYI YU ZHONGGUO TESE SHEHUIZHUYI XINSHIDAI

关 锋◎著

·广州·

版权所有　翻印必究

### 图书在版编目（CIP）数据

经典马克思主义与中国特色社会主义新时代/关锋著. —广州：中山大学出版社，2020.6

（华南师范大学马克思主义理论研究丛书）

ISBN 978 - 7 - 306 - 06876 - 7

Ⅰ.①经… Ⅱ.①关… Ⅲ.①马克思主义—发展—研究—中国 ②中国特色社会主义—社会主义建设模式—研究 Ⅳ.①D61

中国版本图书馆 CIP 数据核字（2020）第 076295 号

出 版 人：王天琪
策划编辑：嵇春霞
责任编辑：王　睿
封面设计：林绵华
版式设计：林绵华
责任校对：李先萍
责任技编：何雅涛
出版发行：中山大学出版社
电　　话：编辑部 020 - 84110283，84111997，84110779，84113349
　　　　　发行部 020 - 84111998，84111981，84111160
地　　址：广州市新港西路 135 号
邮　　编：510275　　　　　传　　真：020 - 84036565
网　　址：http://www.zsup.com.cn　E-mail：zdcbs@ mail.sysu.edu.cn
印 刷 者：广州一龙印刷有限公司
规　　格：787mm×1092mm　1/16　20.75 印张　329 千字
版次印次：2020 年 6 月第 1 版　2020 年 6 月第 1 次印刷
定　　价：68.00 元

如发现本书因印装质量影响阅读，请与出版社发行部联系调换

# 序　言

习近平总书记曾经说过："一部马克思主义发展史就是马克思、恩格斯以及他们的后继者们不断根据时代、实践、认识发展而发展的历史，是不断吸收人类历史上一切优秀思想文化成果丰富自己的历史。因此，马克思主义能够永葆其美妙之青春，不断探索时代发展提出的新课题、回应人类社会面临的新挑战。"① 这个根本性总结，实际上道出了马克思主义发展史的关键，那就是由马克思、恩格斯创立的经典马克思主义，必须随着时代的变革、客观形势的更新和具体实际的变化，做出相应的拓新、完善、细化和深化，特别是经典马克思主义的基本原理，一定要注意和各国的具体实际结合起来。

马克思、恩格斯实际上对此有清醒的理论自觉。恩格斯晚年曾明确说："马克思的整个世界观不是教义，而是方法。它提供的不是现成的教条，而是进一步研究的出发点和供这种研究使用的方法。"② 他指出，我们的理论"是一种历史的产物，它在不同的时代具有完全不同的形式，同时具有完全不同的内容"③，"我们的理论是发展着的理论，而不是必须背得烂熟并机械地加以重复的教条"④。而亲身参与过社会主义革命与建设的列宁、毛泽东、邓小平等后继的马克思主义者，对此有切身的体认。列宁说："我们决不把马克思的理论看成某

---

① 习近平：《在纪念马克思诞辰 200 周年大会上的讲话》，载《人民日报》2018 年 5 月 5 日。

② 中共中央马克思恩格斯列宁斯大林著作编译局编：《马克思恩格斯文集》第 10 卷，人民出版社 2009 年版，第 691 页。

③ 中共中央马克思恩格斯列宁斯大林著作编译局编：《马克思恩格斯文集》第 9 卷，人民出版社 2009 年版，第 436 页。

④ 中共中央马克思恩格斯列宁斯大林著作编译局编：《马克思恩格斯文集》第 10 卷，人民出版社 2009 年版，第 562 页。

种一成不变的和神圣不可侵犯的东西；恰恰相反，我们深信：它只是给一种科学奠定了基础。"① 他还说："马克思主义的全部精神，……都要同具体的历史经验联系起来加以考察。"② 毛泽东提出："马克思主义一定要向前发展，要随着实践的发展而发展，不能停滞不前。停止了，老是那么一套，它就没有生命了。"③ "马克思列宁主义并没有结束真理，而是在实践中不断地开辟认识真理的道路。"④ 邓小平结合中国社会主义形成和发展的历程，更为具体地强调："绝不能要求马克思为解决他去世之后上百年、几百年所产生的问题提供现成答案。列宁同样也不能承担他去世以后五十年、一百年所产生的问题提供现成答案的任务。真正的马克思列宁主义者必须根据现在的情况，认识、继承和发展马克思列宁主义。"⑤ "不以新的思想、观点去继承、发展马克思主义，不是真正的马克思主义者。"⑥

经过改革开放40多年的发展，中国特色社会主义踏上新的征程，也面临着新的客观形势、时代趋势。

一方面，正如习近平总书记所深刻分析的，"人类社会正处在一个大发展大变革大调整时代"⑦。所以，时代特征、时代趋势都出现新的变化和新的要素，"世界多极化、经济全球化、社会信息化、文化多样化深入发展，和平发展的大势日益强劲，变革创新的步伐持续向前。各国之间的联系从来没有像今天这样紧密，世界人民对美好生活的向往从来没有像今天这样强烈，人类战胜困难的手段从来没有像今天这样丰富"⑧。也正因如此，时代潮流出现了新的迹象、新的指向，"我们所处的是一个风云变幻的时代，面对的是一个日新月异的世界。

---

① 中共中央马克思恩格斯列宁斯大林著作编译局编：《列宁全集》第4卷，人民出版社2013年版，第161页。
② 中共中央马克思恩格斯列宁斯大林著作编译局编：《列宁全集》第47卷，人民出版社2017年版，第445页。
③ 中共中央文献研究室编：《毛泽东文集》第7卷，人民出版社1999年版，第281页。
④ 毛泽东：《毛泽东选集》第1卷，人民出版社1991年版，第296页。
⑤ 邓小平：《邓小平文选》第3卷，人民出版社1993年版，第291页。
⑥ 邓小平：《邓小平文选》第3卷，人民出版社1993年版，第292页。
⑦ 习近平：《习近平谈治国理政》第二卷，外文出版社2017年版，第508页。
⑧ 习近平：《习近平谈治国理政》第二卷，外文出版社2017年版，第508页。

## 序　言

这个世界，和平、发展、合作、共赢成为时代潮流，旧的殖民体系土崩瓦解，冷战时期的集团对抗不复存在，任何国家或国家集团都再也无法单独主宰世界事务"①。共赢及其背后的共建共治共享，逐渐成为时代的内在吁求，建构人类命运共同体逐渐具有了更多的现实可能性。

另一方面，党的十八大以来，我们以"四个伟大"为统领，统筹推进"五位一体"总体布局，协调推进"四个全面"战略布局，推出一系列新理念、新思想、新战略，取得了很多新的巨大历史性成就，使党和国家的事业发生历史性变革；也因此使改革呈现全面发力、多点突破、蹄疾步稳、纵深推进的局面，我们对改革的系统性、整体性、协同性有了更高的自觉性，在更高起点、更高层次、更高目标上推进改革开放已经成为时代紧迫的吁求；我们的根本制度和基本制度已经被历史充分证明是适合中国的、行之有效的，应该定型。当然，更直接、更显要的是，我国基本矛盾的新变化、新特征、新问题造成我国社会主要矛盾发生重大转变：从生产、生产力层面看，我国生产力总体水平大幅提高，部分产品的生产能力已经位居世界前列，不能再用落后的社会生产来简单概括，更重要的问题是发展不平衡、不充分；从社会生活和上层建筑层面看，我国稳定解决了十几亿人的温饱问题，总体上实现了小康，全面建成小康社会即将变为现实。人民对美好生活的需求日益广泛，对物质文化生活也提出了新的更多更高的要求，同时对民主、法治、公平、正义、安全、环境等方面的要求也相应提升，这两者之间的矛盾日益突出。基于这些现实，党的十九大报告强调，"我国社会主要矛盾已经转化为人民日益增长的美好生活需要和不平衡不充分的发展之间的矛盾"，它虽然"没有改变我们对我国社会主义所处历史阶段的判断"，但无疑"是关系全局的历史性变化"；由此，"中国特色社会主义进入了新时代，这是我国发展

---

① 习近平：《习近平谈治国理政》，外文出版社2014年版，第272页。

新的历史方位"①。具体而言，它是承前启后、继往开来，在新的历史条件下继续夺取中国特色社会主义伟大胜利的时代；是决胜全面建成小康社会，进而全面建设社会主义现代化强国的时代；是全国各族人民团结奋斗，不断创造美好生活，逐步实现全体人民共同富裕的时代；是全体中华儿女勠力同心，奋力实现中华民族伟大复兴中国梦的时代；是我国日益走近世界舞台中央，不断为人类做出更大贡献的时代。

在这个背景下，习近平总书记多次强调：中国特色社会主义，是科学社会主义理论逻辑和中国社会发展历史逻辑的辩证统一，科学社会主义的基本原则不能丢，丢了就不是社会主义。② 为此，他号召全党，对经典马克思主义，要深入学、持久学、刻苦学，带着问题学，联系实际学，以更好地把科学思想理论转化为认识世界、改造世界的强大物质力量。共产党人要把读马克思主义经典、悟马克思主义原理当作一种生活习惯、一种精神追求，用经典涵养正气、淬炼思想、升华境界、指导实践。但他同时提醒我们：科学社会主义也绝不是一成不变的教条；相反，科学社会主义的一些具体内容必须随着时代的变化、形势的变更以及国情的不同，进行调整、补充、深化和完善。习近平总书记为此分析说，当代中国的伟大社会变革、中国特色社会主义的形成和发展，"不是简单延续我国历史文化的母版，不是简单套用马克思主义经典作家设想的模板，不是其他国家社会主义实践的再版，也不是国外现代化发展的翻版"③。马克思主义并没有结束真理，而是开辟了通向真理的道路。所以，"推动马克思主义不断发展是中国共产党人的神圣职责。我们要坚持用马克思主义观察时代、解读时代、引领时代，用鲜活丰富的当代中国实践来推动马克思主义发展，用宽广视野吸收人类创造的一切优秀文明成果，坚持在改革中守正出

---

① 习近平：《决胜全面建成小康社会 夺取新时代中国特色社会主义伟大胜利》，人民出版社2017年版，第11、12、10页。
② 参见习近平《习近平谈治国理政》，外文出版社2014年版，第22页。
③ 习近平：《在纪念马克思诞辰200周年大会上的讲话》，载《人民日报》2018年5月5日。

新、不断超越自己,在开放中博采众长、不断完善自己,不断深化对共产党执政规律、社会主义建设规律、人类社会发展规律的认识,不断开辟当代中国马克思主义、21世纪马克思主义新境界"①。

把坚持马克思主义和发展马克思主义统一起来,结合新的实践不断做出新的理论创造,这是马克思主义永葆生机活力的奥妙所在。这也是我们党之所以不断取得成功的关键。换言之,我们党之所以能够历经考验与磨难无往而不胜,关键就在于不断进行实践创新和理论创新,实现实践创新和理论创新的良性互动。

今天,站在中国特色社会主义新时代的历史方位上,马克思主义理论工作者、研究者、宣传者更应该有以下使命担当和理论自觉:一方面,要深化对经典马克思主义的研究和理解,依据经典马克思主义所建构的基本原理及其在中国化进程中的经验总结,既为新时代中国特色社会主义建设提供更有力的阐释和辩护,也为新时代中国特色社会主义建设提供更为合理的前瞻思路和方法论,推动中国特色社会主义不断进行实践创新;另一方面,在新时代中国特色社会主义实践创新中,丰富和深化对经典马克思主义及其基本原理的认识,推动自身的理论创新,推动马克思主义中国化理论创新,进而实现整个中国特色社会主义理论体系各个方面的理论创新。质言之,要把经典马克思主义和新时代中国特色社会主义对接起来,实现两者的彼此观照、和谐互动、共同促进,使"守正"和"出新"有机统一起来,为新时代中国特色社会主义的健康前行提供更好的理论资源、实践经验和发展智慧。

---

① 习近平:《在纪念马克思诞辰200周年大会上的讲话》,载《人民日报》2018年5月5日。

# 目录 CONTENTS

**第一章** 经典马克思主义与21世纪中国马克思主义 /1

一、21世纪坚持马克思主义世界观和方法论 /1

二、马克思的思想遗产与21世纪中国马克思主义 /14

**第二章** 经典马克思主义与中国特色社会主义新时代 /44

一、马克思主义"社会生产力"概念与"全面深化改革" /44

二、"国家治理现代化"对历史唯物主义国家观的四维推进 /65

三、历史唯物主义社会矛盾理论的双重逻辑与新时代我国社会主要矛盾的提出 /85

四、中国特色社会主义与历史唯物主义四大基本原理的"守正出新" /113

**第三章** 经典马克思主义与习近平新时代中国特色社会主义思想 /136

一、习近平新时代中国特色社会主义思想的多维解读 /136

二、习近平新时代中国特色社会主义思想理论特质的三维阐析 /157

三、习近平新时代中国特色社会主义思想对历史虚无主义的透视 /175

**第四章** 中国特色社会主义新时代与经典马克思主义新阐释 /196

一、生态学与马克思主义何以相遇相融 /196

二、生产力的三层维度与决定论的多种表现——马克思主义历史决定论新探 /215

三、历史唯物主义的三种理论面相和三种争议及其解题 /236

四、历史唯物主义与反思性历史社会学 /257

五、"实证的人道主义"与历史唯物主义 /290

**参考文献** /309

**后　记** /325

# 第一章　经典马克思主义与 21 世纪中国马克思主义

马克思主义不仅深刻改变了世界，也深刻改变了中国。中国共产党人把马克思主义基本原理同中国革命和建设的具体实际结合起来，实现了中华民族从"东亚病夫"到站起来的伟大飞跃，实现了中华民族从站起来到富起来的伟大飞跃，而在中国特色社会主义新时代，我们又迎来了从富起来到强起来的伟大飞跃。我们务必用马克思主义科学态度对待马克思主义本身，特别是马克思、恩格斯本人创建的经典马克思主义，不断推进马克思主义中国化、时代化，不断实现"守正出新"；务必立足于新的时代方位，建构中国特色、时代特色有机融合的 21 世纪中国马克思主义。

## 一、21 世纪坚持马克思主义世界观和方法论①

2018 年 12 月 18 日，习近平总书记在党的庆祝改革开放 40 周年大会上，满怀深情地回顾说："40 年春风化雨、春华秋实，改革开放极大改变了中国的面貌、中华民族的面貌、中国人民的面貌、中国共产党的面貌。中华民族迎来了从站起来、富起来到强起来的伟大飞跃！中国特色社会主义迎来了从创立、发展到完善的伟大飞跃！中国人民迎来了从温饱不足到小康富裕的伟大飞跃！中华民族正以崭新姿态屹立于世界的东方！"因此可以说，改革开放"是我们党的一次伟大觉醒"，"是中国人民和中华民族发展史上一次伟大革命"，是"当代中国最显著的特征、最壮丽的气象"。现实和历史也反复证明并有

---

① 本部分主体内容以《坚持辩证唯物主义和历史唯物主义世界观和方法论》为题，载于《红旗文稿》2019 年第 1 期。

力昭示着,"改革开放是党和人民大踏步赶上时代的重要法宝,是坚持和发展中国特色社会主义的必由之路,是决定当代中国命运的关键一招,也是决定实现'两个一百年'奋斗目标、实现中华民族伟大复兴的关键一招"。毫无疑问,"没有改革开放,就没有中国的今天;离开改革开放,也没有中国的明天"①。改革开放,我们没有任何理由不坚持前行、不深化进行。

实际上,在稍早前即2018年10月22日到25日,习近平总书记视察广东并发表重要讲话,他明确说:"党的十八大后我考察调研的第一站就是深圳,改革开放40周年之际再来这里,就是要向世界宣示中国改革不停顿、开放不止步,中国一定会有让世界刮目相看的新的更大奇迹。""改革不停顿、开放不止步",要求我们在中国特色社会主义新时代"把改革开放的旗帜举得更高更稳",谋求"在更高起点、更高层次、更高目标上推进改革开放"。② 习近平总书记在庆祝改革开放40周年大会上再次强调,"坚持方向不变、道路不偏、力度不减,推动新时代改革开放走得更稳、走得更远"③,新时代的改革开放要行稳致远。

那么,我们如何才能做到呢?习近平总书记在哲学社会科学工作座谈会上曾经深刻地总结说:"人们必须有了正确的世界观、方法论,才能更好观察和解释自然界、人类社会、人类思维各种现象,揭示蕴含在其中的规律。"在此基础上才能形成正确的立场、观点和方法,进而结合具体实际提出正确的思路、合理的对策,去科学有效地做事、办事、行事、干事,解决问题,推动发展。"马克思主义深刻揭示了自然界、人类社会、人类思维发展的普遍规律,为人类社会发展进步指明了方向;马克思主义坚持实现人民解放、维护人民利益的立

---

① 习近平:《在庆祝改革开放40周年大会上的讲话》,载《人民日报》2018年12月19日。

② 参见习近平《高举新时代改革开放旗帜》,载《人民日报》(海外版)2018年10月26日。

③ 习近平:《在庆祝改革开放40周年大会上的讲话》,载《人民日报》2018年12月19日。

## 第一章 经典马克思主义与21世纪中国马克思主义

场,以实现人的自由而全面的发展和全人类解放为己任,反映了人类对理想社会的美好憧憬;马克思主义揭示了事物的本质、内在联系及发展规律,是'伟大的认识工具',是人们观察世界、分析问题的有力思想武器。"马克思主义理论的科学性和革命性最根本之处在于其内涵的科学世界观和方法论,以及由此形成的基本原理及贯穿其中的立场、观点、方法。"在革命、建设、改革各个历史时期,我们党坚持马克思主义基本原理同中国具体实际相结合,运用马克思主义立场、观点、方法研究解决各种重大理论和实践问题",马克思主义的命运早已同中国共产党的命运、中国人民的命运、中华民族的命运紧紧连在一起,它的科学性和真理性在中国得到了充分检验,它的人民性和实践性在中国得到了充分贯彻,它的开放性和时代性在中国得到了充分彰显。马克思主义"始终是我们党和国家的指导思想,是我们认识世界、把握规律、追求真理、改造世界的强大思想武器","中国共产党把马克思主义写在自己的旗帜上是完全正确的"。①

马克思主义理论与改革开放的关系非常密切,从拉开序幕到不断深化,马克思主义从未缺席、离场。正如习近平总书记所回顾的:党的十一届三中全会冲破长期"左"的错误的严重束缚,批评"两个凡是"的错误方针,高度评价关于真理标准问题的讨论,果断结束"以阶级斗争为纲",重新确立马克思主义的思想路线、政治路线、组织路线。从此,我国改革开放拉开了大幕;40多年来,我们始终坚持马克思主义指导地位不动摇,以不可辩驳的事实彰显了科学社会主义的鲜活生命力,社会主义的伟大旗帜始终在中国大地上高高飘扬。改革开放的每一个重大进步、重大成就、重大突破,都是马克思主义基本原理与中国实际、实践有机结合的结果。

更为重要的是,"我们要坚持用马克思主义观察时代、解读时代、引领时代"②,新时代改革开放要走得更稳、走得更远,必须更好地坚

---

① 参见习近平《在纪念马克思诞辰200周年大会上的讲话》,载《人民日报》2018年5月5日。
② 习近平:《在纪念马克思诞辰200周年大会上的讲话》,载《人民日报》2018年5月5日。

持马克思主义的世界观、方法论。中国特色社会主义新时代，同时也是人类处在21世纪的新时代。我们必须结合21世纪的客观实际，建构和发展21世纪的中国马克思主义。

众所周知，辩证唯物主义和历史唯物主义是马克思主义的根本内容和核心要义，所以，习近平总书记于2018年4月在中共中央政治局就《共产党宣言》及其时代意义举行第五次集体学习会上更明确地提到，马克思主义理论的科学性和革命性源于辩证唯物主义和历史唯物主义的科学世界观和方法论[1]。在21世纪的中国、中国特色社会主义新时代，我们务必要把辩证唯物主义和历史唯物主义的科学世界观和方法论坚持好、贯彻好、转化好。

实际上，以习近平同志为核心的新一代中国共产党人，对此有清醒的、自觉的意识。早在2014年12月和2015年1月，中共中央政治局专门就学习掌握历史唯物主义基本原理和方法论、坚持运用辩证唯物主义世界观方法论举行过两次集体学习会。在两次学习会上，习近平总书记代表全党郑重要求，我们要在学懂弄通的基础上，更加自觉地坚持和运用历史唯物主义、辩证唯物主义世界观和方法论，把它们和全面深化改革紧密结合起来，提高解决我国改革发展基本问题的本领，他甚至以列举的方式，选择一些主要的基本观点和方法，深入分析了它们对全面深化改革的意义和价值。他在2016年5月的哲学社会科学工作座谈会上特别强调，"新形势下，坚持马克思主义，最重要的是坚持马克思主义基本原理和贯穿其中的立场、观点、方法。这是马克思主义的精髓和活的灵魂"[2]。而他在2018年4月的《共产党宣言》及其时代意义的集体学习会上，一方面强调"坚持学以致用、用以促学，原原本本学，熟读精思、学深悟透，熟练掌握马克思主义立场、观点、方法，不断提高马克思主义理论素养"；另一方面强调

---

[1] 参见习近平《坚持和运用马克思主义世界观和方法论》，载《光明日报》2018年6月25日。

[2] 习近平：《在哲学社会科学工作座谈会上的讲话》，载《人民日报》2016年5月19日。

## 第一章 经典马克思主义与 21 世纪中国马克思主义

"聚焦我国改革开放和社会主义现代化建设面临的重大现实问题"。① 而在稍后的纪念马克思诞辰 200 周年纪念大会上，习近平总书记着重提出，"当前，改革发展稳定任务之重、矛盾风险挑战之多、治国理政考验之大都是前所未有的。我们要赢得优势、赢得主动、赢得未来，必须不断提高运用马克思主义分析和解决实际问题的能力"，"我们要全面掌握辩证唯物主义和历史唯物主义的世界观和方法论"，"我们要坚持和运用辩证唯物主义和历史唯物主义的世界观和方法论，坚持和运用马克思主义立场、观点、方法"。②

习近平总书记在庆祝改革开放 40 周年大会上，在结合改革开放 40 年伟大历程深入揭示了改革开放与马克思主义水乳交融、密不可分的同时，强调在中国特色社会主义新时代，一是"必须坚持马克思主义指导地位，不断推进实践基础上的理论创新。不断推进马克思主义中国化时代化大众化，不断开辟马克思主义发展新境界"；二是"必须坚持辩证唯物主义和历史唯物主义世界观和方法论，正确处理改革发展稳定关系"，确保"改革开放行稳致远"。③ 而在稍早前考察广东时，他特意叮嘱和特别强调说："要掌握辩证唯物主义和历史唯物主义的方法论，以改革开放的眼光看待改革开放，充分认识新形势下改革开放的时代性、体系性、全局性问题，在更高起点、更高层次、更高目标上推进改革开放。"④

以上这些事实明确无误地告诉世人，中国特色社会主义进入了新时代，要实现改革开放更高起点、更高层次、更高目标的推进和深化，实现改革开放的行稳致远，坚持并运用辩证唯物主义和历史唯物主义的世界观和方法论无疑是基本的依循和非常重要的要求。

当然，这里特别要提及的是，"坚持"和"运用"是并重的，没

---

① 《习近平主持中共中央政治局第五次集体学习并讲话》，见人民网（http://fanfu.people.com.cn/n/2013/0422/c141423-21228379.html）。
② 参见习近平《在纪念马克思诞辰 200 周年大会上的讲话》，载《人民日报》2018 年 5 月 5 日。
③ 参见习近平《在庆祝改革开放 40 周年大会上的讲话》，载《人民日报》2018 年 12 月 19 日。
④ 习近平：《高举新时代改革开放旗帜》，载《人民日报》2018 年 10 月 26 日。

有坚持谈不上运用,但"坚持"绝不是教条地照搬、机械地模仿、简单地套用,应时刻牢记"当代中国的伟大社会变革,……不是简单套用马克思主义经典作家设想的模板"①,真正的坚持是活学活用、有机运用,运用往往需要结合实际、针对问题进行"创新性发展和创造性转化"。习近平总书记在广东考察时强调"要掌握辩证唯物主义和历史唯物主义的方法论,以改革开放的眼光看待改革开放"。"以改革开放的眼光看待改革开放"的提出,寓意很深刻,内涵很丰富,也非常有新意,它就是在坚持辩证唯物主义和历史唯物主义的世界观和方法论的基础上有机运用、活学活用的鲜明的例证、鲜活的昭示,充满"创新性发展和创造性转化"。这实际上也告诉我们,运用和坚持一样重要。所以,习近平总书记在强调坚持马克思主义指导地位、坚持和运用辩证唯物主义和历史唯物主义的世界观和方法论的同时,经常提醒我们要据此形成科学的、合理的、有效的立场、观点、态度、眼光、思路、方法、办法、能力、本领、思维等,经常将前者和后者并列。这是我们在新时代坚持和运用辩证唯物主义和历史唯物主义的世界观和方法论,务必高度重视。

我们知道,辩证唯物主义和历史唯物主义融世界观与方法论为一体,其世界观融科学性与革命性、价值性为一体。正因如此,我们在坚持和运用辩证唯物主义和历史唯物主义的世界观和方法论,形成更为具体、更有针对性的立场、观点、态度、眼光、思路、方法、思维时,应该向三个方面去努力:其一是价值性维度,体现合理价值的引导和规范;其二是科学性维度,体现科学的诉求和对科学的尊重;其三是自觉的方法论意识维度。这样,中国特色社会主义新时代改革开放的行稳致远,同坚持和运用辩证唯物主义和历史唯物主义的世界观和方法论才能有更好的衔接、统一,让后者真正坐实为基本遵循。

所谓价值性维度,主要有四点,分别体现为政治价值、精神价值、人文价值和文明价值。

---

① 习近平:《在纪念马克思诞辰200周年大会上的讲话》,载《人民日报》2018年5月5日。

## 第一章 经典马克思主义与21世纪中国马克思主义

（1）坚持和运用辩证唯物主义和历史唯物主义的世界观和方法论，养成具有方向感的眼光，树立方向性的立场。

我们的改革开放是"有方向、有立场、有原则的"，是有强大"政治定力"的，始终谨记"坚守政治原则和底线，决不能在根本性问题上出现颠覆性错误"，以至今天，反复强调"增强'四个自信'，牢牢把握改革开放的前进方向"；强调增强"四个意识"，坚定"四个自信"，"确保改革开放这艘航船沿着正确航向破浪前行"。这个方向感，经常具体化为目标导向。正因如此，习近平总书记多次强调，把辩证唯物主义和历史唯物主义的世界观和方法论"作为自己的看家本领，坚定理想信念，坚持正确政治方向"①。这是新时代改革开放务必具有的"政治价值眼光和立场"。

（2）坚持和运用辩证唯物主义和历史唯物主义的世界观和方法论，养成宽容性和斗争性共存的眼光和态度。

"不争论，大胆地试，大胆地闯"，邓小平同志的这句名言，成为改革开放的生动写照。因为我们就是"大胆地试、勇敢地改，干出了一片新天地"；在中国特色社会主义新时代，我们正在努力建立健全容错纠错机制。改革开放蕴含着鼓励敢闯敢干、包容失败、容许试错的理念，而且秉持"有容乃大"的理念，善于学习借鉴，形成宽容性精神和视野。与此同时，我们深知，"社会是在矛盾运动中前进的，有矛盾就会有斗争"，发展中国特色社会主义是一项长期的艰巨的历史任务，"必须进行具有许多新的历史特点的伟大斗争"②。改革开放也内蕴着斗争性的精神，"时刻准备应对重大挑战、抵御重大风险、克服重大阻力、解决重大矛盾"③，既要不屈不挠、生生不息、顽强奋斗，又要迎难而上、知难而进、敢于拼搏、勇于贡献、敏于担当。宽

---

① 习近平：《在中共中央政治局第十一次集体学习上的讲话》，载《人民日报》2018年12月19日。
② 参见习近平《决胜全面建成小康社会 夺取新时代中国特色社会主义伟大胜利》，人民出版社2017年版，第15页。
③ 中共中央党史和文献研究院编：《十八大以来重要文献选编》（下），中央文献出版社2018年版，第345页。

容性精神和斗争性精神共存,这是新时代改革开放应该具有的"精神价值眼光和态度"。

(3) 坚持和运用辩证唯物主义和历史唯物主义的世界观和方法论,牢固树立人民性的立场和眼光。

我们的改革开放,不仅强调主力军是人民,而且强调改革开放的根本目的是为了人民,评价标准也离不开人民,"坚持以人民为中心,把为人民谋幸福作为检验改革成效的标准,让改革开放成果更好惠及广大人民群众"①。再具体地说,就是"以最广大人民根本利益为我们一切工作的根本出发点和落脚点,坚持把人民拥护不拥护、赞成不赞成、高兴不高兴作为制定政策的依据,顺应民心、尊重民意、关注民情、致力民生"②。这是理解、把握以及未来深化和推进改革开放始终应该具有和秉持的,这是新时代改革开放要始终具有的"人文价值眼光和立场"。

(4) 坚持和运用辩证唯物主义和历史唯物主义的世界观和方法论,培养文明诉求的思维和眼光。

概而言之,改革开放综合考虑中华传统文化中的文明意蕴、社会主义文化中的文明意蕴、人类发展的普适文明意蕴、世界先进文明因子和当今时代对文明的新吁求,来统摄、驱动和谋求不断超越。所以,它既彰显"天下为公""以和为贵",也张扬"人民至上""公平正义",还倡导"共建共治共享""人类命运共同体"。这是新时代改革开放应大力彰显的"文明价值眼光和思维"。

所谓科学性维度,主要指要遵循马克思主义对科学的基本要求和原则,主要有以下五点。

(1) 坚持和运用辩证唯物主义和历史唯物主义的世界观和方法论,形成尊重客观的眼光和态度。

习近平总书记曾明确提出:"要学习掌握世界统一于物质、物质

---

① 习近平:《高举新时代改革开放旗帜》,载《人民日报》(海外版) 2018 年 10 月 26 日。
② 习近平:《在庆祝改革开放40周年大会上的讲话》,载《人民日报》2018 年 12 月 19 日。

## 第一章 经典马克思主义与 21 世纪中国马克思主义

决定意识的原理,坚持从客观实际出发制定政策、推动工作。"①"实事求是"是改革开放最基本的科学原则,改革开放 40 多年始终强调"坚持解放思想、实事求是、与时俱进、求真务实,一切从实际出发",注意尊重客观实际,"坚持从客观实际出发制定政策、推动工作"②;尊重客观规律,"在历史前进的逻辑中前进、在时代发展的潮流中发展"③,并"积极探索共产党执政规律、社会主义建设规律、人类社会发展规律"。这种客观的眼光,往往具体体现为"以客观问题为导向",在很大程度上它就是"以客观问题为中心,勇于直面问题的"眼光。因为"问题是时代的声音","问题是事物矛盾的表现形式",问题是各种客观实际、客观规律的集中体现、鲜活体现。

今天,要实现新时代改革开放的深化、行稳致远,很重要的一点就是要知道全面深化改革所立足的最基本、最大的客观实际,面临的最主要问题、亟待解决的突出问题和必须解决的深层次根本问题。

(2)坚持和运用辩证唯物主义和历史唯物主义的世界观和方法论,形成辩证的眼光和态度。

具体来说,就是强调世界是矛盾的集合体,对事物、现象、问题善于一分为二、在普遍联系中进行总体把握、多角度分析,善于在两点论和重点论结合中进行分析决策。注意以对立统一的方式分析和解决问题,比如既强调胆子要大,又要求步子要稳,强调兼顾、强调统筹协调;注意"优先解决主要矛盾和矛盾的主要方面,以此带动其他矛盾的解决"④,"努力在重要领域和关键环节改革上取得新突破,以此牵引和带动其他领域改革"⑤,"注重各项改革的相互促进、良性互

---

① 习近平:《辩证唯物主义是中国共产党人的世界观和方法论》,载《求是》2019 年第 1 期。
② 本报评论员:《从客观实际出发制定政策推动工作——论坚持运用辩证唯物主义世界观方法论》,载《人民日报》2015 年 1 月 27 日。
③ 习近平:《开放共创繁荣 创新引领未来》,载《人民日报》2018 年 4 月 11 日。
④ 习近平:《辩证唯物主义是中国共产党人的世界观和方法论》,载《求是》2019 年第 1 期。
⑤ 习近平:《习近平谈治国理政》,外文出版社 2014 年版,第 94 页。

动,整体推进,重点突破,形成推进改革开放的强大合力"①。

今天,要实现新时代改革开放的深化、行稳致远,"面对复杂形势和繁重任务,首先要有全局观,对各种矛盾做到心中有数,同时又要优先解决主要矛盾和矛盾的主要方面,以此带动其他矛盾的解决"②,就是要以辩证的眼光,充分认识新形势下改革开放的时代性、体系性、全局性问题,努力实现"改革的系统性、整体性、协同性"③。

(3)坚持和运用辩证唯物主义和历史唯物主义的世界观和方法论,形成发展的眼光和态度。

这一则表现为深深知道并贯彻落实发展既是"人类社会永恒的主题"④,也是"硬道理",是解决中国所有问题的关键,必须坚持以发展为第一要务;二则表现为深深知道以发展变化的观点看事物、看问题、看世界,进而以不断更新和调整思想观念、对策思路、方案方法来解决问题、推动发展,注意"根据时代变化和实践发展,不断深化认识,不断总结经验,不断实现理论创新和实践创新良性互动"。习近平总书记为此说:"改革开放只有进行时、没有完成时,这是历史唯物主义态度。"⑤

今天,新时代改革开放的深化、行稳致远,就是要把发展这把解决问题的"总钥匙"放在更为突出的位置,深刻洞悉新时代根本特征、基本问题和时代呼求,特别是改革开放进入深水区、险滩区的"深、险"问题,贯彻新发展理念,推出新发展对策,贡献新发展招数,使改革开放越过新障碍,迈出新步伐,走上新台阶,踏上新征

---

① 习近平:《习近平谈治国理政》,外文出版社2014年版,第68页。
② 习近平:《辩证唯物主义是中国共产党人的世界观和方法论》,载《求是》2019年第1期。
③ 中共中央党史和文献研究院编:《十八大以来重要文献选编》(下),中央文献出版社2018年版,第351页。
④ 习近平:《致"纪念〈发展权利宣言〉通过三十周年国际研讨会"的贺信》,载《人民日报》2016年12月5日。
⑤ 习近平:《推动全党学习和掌握历史唯物主义 更好认识规律更加能动地推进工作》,载《人民日报》2013年12月5日。

程，谱新章，谋新篇。

（4）坚持和运用辩证唯物主义和历史唯物主义的世界观和方法论，形成世界的眼光和视野。

改革开放不但立足于中国基本国情，坚持中国特色社会主义基本制度，尊重中国传统优秀文化，而且放眼世界，积极参与全球化进程，既在比较中明确自己的优势和短板，也在交往中知道以全球的视野看待中国问题。换言之，就是把世界置于中国语境、把中国置于世界问题领域中相互映照来观察、分析、思考和谋划。因为当今世界，人类社会相互关联的程度之深前所未有，"一荣俱荣、一损俱损"，"中国的发展离不开世界，世界的繁荣也需要中国"成为普遍共识；而且，世界面临着共同的难题，如逆全球化问题、生态环境问题，需要世界携起手来共同应对。所以，对中国改革开放来说，"认识世界发展大势，跟上时代潮流，是一个极为重要并且常做常新的课题。中国要发展，必须顺应世界发展潮流。要树立世界眼光、把握时代脉搏，要把当今世界的风云变幻看准、看清、看透"①。

今天，新时代改革开放的深化、行稳致远，就是要把中国的改革开放和建设更为公平公正、平等互惠的世界市场、世界体系，推进全球治理和善治，打造人类命运共同体紧密结合起来，"推动建设开放型世界经济、构建人类命运共同体，促进全球治理体系变革"②。既从世界发展中汲取养分和动力，又"为世界和平与发展不断贡献中国智慧、中国方案、中国力量"，在两者良性互动中助推改革开放走向更高、更好、更强的境界。

（5）坚持和运用辩证唯物主义和历史唯物主义的世界观和方法论，形成反思的眼光和态度。

众所周知，在思想史上，"反思"是一个内涵很丰富的概念。首先，它是一种反向性思考，即在事情完成、过程结束后折返、回溯去

---

① 《习近平出席中央外事工作会议并发表重要讲话》，见央视网（http://news.cntv.cn/2014/11/29/ARTI1417266992539541.shtml）。

② 秦宣：《实现中华民族伟大复兴的强大精神力量》，载《光明日报》2019年1月31日。

思考，在此意义上和"总结"关联；其次，它是一种反复性、周密性的思考，和"理性、科学"趋近；最后，它是一种逆向性思考，其核心是批判性审视。"改革开放的眼光"作为反思的眼光，上述含义应该兼而有之。反思是马克思主义非常重要的思维方式和理论特质，它不但在思维方式上强调抽象与具体的辩证法，而且强调"辩证法不崇拜任何东西，按其本质来说，它是批判的和革命的"①。

40多年的改革开放，我们发扬了马克思主义反思性的优点，反复强调要善于总结，及时发现问题，及时推广好的经验，正视缺陷，正视差距，知耻后勇；要把"批评与自我批评"这个传家宝运用好、发挥好，要勇于自我批判、自我革命。而且，这种反思是双面的，既是自我反思，同时也含有对国外改革、发展的成败得失的反思。

今天，新时代改革开放的深化、行稳致远，很重要的一点，就是要求以改革开放的态度对待改革开放自身，改革开放本身不能僵化、固化，改革开放的经验不能教条化和神化，更不能简单化，如把改革开放简单归结为市场化、分权让利、私有化、西方化等。要自觉抵制各种经验主义、教条主义、极端主义的侵袭和干扰，形成成熟理性的社会心理。

所谓自觉的方法论意识维度，主要指要实现新时代改革开放的深化、行稳致远，我们要熟练掌握、自觉运用融科学性与价值性为一体的正确方法，形成正确有效的思维方式、思维能力。这包括以下三个层面。

（1）熟练掌握、自觉运用直接源自辩证唯物主义和历史唯物主义的基本方法。主要包括：其一，一切从实际出发，实事求是的客观论分析方法。习近平总书记明确说："准确把握我国不同发展阶段的新变化新特点，使主观世界更好符合客观实际，按照实际决定工作方针，这是我们必须牢牢记住的工作方法。"其二，普遍联系和抓整体的系统论分析方法。其三，具体问题具体分析、与时俱进的发展论分

---

① 中共中央马克思恩格斯列宁斯大林著作编译局编：《马克思恩格斯文集》第5卷，人民出版社2009年版，第22页。

析方法。其四,一分为二、两点论和重点论相统一的辩证论分析方法。其五,坚持生产力首要性的决定论分析方法,牢记"解放和发展社会生产力,增强社会主义国家的综合国力,是社会主义的本质要求和根本任务"。其六,坚持人民群众是历史创造者的立场论分析方法,"尊重人民主体地位,尊重人民群众在实践活动中所表达的意愿、所创造的经验、所拥有的权利、所发挥的作用,充分激发蕴藏在人民群众中的创造伟力"①。

(2) 熟练掌握、自觉运用马克思主义基本方法和中国改革开放的实践相结合所形成的一些行之有效的具体方法。主要有:其一,坚持加强党的领导和尊重人民首创精神相结合;其二,坚持"摸着石头过河"和顶层设计相结合;其三,坚持问题导向和目标导向相统一;其四,坚持试点先行和全面推进相促进;其五,坚持改革、稳定和发展有机统一;其六,坚持党的领导、人民当家做主、依法治国有机统一;其七,坚持物质文明和精神文明、人与自然协调发展,坚持传统和现代、国际和国内的相互促进;等等。

(3) 把这些方法转化为主体自觉的思维模式、思维能力。主要有七种:其一,战略思维,指善于从全局视角和长远眼光把握事物发展总体趋势和方向;其二,辩证思维,坚持矛盾分析的根本性地位,在一分为二的基础上抓重点、抓关键、促转化;其三,系统思维,注重事物、问题各个方面、各个层次、各个要素之间的相互联系、相互作用,注重关系结构的优化、强化功能,追求整体性、联动性、合力性;其四,底线思维,"凡事从坏处准备,努力争取最好的结果"②,在问题意识中整合危机意识、忧患意识、边界意识、原则意识、红线意识和预防意识;其五,创新思维,"改革,最本质的要求就是创新"③,其实质就是要求根据变化的新情况、出现的新问题,不断更新

---

① 习近平:《辩证唯物主义是中国共产党人的世界观和方法论》,载《求是》2019年第1期。
② 人民日报评论部编:《习近平用典》,人民日报出版社2015年版,第29页。
③ 《在全国政协新年茶话会上的讲话》,见新华网(http://www.xinhuanet.com/politics/2013-12/31/c_118787458.htm)。

观念和思路，推出新举措、新办法来应对新局面，解决新问题，"勇敢推进理论创新、实践创新、制度创新、文化创新以及各方面创新"①；其六，历史思维，在尊重历史的前提下，"以史为鉴"，善于汲取历史正反两方面的经验来推动实际工作；其七，精准思维，其核心是"从细节处着手"，强调具体和准确，强调切实可行、精准落实、真抓实干。

在中国特色社会主义新时代、世界发展新形势下，"在更高起点、更高层次、更高目标上推进改革开放"，就是把上述三个维度发扬好、发展好，"充分认识新形势下改革开放的时代性、体系性、全局性问题"，立足实际推出新谋划，创新新招数，在改革开放的自我总结、自我审视、自我反思中，走向自我革新、自我超越、自我升华。这个过程，同时也是建构、发展、完善21世纪中国马克思主义的过程。

## 二、马克思的思想遗产与21世纪中国马克思主义②

建设和发展21世纪中国马克思主义，既是中国共产党人不可推卸的历史使命，也是今天我们对马克思最好的纪念方式。这意味着以继承并发扬马克思的主要思想遗产来推进21世纪中国马克思主义，是我们必须高度重视和努力解答的时代课题。马克思的思想遗产主要分两种情况，一种是有具体内容指向的，如包括劳动史观、结构史观、长时段史观在内的对历史之谜的科学解答，融资本主义生理学和病理学为一体的对资本主义社会的科学分析，以自由人联合体和共产主义为指向的对人类解放的科学思考；另一种则是马克思对问题和事物特有的分析方式、研究方法、探索精神、内在追求，如真理性与价值性、科学性与革命性的双重统一，问题导向、跨学科性研究和综合性视角，反思意识、批判精神和辩证法。由此，建设和发展21世纪的中国马克思主义，坚持问题导向、整体性视野和辩证思维是基本要

---

① 习近平：《在庆祝改革开放40周年大会上的讲话》，载《人民日报》2018年12月19日。
② 本部分原载于《东南大学学报（哲学社会科学版）》2019年第1期。

## 第一章　经典马克思主义与 21 世纪中国马克思主义

求,科学性和人民性、真理性与价值性统一是基本原则,坚持以我为主、博采众长、兼收并蓄、批判借鉴是基本方式,在推进和深化马克思主义中国化、时代化、大众化中创新是基本路径,注重社会结构与社会矛盾分析、不断成为"时代精神的精华"是重要支点。

1883 年 3 月 14 日下午,近代以来最伟大的思想家马克思停止了思想。时光如梭、岁月荏苒,距离马克思诞辰已有 200 年了。对于当今的人类,既可以抚今追昔,再现伟人当年之所思与所为,也可以借助时空赠予后人的便利,拉长视距,检视伟人所得与所失;而对于我们来说,更为重要的则是透过时空的隧道,在皇皇浩瀚之文本中爬梳剔抉,抓住主要思想遗产,使之在现实中流光溢彩、生生不息,使之在 21 世纪历久弥新、焕发勃勃生机。换言之,马克思的思想遗产与 21 世纪中国马克思主义,是我们必须高度重视和努力解答的时代课题。

### (一) 中国与世界:追思马克思思想遗产的两种维度

在今天的中国,适逢马克思诞生 200 周年,我们有充足的理由来隆重纪念这位伟大的思想家,这不仅是因为马克思在有限的一生中多次重点关注了中国,写下了诸如《中国革命和欧洲革命》《鸦片贸易史》《中国纪事》《英人在华的残暴行动》《新的对华战争》《中国和英国的条约》等专门性论著[①],更重要的是,马克思对当今的中国有着根本的重要性和特殊的亲缘性。因为没有马克思、马克思主义,就没有中国共产党,马克思主义是中国共产党成立和发展的指导思想,以毛泽东同志为代表的中国共产党的早期开创者,既是共产党人同时又是坚定的马克思主义者;没有马克思、马克思主义,当然就无从谈及中国特色社会主义,我们今天改革开放所取得的巨大成就是难以想象的。所以,党的十八大提出,"对马克思主义的信仰,对社会主义

---

① 据专家统计,在《马克思恩格斯全集》(中文第一版)50 卷中,直接提及中国的地方有 800 多处,其中仅《资本论》及其手稿就有 90 多处。(参见韦建桦《马克思和恩格斯怎样看待中国——答青年朋友问》,载《马克思主义与现实》2015 年第 1 期)

和共产主义的信念是中国共产党人的政治灵魂,是中国共产党人经受住任何考验的精神支柱"。习近平总书记在庆祝中国共产党成立95周年重要讲话中指出,"马克思主义是我们立党立国的根本指导思想。背离或放弃马克思主义,我们党就会失去灵魂、迷失方向","95年来,中国共产党之所以能够完成近代以来各种政治力量不可能完成的艰巨任务,就在于始终把马克思主义这一科学理论作为自己的行动指南"。① 因此,可以说,在新时代隆重缅怀马克思、感恩马克思,是我们应尽的义务。

不过,如果停驻于此,当然是远远不够的。因为"在人类思想史上,就科学性、真理性、影响力、传播面而言,没有一种思想理论能达到马克思主义的高度,也没有一种学说能像马克思主义那样对世界产生了如此巨大的影响"②。马克思主义对整个人类社会都产生了重大影响。马克思的思想既是中国的,更是世界的。

海尔布伦纳(亦译"海尔布隆纳")等高度肯定说:"在世界伟大的思想家的行列里,马克思毫无疑问是属于其中的一员",他"的确是一位改变了社会思想方式的人"。③ 这个认定,几乎举世公认。世纪之交以 BBC(英国广播公司)为代表的西方主流媒体,先后举办了"千年思想家""千年伟人""最伟大的哲学家""时代伟人""最伟大的德国人"等评选活动,在多次的公众自发投票中,马克思都雄踞排行榜前列。著名记者马修斯为此在英国《焦点》月刊撰文告诉世人:"不论你怎样看待马克思,有一个事实不容置疑:他是历史上最重要的人物之一。"④ 就连公开声称不喜欢马克思并对之多有訾议的伯林,也不得不承认:在19世纪,没有哪个思想家像马克思那样,对

---

① 参见习近平《习近平谈治国理政》第二卷,外文出版社2017年版,第33页。
② 本报评论员:《深刻认识马克思主义时代意义和现实意义 继续推进马克思主义中国化时代化大众化》,载《人民日报》2017年9月30日。
③ 参见[美]罗伯特·海尔布伦纳、莱斯特·瑟罗《经济学的秘密》,秦海译,海南出版社2001年版,第35、38页。
④ [英]罗伯特·马修斯:《把世界一分为二的人》,载《参考消息》2002年4月30日。

## 第一章 经典马克思主义与 21 世纪中国马克思主义

人类有如此直接的、深远的和强有力的影响①;马克思既是一个天才的思想家,也是一位重要思想家②。

而更多著名人物则致力于解释马克思何以是伟大的思想家。有人因马克思学识宽博盛赞不已,如米尔斯强调:"马克思留下的遗产对于现时代具有的意义首先就在于此:在于他的百科全书式的渊博,在于他企图提供解释的范围的广泛。"③ 有人因马克思的思想已经成为现代人文化血液中不可分割的组成部分而击节歌颂,如伊格尔顿明确说,马克思的思想"像达尔文思想或弗洛伊德思想一样,已经与现代文明交融在一起,像牛顿对于启蒙运动的重要意义一样,已成了我们'历史无意识'中的一大部分"④。熊彼特详细说,有一些创作"遭受几度隐没,复又重现,它们不是作为文化遗产中不可辨认的成分而重现,而是穿着自己的服装,带着人们能看到的、摸到的自己的痕迹而重现。这些创作,我们完全可以称之为伟大的创作……无疑这伟大一词适合马克思的理论"⑤。德里达则说:"不能没有马克思,没有马克思,没有对马克思的记忆,没有马克思的遗产,也就没有将来;无论如何得有某个马克思,得有他的才华,至少得有他的某种精神。"⑥

还有很多著名人物结合自己的研究领域、学科而肯定、彰显马克思的重要性。比如萨特以哲学家的身份直言不讳:"在十七世纪后和二十世纪之间,我看有三个时代可以称为著名的时代:笛卡尔和洛克的时代,康德和黑格尔的时代以及马克思的时代。"马克思的哲学

---

① 参见 Isaiah Berlin, Karl Marx, *His Life and Environment* (*Fourth Edition*), Oxford University Press, 1996。

② 参见[伊]拉明·贾汉贝格鲁《伯林谈话录》,杨祯钦译,译林出版社 2002 年版,第 115、117 页。

③ [美]赖特·米尔斯:《马克思主义者》,商务印书馆译,商务印书馆 1965 年版,第 32~33 页。

④ [英]特里·伊格尔顿:《历史中的政治、哲学、爱欲》,马海良译,中国社会科学出版社 1999 年版,第 118 页。

⑤ [美]约瑟夫·熊彼特:《资本主义、社会主义与民主》,吴良健译,商务印书馆 2002 年版,第 43 页。

⑥ [法]雅克·德里达《马克思的幽灵:债务国家、哀悼活动和新国际》,何一译,中国人民大学出版社 1999 年版,第 21 页。

"仍然是我们时代的哲学"和"不可超越的"。① 社会学家吉登斯说:"马克思的著作对于社会学来说有着根本的重要性。"② 米尔斯说马克思"对现代社会学的发展具有关键性的影响"③。当代著名史学家霍布斯鲍姆认真地分析说,马克思在历史编纂学中占据首屈一指的地位,是任何较为规范的历史研究不可或缺的基础④;而其同道吕西安·费弗尔颇为推重地说:"任何一个历史学家,即使他从来没有读过一行马克思的著作,也不可避免地要用马克思主义的哲学方法来思考和了解事实和例证。"⑤ 以至于福柯近乎高调地认定:"说到底,做个历史学家和做个马克思主义者是否有所不同,是值得怀疑的。"⑥ 在经济学领域,罗宾逊夫人公开承认马克思是"一位严肃的经济学家"⑦;普雷斯曼把马克思、凯恩斯、斯密并列为"经济学发展史中最重要的三位经济学家"⑧。布劳格直接说马克思"无疑是伟大的经济学家"⑨。麦克莱伦在方法论意义上总结说:"马克思的许多观点得以形成的方法……已经成为我们时代的方法。在某种意义上,我们都是马克思主义者。"⑩

我们在新时代纪念马克思,他对中国的独特意义和对世界的普遍

---

① 参见[法]让-保罗·萨特《辩证理性批判》,林骧华、徐和瑾、陈伟丰译,安徽文艺出版社1998年版,第10、28页。

② [英]安东尼·吉登斯:《批判的社会学导论》,郭忠华译,上海译文出版社2007年版,第121页。

③ [美]C.赖特·米尔斯:《社会学的想象力》,陈强、张永强译,生活·读书·新知三联书店2016年版,第54页。

④ 参见[英]埃里克·霍布斯鲍姆《史学家:历史神话的终结者》,马俊亚、郭英剑译,上海人民出版社2002年版,第181、193页。

⑤ 转引自陈学明、马拥军《走近马克思——苏东剧变后西方四大思想家的思想轨迹》,东方出版社2002年版,第550页。

⑥ [法]福柯:《福柯集》,杜小真选,上海远东出版社2003年版,第281页。

⑦ [英]乔安·罗宾逊:《马克思、马歇尔和凯恩斯》,北京大学经济系资料室译,商务印书馆1963年版,第20页。

⑧ [美]史蒂文·普雷斯曼:《五十位经济学家》,陈海燕、李倩、陈亮译,江苏人民出版社2005年版,第44页。

⑨ [英]马克·布劳格:《凯恩斯以前100位杰出的经济学家》,丁之江、钦兆愚、金祥荣等译,西南财经大学出版社1992年版,第140页。

⑩ [英]戴维·麦克莱伦:《马克思的遗产》,载《中国社会科学报》2013年3月6日。

## 第一章 经典马克思主义与 21 世纪中国马克思主义

意义,都是不可或缺的。习近平总书记在庆祝建党 95 周年大会上总结中国特色社会主义成功经验时,着重指出两点:一是始终坚持把马克思主义作为行动指南,二是始终"坚持在实践中不断丰富和发展马克思主义"。这不仅涉及我们应有的、极具现实意义的自信和坚信,也涉及我们对马克思最好的纪念方式。因为一般认为,纪念伟大人物的最好的方式,就是对其主要思想在继承、坚守的基础上开拓创新、发展推进。

那么,在新时代,这具体指什么呢?习近平总书记在中共中央政治局第二十次集体学习时强调:"实践没有止境,理论创新也没有止境。要……实现理论创新和实践创新良性互动,在这种统一和互动中发展 21 世纪中国的马克思主义。"① 很快,他在召开于 2016 年 5 月的哲学社会科学工作座谈会上进一步指出,我国哲学社会科学的一项重要任务就是"发展 21 世纪马克思主义、当代中国马克思主义"②。而在稍后的中共中央政治局第四十三次集体学习会上,他再次强调要"发展 21 世纪马克思主义、当代中国马克思主义","使马克思主义放射出更加灿烂的真理光芒"。③ 党的十九大报告再次呼吁:"我们必须在理论上跟上时代","二十一世纪中国的马克思主义一定能够展现出更强大、更有说服力的真理力量"。④ 显然,建设和发展 21 世纪马克思主义、当代中国马克思主义或者说 21 世纪中国马克思主义,就是当代中国人对马克思最好的纪念。

这里涉及一个前提问题,马克思最重要的思想遗产是什么?明乎此,才能更好地谈及继承与发展,谈建设和发展 21 世纪中国马克思主义才更具有针对性。关于马克思最重要的思想遗产,我们一般习惯于从马克思主义中国化这个角度,将包括基本观点、基本立场和基本

---

① 习近平:《坚持运用辩证唯物主义世界观方法论提高解决我国改革发展基本问题本领》,载《人民日报》2015 年 1 月 25 日。
② 习近平:《在哲学社会科学工作座谈会上的讲话》,载《人民日报》2016 年 5 月 19 日。
③ 参见习近平《习近平谈治国理政》第二卷,外文出版社 2017 年版,第 65 页。
④ 参见习近平《决胜全面建成小康社会 夺取新时代中国特色社会主义伟大胜利》,人民出版社 2017 年版,第 26～27 页。

方法在内的基本原理视为最重要的遗产，或者受恩格斯在马克思墓前讲话的影响，将唯物史观和剩余价值理论视为最重要的遗产。应该说，这两种做法都有其合理之处。不过，在我们看来，还有必要在此基础上进一步展开，更为学理化亦更为具体地来展现马克思的思想遗产。

于此，我们认为阐析和探究马克思最重要的思想遗产，可以从两个层面进行：一是有相对具体内容层面的，一是更多地表现为分析方式、研究方法或探索精神层面的。通俗地说，前者偏重于提出了什么，后者偏重于怎么提出的。当然，这是为了论述方便而划分的，两者实则是不可分割的统一体。

### （二）历史之谜的科学解答、资本主义社会的科学分析与人类解放的科学思考：马克思主要思想遗产之一

正如恩格斯所精辟定论的，"马克思首先是一个革命家。他毕生的真正使命，就是以这种方式或那种方式参加推翻资本主义社会及其所建立的国家设施的事业，参加现代无产阶级的解放事业"。不过，与很多职业革命家不同的是，马克思既是革命家也是科学家，他总是将革命的事业同对人类历史之谜的科学解答、资本主义为何要被推翻和怎样推翻的科学分析、人类如何走向美好未来的科学思考结合在一起，"发现了人类历史的发展规律"，"还发现了现在资本主义生产方式和它所产生的资产阶级社会的特殊运动的规律"。[①] 与此同时，形成了诸多具有具体内容指向的重要思想遗产。择其要者，有三点。

**1. 劳动史观、群众史观、结构史观、阶级史观与长时段史观**

马克思对历史之谜即人类社会历史究竟是怎么回事，从何而来、向何而去的科学解答，集中于唯物史观中，其核心就在于告诉世人怎么正确地看待历史。在这里，马克思最重要的贡献是提供一个层次清晰（从活动到主体到结构）但又逐层深入（从可以直观到经验活动到

---

① 参见中共中央马克思恩格斯列宁斯大林著作编译局编《马克思恩格斯文集》第3卷，人民出版社2009年版，第601页。

# 第一章 经典马克思主义与21世纪中国马克思主义

科学抽象才能把握的内在结构），视角多维却又形成有机整体的理解范式，融劳动史观、群众史观、阶级史观、长时段史观与结构史观为一体。

在标志着唯物史观初步形成的《德意志意识形态》中，马克思强调"第一个历史活动就是生产满足这些需要的资料，即生产物质生活本身"，唯物史观就在于"从直接生活的物质生产出发阐述现实的生产过程，把同这种生产方式相联系的、它所产生的交往形式即各个不同阶段上的市民社会理解为整个历史的基础"。① 恩格斯后来为此总结说，唯物史观很重要的一个贡献就是发掘了"历来为繁芜丛杂的意识形态所掩盖着的一个简单事实：人们首先必须吃、喝、住、穿，然后才能从事政治、科学、艺术、宗教等等"，进而将"直接的物质的生活资料的生产"②确定为理解历史的基础，称赞马克思"在劳动发展史中找到了理解全部社会史的锁钥"③，有力地驳斥了各种思辨的或意识形态虚饰的唯心史观。立足于现实的人及其现实的物质生产活动来理解历史，确实是唯物史观最基本的维度，不少人为此称之为"劳动史观"。

这种"劳动史观"不仅仅强调了物质生产劳动的根本重要性，而且强调了物质生产主体——人民群众的重要性，同时又是"群众史观"。马克思为此还指出："历史活动是群众的活动，随着历史活动的深入，必将是群众队伍的扩大"，"历史的活动和思想就是'群众'的思想和活动"。④ 列宁对之肯定说："过去的历史理论恰恰没有说明人民群众的活动，只有历史唯物主义才第一次使我们能以自然史的精

---

① 参见中共中央马克思恩格斯列宁斯大林著作编译局编《马克思恩格斯文集》第1卷，人民出版社2009年版，第544页。
② 中共中央马克思恩格斯列宁斯大林著作编译局编：《马克思恩格斯文集》第3卷，人民出版社2009年版，第601页。
③ 中共中央马克思恩格斯列宁斯大林著作编译局编：《马克思恩格斯文集》第4卷，人民出版社2009年版，第313页。
④ 参见中共中央马克思恩格斯列宁斯大林著作编译局编《马克思恩格斯文集》第1卷，人民出版社2009年版，第286页。

确性去考察群众生活的社会条件以及这些条件的变更。"①

不过，从劳动出发看历史只是起点，唯物史观绝没有停留于此，因为没有持续的生产劳动就无从谈及人类历史"是每一个小孩都知道的"② 经验事实。唯物史观必须向更深处迈进，打开劳动背后的"黑箱"，发掘更多的社会历史奥秘。包括劳动在内的人类活动"是受他们的物质生活的生产方式，他们的物质交往和这种交往在社会结构和政治结构中的进一步发展所制约的"。所以，"经验的观察在任何情况下都应当根据经验来揭示社会结构和政治结构同生产的联系"③。劳动是在一定的以生产方式为核心的社会结构中进行的，而这些社会结构又源自劳动内部蕴含的各种关系，如人与自然的关系、人与人的关系等。对历史的透彻把握离不开对这种二元互动的洞悉。任何历史事件、历史人物、历史活动都不是自立和孤立的，背后总是有或明或暗、或强或弱的结构因素的影响，有因有果，有内在联系；历史既是事件史，更是结构史。所以，恩格斯同时强调："每一历史时代主要的经济生产方式和交换方式以及必然由此产生的社会结构，是该时代政治的和精神的历史所赖以确立的基础，并且只有从这一基础出发，这一历史才能得到说明。"④ 劳动史观的背后是结构史观，确切地说，历史是诸如生产力、生产关系、上层建筑等社会结构要素矛盾运动的历史。

这才是唯物史观更深刻、更独特的贡献，透过人类社会历史结构及其内部诸要素形成的社会矛盾运动，马克思揭示了人类社会历史最深处、最复杂的奥秘，发现了历史演进的内在逻辑、趋势和规律。拉布里奥拉为此说唯物史观"不是要把历史发展的整个复杂的进程归结

---

① 中共中央马克思恩格斯列宁斯大林著作编译局编：《列宁专题文集·论辩证唯物主义和历史唯物主义》，人民出版社2009年版，第336页。
② 中共中央马克思恩格斯列宁斯大林著作编译局编：《马克思恩格斯文集》第10卷，人民出版社2009年版，第289页。
③ 中共中央马克思恩格斯列宁斯大林著作编译局编：《马克思恩格斯文集》第1卷，人民出版社2009年版，第524页。
④ 中共中央马克思恩格斯列宁斯大林著作编译局编：《马克思恩格斯文集》第2卷，人民出版社2009年版，第14页。

## 第一章　经典马克思主义与 21 世纪中国马克思主义

为经济范畴,而只是要用构成历史事实的基础的经济结构(马克思语)来归根到底(恩格斯语)解释每一个历史事实"①。这一点后人广为称道。比如熊彼特承认,一般的历史学家沉迷于历史细节和事实,马克思远远超越了他们,建构了"巨大的历史图景","用穿透乱七八糟不规则的表层深入历史事物的宏伟逻辑的眼光抓住这些事实"②。伊格尔斯(亦称伊格斯)说:"马克思对现代史学最重要的贡献也许是强调了社会作为一个各种因素相互关系的整体而运动的思想以及力图找到历史现象在其中发生的结构要素,把这些同生产和再生产的过程联系起来,系统地阐述可以分析造成变革的各种因素的概念模式。"③

正因为社会结构的重要性,马克思认识到,表面上看独立的自由的个人,实则社会结构中的人,"是经济范畴的人格化,是一定的阶级关系和利益承担者"④。海尔布隆纳很有见地地指出:"阶级斗争植根于生产方式的结构性特征中。"⑤ 恩格斯则总结说:"一切重要历史事件的终极原因和伟大动力是社会的经济发展,是生产方式和交换方式的改变,是由此产生的社会之划分为不同的阶级,是这些阶级彼此之间的斗争。"⑥ 在这个意义上,阶级社会的历史,同时表现为阶级(斗争)史。

立足社会结构透视历史,决定了唯物史观超越某一事件、人物、朝代看历史,是一种长时段的历史观。伊格尔顿为此说:"从本质上

---

① [意]安·拉布里奥拉:《关于历史唯物主义》,杨启潾、孙魁、朱中龙译,人民出版社 1984 年版,第 58 页。
② [美]约瑟夫·熊彼特:《资本主义、社会主义与民主》,吴良健译,商务印书馆 2007 年版,第 52 页。
③ [美]伊格尔斯:《历史研究国际手册——当代史学研究和理论》,陈海宏、刘文涛、李玉林、张定河译,华夏出版社 1989 年版,第 15 页。
④ 中共中央马克思恩格斯列宁斯大林著作编译局编:《马克思恩格斯文集》第 5 卷,人民出版社 2009 年版,第 10 页。
⑤ [美]罗伯特·海尔布隆纳:《马克思主义:支持与反对》,马林梅译,东方出版社 2014 年版,第 46 页。
⑥ 中共中央马克思恩格斯列宁斯大林著作编译局编:《马克思恩格斯文集》第 3 卷,人民出版社 2009 年版,第 509 页。

说，马克思主义是一种关于长期历史变化的理论和实践。"① 法国年鉴学派重量级人物布罗代尔为此盛赞说："马克思的天才及其影响的持久性秘密，在于他第一个在历史长时段的基础上构造了真正的社会模式。"② 而制度经济学代表人物诺思认同说："在详细描述长期变迁的各种现存理论中，马克思的分析框架是最有说服力的。"③ 而且，诚如米尔斯分析的，以往的社会科学家"充其量只研究短时期的趋势"，而马克思则"以整个历史时代作为他的研究的着眼点"，更重要的是，马克思的理论"模型不仅显示出整个社会的结构，而且展现了那个结构的历史变动情况"④。国外聚讼纷纭的结构主义与历史主义之争在马克思那里实际上是不存在的。

**2. 资本主义生理学、病理学和现代性诊断**

我们知道，对资本主义社会的科学分析是唯物史观另一重要向度，马克思由此构建了资本主义的生理学和病理学。这也是他有具体内容指向的第二大贡献。

《资本论》开宗明义地说："本书研究的，是资本主义生产方式以及和它相适应的生产关系和交换关系。"⑤ 正如海尔布隆纳所指出的，马克思毕生都在研究资本主义这一社会形态，而且，马克思对整个人类社会历史结构的把握，是立足于对资本主义进行的，因为"人体解剖是猴体解剖的一把钥匙"。正因此，詹姆逊（F. Jameson）认为，"马克思主义恰恰是关于资本主义的科学"，它"以无与伦比的能力来描述资本主义的历史独创性，揭示资本主义的根本结构性矛盾"⑥。心

---

① [英] C. 特里·伊格尔顿：《马克思为什么是对的》，李杨、任文科、郑义译，新星出版社2011年版，第41页。
② [法] 费尔南·布罗代尔：《论历史》，刘北成、周立红译，北京大学出版社2008年版，第55页。
③ [美] 道格拉斯·诺思：《经济史中的结构与变迁》，陈郁、罗华平等译，上海人民出版社1994年版，第68页。
④ [美] C. 赖特·米尔斯：《马克思主义者》，商务印书馆译，商务印书馆1965年版，第3、35页。
⑤ 中共中央马克思恩格斯列宁斯大林著作编译局编：《马克思恩格斯文集》第5卷，人民出版社2009年版，第8页。
⑥ F. Jameson, *Valences of the Dialectic*, Verso, 2009, p. 409.

## 第一章　经典马克思主义与21世纪中国马克思主义

理学家哈内科尔认为"马克思对资本主义做了最杰出的最深刻的批判",而著名左翼学者卡利尼科斯认定"马克思主义是对资本主义唯一的也是最好的批判"①。

历史唯物主义之所以被视为关于资本主义的科学,马克思对资本主义的分析之所以被赞誉有加,首先在于其实现了对资本主义的"生理解剖",建构了科学而又完整的资本主义生理学。马克思曾这样评价,李嘉图确实为"资产阶级制度的生理学——对这个制度的内在有机联系和生活——的理解"② 提供了基础和出发点。但他远远没有完成,只有马克思才真正完成了。正如詹姆逊所分析的,这种生理学,一则是"揭示资本主义的根本结构性矛盾",比如资本主义私有制与社会化大生产之间的矛盾;二则是"以无与伦比的能力来描述资本主义的历史独特性",比如所有权"取得了纯粹经济的形式,因为它摆脱了它以前的一切政治的和社会的装饰物和混杂物,简单地说,就是摆脱了一切传统的附属物"③,"使某些政治权力不再是榨取剩余的直接必要条件",进而使经济领域和政治领域相对分离,"资本主义的标志不仅在于形成了一个专门的经济领域及其榨取剩余的经济方式,而且在于有一个拥有空前公共性质的中央政府"④。还比如,马克思强调,"资产阶级除非……对全部社会关系不断地进行革命,否则就不能生存下去。……生产的不断变革,一切社会状况不停地动荡,永远的不安定和变动,这就是资产阶级时代不同于过去一切时代的地方。……一切等级的和固定的东西都烟消云散了"⑤。美国学者伯曼以《一切坚固的东西都烟消云散了——现代性体验》为题出版专著,宣

---

① 毛禹权:《西方马克思主义学者关于全球替代运动的评论》,载《国外理论动态》2009年第9期。
② 中共中央马克思恩格斯列宁斯大林著作编译局编:《马克思恩格斯全集》第34卷,人民出版社2008年版,第209页。
③ 中共中央马克思恩格斯列宁斯大林著作编译局编:《马克思恩格斯文集》第7卷,人民出版社2009年版,第697页。
④ [加]艾伦·伍德:《民主反对资本主义——重建历史唯物主义》,吕薇洲、刘海霞、邢文增译,重庆出版社2007年版,第40页。
⑤ 中共中央马克思恩格斯列宁斯大林著作编译局编:《马克思恩格斯文集》第2卷,人民出版社2009年版,第34～35页。

称马克思非常高明地揭示了资本主义的独特性即永恒的变化以及每一种个人和社会生活方式的不断变动和更新①;而熊彼特在《经济发展理论》中新造"创造性破坏"(creative destruction)一词,以此来指资本主义社会一方面是永不停歇的革新,却又摆脱不了周期性危机的悖谬,认为这就是资本主义的实质。海尔布隆纳以《资本主义的本质与逻辑》为题,盛赞马克思对资本主义生理学的分析从根本上回答了"资本主义是什么"这个元问题。②

其次还在于,它在完成资本主义生理学的基础上实现了对资本主义深刻的病理诊断,建构了科学的资本主义病理学。《国际社会主义》杂志副主编库拉纳曾撰文说:"正如医学科学随着病理学的发展而发展一样,马克思主义政治经济学通过分析资本主义的实际危机而发展。"③马克思对资本主义社会危机的分析建构了科学的病理学。日本共产党前议长不破哲三更明确地说:"马克思是唯物论思想家、资本主义的病理学家和未来人类社会的开拓者。"④ 连孙中山先生都提出"马克思主义是资本主义的病理学"⑤。

这种病理诊断,集中体现在对资本主义三大最重要病症的"把脉号诊"。一是经济危机。马克思主张,"一切现实的危机的最终的原因,总是群众的贫穷和他们的消费受到限制,而与此相对比的是,资本主义生产竭力发展生产力,好像只有社会的绝对的消费能力才是生产力发展的界限"⑥。这种表现为生产过剩的危机,只是假象,实质上

---

① 参见〔美〕马歇尔·伯曼《一切坚固的东西都烟消云散了——现代性体验》,徐大建、张辑译,商务印书馆2003年版,第121~123页。
② 参见〔美〕罗伯特·海尔布隆纳《资本主义的本质与逻辑》,马林梅译,东方出版社2013年版。
③ 〔英〕约瑟夫·库拉纳:《当前经济危机的马克思主义解释》,牛田盛摘译,载《国外理论动态》2002年第5期,第18页。
④ 转引自张利军《日本马克思主义研究报告2010》,载复旦大学国外马克思主义与国外思潮研究国家创新基地《国外马克思主义研究报告2010》,人民出版社2010年版。
⑤ 转引自张海鹏《孙中山民生主义理论体生活经验的内在矛盾》,载《历史研究》2016年第1期,第102~112页。
⑥ 中共中央马克思恩格斯列宁斯大林著作编译局编:《马克思恩格斯文集》第7卷,人民出版社2009年版,第548页。

## 第一章　经典马克思主义与21世纪中国马克思主义

根源于资本主义私有制和社会化大生产之间的矛盾。也正因此,它是资本主义的"癌症",无法自我疗愈。二是社会危机。即"资产阶级生存和统治的根本条件,是财富在私人手里的积累,是资本的形成和增殖;资本的生存条件是雇佣劳动。雇佣劳动完全是建立在工人的自相竞争之上的"。资本不断地追逐利润,不断深化对剩余价值的剥夺,导致"整个社会日益分裂为两大敌对的阵营,分裂为两大相互直接对立的阶级:资产阶级和无产阶级"[①]。这种资本主义私有制和资本逻辑造成的两极分化和阶级对立,在资本主义体系内也是不可能得到根本解决的。三是以商品拜物教为核心的各种拜物教现象。其实质是"把生产者同总劳动的社会关系反映成存在于生产者之外的物与物之间的社会关系。由于这种转换,劳动产品成了商品,成了可感觉而又超感觉的物或社会的物"[②]。结果,人作为主体却被诸如商品、金钱等物所主宰。资本主义就成了这种"物役性社会",表现出赤裸裸的"经济决定论"特征。也正因如此,资本主义注定要退出历史舞台,必须被推翻。

正因对资本主义生理学、病理学的深入洞察,马克思同时完成了对与资本主义近乎共生共荣的现代性的诊断,从多个维度深刻地揭示了现代性的悖谬,比如个人自由与社会平等之间的悖谬,工人出卖劳动力的自由换来深重的剥削和奴役,以至于形成罗默所谓的"在自由中丧失"[③],即自由地丧失自由和财物;现代性对理性形而上学的追求却造成类似"一切坚固的东西都烟消云散了"的永不停息的变动;"物的世界增殖和人的世界贬值"并行不悖,主体的人一方面经过启蒙运动揖别了封建王权和神权的奴役,却成为拜物教的奴隶。阿尔布

---

[①] 中共中央马克思恩格斯列宁斯大林著作编译局编:《马克思恩格斯文集》第2卷,人民出版社2009年版,第32页。

[②] 中共中央马克思恩格斯列宁斯大林著作编译局编:《马克思恩格斯文集》第5卷,人民出版社2009年版,第89页。

[③] [美]约翰·罗默:《在自由中丧失——马克思主义经济哲学导论》,段忠桥、刘磊译,经济科学出版社2003年版。

劳为此称马克思实现了"对现代性的一种高度现代的解说"①，贝斯特和科尔纳强调"马克思是第一位使现代与前现代形成概念并在现代性方面形成全面理论观点的主要的社会理论家"②。

3. **人的解放、自由人联合体和共产主义**

我们知道，马克思早在中学毕业论文中就申明：在选择职业时，我们应该遵循的主要指针是人类的幸福和我们自身的完美，立下了"选择最能为人类福利而劳动的职业"这样充满人道主义的宏伟志向。他后来的一生确实无愧于这一志向。早在《黑格尔法哲学批判》导言中，马克思就提出"必须推翻使人成为被侮辱、被奴役、被遗弃和被蔑视的东西的一切关系"；提出"普遍的人的解放"，批判资产阶级革命只实现了政治解放。由此，人的解放就成了马克思为之奋斗不息的人生主旋律。

在唯物史观的形成和发展中，人的解放获得了更为丰富的内容和科学的理论支撑。这一则表现为马克思认识到"人的本质不是单个人所固有的抽象物，在其现实性上，它是一切社会关系的总和"③。所以，人的解放既是个体的解放，又是大家共同的解放，是每个人的自由发展和一切人的自由发展的统一，是"以每个人的全面而自由的发展为基本原则"的"自由人联合体"。④ 二则表现为马克思认识到人的解放首先在于那个"由于自己受的普遍苦难而具有普遍性质"的阶级即无产阶级的解放，"无产阶级宣告现存世界制度的解体，只不过是揭示自己本身存在的秘密，因为它就是这个世界制度的实际解体"。"社会从私有财产等等解放出来、从奴役制解放出来，是通过工人解放这种政治形式来表现的……工人的解放还包含普遍的人的解放。"

---

① [英] 马丁·阿尔布劳：《全球时代：超越现代性之外的国家和社会》，高湘泽，冯玲译，商务印书馆2001年版，第28页。

② [美] 斯蒂芬·贝斯特、道格拉斯·科尔纳：《后现代转向》，陈刚等译，南京大学出版社2002年版，第100页。

③ 中共中央马克思恩格斯列宁斯大林著作编译局编：《马克思恩格斯文集》第1卷，人民出版社2009年版，第11、501页。

④ 参见中共中央马克思恩格斯列宁斯大林著作编译局编《马克思恩格斯文集》第5卷，人民出版社2009年版，第683页。

## 第一章 经典马克思主义与21世纪中国马克思主义

实际上,只有通过工人阶级自我解放、推翻资本主义社会,人类解放才有现实的可能性。三则表现为在唯物史观的基础上提出了共产主义的奋斗目标,共产主义一方面代表着人类解放、自由人联合体的社会形态;另一方面则是历史客观运动的必然结果,"共产主义对我们来说不是应当确立的状况,不是现实应当与之相适应的理想。我们所称为共产主义的是那种消灭现存状况的现实的运动。这个运动的条件是由现有的前提产生的"。即它一则是生产力生产关系矛盾运动的结果,这同时意味着生产力的高度发展是其"绝对必需的实际前提"[1],为此它还强调"不是废除一般的所有制,而是要废除资产阶级的所有制"[2]。二则它是通过无产阶级革命来实现的。无产阶级革命具有双重重要性,其一,它是推翻资本主义制度最重要的手段;其二,工人阶级"只有在革命中才能抛掉自己身上的一切陈旧的肮脏东西","成为社会的新基础",[3] 为共产主义培养建设主体。

法国当今颇负盛名的左翼学者巴迪乌(亦译"巴迪欧")有感于此提出:"我们要重新提倡共产主义,并使它更为明晰。……共产主义用最激进的方式打破了传统观念,提出了社会中每个人的自由发展是所有人自由发展的条件。"[4] 不过,在激进的背后,则是科学的力量。这种科学分析不仅在于它为共产主义进行了科学论证,也在于它为如何推翻资本主义奠定了可行的科学路径。

马克思的共产主义、自由人联合体思想确实把"批判的武器"和"武器的批判"很好地融为一体。瑞安(M. Ryan)为此说马克思主义和崇尚质疑、批判的解构主义有着根本的不同,它不是一种批判性哲学,其"理论与实践旨在推翻一个以私有制为基础的社会,代之以一

---

[1] 中共中央马克思恩格斯列宁斯大林著作编译局编:《马克思恩格斯文集》第1卷,人民出版社2009年版,第538页。
[2] 中共中央马克思恩格斯列宁斯大林著作编译局编:《马克思恩格斯文集》第2卷,人民出版社2009年版,第45页。
[3] 参见中共中央马克思恩格斯列宁斯大林著作编译局编《马克思恩格斯文集》第1卷,人民出版社2009年版,第543页。
[4] 肖辉、张春颖:《巴迪乌论当前的金融危机》,载《国外理论动态》2009年第8期。

个自由合作的劳动者共享社会财富的社会"①。

(三) 科学性与价值性的统一、问题导向与综合性分析、反思批判和辩证法:马克思主要思想遗产之二

马克思之所以能做出上述重要理论贡献,得益于他对问题和事物特有的分析方式、研究方法、探索精神、内在追求。而这些同样构成他留给后人的伟大思想遗产。具体说,主要有以下三点。

**1. 真理性与价值性、科学性与革命性双重统一**

法国著名小说家和思想家莫里斯·布朗肖在《阅读马克思》这篇文章中指出,在马克思一生的写作生涯和等身的文著中,同时存在着哲学、科学与政治学三重言说话语。表面上看,这个指认有合理性,因为马克思话语表述和言说方式确实存在多样性。然而,这种言说方式多样性的背后,则是马克思追求理论的真理性、科学性与价值性、革命性统一的不懈努力。

马克思主义的科学性和真理性,首先表现为,"为了使社会主义变为科学,就必须首先把它置于现实的基础之上"②,它的一切分析和思考都是基于客观现实,基于人类社会实践而进行的,"按照事物的真实面目及其产生情况来理解事物"③。其次表现为,它高度尊重事实,但绝不停留在表面事实上,而是深入分析事物内部的本质和结构,探掘事物发展的规律。其中最典型的是,"广泛地、有条理地、精明地观察社会经济的特定结构,把它看作人类整个社会生活特定结构的基础"④。再次表现为,"正确的理论必须结合具体情况并根据现

---

① M. Ryan, *Marxism and Deconstruction*, Johns Hopkins University Press, 1982, p. 1.
② 中共中央马克思恩格斯列宁斯大林著作编译局编:《马克思恩格斯文集》第3卷,人民出版社2009年版,第537页。
③ 中共中央马克思恩格斯列宁斯大林著作编译局编:《马克思恩格斯文集》第1卷,人民出版社2009年版,第528页。
④ 中共中央马克思恩格斯列宁斯大林著作编译局编:《列宁全集》第4卷,人民出版社1984年版,第3页。

## 第一章　经典马克思主义与21世纪中国马克思主义

存条件加以阐明和发挥"①。马克思主义对人类的社会实践、不断变化的客观实际永远敞开,以开放性的姿态追求与时俱进。最后还表现为,一系列科学方法,如科学抽象法,实践反思法,矛盾分析法,逻辑与历史统一、历史的现实的具体的分析方法等,这些科学方法展现出巨大的力量。恩格斯为此指出:"马克思的整个世界观不是教义,而是方法。它提供的不是现成的教条,而是进一步研究的出发点和供这种研究使用的方法。"② 列宁指出:"马克思主义者从马克思的理论中,无疑地只是借用了宝贵的方法。"③ 正因有以上表现,马克思思想科学性有了最终成果和最高表现,即它科学地揭示了人类社会发展的规律、资本主义的本质和发展规律,为我们提供了认识世界科学的工具、正确的指南。

不过,马克思对人类历史之谜的解答不是为研究而研究、为学术而学术,他是为人类解放、自由发展而攀爬书山、遨游学海的,他刻苦研究、笔耕不辍,最终的目标是为人类走向"自由人联合体"建构科学的路径,提供科学的阐析和论证。换言之,把人的解放建立在对世界的科学观察、科学分析和科学思考基础上,具有浓烈的价值关怀。当然,这种价值关怀既有终极眷注,更重要的是当下关切,即首要的是科学地分析资本主义的病理学,实现工人阶级从被剥削、被奴役的非人境遇中解放出来。恩格斯为此说,在马克思那里,"科学越是毫无顾忌和大公无私,它就越符合工人的利益和愿望"④。理论的科学性和对工人阶级的价值关怀性是高度一体的。所以,科学社会主义"首先是在那个直接吃到它的苦头的阶级即工人阶级的头脑中的观念上的反映"。列宁则说:"只有马克思主义的世界观才正确地反映了革

---

① 中共中央马克思恩格斯列宁斯大林著作编译局编:《马克思恩格斯全集》第27卷,人民出版社1972年版,第433页。
② 中共中央马克思恩格斯列宁斯大林著作编译局编:《马克思恩格斯文集》第10卷,人民出版社2009年版,第691页。
③ 中共中央马克思恩格斯列宁斯大林著作编译局编:《列宁专题文集·论马克思主义》,人民出版社2009年版,第300页。
④ 中共中央马克思恩格斯列宁斯大林著作编译局编:《马克思恩格斯文集》第4卷,人民出版社2009年版,第313页。

命无产阶级的利益、观点和文化。"①

也正因为对工人阶级的价值关怀,马克思建构的资本主义病理学既是科学的分析,也是批判性的分析,并同时开出了"药方"和"疗法"即推翻资本主义,实现自谓的"问题不在于解释世界,而在于改变世界"这个理论使命,也同时把科学性和革命性有机地统一起来。列宁为此详加解释说:"马克思主义理论对世界各国社会主义者所具有的不可遏止的吸引力,就在于它把严格的和高度的科学性(它是社会科学的最新成就)同革命性结合起来,并且不仅仅是因为学说的创始人兼有学者和革命家的品质而偶然地结合起来,而是把二者内在地和不可分割地结合在这个理论本身中。"② 而伊格尔顿则说马克思实现了所有对资本主义制度的批判中"理论上最丰富、政治上最坚定"的统一。

2. 问题导向与跨学科性综合研究

正如习近平总书记指出的:"坚持问题导向是马克思主义的鲜明特点。"③ 马克思本人也曾强调:"主要的困难不是答案,而是问题。""问题就是时代的口号,是它表现自己精神状态的最实际的呼声。"④ 而且,"在前人认为已有答案的地方,他却认为只是问题所在"⑤。对马克思来说,只有通过问题才能触及客观实际,抓住主要的、深层次的客观实际,因为"问题是事物矛盾的表现形式"⑥,进而在解题的同时寻找人类进步的方向、趋势和逻辑。马克思对人类社会历史的分

---

① 中共中央马克思恩格斯列宁斯大林著作编译局编:《列宁专题文集·论社会主义》,人民出版社2009年版,第167页。
② 中共中央马克思恩格斯列宁斯大林著作编译局编:《列宁专题文集·论辩证唯物主义和历史唯物主义》,人民出版社2009年版,第213~214页。
③ 习近平:《在哲学社会科学工作座谈会上的讲话》,载《人民日报》2016年5月19日。
④ 中共中央马克思恩格斯列宁斯大林著作编译局编:《马克思恩格斯全集》第40卷,人民出版社1982年版,第289~290页。
⑤ 中共中央马克思恩格斯列宁斯大林著作编译局编:《马克思恩格斯文集》第6卷,人民出版社2009年版,第21页。
⑥ 中共中央文献研究室编:《习近平关于协调推进"四个全面"战略布局论述摘编》,中央文献出版社2015年版,第86页。

## 第一章 经典马克思主义与 21 世纪中国马克思主义

析都是受一些问题促动而不断深化的,比如著名的"物质利益处处占法的上风"问题;同样,他对资本主义的生理学、病理学解析,也都是基于当时的社会问题而进行的,比如,为什么三大工人运动会相继爆发?工人为什么受剥削?被剥削的秘密在哪里?正因如此,国内不少资深的马克思主义学者认为马克思主义哲学有一个与众不同之处,那就是它很少局限在哲学的问题中步步为营,而是努力营建"问题中的哲学"。当然,问题导向之所以构成马克思思维的鲜明特点,归根结底是因为他对实践的推重,历史唯物主义本质上是"实践的唯物主义"。

这种聚焦于问题的研究方式和问题化思维方式,形成了马克思一个主要的思想遗产,那就是以问题为中心多角度、跨学科的综合性研究和将问题置于普遍联系网络中的整体性视野。比如,对资本主义社会中的商品现象和商品拜物教问题,他就综合运用了哲学、社会学、历史学、政治学、数学乃至农学、地理学、心理学等相关知识,来进行深入透彻的分析;实际上,他对重大的、基本的社会现象和问题,几乎都是跨学科性地进行研究。因此,法国左翼学者阿塔利高度赞扬马克思是"第一个把世界作为政治、经济、科学和哲学的整体来理解的人"①。美国经济史学家布劳格称马克思"是一位把经济学、社会学、政治学、历史学甚至人类学有机结合起来的社会科学家"②。而海尔布伦纳等更明确地说:"使马克思超出如此众多的其他经济学家的,是他把哲学、历史、社会学、心理学、政治学和经济学联结到一起形成统一的整体的能力。"③ 当然,这种跨学科性的整体性视野在对人类社会发展的把握上表现更为突出,以至于卢卡奇说:"对马克思主义来说,归根结底就没有什么独立的法学、政治经济学、历史科学等

---

① [英] 埃里克·霍布斯鲍姆:《如何改变世界:历史神话的终结者》,吕增奎译,中央编译出版社 2014 年版,第 11 页。

② [英] 马克·布劳格:《凯恩斯以前 100 位杰出的经济学家》,商务印书馆 2008 年版,第 140 页。

③ [美] 罗伯特·海尔布伦纳、莱斯特·瑟罗:《经济学的秘密》,海南出版社 2001 年版,第 38 页。

等,而只有一门唯一的、统一的——历史的和辩证的——关于社会(作为总体)发展的科学。"由此,"总体的观点,是马克思主义同资产阶级科学有决定性的区别。总体范畴,整体对各个部分的全面的、决定性的统治地位,是马克思取自黑格尔并独创性地改造成为一门全新科学的基础的方法的本质"①。

### 3. 反思意识、批判精神和辩证法

自觉而又强烈的反思意识,无疑是马克思的另一项重要思想遗产。我们知道,反思作为一个重要的哲学概念,在黑格尔那里获得了较为完整的意义:它首先是"思之思",既是一种"后思",又是一种折返性思考;其次是反复性、周密性思考,是通达事物本质的思考;最后是一种新思,即重新思考、再次思考,是一种怀疑性、批判性思考,甚至是颠覆性思考。

马克思自觉地把反思作为一种科学方法落实到研究中去,比如,对待人类社会历史,坚持"从后思索法",即实践反思法;对待各种社会现象、社会问题,坚决反对各种直观,张扬"抽象与具体的辩证法",把从具体到抽象和从抽象到具体有机统一起来,形成泽勒尼所谓"从现象到本质"或者"从本质到现象"即现象和本质之间的"来回波动"②。彰显了反思作为"反复思考、深思熟虑、周密分析"的科学、理性之思的意涵。

当然,更重要的是,马克思坚持了更为激进和彻底的反思。这首先表现在他把传统意义上的反思革命性地推进一格:跳出意识或思维本身,而从客观的社会存在、社会现实角度审视一种意识、思维何以产生、何以如此。其次表现为,反思与无情的彻底的批判内在地融为一体,具有更为自觉和强烈的批判精神。

早在1843年,马克思就立志于创建"批判的哲学",强调理论不是"教条地预期未来,而只是想通过批判旧世界发现新世界","要对

---

① [匈]卢卡奇:《历史与阶级意识——关于马克思主义辩证法的研究》,杜章智、任立、燕宏远译,商务印书馆1996年版,第77、76页。
② 转引自张一兵《回到马克思——经济学语境中的哲学话语》(第3版),江苏人民出版社1999年版,第591页。

## 第一章 经典马克思主义与 21 世纪中国马克思主义

现存的一切进行无情的批判"。① 在《德意志意识形态》中则称唯物史观为"真正批判的世界观",甚至他的很多主要作品都冠有批判字样。而且,这种批判同时指向自身。比如,马克思公开称《德意志意识形态》是对自己以前的哲学信仰进行清算。而恩格斯在评价《资本论》时说:"马克思在公布他的经济学方面的伟大发现以前,是以多么无比认真的态度,以多么严格的自我批判精神,力求使这些伟大发现达到最完善的程度。正是这种自我批评的精神,使他的论述很少能够做到在形式和内容上都适应他的由于不断进行的新的研究而日益扩大的眼界。"②

显然,在马克思那里,坚持反思,就是针对问题(现实问题或意识问题),结合人们的实践活动进行寻根究底的澄清,对一切隐蔽的、伪饰的、虚假的东西进行无情的批判,在反复探索中达致彻底的解蔽,袒露真相和实质。

反思意识、批判精神归根结底与马克思对辩证法的精通熟稔、擅长辩证思考密不可分,马克思在《资本论》第二版的跋中专门强调"辩证法不崇拜任何东西,按其本质来说,它是批判的和革命的"③。前面提及的包括科学抽象法在内的各种科学方法,实则都是辩证法的具体运用和深化。也正因此,卢卡奇强调,"马克思主义问题中的正统仅仅是指方法。它是这样一种科学的信念,即辩证的马克思主义是正确的研究方法"④,马克思主义最核心的就是它贯彻到底的唯物辩证法。不过,卢卡奇在具体阐释何为"辩证法"的时候,主要强调了历史视角和总体优先原则。这显然是不够的,因为辩证法是关于世界关系和过程的思维方式以及研究它们的方法,正如奥尔曼总结的,在马

---

① 参见中共中央马克思恩格斯列宁斯大林著作编译局编《马克思恩格斯文集》第 10 卷,人民出版社 2009 年版,第 7 页。
② 中共中央马克思恩格斯列宁斯大林著作编译局编:《马克思恩格斯文集》第 6 卷,人民出版社 2009 年版,第 4 页。
③ 中共中央马克思恩格斯列宁斯大林著作编译局编:《马克思恩格斯文集》第 5 卷,人民出版社 2009 年版,第 22 页。
④ [匈]卢卡奇:《历史与阶级意识——关于马克思主义辩证法的研究》,杜章智、任立、燕宏远译,商务印书馆 1996 年版,第 48 页。

克思那里,"为什么需要辩证法?因为它是研究由处于不断演进中的相互依存的过程所构成的世界的唯一明智的方法"①。所以,列宁在强调辩证法是"马克思主义的活的灵魂""根本的理论基础"的同时,指出它是"关于包罗万象和充满矛盾的历史发展的学说"②,诸如矛盾分析法以及全面、联系和发展地看问题同样是辩证法的核心内容。

（四）面对马克思的遗产,建设和发展21世纪中国马克思主义应重视什么

诚如习近平总书记所总结的,"马克思主义深刻揭示了自然界、人类社会、人类思维发展的普遍规律,为人类社会发展进步指明了方向;马克思主义坚持实现人民解放、维护人民利益的立场,以实现人的自由而全面的发展和全人类解放为己任,反映了人类对理想社会的美好憧憬;马克思主义揭示了事物的本质、内在联系及发展规律,是'伟大的认识工具',是人们观察世界、分析问题的有力思想武器;马克思主义具有鲜明的实践品格,不仅致力于科学'解释世界',而且致力于积极'改变世界'"③。而且,"事实一再告诉我们,马克思、恩格斯关于资本主义社会基本矛盾的分析没有过时,关于资本主义必然消亡、社会主义必然胜利的历史唯物主义观点也没有过时"④。我们对此必须有充分的认识和高度的自信,这也是发展21世纪中国马克思主义的前提。当然,这也是我们总体上把握人类社会、掌握当今世界应有的自信。

不过,具体结合马克思的重要思想遗产,进一步把这些思想遗产转化为新时代的鲜活理论,我们认为,以下五点尤须重视。

---

① ［美］伯尔特·奥尔曼:《辩证法的舞蹈——马克思方法的步骤》,田世锭、何霜梅译,高等教育出版社2006年版,第203～204页。
② 中共中央马克思恩格斯列宁斯大林著作编译局编:《列宁专题文集·论马克思主义》,人民出版社2009年版,第157页。
③ 习近平:《在哲学社会科学工作座谈会上的讲话》,载《人民日报》2016年5月19日。
④ 中共中央文献研究室编:《十八大以来重要文献选编》（上）,中央文献出版社2014年版,第117页。

# 第一章　经典马克思主义与21世纪中国马克思主义

**1. 问题导向、整体性视野和辩证思维**

如前所述，强烈而又自觉的问题意识是马克思求学志道、孜孜钻研的突出特征。中国特色社会主义是在马克思主义指导下形成和发展起来的，问题导向实际上是其中非常重要的因素。习近平总书记指出，我们中国共产党人干革命、搞建设、抓改革，从来都是为了解决中国的现实问题。而且他还特别强调："我们一定要以我国改革开放和现代化建设的实际问题、以我们正在做的事情为中心，着眼于马克思主义理论的运用，着眼于对实际问题的理论思考，着眼于新的实践和新的发展。"① 因为问题是时代的声音、口号，它能最真切地、全面地反映时代的客观实际；问题是矛盾的表现形式，它能深层次地凸显事物的本质和内在联系；问题是创新的起点，也是创新的动力源。实践创新和理论创新大都是在发现问题、分析问题、解决问题中实现的。习近平总书记为此说，包括马克思主义在内的"世界上伟大的哲学社会科学成果都是在回答和解决人与社会面临的重大问题中创造出来的"②，发展21世纪中国马克思主义仍然离不开这个法宝。

不过，我们知道，问题中还有问题，问题连着问题，表面问题背后有深层问题，老问题背后有新问题；而且，任何一个问题都牵扯很多方面的内容。所以，马克思在剖析问题时，总是坚持跨学科性研究，坚持在普遍联系中分析问题，以综合性、整体性视野来深入把握问题。习近平同志针对改革中的问题曾经这样强调："我们要统筹谋划深化改革各个方面、各个层次、各个要素，注重推动各项改革相互促进、良性互动、协同配合。要坚持整体推进，加强不同时期、不同方面改革配套和衔接，注重改革措施整体效果，防止畸重畸轻、单兵突进、顾此失彼。"③ 应该说，坚持以综合性、整体性视野和系统性思维来分析问题、解决问题，同样是发展21世纪中国马克思主义必须

---

① 习近平：《习近平谈治国理政》，外文出版社2014年版，第9页。
② 习近平：《在哲学社会科学工作座谈会上的讲话》，载《人民日报》2016年5月19日。
③ 中共中央宣传部：《习近平总书记系列重要讲话读本》，学习出版社、人民出版社2016年版，第79页。

坚持的、必须做到的。

这样做的过程，同时也是把辩证法与实际问题结合的过程，是培养和运用辩证思维的过程。正如习近平总书记所要求的："我们的事业越是向纵深发展，就越要不断增强辩证思维能力。当前，我国社会各种利益关系十分复杂，这就要求我们善于处理局部和全局、当前和长远、重点和非重点的关系，在权衡利弊中趋利避害、作出最为有利的战略抉择。"为此，"要学习掌握唯物辩证法的根本方法，不断增强辩证思维能力，提高驾驭复杂局面、处理复杂问题的本领"[①]。习近平新时代中国特色社会主义思想中的"全面深化改革""五大发展理念"无不是运用辩证思维的典范。

坚持问题导向、整体性视野和辩证思维，是发展 21 世纪中国马克思主义的基本要求。

**2. 科学性和人民性、真理性与价值性统一**

如前所述，马克思的一个重要思想遗产就是思考问题和理论研究，要力图把真理性、科学性和价值性统一起来，具体来说就是既要实事求是，科学地发现事物的本质和规律，按照规律行事和行动，也要注意以人民为中心、以人的发展为根本。这既是中国特色社会主义健康前行、不断发展的根本保证，也是我们发展 21 世纪中国马克思主义应该铭记并努力实现的。

习近平总书记对此有很清醒的认识。他曾经提出：我们在研究和思考全面改革问题时，必须科学认识改革的本质要求，把握全面深化改革的内在规律，特别是要把握全面深化改革的重大关系，更加富有成效地把改革推向前进。还特别强调："必须从纷繁复杂的事物表象中把准改革脉搏，把握全面深化改革的内在规律，特别是要把握全面深化改革的重大关系。"[②] 这实际上是告诉我们，科学地认识世界、改造世界是 21 世纪马克思主义必须坚持的根本点，科学性是最基本的诉求。

---

① 习近平：《坚持运用辩证唯物主义世界观方法论提高解决我国改革发展基本问题本领》，载《人民日报》2015 年 1 月 25 日。
② 习近平：《坚定不移全面深化改革开放　脚踏实地推动经济社会发展》，载《人民日报》2013 年 7 月 24 日。

## 第一章　经典马克思主义与 21 世纪中国马克思主义

但他同时还专门指出:"必须坚持解放思想和实事求是的有机统一,一切从基本国情出发,从实际出发,从人民群众的利益出发,既大胆探索又脚踏实地。这样才能保证我们遵循事物发展的内在规律,保持历史前进的正确方向。"[①] 既要实事求是、遵循规律,又要追求人类利益、人民幸福。他在谈到为什么"以促进社会公平正义、增进人民福祉为出发点和落脚点"时解释说,这既是"中央全面审视和科学分析我国经济社会发展现状和态势"的结果,也是考虑到"会影响人民群众对改革开放的信心"[②] 的结果。因此,习近平总书记多次论述了以人民为中心的发展思想。2015 年 11 月 23 日,他在主持中央政治局第二十八次集体学习时明确指出:"坚持以人民为中心的发展思想,这是马克思主义政治经济学的根本立场。"2016 年 1 月 18 日,他在省部级主要领导干部学习贯彻十八届五中全会精神专题研讨班开班式上再次强调:"要着力践行以人民为中心的发展思想。"党的十九大报告指出:"必须坚持以人民为中心的发展思想,不断促进人的全面发展、全体人民共同富裕。"这把科学性与人民性的统一非常鲜明地彰显了出来。

所以,21 世纪中国马克思主义的理论创新和实践创新,中国特色社会主义的政策制定和实践,必须使科学发展与以人民为中心的发展统一起来。科学性和人民性、真理性与价值性统一仍然是我们必须遵循的基本准则,是发展 21 世纪中国马克思主义的基本原则。

**3. 以我为主、博采众长,兼收并蓄、批判借鉴**

马克思的思想和理论之所以深邃、深刻,固然体现在他对问题的跨学科性、综合性分析,但背后则是他对各种学科知识的精通熟稔,对人类历史上各种优秀文化成果以海纳百川的态度博采众长,甚至对自己的理论对手、敌手都采取批判借鉴的态度。正如习近平总书记在哲学社会科学工作座谈会上指出的:"马克思主义经典作家眼界广阔、知识丰富,马克思主义理论体系和知识体系博大精深,涉及自然界、

---

[①] 中共中央宣传部:《习近平总书记系列重要讲话读本》,学习出版社、人民出版社 2014 年版,第 79 页。

[②] 中共中央文献研究室编:《十八大以来重要文献选编》(上),中央文献出版社 2014 年版,第 552 页。

人类社会、人类思维各个领域，涉及历史、经济、政治、文化、社会、生态、科技、军事、党建等各个方面"，"马克思、恩格斯在建立自己理论体系的过程中就大量吸收借鉴了前人创造的成果"。

今天，发展和建设 21 世纪中国马克思主义毫无疑问要发扬光大马克思的这一优点，"要按照立足中国、借鉴国外，挖掘历史、把握当代，关怀人类、面向未来的思路"，"充分体现中国特色、中国风格、中国气派"。其中，立足中国、把握当代，进而形成中国特色、中国风格、中国气派是核心，其实质就是"以我为主"，体现发展和建设 21 世纪中国马克思主义的主体性。然后在此基础上"借鉴国外，挖掘历史"，博采众长、兼收并蓄、批判借鉴。具体说，"要坚持古为今用、洋为中用，融通各种资源，不断推进知识创新、理论创新、方法创新。我们要坚持不忘本来、吸收外来、面向未来，既向内看、深入研究关系国计民生的重大课题，又向外看、积极探索关系人类前途命运的重大问题；既向前看、准确判断中国特色社会主义发展趋势，又向后看、善于继承和弘扬中华优秀传统文化精华"。而且，还要知道，"对一切有益的知识体系和研究方法，我们都要研究借鉴，不能采取不加分析、一概排斥的态度"。更重要的是，"对国外的理论、概念、话语、方法，要有分析、有鉴别，适用的就拿来用，不适用的就不要生搬硬套。哲学社会科学要有批判精神，这是马克思主义最可贵的精神品质"①。这其中，同样要发扬和贯彻马克思的反思意识和批判精神。

在反思甄别的基础上，坚持马克思主义基本原理，坚持以我为主、博采众长、兼收并蓄、批判借鉴，是发展 21 世纪中国马克思主义的基本方式。

**4. 注重"三化"，追求创新与发展**

前已述及，马克思坚持和贯彻了彻底的批判精神，其中很重要的体现就是不断地自我批判。即使对唯物史观，也是如此。比如晚年在俄国农村公社问题上，他就自我反思了早期单线论的某些缺陷，提出

---

① 习近平：《在哲学社会科学工作座谈会上的讲话》，载《人民日报》2016 年 5 月 19 日。

## 第一章　经典马克思主义与21世纪中国马克思主义

"东方社会理论"。这种自我反思与批判,就是一种理论创新、理论发展。当然,这实际上根源于马克思对实践的重视,实践性是其思想和理论的本质特征,这要求它随着人类社会实践的变化不断更新、发展。恩格斯为此解释说:"我们只能在我们时代的条件下进行认识,而且这些条件达到什么程度,我们就认识到什么程度。"① 所以,"我们的理论是发展着的理论,而不是必须背得烂熟并机械地加以重复的教条"②。邓小平同志后来在中国特色社会主义实践中,深有感触地说:"绝不能要求马克思为解决他去世之后上百年、几百年所产生的问题提供现成答案。列宁同样也不能承担为他去世以后五十年、一百年所产生的问题提供现成答案的任务。真正的马克思列宁主义者必须根据现在的情况,认识、继承和发展马克思列宁主义。""马克思主义理论从来不是教条,而是行动的指南。它要求人们根据它的基本原则和基本方法,不断结合变化着的实际,探索解决新问题的答案,从而也发展马克思主义理论本身。"所以,"不以新的思想、观点去继承、发展马克思主义,不是真正的马克思主义者"③。对此,真正的马克思主义者不但永不能忘,更要率先垂范、躬行实践。

习近平总书记站在真正马克思主义者的立场上深刻指出:"坚持马克思主义,坚持社会主义,一定要有发展的观点,……着眼于新的实践和新的发展。"④ 他在哲学社会科学工作座谈会上同样强调,"结合新的实践不断做出新的理论创造,这是马克思主义永葆生机活力的奥妙所在"。没有创新,就没有中国特色社会主义的美好未来,谈不上马克思主义与中国特色社会主义的有机结合,这是发展21世纪中国马克思主义必须始终铭记在心的。

---

① 中共中央马克思恩格斯列宁斯大林著作编译局编:《马克思恩格斯文集》第9卷,人民出版社2009年版,第494页。
② 中共中央马克思恩格斯列宁斯大林著作编译局编:《马克思恩格斯文集》第10卷,人民出版社2009年版,第562页。
③ 中共中央文献编辑委员会编:《邓小平文选》第3卷,人民出版社1993年版,第291~292页。
④ 中共中央文献研究室编:《十八大以来重要文献选编》(上),中央文献出版社2014年版,第114~115页。

"实践没有止境,理论创新也没有止境。要使党和人民事业不停顿,首先理论上不能停顿。我们要根据时代变化和实践发展,不断深化认识,不断总结经验,不断进行理论创新,坚持理论指导和实践探索辩证统一,实现理论创新和实践创新良性互动,在这种统一和互动中发展21世纪中国的马克思主义。"① 这种良性互动的过程,实质上也就是结合21世纪的实际把马克思主义进一步中国化、时代化、大众化的过程。

习近平总书记在哲学社会科学工作座谈会上指出:"马克思主义中国化取得了重大成果,但还远未结束。我国哲学社会科学的一项重要任务就是继续推进马克思主义中国化、时代化、大众化,继续发展21世纪马克思主义、当代中国马克思主义。"② 在主持中央政治局第四十三次集体学习会的讲话中,他再次强调:"发展21世纪马克思主义、当代中国马克思主义,必须立足中国、放眼世界,保持与时俱进的理论品格,深刻认识马克思主义的时代意义和现实意义,锲而不舍推进马克思主义中国化、时代化、大众化,使马克思主义放射出更加灿烂的真理光芒。"③ 明确无误地把马克思主义中国化、时代化、大众化与发展21世纪中国马克思主义之间互相支撑、一体两面的关系昭示出来了。

在21世纪继续推进马克思主义的"三化",是发展21世纪中国马克思主义的基本路径。

**5. 注重社会结构与社会矛盾分析,不断成为"时代精神的精华"**

马克思曾说过,哲学是时代精神的精华。马克思之所以这样说,主要原因无外有两个:一是优秀的哲学始终站在时代的潮头垂注人类命运,为人的自由解放鼓与呼;二是只有达到哲学抽象的高度,才能把握时代的本质和根本特征,把握历史发展的规律。唯物史观之所以

---

① 习近平:《坚持运用辩证唯物主义世界观方法论提高解决我国改革发展基本问题本领》,载《人民日报》2015年1月25日。
② 习近平:《在哲学社会科学工作座谈会上的讲话》,载《人民日报》2016年5月19日。
③ 习近平:《习近平谈治国理政》第二卷,外文出版社2017年版,第65页。

## 第一章　经典马克思主义与 21 世纪中国马克思主义

成为时代精神的精华，就在于它在综合各种知识的同时，运用科学抽象法在把握人类社会发展深层结构和基本规律的基础上，建构了资本主义的生理学、病理学，深刻地洞悉了资本主义的本质特征，为人类的解放奠定了科学之道。

习近平总书记为此强调："只有把生产力和生产关系的矛盾运动同经济基础和上层建筑的矛盾运动结合起来观察，把社会基本矛盾作为一个整体来观察，才能全面把握整个社会的基本面貌和发展方向。"[①] 立足于社会结构及由之形成的社会矛盾进行深入剖析，把握时代本质，在根本上掌握世情国情，以科学实践反哺理论创新，理应是 21 世纪中国马克思主义不可或缺的选项。

习近平新时代中国特色社会主义思想，作为 21 世纪中国马克思主义的最新成果，已经在这方面率先垂范。比如，习近平总书记明确强调"我们认识到，为了从根本上解决经济的长远发展问题，必须坚定推动结构改革"。之所以提出"经济新常态"，是因为"中国经济已经进入新的发展阶段，正在进行深刻的方式转变和结构调整"[②]。另外，判断中国特色社会主义进入新时代，很重要的因由就在于社会主要矛盾发生了变化，社会结构发生了局部性质变。习近平总书记还把社会结构和社会矛盾分析用在对世情的把握上。他提出"就从国际金融危机看，许多西方国家经济持续低迷、两极分化加剧、社会矛盾加深，说明资本主义固有的生产社会化和生产资料私人占有之间的矛盾依然存在，但表现形式、存在特点有所不同"[③]。

在精通马克思主义基本原理的基础上，透过社会结构及由之形成的社会矛盾来把握时代特征、中国特色社会主义的阶段性本质和当代资本主义变化的实质，来科学合理地确立发展战略，制定发展规划，推动实践创新和理论创新，是发展 21 世纪中国马克思主义的重要支点。

---

[①] 习近平：《推动全党学习和掌握历史唯物主义　更好认识规律更加能动地推进工作》，载《人民日报》2013 年 12 月 5 日。

[②] 中共中央文献研究室编：《十八大以来重要文献选编》（上），中央文献出版社 2014 年版，第 358、437 页。

[③] 习近平：《在哲学社会科学工作座谈会上的讲话》，载《人民日报》2016 年 5 月 19 日。

# 第二章 经典马克思主义与中国特色社会主义新时代

中国特色社会主义步入了新时代，这是我国社会主义建设新的历史方位。我们既要运用经典马克思主义中的基本原理来更好地阐释和辩护中国特色社会主义新时代各种正确的建设方针、方略、方案和方法，又要结合中国特色社会主义新时代的客观实际来使马克思主义进一步中国化，使基本原理和新的具体实际得到更好的结合，更要结合中国特色社会主义新时代的实践创新来深化对经典马克思主义的认识，丰富经典马克思主义的某些论述、论断，拓新经典马克思主义的一些内容。

## 一、马克思主义"社会生产力"概念与"全面深化改革"[①]

社会生产力是马克思主义核心概念之一，它有三层基本含义：分别为和自然生产力相对意义上的、和个人生产力相对意义上的，以及一个社会总和性的全部生产力。后者是一定社会物质生产劳动与那些具有相对独立性（不再是物质生产过程进行必须具备的最基本的内在要素）的全部社会因素，如生产关系、政治制度、文化传统甚至宗教观念等相互作用的总结果。一个社会总和性的全部生产力虽然把生产关系包含在内，但这并没有违背生产力-生产关系辩证法。因为在马克思主义那里，存在三层维度的生产力，生产力与生产关系的辩证法主要发生在第二层维度（中观维度）的生产力与生产关系中间，而第

---

① 本部分内容以《社会生产力与"全面深化改革"——马克思主义核心概念的当下解读》为题，载于《思想战线》2016年第5期。

## 第二章　经典马克思主义与中国特色社会主义新时代

三种意义上的社会生产力则构成生产力的第三层维度（宏观维度）。党的十七大以来，党和国家领导人的讲话、正式文件更多地采用了社会生产力的说法。而习近平总书记近期提出的"推动社会生产力水平整体跃升"与"全面深化改革"，都凸显了第三种意义上的社会生产力存在的重要性，可以视为对此的当下有力的回应。

正如阿尔都塞的著名弟子、合作者艾蒂安·巴里巴尔所说的，在马克思那里，"没有一个概念像生产力或者更确切地说生产力水平（或发展程度）这一概念那样具有表面的简单性，而在实际上却包含着许多难题"[①]。确实如此，马克思不但没有给生产力下过明确的定义，给予精确的勘定，而且经常给生产力加不同的前缀，在前面用不同的修辞限定语，结果出现了诸如精神生产力、物质生产力、自然生产力、社会生产力、个体生产力、集体生产力、主体生产力、客体生产力、主观生产力、客观生产力等繁杂的称谓。这既表明了在马克思那里生产力概念的抽象性和内涵复杂性，也提醒我们一定要结合具体语境厘清概念的所指，还要注意甄别这些特定称谓之间细微的差异和专有的用意。如此，才能准确、深入、全面地把握马克思主义生产力这个核心，进而准确理解马克思主义的基本原理。

（一）马克思主义"社会生产力"的三种含义：必要的文本考辨

在上述繁多的称谓中，社会生产力概念因其频繁使用而广为人知，也受到人们的普遍关注。马克思之所以经常使用社会生产力这个概念，固然是因为社会生产力与生产力之间确实存在着很大的同源同质性，《中国大百科全书》正因此强调生产力"亦称社会生产力"[②]，但我们如果仅停留于此，就会很成问题，因为马克思之所以经常使用这个概念，还因为它有特定的针对性和特定意义。就此，它和一般意

---

① ［法］路易·阿尔都塞、艾蒂安·巴里巴尔：《读〈资本论〉》，李其庆、冯文光译，中央编译出版社2001年版，第286页。
② 中国大百科全书出版社编辑部编：《中国大百科全书》，中国大百科全书出版社1987年版，第784页。

义上谈论生产力，还是有明显间隙或者距离的。我们特别需要认真对待和仔细分辨。

第一，马克思在与自然力、自然生产力相对立的意义上使用"社会生产力"。马克思明确说："人在生产中只能像自然本身那样发挥作用，就是说，只能改变物质的形态。不仅如此，他在这种改变形态的劳动中还要经常依靠自然力的帮助。"① 实际上，古代社会很多时候，人们的生产劳动从属于这种自然力，只有到了近代社会，这种关系才翻转过来，"大生产——应用机器的大规模协作——第一次使自然力，即风、水、蒸气、电大规模地从属于直接的生产过程，使自然力变成社会劳动的因素"②。当自然力和人的劳动结合，或者说成为劳动因素，外在自立的自然力就转变为劳动的自然生产力，马克思特意点明"劳动的自然生产力，即劳动在无机界发现的自然力"。马克思有时在广义上理解自然力，把人作为一种活的肉体存在而天然具有体能、体力，或者说本能式的潜在劳动力也视为自然力，在这个意义上，人在劳动中就是"人自身作为一种自然力与自然物质相对立"③，而"劳动本身不过是一种自然力的表现，即人的劳动力的表现"④。不过，劳动的自然生产力要么是潜在的，要么是根本不可能独立存在的，因为只要人类脱离动物本能式的活动而进行劳动，劳动的自然生产力就会成为社会劳动的内在要素，进而转化为劳动的社会生产力，即社会的人在一定社会条件、社会形式下劳动所形成的主体劳动能力及其物化结果。这种力是社会的人人为的结果，而不是天然存在、自然生成的，马克思专门用"社会生产力"（有时更具体地指称为"劳动的社会生产力"）以强调它与自然力的本质区别。

---

① 中共中央马克思恩格斯列宁斯大林著作编译局编：《马克思恩格斯全集》第23卷，人民出版社1972年版，第56页。
② 中共中央马克思恩格斯列宁斯大林著作编译局编：《马克思恩格斯全集》第47卷，人民出版社1979年版，第569页。
③ 中共中央马克思恩格斯列宁斯大林著作编译局编：《马克思恩格斯全集》第23卷，人民出版社1972年版，第201～202页。
④ 中共中央马克思恩格斯列宁斯大林著作编译局编：《马克思恩格斯文集》第3卷，人民出版社2009年版，第428页。

## 第二章　经典马克思主义与中国特色社会主义新时代

马克思多次在另一种意义上把两者并列提出，即说明资本主义的特殊性：它通常把这两种相互对立而又相互关联的力量整合起来，共同成为奴役工人的力量。在资本主义社会，"作为要素加入生产但无须付代价的自然要素，不论在生产中起什么作用，都不是作为资本的组成部分加入生产，而是作为资本的无偿的自然力，也就是，作为劳动的无偿的自然生产力加入生产的。但在资本主义生产方式的基础上，这种无偿的自然力，像一切生产力一样，表现为资本的生产力"[1]；"劳动的这种自然生产力，或者也可以说，这种自然产生的劳动生产率所引起的作用自然和劳动的社会生产力的发展完全一样"[2]，成为榨取剩余价值的力量；资本家能"攫取这些无偿的生产力：未开发的自然资源和自然力，以及随着人口的增长和社会的历史发展而发展起来的劳动的全部社会力"[3]。不过，既然多次这样并列，也同时是为了彰显和突出两者的差异性和一定的对立意义。

第二，马克思在与个人、个体生产力相对立意义上使用"社会生产力"。不过，马克思经常在表明两者相互关联中彰显两者的对立意义。一方面，个人生产力是社会生产力的基础，后者是个人生产力在劳动中相互作用所形成的合力，"通过协作提高了个人生产力，而且是创造了一种生产力，这种生产力本身必然是集体力"[4]，在这个意义上，"共同体本身作为第一个伟大的生产力而出现"[5]，社会生产力的实质就是这种"集体力"。不过，进一步具体追溯，协作产生集体力，最终却是分工造成的，因为分工"造成了社会生产过程的质的划分和量的比例，从而创立了社会劳动的一定组织，这样就同时发展了新

---

[1] 中共中央马克思恩格斯列宁斯大林著作编译局编：《马克思恩格斯文集》第7卷，人民出版社2009年版，第843页。
[2] 中共中央马克思恩格斯列宁斯大林著作编译局编：《马克思恩格斯文集》第8卷，人民出版社2009年版，第370页。
[3] 中共中央马克思恩格斯列宁斯大林著作编译局编：《马克思恩格斯全集》第47卷，人民出版社1979年版，第553页。
[4] 中共中央马克思恩格斯列宁斯大林著作编译局编：《马克思恩格斯全集》第23卷，人民出版社1972年版，第366页。
[5] 中共中央马克思恩格斯列宁斯大林著作编译局编：《马克思恩格斯全集》第46卷（上），人民出版社1979年版，第495页。

的、社会的劳动生产力"①。另一方面，社会生产力可以促进个人生产力的发展。"社会生产力的发展如此迅速，以致尽管生产将以所有人的富裕为目的，所有人的可以自由支配的时间还是会增加。因为真正的财富就是所有个人的发达的生产力。"② 不过，在资本主义社会，"资本在社会生产力上的富有，是以工人在个人生产力上的贫乏为条件的"③，它破坏了两者之间的这种相互促进的良性关系。

第三，马克思在更为特殊意义上使用"社会生产力"。实际上，以上社会生产力的两种含义正好对应了"社会"作为定语前缀的一般、显性意义，即非自然的、非个人性的。所以，当马克思强调"结合工作日的特殊生产力都是劳动的社会生产力或社会劳动的生产力"④，这里的社会生产力既可以理解为与自然力对立意义上的，也可以理解为与个人生产力对立意义上的。也正因此，社会生产力的上述两层指向，已被人们充分注意到。不过，作为定语前缀的"社会"或曰"社会的"，还有另外一层较为深隐却非常重要的含义，即总体的、全社会总和的，与此相应，马克思也曾在此意义上使用社会生产力概念，即一个社会的总生产力，或者说一个社会人们在物质生产中所形成的总能力、创造物质财富的总合力。这种意义上的社会生产力当然与个人生产力相对，但它主要是与个别生产力（个别生产组织、单位）、局部（部门、区域）生产力相对立意义上的，而个别的、局部的生产力当然是第二种意义上的社会生产力（非个人的生产力），但不是第三种意义上的社会生产力。马克思在一些地方分别提及和分析了个别生产力、部门生产力，可惜的是，很少像上两层意义上那样把社会生产力与它们相对立起来分析、阐述。由此，相较于前两层意

---

① 中共中央马克思恩格斯列宁斯大林著作编译局编：《马克思恩格斯全集》第23卷，人民出版社1972年版，第362页。
② 中共中央马克思恩格斯列宁斯大林著作编译局编：《马克思恩格斯全集》第46卷（下），人民出版社1980年版，第222页。
③ 中共中央马克思恩格斯列宁斯大林著作编译局编：《马克思恩格斯全集》第23卷，人民出版社1972年版，第400页。
④ 中共中央马克思恩格斯列宁斯大林著作编译局编：《马克思恩格斯全集》第23卷，人民出版社1972年版，第366页。

## 第二章 经典马克思主义与中国特色社会主义新时代

义,这层意义上的社会生产力概念相对间接而隐秘地存在于文本中。

马克思往往通过三种方式来不太直接地表达这种意义上的社会生产力。其一,用带有"全部""总和""总"等字眼进而组合成"全部生产力""生产力的总和"等称谓来相对明确地表达,如前已述及的"劳动的全部社会力",以及如下话语:"无论哪一个社会形态,在它们所能容纳的全部生产力发挥出来以前,是决不会灭亡的"①,"随着联合起来的个人对全部生产力(die totale Produktivkrfte)的占有,私有制也就终结了"②,"人们所达到的生产力的总和决定着社会状况"③,"各个人必须占有现有的生产力总和,这不仅是为了实现他们的自主活动,而且就是为了保证自己的生存"④。

其二,马克思有时用更为晦涩的比喻或思辨的哲学话语来抽象地表达。如他多次用"文明的果实""文明的成果"来指认社会生产力,站在如此抽象和宏观高度的称谓,只能是总和性的生产力;他还明确说,"固定资本的发展表明,一般社会知识,已经在多么大的程度上变成了直接的生产力,从而社会生活过程的条件本身在多么大的程度上受到一般智力的控制并按照这种智力得到改造。它表明,社会生产力已经在多么大的程度上,不仅以知识的形式,而且作为社会实践的直接器官,作为实际生活过程的直接器官被生产出来"⑤。用"一般社会知识和一般智力"的结晶、"社会实践的器官"来指代社会生产力,这样的社会生产力只能是全社会所形成的总体性社会生产力。

行文至此,我们已经很清楚,第三种意义上的社会生产力,实质

---

① 中共中央马克思恩格斯列宁斯大林著作编译局编:《马克思恩格斯文集》第2卷,人民出版社2009年版,第592页。
② 中共中央马克思恩格斯列宁斯大林著作编译局编:《马克思恩格斯文集》第1卷,人民出版社2009年版,第582页。
③ 中共中央马克思恩格斯列宁斯大林著作编译局编:《马克思恩格斯文集》第1卷,人民出版社2009年版,第533页。
④ 中共中央马克思恩格斯列宁斯大林著作编译局编:《马克思恩格斯文集》第1卷,人民出版社2009年版,第580～581页。
⑤ 中共中央马克思恩格斯列宁斯大林著作编译局编:《马克思恩格斯全集》第46卷(下),人民出版社1980年版,第219页。

就是整个社会各种因素以生产方式为轴心相互作用所形成的生产合力即"社会总生产力",在更抽象的意义上,就是人们以物质生产实践为核心、综合各种实践所形成的利用自然创造物质财富的总合力或全部实践的总体功能性规定。更具体地说,它是一定社会物质生产劳动与那些具有相对独立性(不再是物质生产过程进行必须具备的最基本的内在要素)的全部社会因素,如生产关系、政治制度、文化传统甚至宗教观念等相互作用的总结果。

其三,这涉及更为隐晦的表达,即当马克思从上述诸多社会因素产生影响的角度分析生产力时,实际上间接地确证了第三层意义上的社会生产力。比如,他经常强调生产关系、上层建筑的反作用——受这些反作用影响后的社会生产总合力就是第三层意义上的社会生产力。他有时更为具体地分析影响生产力的要素,会有意列举出一些超出生产劳动必备的最基本要素之外的社会因素,进一步确证了第三层意义上的社会生产力,如他明确提出,"文明的一切进步,或者换句话说,社会生产力(也可以说劳动本身的生产力)的任何增长,——例如科学、发明、劳动的分工和结合、交通工具的改善、世界市场的开辟、机器等等"① 都产生了重要影响,其中交通工具、世界市场,已经明显不是生产劳动必备的基本要素,而属于独立的社会性因素。他还说:"劳动生产力是由多种情况决定的,其中包括:工人的平均熟练程度,科学的发展水平及其在工艺上的应用状况,生产过程的社会结合方式,生产资料的规模和效能,以及自然条件。"② 生产过程的社会结合方式,应该包含独立性的社会因素的影响。美国生态学家奥康纳就是据此提出"文化生产力"的说法,或者说生产力具有文化向度。他举例说,美国和日本文化传统不同(一个是个人主义的,一个偏向于团体本位),结果生产过程的社会结合差别很大——分别形成

---

① 中共中央马克思恩格斯列宁斯大林著作编译局编:《马克思恩格斯全集》第46卷(上),人民出版社1979年版,第268页。
② 中共中央马克思恩格斯列宁斯大林著作编译局编:《马克思恩格斯全集》第23卷,人民出版社1972年版,第53页。

## 第二章　经典马克思主义与中国特色社会主义新时代

民主管理和权威管理模式，最终生产力发展非常不同。①

实际上，关于这些相对独立的社会因素为什么会影响一个社会总和生产力的形成，马克思做过一个归根结底性的解释："人本身是他自己的物质生产的基础，也是他进行其他各种生产的基础。因此，所有对人这个生产主体发生影响的情况，都会在或大或小的程度上改变人的各种职能和活动，从而也会改变人作为物质财富、商品的创造者所执行的各种职能和活动。在这个意义上，确实可以证明，所有人的关系和职能，不管它以什么形式和在什么地方表现出来，都会影响物质生产，并对物质生产发生或多或少是决定的作用。"② 各种社会因素最终都通过影响每个劳动者来促成第三层意义上的社会生产力。

由此，第三层意义上的社会生产力与个人生产力、个别生产力、部门生产力关系密切，存在很大的正相关关系，但绝非它们的简单相加、汇总，究其实质是人们的物质生产实践与其他社会实践互动所形成的总合力。这样理解的生产力，一般公认是一种广义的生产力。

### （二）社会生产力与生产力—生产关系辩证法：另一种深层解析

因为有不少的文本支撑并且非常重要，国内外不少人就是在上述第三层意义上的生产力，即一个社会总和性的生产力意义上理解马克思主义的生产力概念，特别是那些反对技术决定论、机械决定论的人，尤为如此。不过，如果把这层意义上的生产力等同于马克思主义的生产力概念，问题随之而来：那还怎样理解唯物史观最为重要的原理之一——生产力-生产关系辩证法原理？

很明显，如果把马克思主义的生产力等同为第三层意义上的社会生产力，生产关系乃至上层建筑都成为生产力的内在影响因素、内在成分，生产力与生产关系就无从区隔开来，还何谈生产力与生产关系

---

① 参见［美］詹姆斯·奥康纳《自然的理由——生态学马克思主义研究》，唐正东、臧佩洪译，南京大学出版社2003年版，第59～72页。

② 中共中央马克思恩格斯列宁斯大林著作编译局编：《马克思恩格斯全集》第26卷第1册，人民出版社1972年版，第300页。

矛盾运动？巴里巴尔曾总结说："资产阶级对马克思提出批判，他们指出，生产力最终说来，不仅包括技术工具，而且还包括旨在改善和取代这些工具的科学知识的应用以及科学本身；不仅包括劳动力人口，而且还包括这个人口的技术习惯和文化习惯，历史（旧的生产方式的历史）以及工业心理学和社会学越来越清楚地表明了这些习惯的'根深蒂固的性质'以及它们的历史的和社会学的复杂性；不仅包括技术，而且还包括劳动组织甚至社会和政治组织（'计划化'就是这方面的一个突出例子）等等。"① 这些资产阶级就是从最终意义上理解生产力的，在他们看来，生产关系、政治上层建筑都属于生产力的内容。如果这样，还谈什么生产力决定生产关系呢？马克思主义生产力决定性原理显然错了。

应该讲，持这些想法的大有人在。比如，理查德·诺曼分析说："所谓具有首要性的'生产力'不能仅仅理解为技术，而是更宽泛意义上的'生产能力'。它的提高不仅需要技术的革新，而且需要各方面因素的参与，如劳动关系、组织方式以及劳动范围内的各种管理等等。由于生产的物质关系的特定方式很难同整个社会层面的关系结构严格分离，因此，广义上的'生产力'与'生产关系'的对立在某种意义上不过是同一现象的不同方面的对立。有这么一种认识：如果工人自己掌握和控制了生产方式，那么劳动生产率就会大大提高，因为他们为自己劳动而不是为老板劳动的意识将会为他们提高效率、努力工作、革新和创造提供强大的动力。如果这是真的，这样一种变化就是广义上生产力或生产能力的变化，当然也就是生产关系上的变化（既是物质的也是社会的）。"② 埃尔斯特说："马克思有时似乎是在更为一般的意义上使用'生产力'这个词及其同义词的，即任何一种在强化工人的生产率或计入生产力总量上具有因果效应的东西。……在此，构成生产力增长的因素（如发明）和引起这种增长的因素（如世

---

① [法] 路易·阿尔都塞、艾蒂安·巴里巴尔：《读〈资本论〉》，李其庆、冯文光译，中央编译出版社2001年版，第287页。
② 转引自 [加] 罗伯特·韦尔、凯·尼尔森《分析马克思主义新论》，鲁克俭、王来金、杨洁等译，中国人民大学出版社2002年版，第62页。

## 第二章 经典马克思主义与中国特色社会主义新时代

界市场的发展)具有同等的地位。因此,人们可能认为马克思说,后者本身是生产力中的一种增长;而且,更一般的,生产的社会关系在它们促进了生产力的增长的意义上就是生产力。"① 即使是巴里巴尔,最后也得出结论说:"从理论角度来说,'生产力'也是生产方式内部的某种形式的关系,换句话说,它本身也是生产关系。"② 而 H. B. 阿克顿在其颇有影响的《时代的幻觉》中更是据此竭力攻击、诋毁历史唯物主义③。

问题在于,以上这些看法,实乃对马克思主义生产力理论的误解。在马克思主义那里,确实存在着上述第三层意义上的社会生产力思想,但它并不是马克思主义生产力理论的全部,在马克思主义视界里,生产力是非常复杂的,存在着多种维度,既存在着把生产关系等社会因素包含在内的第三层意义上的社会生产力,也存在着和生产关系相对立意义上的狭义生产力,生产力和生产关系的辩证法当然存在;实际上还存在着更为狭义的生产力维度。在笔者看来,至少存在三种维度的生产力。

第一层维度的生产力既是最基本、最始源性的,也是微观直接具体层面的。它主要指在具体的劳动生产过程中,受最基本目的支配发生的生产劳动基本要素的结合、组配、互动,由之形成的生产能力。所谓"最基本的目的"就是满足人作为类存在物的生存需要,对此,马克思明确强调"一切劳动首先而且最初是以占有和生产食物为目的的"④,在此意义上,劳动就是"为了在对自身生活有用的形式上占有自然物质"⑤,而劳动者在此意义上,主要是一种生存化技术性的存

---

① [美]乔恩·埃尔斯特:《理解马克思》,何怀远等译,中国人民大学出版社 2008 年版,第 235 页。
② [法]路易·阿尔都塞、艾蒂安·巴里巴尔:《读〈资本论〉》,李其庆、冯文光译,中央编译出版社 2001 年版,第 289 页。
③ 参见《哲学研究》编辑部编《资产阶级哲学资料选辑》(第十九辑),上海人民出版社 1965 年版,第 123~145 页。
④ 中共中央马克思恩格斯列宁斯大林著作编译局编:《马克思恩格斯全集》第 25 卷,人民出版社 1974 年版,第 719 页。
⑤ 中共中央马克思恩格斯列宁斯大林著作编译局编:《马克思恩格斯全集》第 23 卷,人民出版社 1972 年版,第 201 页。

在（可以说是人之存在的基始性状态），此种意义上的生产劳动主要是一种技术性活动，大体上可以忽略非技术性因素的影响。马克思为此说它"是为了人类的需要而占有自然物，是人和自然之间的物质变换的一般条件，是人类生活的永恒的自然条件。因此，它不以人类生活的任何形式为转移，倒不如说，它是人类生活的一切社会形式所共有的"①。究其实质就是劳动者作为技术性存在（制造和使用工具）为了满足技术性或自然性生存需要，通过技术（如生产工具）并通过技术化的结合（物理性的分工与协作，人与人的结合关系是为了满足生存需要、提高生产效果而进行的技术性结合）和自然界发生关系。显然，这里的技术是广义的，既包括生产工具，也包括劳动者的生产技能，还包括由此形成的技术性劳动分工、劳动协作及其制度化、规范化的结果——如技术性劳动组织，以及表现为技术性的方法、程序、调配。

与此相适应，这一层维度的生产力，主要指具体劳动中的劳动者的技能与其他诸多技术之间所形成的技术化合力。最大可能、最有效地满足技术性、自然性生存需要，是其核心。正因如此，这一微观维度的生产力大体上可以视为不考虑具体社会形式（排除社会因素）的那种"具体有用劳动的生产力"，它与具体劳动的生产效率关系非常密切，甚至大体上可以等同起来。马克思指出："生产力当然始终是有用的具体的劳动的生产力，它事实上只决定有目的的生产活动在一定时间内的效率。"② 这应该是这句话的很重要的基本意指。

我们必须注意的是以下两个方面。

其一，技术性的劳动分工、协作、组织当然是这一维度的生产力的重要内容，它们构成人们生产中的"物质关系"，用威廉姆·肖的

---

① 中共中央马克思恩格斯列宁斯大林著作编译局编：《马克思恩格斯全集》第23卷，人民出版社1972年版，第208页。

② 中共中央马克思恩格斯列宁斯大林著作编译局编：《马克思恩格斯全集》第23卷，人民出版社1972年版，第59页。

## 第二章 经典马克思主义与中国特色社会主义新时代

话说,"从其特殊的社会和历史形成中抽象出来的物质的、技术的关系"①,可以不考虑其具体历史和社会性质,这种技术性关系具有某种"自然性"——只要人类集体劳动,就会自然而然地进行必要的分工、协作,马克思在这个意义上强调"由协作和分工产生的生产力……这是社会劳动的自然力"②。不过,正如莱蒙正确指出的,马克思超越斯密等古典经济学之处在于,在斯密那里,"劳动分工"似乎只是关于生产活动效率发挥的一个技术性问题,而马克思却同时看到了分工的社会性。③ 不过,社会性的分工、协作、组织却不是这一维度生产力的内容。在此,柯亨、威廉姆·肖等人提出劳动关系、物理关系与社会关系的区分是有一定合理性的④。

其二,如前述,这一维度的生产力实质是人类为满足技术性生存需要进行的技术化活动的结果,技术性是其本质性、显要性特征,而且,马克思经常用生产工具、技术等这些核心内容来代表这一维度的生产力,但不能由此把这一维度的生产力归结为技术,进而把生产力决定论归结为技术决定论。马克思在这个问题上说得很明白,"劳动生产率不仅取决于劳动者的技艺,而且也取决于他的工具的完善程度"⑤,这一维度的生产力是劳动者的劳动力(主要表现为劳动技能)与技术工具、技术性组织在技术性生存需要主宰下互相作用形成的合力。而且,工具的技术水平最终根源于劳动者的劳动力水平,前者是后者的体现。马克思为此提出,"人的劳动能力的发展特别表现在劳

---

① [美]威廉姆·肖:《马克思的历史理论》,阮仁慧、钟石韦、冯瑞荃译,重庆出版社2007年版,第31页。
② 中共中央马克思恩格斯列宁斯大林著作编译局编:《马克思恩格斯全集》第23卷,人民出版社1972年版,第423~424页。
③ 参见[英]M.C.莱蒙《历史哲学:思辨、分析及其当代走向》,毕芙蓉译,北京师范大学出版社2009年版,第372~373页。
④ 参见[英]G.A.柯亨《卡尔·马克思的历史理论》,岳长龄译,重庆出版社1989年版,第179~182页。
⑤ 中共中央马克思恩格斯列宁斯大林著作编译局编:《马克思恩格斯全集》第23卷,人民出版社1972年版,第178页。

动资料或者说生产工具的发展上"①,生产工具等不过是"人类劳动力发展的测量器"②。

第二层维度的生产力是中观层面的,即劳动者在一定的狭义生产方式下进行生产,以技术为中介与自然物质世界发生关系形成利用自然创造物质财富的能力与效力。"必须变革劳动过程的技术条件和社会条件,从而变革生产方式本身,以提高劳动生产力。"③ 所谓狭义生产方式是具体劳动过程的技术条件和社会条件的统一体,由此它包含两种向度。一是技术性的,这不但包括劳动者的技能、生产资料的技术水平以及劳动者和生产资料的技术性结合——比如工人不把生产资料当作资本,而只是把它当作自己有目的的生产活动的手段和材料;还包括劳动者之间的技术性结合(前述技术性分工、协作),就此而言,它和第一层维度的生产力很多内容具有重合性。二是社会性的,主要指劳动者如何被社会性地组织起来的,具体说就是劳动者如何被监管、控制实现分配组合等(即前述社会性分工、协作和组织),也包括劳动者和生产资料之间的非技术性关系,如是否拥有占有、支配、处分权力。确切地说,这层维度的生产力就是狭义生产方式两种向度及其内部要素之间互动所形成的合力及其效能。

必须注意的是,被第一维度生产力排除在外的那些社会性内容,特别是人与人之间的非技术性的社会性关系,如前述的社会性的分工、协作、劳动组织,成为狭义生产方式不可或缺的要素,也因之成为第二维度的生产力的重要内容。问题在于,如何处理这些社会性关系和生产关系的关系?应该承认,这些社会性关系和我们熟知的生产关系有着非常密切的关系,或者说狭义生产方式和生产关系的某些内容具有很大的相似性甚至一定的重合性(如人们在生产中存在控制与

---

① 中共中央马克思恩格斯列宁斯大林著作编译局编:《马克思恩格斯全集》第 47 卷,人民出版社 1972 年版,第 57 页。
② 中共中央马克思恩格斯列宁斯大林著作编译局编:《马克思恩格斯全集》第 23 卷,人民出版社 1972 年版,第 204 页。
③ 中共中央马克思恩格斯列宁斯大林著作编译局编:《马克思恩格斯全集》第 23 卷,人民出版社 1972 年版,第 350 页。

## 第二章　经典马克思主义与中国特色社会主义新时代

被控制的地位高低关系，既是狭义生产方式中的社会关系，同时也与生产关系的一些内容一致）。如果说在第一维度上我们谈论的是技术意义上的生产力，尚无须涉及生产关系问题，那么，在这一维度上谈论生产力，还是否可以言说生产力决定生产关系这个基本原理？

正是出于这种顾虑，前述的柯亨、威廉姆·肖等人不但把生产方式的这些社会性内容排除在生产力之外，甚至把劳动者在劳动过程中的技术性关系也排除在生产力之外，分工、协作、组织都不属于生产力。① 似乎这样一来，生产力与生产关系的相互对立和辩证运动才能成立。在笔者看来，这种顾虑实无必要，它没有认识到生产力具有不同维度，也严重误解了狭义生产方式（独特性、内生性）以及狭义生产方式与生产关系之间的界限。

首先，狭义生产方式中的社会关系和生产关系是有明显区别的，确切地说，前者只与狭义生产关系（人们在劳动过程中形成的与生产直接相关的社会关系，如所有制关系、人们在生产中的社会地位并由之形成的相互关系等）有一些相似性和重合性，而与除此之外的广义生产关系其他很多内容如交换关系、分配关系、消费关系（它们与具体生产过程没有多少直接、必需的关系）没有这种密切关系。

其次，狭义生产方式中的社会关系即前述社会性的分工、协作、劳动组织，究其实质是前述狭义生产方式的技术性内容主动汲取社会性因素，并将其吸纳、转化、创生为内在成分，使之成为具体物质生

---

① 因把技术性、物质性的劳动关系都排除在生产力之外，米勒称柯亨、威廉姆·肖的观点是一种错误的"狭义技术决定论"，因为不论是在现实历史中，还是在马克思、恩格斯的论述中，技术性分工、协作、组织等人与人之间的社会关系都是生产力的重要内容，它们有时比单纯的技术更能促进生产力发展。米勒因此提出把前述劳动关系包含在内的"广义生产力"概念。（参见［美］R. W. 米勒《分析马克思——道德、权力与历史》，张伟译，高等教育出版社2009年版，第172～175页。米勒的分析得到了莱尔因的认同，莱尔因认为这种"狭隘的生产力观点""必然造成这样一种结果：生产力只能被解释为纯粹的物质和技术方面的东西"，"纯粹的、不掺杂任何社会内容的物质力量"，参见乔治·莱尔因《重构历史唯物主义》，姜兴宏、刘明如译，中国社会科学出版社1991年版，第96～97页。威廉姆·肖明确提出历史唯物主义就是"技术决定论"，原因正在于此。而米尔斯则直接说，"生产力是一个更复杂的概念，既包括物质因素也包括社会因素"，后者如劳动分工。参见赖特·米尔斯《马克思主义者》，商务印书馆译，商务印书馆1965年版，第83页）。

产过程必不可少的最基本要素，两者互相融合渗透，共同成为狭义生产方式内生有机要素。换言之，这些社会关系主要是为了完成技术化效率要求而形成的，不是本质上为了社会特定目的而存在的。举例说明，关于管理，马克思明确说过，只要有多人一起劳动，就必然需要管理，管理的实质就是人与人之间的分工与配合、协作，既有技术性维度也有社会性维度。当其社会性维度是在技术性维度主导下催生的，是为了完成劳动目的、提高劳动效率而存在（如为此进行的必要监管和控制），它就属于狭义生产方式的内容；当它是为了外在的社会目的如剥削掠夺和维系主奴、尊卑关系而存在，它就不属于狭义生产方式而属于更具社会色彩、具有很大外在性和相对独立性的生产关系。狭义生产方式中的社会关系绝不具备生产关系的那种外在独立性。这是两者最重要的区别。

最后，更重要的是，狭义生产方式或者说第二层维度上的生产力，决定了与之相适应的生产关系的产生，并进而决定整个社会关系（同时也是包括政治生活、精神生活在内的整个社会生活），也由此确定了整个社会结构。马克思为此提出，"资本主义占有方式，从而资本主义的私有制"是"从资本主义生产方式产生的"[①]。这里的生产方式理解为狭义生产方式应该更为准确。他还更为明确地说："'机械发明'，它引起'生产方式上的改变'，并且由此引起生产关系上的改变，因此引起社会关系上的改变，'并且归根到底'引起'工人的生活方式上'的改变。"[②] 而早在 1846 年 12 月致安年科夫的信中，马克思同样很明确地说："随着新的生产力的获得，人们便改变自己的生产方式，而随着生产方式的改变，他们便改变所有不过是这一特定生产方式的必然关系的经济关系。"[③] 这里的"新的生产力"，应该首先

---

[①] 中共中央马克思恩格斯列宁斯大林著作编译局编：《马克思恩格斯全集》第 23 卷，人民出版社 1972 年版，第 832 页。

[②] 中共中央马克思恩格斯列宁斯大林著作编译局编：《马克思恩格斯全集》第 47 卷，人民出版社 1972 年版，第 501 页。

[③] 中共中央马克思恩格斯列宁斯大林著作编译局编：《马克思恩格斯文集》第 10 卷，人民出版社 2009 年版，第 44 页。

## 第二章 经典马克思主义与中国特色社会主义新时代

表现为第一层维度意义上的生产力。由此，不但生产力与生产关系之间的区隔得以明确确立，而且我们通常理解的生产力决定生产关系也得以确立，生产关系对生产力的反作用自然也不难理解了。确切地说，生产力和生产关系的辩证法，起始于第一层维度的生产力，由它形成狭义生产方式和第二层维度生产力，具体表现为第二层维度的生产力与生产关系的辩证运动，而当生产关系反作用于第二层维度的生产力，催生的是前述第三层意义上的社会生产力即一个社会总和性的生产力。

就此而言，承认第三种意义上的社会生产力，并没有否认、违背生产力和生产关系的辩证法。

关于第三层维度的生产力。前述第一、第二层维度的生产力都是前两种意义上的（即和自然生产力、个人生产力相对的）社会生产力，却不是第三种意义上的社会生产力。第三种意义上的社会生产力就是第三层维度的生产力。我们可以把第一层维度的生产力称为狭义生产力，把第二层维度的称为中义生产力，以对应前述广义生产力之说。

前面已经说过，第三种意义上的社会生产力实质就是整个社会各种具有相对独立性的社会因素以生产方式为轴心相互作用所形成的生产合力即"社会总生产力"，这里的生产方式显然指狭义生产方式。问题是，各种社会因素和狭义生产方式这个轴心之间的互动，是分层次进行的。其中因为生产关系与之最密切，所以首要的是生产关系和狭义生产方式或者说第二层维度中义生产力之间的互动，特别是前者对后者的巨大能动反作用；然后是上层建筑诸如政治、文化等各种社会因素的影响，而且，它们与中义生产力的互动或者说它们的反作用，往往是通过以生产关系为中介进行的。从这个意义上讲，狭义生产方式或者说中义生产力与生产关系之间的辩证统一，可以称为中义生产方式。也只有在这个意义上，从斯大林教科书体系以降，影响深远的生产方式是生产力和生产关系的统一说才能成立。我们熟知的生产力—生产关系辩证法是在中义生产方式范围内展开和进行的。最后则是包括中义生产力、生产关系、各种上层建筑之间错综复杂的相互影响、相互作用。

这样一来,第三种意义上的社会生产力的形成过程,同时也是一定社会中围绕物质生产实践形成较为稳定的实践格局的过程,这种整体性的实践格局实质是人们围绕物质生产所形成的生活方式,马克思有时用"物质生活的生产方式"指称它。所谓物质生活的生产方式,可以视为广义生产方式,第三层维度的生产力、第三种意义上的社会生产力实际上是广义生产方式的功能性规定。

### (三)"推动社会生产力水平整体跃升"与"全面深化改革":值得关注的当下回应

我们还需注意的是,上述三层生产力之间是什么关系。综合以上分析,可以看出,第一层维度的生产力是最根本的,生产力创造物质财富主要是通过这一层面生产力实现的,它受人类本能性的生存需要直接驱动,整个生产力的发展,它是原发性、基始性的推动者;第二层维度的生产力是核心性的,马克思、恩格斯多数情况下使用的是这一层面的生产力概念,它是第一层维度和第三层维度生产力之间互动的中介,多数人所理解的生产力决定生产关系也是在这一层面发生的;但第三层维度的生产力是总体性和最终性的,马克思对此说得很清楚,"人们所达到的生产力的总和决定着社会状况",这层维度的生产力从总体上决定着社会形态的基本状况;更重要的是,"无论哪一个社会形态,在它们所能容纳的全部生产力发挥出来以前,是决不会灭亡的",它决定着社会形态的最终更替。

而且,更具现实性的是,正如著名社会学家吉登斯、埃利亚斯所说,社会本身是一个多义的概念,不过在现代人日常生活中,"社会"一词是指民族国家[①],就此而言,第三种意义上的社会生产力就是一个民族国家的总和生产力,它是一个民族国家综合国力的最主体、最

---

① 参见[英]安东尼·吉登斯《社会理论与现代社会学》,文军、赵勇译,社会科学文献出版社2003年版,第27页;[德]诺贝特·埃利亚斯《文明的进程:文明的社会起源和心理起源的研究》,王佩莉译,生活·读书·新知三联书店1998年版,"序言"第23页。

## 第二章 经典马克思主义与中国特色社会主义新时代

核心的内容，地位极为重要。党的十八大报告在此意义上把社会生产力与我国经济实力、科技实力、综合国力、国际竞争力、国际影响力相提并论。①

自从邓小平同志提出解放和发展生产力是社会主义的本质要求以来，这样的理念已经深入人心。历史发展到今天，人们更为关心的是怎样更好地发展生产力，这当然涉及怎样更好地理解生产力。改革开放初期，以邓小平同志为代表的中央党政领导的讲话和正式报告、文件主要用生产力这个概念，从党的十七大报告以来，在文本表述、称谓表达上则发生了明显变化：更多的是用社会生产力这个说法。如党的十七大报告把解放和发展社会生产力界定为改革开放的目的之一；党的十八大报告不但多次提及社会生产力，而且明确说"必须坚持解放和发展社会生产力，解放和发展社会生产力是中国特色社会主义的根本任务"②，把邓小平同志关于社会主义的根本任务是"解放和发展生产力"扩展为"解放和发展社会生产力"。

这在习近平总书记身上表现得更为明显，在他成为党和国家领导人后所发表的系列重要讲话中，除少数地方沿用旧说使用生产力概念外，绝大多数都有意使用社会生产力概念。党的十八大刚一结束，习近平就代表新一届中共中央政治局庄严宣示："我们的责任，就是要团结带领全党全国各族人民，继续解放思想，坚持改革开放，不断解放和发展社会生产力，努力解决群众的生产生活困难，坚定不移走共同富裕的道路。"③ 在同一天召开的党的十八届一中全会上，他郑重强调：我们党领导人民全面建设小康社会、进行改革开放和社会主义现代化建设的根本目的，就是要通过发展社会生产力，不断提高人民物质文化生活水平，促进人的全面发展。④ 在党的十八届三中全会上，

---

① 参见中共中央文献研究室编《十八大以来重要文献选编》（上），中央文献出版社2014年版，第5页。
② 中共中央文献研究室编：《十八大以来重要文献选编》（上），中央文献出版社2014年版，第11页。
③ 参见习近平《习近平谈治国理政》，外文出版社2014年版，第4页。
④ 参见习近平《全面贯彻落实党的十八大精神要突出抓好六个方面工作》，载《求是》2013年第1期，第10页。

他创造性地提出了三个"进一步解放"即进一步解放思想、进一步解放和发展社会生产力、进一步解放和增强社会活力①，而在接着的动员大会上，他又进一步解释说："解放思想是前提，是解放和发展社会生产力、解放和增强社会活力的总开关。……解放和发展社会生产力、解放和增强社会活力，是解放思想的必然结果，也是解放思想的重要基础。""全面建成小康社会，实现社会主义现代化，实现中华民族伟大复兴，最根本最紧迫的任务还是进一步解放和发展社会生产力。解放思想，解放和增强社会活力，是为了更好解放和发展社会生产力。"② 他还提醒大家："我们必须认识到，从发展上看，主导国家发展命运的决定性因素是社会生产力发展和劳动生产率提高，只有不断推进科技创新，不断解放和发展社会生产力，不断提高劳动生产率，才能实现经济社会持续健康发展。"③ 这突出了解放与发展社会生产力的重要性。2014 年 7 月 29 日在中南海召开党外人士座谈会上④和2015 年 11 月 10 日召开的中央财经领导小组第十一次会议上，他更是明确提出了"推动社会生产力水平整体跃升"⑤ 的思想。

以上习近平总书记有关社会生产力概念的广泛使用和相关论说，标志着我们对马克思主义生产力概念认识的深化和更为准确的理解。特别是"推动社会生产力水平整体跃升"说法的提出，不但充分彰显了社会生产力的重要性，而且很有现实针对性。我们承认，这里的"社会生产力"同时含有前面已经述及的三层意指，即和自然生产力、个人生产力相对立意义上的，以及作为社会总和性的生产力。不过，习近平同志在具体分析如何促进社会生产力水平整体跃升时，完全彰显了第三种意义上的社会生产力———一个社会总体性的生产力，在其

---

① 参见中共中央文献研究室编《十八大以来重要文献选编》（上），中央文献出版社 2014 年版，第 512 页。
② 习近平：《习近平谈治国理政》，外文出版社 2014 年版，第 92 页。
③ 《加快实施创新驱动发展战略》，见新华网（http://www.xinhuanet.com/politics/2014 - 08/18/c_1112126938. htm）。
④ 参见《努力实现我国社会生产力水平总体跃升》，载《南方日报》2014 年 7 月 30 日。
⑤ 《推动社会生产力水平整体跃升》，见中国财经网（http://finance.china.com.cn/news/gnjj/20151110/3435437. shtml）。

## 第二章　经典马克思主义与中国特色社会主义新时代

现实具体指向上，成为一个民族国家综合国力的主体与核心。

关于如何促进社会生产力水平的整体跃升，习近平同志重点强调的是"全面深化改革"。他明确说："全面深化改革，既是对社会生产力的解放，也是对社会活力的解放，必将成为推动中国经济社会发展的强大动力。"① 全面深化改革究为何意？"全面深化改革，全面者，就是要统筹推进各领域改革"，"这项工程极为宏大，零敲碎打的调整不行，碎片化修补也不行，必须是全面的系统的改革和改进，是各领域改革和改进的联动和集成"②。

为什么要"全面深化改革"？习近平总书记先后在不同场合、从不同角度对此进行了多次回答。这里仅列举两个非常具有代表性的回答。2012年12月31日，他在主持党的十八届中央政治局第二次学习时，做了题为《改革开放只有进行时没有完成时》的讲话，指出："改革开放是一个系统工程，必须坚持全面改革，在各项改革协同配合中推进。改革开放是一场深刻而全面的社会变革，每一项改革都会对其他改革产生重要影响，每一项改革又都需要其他改革协同配合。要更加注重各项改革的相互促进、良性互动，整体推进，重点突破，形成推进改革开放的强大合力。"③ 2013年11月13日，在对《中共中央关于全面深化改革若干重大问题的决定》进行说明时，他强调："全面深化改革是关系党和国家事业发展全局的重大战略部署，不是某个领域某个方面的单项改革。""全面深化改革需要加强顶层设计和整体谋划，加强各项改革的关联性、系统性、可行性研究。我们讲胆子要大、步子要稳，其中步子要稳就是要统筹考虑、全面论证、科学决策。经济、政治、文化、社会、生态文明各领域改革和党的建设改革紧密联系、相互交融，任何一个领域的改革都会牵动其他领域，同时也需要其他领域改革密切配合。如果各领域改革不配套，各方面改

---

① 《全面深化改革必将成为推动发展的强大动力》，见人民网（http：//politics.people.com.cn/n/2014/1109/c1024-25998984.html）。
② 《习近平：全面深化改革零敲碎打的调整不行》，见中国新闻网（http：//www.chinanews.com/gn/2015/10-27/7591624.shtml）。
③ 习近平：《习近平谈治国理政》，外文出版社2014年版，第68页。

革措施相互牵扯，全面深化改革就很难推进下去，即使勉强推进，效果也会大打折扣。"①

综观这些回答，习近平同志主要基于两大理据：一是普遍联系方法论视野下改革开放本身的特质、它所涉及各个领域之间的相互关系；二是最后的总效应，也就是总合力。具体说，如果不全面深化改革，就违背了事物的普遍联系原理，任何孤立的单项改革，最终都不可能获得真正的、最后的成功；更重要的是，形成不了促进生产发展的最后的最优总合力。这个促进生产发展的最后的总合力，不就是我们前面提及的第三种意义上的社会生产力吗？所谓最优的总合力，不就是要最大限度地实现第三种意义上的社会生产力的良性发展吗？因为第三种意义上的社会生产力就是诸多社会因素围绕着狭义生产方式互动所形成的生产总合力。

习近平同志在另外一些场合，结合马克思主义基本原理，则直接把这一点挑明了，正如他所说："经济基础决定上层建筑。经济体制改革对其他方面改革具有重要影响和传导作用，重大经济体制改革的进度决定着其他方面很多体制改革的进度，具有牵一发而动全身的作用。马克思在《〈政治经济学批判〉序言》中说：'人们在自己生活的社会生产中发生一定的、必然的、不以他们的意志为转移的关系，即同他们的物质生产力的一定发展阶段相适合的生产关系。这些生产关系的总和构成社会的经济结构，即有法律的和政治的上层建筑竖立其上并有一定的社会意识形式与之相适应的现实基础。'在全面深化改革中，我们要坚持以经济体制改革为主轴，努力在重要领域和关键环节改革上取得新突破，以此牵引和带动其他领域改革，使各方面改革协同推进、形成合力，而不是各自为政、分散用力。"② "使各方面改革协同推进、形成合力"就是为了第三种意义上的社会生产力最大化。

他还强调，要学习和掌握社会基本矛盾分析法，深入理解全面深

---

① 习近平：《习近平谈治国理政》，外文出版社2014年版，第88页。
② 习近平：《习近平谈治国理政》，外文出版社2014年版，第94页。

第二章　经典马克思主义与中国特色社会主义新时代

化改革的重要性和紧迫性。物质生产是社会历史发展的决定性因素，但上层建筑也可以反作用于经济基础，生产力和生产关系、经济基础和上层建筑之间有着作用和反作用的现实过程，并不是单线式的简单决定和被决定的逻辑。我们提出全面深化改革的方案，是因为要解决我们面临的突出矛盾和问题，仅仅依靠单个领域、单个层次的改革难以奏效，必须加强顶层设计、整体谋划，增强各项改革的关联性、系统性、协同性。只有既解决好生产关系中不适应的问题，又解决好上层建筑中不适应的问题，这样才能产生综合效应。① 所谓生产关系、上层建筑对生产力的反作用，所谓综合效应，都可以理解为促进第三种意义上的生产力发展。

至此，"推动社会生产力水平整体跃升"与"全面深化改革"，和上述马克思主义第三种意义上的社会生产力密切相关，至少是其不可缺少的基本维度，是马克思主义社会生产力理论当下重要的回应。

## 二、"国家治理现代化"对历史唯物主义国家观的四维推进②

受多种因素共同推动，20世纪90年代以来，一种新的公共事务管理模式——现代治理日益兴盛，其核心问题就是如何看待和处理国家地位、权能、职责、边界等，质言之，就是国家问题，它的出现就是对传统国家观念及其现实问题反思的结果。"国家治理现代化"的提出，既是对西方现代治理理论的辩证分析、合理借鉴，也是对历史唯物主义国家观某些内容的创新推进，后者具体来说，主要表现为四个方面：国家消亡与社会主义国家及其长期性问题，国家管理与国家治理问题，国家与社会长期共存、良性互动问题，社会主义民族国家问题。

---

① 参见习近平《推动全党学习和掌握历史唯物主义　更好认识规律更加能动地推进工作》，载《人民日报》2013年12月5日。
② 本部分以《"国家治理现代化"对历史唯物主义国家观的推进》为题，载于《教学与研究》2016年第11期，收入本书略作改动。

## (一) 治理的兴起与历史唯物主义国家理论

最早正式出现于1989年世界银行报告中的现代意义上的"治理"概念，在当时"还是一个不常听到的词"，时至今日，它却成为内涵非常丰富、适用非常广泛的名词，但凡谈到政治学、行政学、管理学和社会学，出现率都非常高，以至于诸多领域"很难有不以它作为常用词来使用的"[①]。杰索普甚至为此指认说，如今"它在许多语境中大行其道，以至成为一个可以指涉任何事物或毫无意义的'时髦词语'"[②]。这或许有些夸大其词，但它无疑揭示了当代治理概念兴盛一时、大行其道的事实。不过，支撑这一事实的则是一些与传统统管模式明显有别的新统治之道、新管理方式、新维系公序之法的悄然兴起，亦即现代治理不断走上台面且日益盛隆这一更为基本的社会实践事实。

现代治理无论是理论层面还是实践层面的兴起，主要受以下因素推动：其一，最为基本的就是传统国家管治二维（国家—市场）模式的困境。具体说，主要指福利资本主义国家膨胀的危机以及以撒切尔模式为代表的新自由主义私有化浪潮所形成市场失灵危机，亦即全能国家（政府）、全能市场两种对立模式的双重失败、不可持续。这迫使人们寻找、建构新思路、新策略。其二，经济全球化带来的巨大挑战：主权国家再也不能像传统自上而下单线管控模式那样自由无拘束地运用国家权力来维系秩序、维护公益、化解社会争端，因为它涉及不同主权国家在国际法地位平等问题，受到越来越多的限制、约束，有人称之为"国家的销蚀"[③]。必须探寻新的解决之道。其三，进入20世纪90年代后，各种志愿团体、慈善组织、民间互助组织等非政府性的社会自治力量不断壮大，对公共生活影响越来越大，获得人们越来越多的认可和支持。其四，尊重世界复杂性、互动性，尊崇分

---

[①] 俞可平主编：《治理与善治》，社会科学文献出版社2000年版，第16页。
[②] 俞可平主编：《治理与善治》，社会科学文献出版社2000年版，第55页。
[③] 王列、杨雪冬编译：《全球化与世界》，中央编译出版社1998年版，第110～121页。

## 第二章 经典马克思主义与中国特色社会主义新时代

散、多元、自治,讲求自由个性、平等协商,以后现代思潮为代表的一些新思想、新观念不断涌现,给传统学科范式、某些现代性思维模式(如主张理性、权威层级管理)带来巨大冲击。

正因受诸多因素影响,治理概念本身内涵博杂,以至于杰索普夸张地说它可以指涉任何事物。不过,尽管如此,现代意义上的治理,其核心意指和基本诉求却是清晰明了、齐整贯一的,那就是消解传统国家权力运作模式,建构新的社会整合、公序维系、公益扩增之道。具言之,淡化传统的国家权力中心论,摆脱其一尊独霸的权威地位,寻求非国家的社会力量进入。1995年全球治理委员会所做的最具权威性的定义,把这个核心明白无误地呈现出来。罗西瑙等人在其很吸引眼球的名作《没有政府的治理——世界政治中的秩序与变革》中表达了相同的意思。① 梅理安更为具体地指认,在现代治理中,国家管治和社会运行之间、国家力量与社会力量之间"不再是监督,而是合同包工;不再是中央集权,而是权力分散;……不再是由国家'指导',而是由国家和私营部门合作"②。

由此看来,现代治理的核心问题就是如何看待和处理国家地位、权能、职责、边界等,总之,就是以政府为正式代表的国家问题。尽管其主要思想大致可分为主张弱化国家,甚至宣扬"没有政府的治理"的社会中心派和主张维系国家地位的国家中心派,但不可否认的是,都是围绕国家做文章,在某种程度上可以说,现代治理的出现是对传统国家观念及其现实问题反思的结果。

亲身领导社会主义实践探索并精通历史唯物主义的列宁曾总结:国家问题是关系"全部政治主要的和根本的问题",也是一个"最混乱、最复杂最难弄清的问题"③。正如密里本德(亦译"密利本德")分析的,虽然马克思本人"从未试图系统地研究国家"但"在他几乎

---

① 参见[美]罗西瑙主编《没有政府的治理——世界政治中的秩序与变革》,张胜军、刘小林等译,江西人民出版社2001年版,第4~5页。
② 俞可平主编:《治理与善治》,社会科学文献出版社2000年版,第111页。
③ 中共中央马克思恩格斯列宁斯大林著作编译局编:《列宁全集》第37卷,人民出版社1986年版,第60页。

所有的著作中始终反复地提到不同类型的社会中的国家"①；博托莫尔等人也认为，虽然"马克思自己从来没有试图系统地分析国家"，但国家是"马克思主义思想中的一个极其重要的概念"②；列菲弗尔（Henri Lefebvre）更为明确地说"国家理论是马克思主义思想中的核心内容，也是马克思主义思想中的最高点内容"③，马克思"致力于一种最后的，也是最高的目标：认识政治和国家，并在这方面建立一种理论"④。国家是历史唯物主义的核心问题，在今天，已成为马克思主义研究界的共识。

不过，正如上述密里本德、博托莫尔等人指出的，马克思、恩格斯没有专门、系统地研究过国家，吉登斯从另外一个角度指认说"马克思有关国家的观点大部分来源于对黑格尔的批判，除此之外他几乎没有进行过专门的写作"⑤；普兰查斯（Nicos Poulantzas）说经典马克思主义缺乏普遍的国家理论⑥，韦韶利（Paul Wetherly）说马克思、恩格斯缺乏明确的国家概念⑦，列菲弗尔为此更明确地说："如果有人想在马克思的著作中寻找一种国家理论，也就是说想寻找一种连贯和完全的国家学说体系，我们可以毫不犹豫地告诉他，这种学说体系是不存在的。"⑧ 可以说，经典历史唯物主义缺乏完整、系统、专门性的国家理论。

虽然历史唯物主义在国家问题上有很多原创性的洞见、非常深刻

---

① ［英］密里本德：《资本主义社会的国家》，沈汉、陈祖洲、蔡玲译，商务印书馆1997年版，第9页。

② ［英］汤姆·博托莫尔：《马克思主义思想辞典》，陈叔平等译，河南人民出版社1994年版，第563页。

③ Henri Lefebvre, *The Sociology of Marx*, Columbia University Press, 1982, p. 123.

④ ［法］亨利·列菲弗尔：《论国家——从黑格尔到斯大林和毛泽东》，李青宜等译，重庆出版社1988年版，第122页。

⑤ ［英］安东尼·吉登斯：《历史唯物主义的当代批判——权力、财产与国家》，郭忠华译，上海译文出版社2010年版，第210页。

⑥ 参见 Nicos Poulantzas, *State, Power, Socialism*, Verso, 2000, p. 20。

⑦ 参见 Paul Wetherly, *Marxism and the State: An Analytical Approach*, Palgrave Macmillan, 2005, p. 1。

⑧ ［法］亨利·列菲弗尔：《论国家——从黑格尔到斯大林和毛泽东》，李青宜等译，重庆出版社1988年版，第122页。

## 第二章　经典马克思主义与中国特色社会主义新时代

的认识，但不可否认的是，它同样存在着不足。具体言之，其一，由于缺乏对国家问题的专门、连贯、系统的集中研究，它的一些相关表述非常简略，欠缺详细论证；它在个别问题上的表述存在歧义，波比奥（Norberto Bobbio）曾举例说明历史唯物主义国家理论"自相矛盾"①，列菲弗尔甚至为此说历史唯物主义存在"在国家问题上的犹豫和动摇"②。

其二，更重要的是，历史唯物主义国家理论主要建基于马克思、恩格斯对以早期资本主义国家为代表的传统国家的深刻分析和批判，而它对未来社会的分析，因为没有亲身经历社会主义国家实践，则主要是理论推演基础上的推论和判定，虽然历史唯物主义这个地基保证了这些推论、判定的基本科学性，但它们和社会主义实践复杂的经验现实之间的罅隙和距离，很难保证完全被消除。对此，密利本德在20世纪70年代末有过反思，他说面对过去"五十年来的整个政治经验"，经典马克思主义"从来就是缄默的"，因为其经典创始人都逝于其前，即使是诸如列宁、卢森堡等伟大的后继者，或因缺乏大规模实践经验，或因缺乏远距离的历史审视，对历史唯物主义国家理论都没有做出多少重大推进。③

所以，针对当代资本主义国家的新变化和社会主义国家实践，人们习惯于直接套用历史唯物主义的经典说法，在对问题的分析、阐释上往往导致简单化，在对社会主义实践的指导上，有时会难以自圆其说。鉴于此，面对以国家为中心议题的当代治理的兴盛，我们不但要在思想上深化对历史唯物主义国家理论的理解，更要在社会主义实践中丰富和拓展它。

在这方面，"国家治理能力、治理体系现代化"思想的提出，非

---

① ［美］史丹利·阿若诺威兹、彼得·布拉提斯：《逝去的范式：反思国家理论》，李中译，吉林人民出版社2008年版，第59页。
② ［法］亨利·列菲弗尔：《论国家——从黑格尔到斯大林和毛泽东》，李青宜等译，重庆出版社1988年版，第101页。
③ 参见［英］密利本德《马克思主义与政治学》，黄子都译，商务印书馆1984年版，第4页。

常具有典型性。很明显，它的提出汲取了国外治理、善治思潮的一些合理内核，但坚拒生搬硬套，最明显的是，没有使用国外通行的"治理""善治"的说法，而直接谓之"国家治理"，这显然是有特定思虑的。"国家治理"就其字面意思而言，有两种维度：一是为了国家而进行治理，或者说治理国家，"国家"在这里是作为一种"共同体"形态（民族国家）而言的；二是国家进行治理，具体来说就是国家力量发挥主导作用的治理。"国家治理现代化"应是二者的统一。

同样重要的是，我们在今天提出国家治理现代化，既是对世界发展情势的顺应和回应，也是对中国特色社会主义成功实践经验的总结和提升，正因如此，它无疑也蕴含着对历史唯物主义国家理论的多维突破和推进。对此，习近平同志明确地说："怎样治理社会主义社会这样全新的社会，在以往的世界社会主义中没有解决得很好。马克思、恩格斯没有遇到全面治理一个社会主义国家的实践，他们关于未来社会的原理很多是预测性的；列宁在俄国十月革命后不久就过世了，没来得及深入探索这个问题。"① 俞可平为此指认"国家治理现代化""是全新的政治理念。……是马克思主义国家理论的重要创新"②。

本文认为，择其要者，它在四个方面实现了对历史唯物主义国家理论的突破和推进。

### （二）国家消亡与社会主义国家及其长期性问题

《哥达纲领批判》强调："在资本主义社会和共产主义社会之间，有一个从前者变为后者的革命转变时期。同这个时期相适应的也有一个政治上的过渡时期，这个时期的国家只能是无产阶级的革命专

---

① 习近平：《切实把思想统一到党的十八届三中全会精神上来》，载《人民日报》2014年1月1日。
② 俞可平：《沿着民主法治的道路，推进国家治理体系现代化》，见中国新闻网（http://theory.gmw.cn/2013-12/03/content_9679196_2.htm）。

## 第二章 经典马克思主义与中国特色社会主义新时代

政。"① 这是历史唯物主义关于无产阶级专政最为清晰、最为知名的界说。无产阶级专政实质上是工人阶级政权、社会主义国家,即"一种从资本主义向共产主义过渡的国家"②。马克思、恩格斯充分肯定了社会主义国家存在的必要性和必然性。

不过,由于他们洞视到国家"在一切典型的时期毫无例外地都是统治阶级的国家,并且在一切场合在本质上都是镇压被压迫被剥削阶级的机器"③,而"表面上高高凌驾于社会之上的国家政权,实际上正是这个社会最丑恶的东西,正是这个社会一切腐败事物的温床"④。所以正如伊格尔顿、塔克、库诺、阿维内里等人指出的,在他们的理论视野中,国家是"一种异化的力量"⑤,因此,固然他们特别明确"消除阶级和阶级对立"的社会主义国家不再是"任何原来意义的政权了"⑥,但仍然强调它"不过是达到消灭一切阶级和进入无阶级社会的过渡"⑦,强调"无产阶级将取得国家政权,并且首先把生产资料变为国家财产。但是这样一来,它就消灭了作为无产阶级的自身,消灭了一切阶级差别和阶级对立,也消灭了作为国家的国家"⑧。"国

---

① 中共中央马克思恩格斯列宁斯大林著作编译局编:《马克思恩格斯文集》第3卷,人民出版社2009年版,第4页。
② [美] 张效敏:《马克思的国家理论》,田毅松译,上海三联书店2013年版,第102~103页。
③ 中共中央马克思恩格斯列宁斯大林著作编译局编:《马克思恩格斯文集》第4卷,人民出版社2009年版,第195页。
④ 中共中央马克思恩格斯列宁斯大林著作编译局编:《马克思恩格斯文集》第3卷,人民出版社2009年版,第154页。
⑤ [英] 特里·伊格尔顿:《马克思为什么是对的》,李扬、任文科、郑义译,新星出版社2011年版,第199页;[美] 塔克:《马克思主义革命观》,高岸起译,人民出版社2012年版,第78~80页;[德] 亨利希·库诺:《马克思的历史、社会和国家学说》,袁志英译,上海译文出版社2006年版,第315~320页;Shlomo Avineri, *The Social and Political Thought of Karl Marx*, Cambridge University Press, 1968, pp. 22, 43。
⑥ 中共中央马克思恩格斯列宁斯大林著作编译局编:《马克思恩格斯全集》第4卷,人民出版社1958年版,第197页。
⑦ 中共中央马克思恩格斯列宁斯大林著作编译局编:《马克思恩格斯文集》第10卷,人民出版社2009年版,第106页。
⑧ 中共中央马克思恩格斯列宁斯大林著作编译局编:《马克思恩格斯文集》第9卷,人民出版社2009年版,第297页。

家消亡"既是历史唯物主义逻辑推演的自然结果（国家消亡是生产力发展演进的必然结果），也是这种建基于阶级史观的国家论的价值祈求（因为国家消亡代表阶级对立的消除、人类解放的到来），因此，国家消亡在历史唯物主义那里占据着极其重要的位置。阿尔都塞称其为"马克思的战略性观点"，它"彻底颠覆了因袭的国家观念"①；科莱蒂（Lucio Colletti）指认这是贯穿马克思一生的最始终如一的思想之一②；列菲弗尔更明确地说，国家消亡"这个根本性观点"在历史唯物主义政治理论中起着"一种决定性的作用"，"如果从马克思的思想观点中，取消国家行将终结这样的观点，那么，马克思的思想也就没有什么意义了"③。

正是在国家消亡这种核心话语的烛照下，历史唯物主义一则强调无产阶级专政国家的过渡性、特殊性（它为自身的灭亡创造条件，为进入无国家社会奠定基础）；二则强调它的历史短暂性，它是"一种革命的暂时形式"④，只"持续到阶级存在的经济基础被消灭的时候为止"。马克思、恩格斯固然也说过诸如"直到在新的自由的社会条件下成长"⑤ 国家才会消亡等较为抽象的话（即可理解为国家消亡需要很长时间），但社会主义国家短暂存在、尽快消亡无疑是历史唯物主义的主导理路。

在经过十月革命后在直接民主基础上废除国家的短暂历史尝试所造成的种种恶果后，列宁进行了痛苦的反思。1918年3月，他在俄共（布）第七次（紧急）代表大会上明确指出，"我们目前是绝对主张要有国家的，至于说要论述国家不复存在的、充分发展了的社会主

---

① 参见［法］阿尔都塞《哲学与政治：阿尔都塞读本》，陈越编译，吉林人民出版社2003年版，第247页。
② ［英］密利本德：《马克思主义与政治学》，黄子都译，商务印书馆1984年版，第4页。
③ ［法］亨利·列菲弗尔：《论国家——从黑格尔到斯大林和毛泽东》，李青宜等译，重庆出版社1988年版，第124页。
④ 中共中央马克思恩格斯列宁斯大林著作编译局编：《马克思恩格斯文集》第3卷，人民出版社2009年版，第339页。
⑤ 中共中央马克思恩格斯列宁斯大林著作编译局编：《马克思恩格斯文集》第3卷，人民出版社2009年版，第111页。

## 第二章　经典马克思主义与中国特色社会主义新时代

义,那只能谈谈那时将实现各尽所能、按需分配的原则,别的就什么也想不出来了","提前宣布国家的消亡将违背历史的前景"①。在严酷的现实面前,列宁逐渐认识到经典历史唯物主义所设想的国家消亡的条件在当时的苏俄并不存在,国家在相当长的历史时期乃至整个社会主义阶段都必须存在。经过更长时期社会主义实践锻造的斯大林反思则更为彻底。他在1939年联共(布)十八大上明确说马克思主义国家学说本身"还有不完善和不充实的地方",其中"国家消亡"论是典型,应重新"进一步探讨"国家和社会主义的关系;国家"不仅仅"是阶级矛盾的产物,国家的存在还由社会发展的落后性决定,这种落后性使得党不得不"驾上国家的大车,尽一切力量向前拉",国家在社会主义不但不应消亡,反而是一国(特别是落后国家)建设社会主义重要的推动力量,并且在相当长的历史时期内必须存在。斯大林的反思,无疑具有相当大的现实合理性。②

放在今天来看,历史唯物主义国家消亡思想容易导致一些超历史、简单化的乐观主义推断,我们固然可以根据包括苏联、中国在内的现实社会主义建立在落后生产力基础上进而与历史唯物主义关于社会主义的设想有一定距离来为之辩护,但实事求是地说,对国家和社会历史互动的复杂性,国家长期存在的某种自足性、维系群体存在需要的现实性,历史唯物主义国家理论没有给予足够的重视。

前已述及,"国家治理现代化"不是泛泛谈论治理,而是旗帜鲜明地提"国家治理",这首先就充分彰显了国家对我国社会主义的重要性。

其次,"全面深化改革的总目标是完善和发展中国特色社会主义

---

① 中共中央马克思恩格斯列宁斯大林著作编译局编:《列宁全集》第34卷,人民出版社1985年版,第60~61页。

② 承认这一点,并不意味着否认斯大林国家理论和实践存在巨大问题,那就是,在他那里,国家本身被推向了神坛,社会主义成了巩固国家的工具和手段,国家力量本身被目的化了。关于斯大林这部分内容,详情参见任晓伟《从"国家消亡"论到"社会主义国家"观念——20世纪前半期马克思主义国家理论》,载《长安大学学报》2013年第3期,第90~98页。

制度，推进国家治理体系和治理能力现代化"①，"国家治理现代化"是全面深化改革的总目标之一，它与完善、发展中国特色社会主义制度并存共进。我们知道，社会主义初级阶段至少需要上百年的时间，改革是其始终不变的主题之一，而完善和发展中国特色社会主义制度更是我们持之以恒的长期伟业，有中国特色的社会主义国家治理现代化是一项漫长的历史征程。这意味着，在中国，社会主义不但必须以国家形式存在，而且社会主义国家还将长期存在。

再次，习近平同志还曾特意将国家治理现代化与传统的"四个现代化"相提并论，以至于人们现在已将之热议为"第五个现代化"。"四个现代化"是我们提出的长期奋斗目标，将国家治理现代化与之相提并论，意味着它同样是我们社会主义现代化建设的长期奋斗目标，进而社会主义国家在中国存在的长期性不言而喻。

最后，"一个国家选择什么样的治理体系，是由这个国家的历史传承、文化传统、经济社会发展水平决定的，是由这个国家的人民决定的。我国今天的国家治理体系，是在我国历史传承、文化传统、经济社会发展的基础上长期发展、渐进改进、内生性演化的结果"②。国家治理现代化有自身演进的路径，不可能一蹴而就，具有渐进性、长期性，这也再次彰显了社会主义国家存续的长期性。

以上内容无疑是对历史唯物主义社会主义国家短暂过渡论、准备消亡论的突破推进。

(三) 国家管理与国家治理问题

在历史唯物主义那里，国家最本质、最首要的职能是阶级统治，马克思、恩格斯也强调除此之外国家还存在着"执行由一切社会性质

---

① 《中共中央关于全面深化改革若干重大问题的决定》，载《人民日报》2013年11月16日。
② 习近平：《完善和发展中国特色社会主义制度　推进国家治理体系和治理能力现代化》，载《人民日报》2014年2月18日。

## 第二章 经典马克思主义与中国特色社会主义新时代

产生的各种公共事务"①的职能,它是"由于国家的一般的共同需要而必须执行的职能"②,人们一般称之为社会管理职能;他们还强调国家的"政治统治到处都是以执行某种社会职能为基础,而且政治统治只有在它执行了它的这种社会职能时才能持续下去"③,突出了国家社会管理职能的不可或缺性。

然而,我们认为,在历史唯物主义那里存在一种二元思维模式:在阶级社会里,社会管理职能是为巩固、强化阶级统治职能而存在的,是在政治统治职能主导下进行的,充满着国家(政府)的力量渗透,列菲弗尔为此说历史唯物主义存在"第三种意义上的国家"即"关心整个社会、管理市民社会的国家,这种国家甚至给市民社会带来好处"④。社会是国家管理的结果,社会管理是国家政治职能的延伸、扩展;而在未来成熟的社会主义社会,则是纯粹的社会自我管理、社会自治,"社会职能将失去其政治性质,而变为维护社会利益的简单的管理职能"⑤。受此影响,赖希宣称"社会的自治""是共产主义的突出特点"⑥。要么是国家管理,要么是纯粹的社会自治,这种二元分立的思维模式实际上淡化了社会管理的相对独立性,它没有重视,即使是国家存续状态下,在特定情况下、特定领域中,一些非国家因素、弱国家意义上的力量参与国家管理,进而使国家(代表整个共同体)相对于统治阶级、社会管理相对于阶级统治的独立性得以彰显的可能性、可行性。

当代治理理论很大程度上就是针对传统国家统治论、国家全盘管

---

① 中共中央马克思恩格斯列宁斯大林著作编译局编:《马克思恩格斯全集》第25卷,人民出版社1974年版,第432页。
② 中共中央马克思恩格斯列宁斯大林著作编译局编:《马克思恩格斯文集》第3卷,人民出版社2009年版,第222页。
③ 中共中央马克思恩格斯列宁斯大林著作编译局编:《马克思恩格斯文集》第9卷,人民出版社2009年版,第187页。
④ [法]亨利·列菲弗尔:《论国家——从黑格尔到斯大林和毛泽东》,李青宜等译,重庆出版社1988年版,第140页。
⑤ 中共中央马克思恩格斯列宁斯大林著作编译局编:《马克思恩格斯文集》第3卷,人民出版社2009年版,第338页。
⑥ [德]赖希:《法西斯主义群众心理学》,张峰译,重庆出版社1990年版,第226页。

理论而提出的，并体现出颇富成效的一面，而传统的国家管理模式步履维艰、困境频生，亟须激活一些非国家因素、弱国家意义上的力量参与。"国家治理现代化"也就是在这种时代背景下提出的，所以，它一方面强调我们追求的是社会主义国家治理现代化，另一方面又特意指出，要"尽快把党和国家机关、企事业单位、人民团体、社会组织等的工作能力都提高起来"①，要"改进社会治理方式。坚持系统治理，加强党委领导，发挥政府主导作用，鼓励和支持社会各方面参与，实现政府治理和社会自我调节、居民自治良性互动"，"激发社会组织活力。正确处理政府和社会关系，加快实施政社分开，推进社会组织明确权责、依法自治、发挥作用"②。为此，习近平总书记还特别强调，治理和管理一字之差，体现的是系统治理、依法治理、源头治理、综合施策。③ 受此影响，2014年政府工作报告提出"注重运用法治方式，实行多元主体共同治理"。

这意味着，在"国家治理现代化"方面：①国家治理包括由国家公共权力直接代表——政府进行的公共管理，也包括非国家权力行使者——代表非国家力量的社会组织进行的公共管理，仅仅用二元分立的方式来看待国家（力量）和社会（力量）是不足敷用的，在公共事务治理、公共利益维系上，它们是可以统合的。②更重要的是，国家治理不是传统的自上而下的单线的国家管理，它强调非国家力量或弱意义上的国家力量（即不直接代表国家、不高度占有国家公共权力）的积极参与，直接代表国家的政府虽然居于主导地位，但一则有些公共事项要和社会力量民主协商、平等协作完成；二则有些公共事项可以完全交给诸如村民委员会、居民委员会、市场等社会力量去完成，促进社会自治，政府只负责监督即可，进而实现两者的良性互

---

① 习近平：《完善和发展中国特色社会主义制度　推进国家治理体系和治理能力现代化》，载《人民日报》2014年2月18日。
② 中共中央文献研究室编：《十八大以来重要文献选编》（上），中央文献出版社2014年版，第539页。
③ 参见刘捷《人民日报：促进政府从管理型向治理型转变》，见人民网（http://www.opinion.people.com.cn/n/2014/1216/c1003 - 26215870.html）。

动。③不管是政府治理,还是社会力量自治,都必须依法进行,政府治理要接受法治约束,这意味着社会力量的监督,在此意义上,传统意义上的国家管理和社会力量自治相互监督、和谐共处、共同提升。以上这些认识,浸染了现代治理理念,是对历史唯物主义国家统治论、国家管理论传统结合时代情境的创新推进。

(四) 国家与社会关系问题

上述分析已昭示,历史唯物主义存在着国家与社会二元分立的视角。马克思、恩格斯很早就接受了黑格尔的一个基本看法,即代表民间力量的市民社会和国家的二元分立①,并据此批判性地分析了资本主义的问题:政治解放造成新的政治异化——这一则表现为公共政治生活中的"公民"和经济生活中的"私人"之间的冲突,因为缺乏公共性(普遍性)的约束,并使得"社会"(共同体)畸变为"市民社会"(私人利益的战场);二则表现为市民社会中的私人利益决定国家与法,结果本应代表全社会公共利益的国家却成了少数私人(统治阶级)利益的维护者、捍卫者,"国家是统治阶级的各个人借以实现其共同利益的形式,是该时代的整个市民社会获得集中表现的形式"②。资本主义"现代的国家政权不过是管理整个资产阶级的共同事务的委员会罢了"③。警察、法庭、行政机关等国家机构"不是市民社会本身赖以捍卫自己固有的普遍利益的代表,而是国家用以管理自己,反对市民社会的全权代表"④,国家是"靠社会供养而又阻碍

---

① 按照波比奥的分析,马克思大大缩减了黑格尔市民社会的内涵,在黑格尔那里,市民社会既包括私人经济交往所形成的民间力量,也包括他所认为的诸如司法、警察机关等只消极处理冲突的低级国家要素。(参见 [意] 波比奥《民主与独裁:国家权力的性质与限度》,梁晓君译,吉林人民出版社 2011 年版,第 35~41 页)。

② 中共中央马克思恩格斯列宁斯大林著作编译局编:《马克思恩格斯文集》第 1 卷,人民出版社 2009 年版,第 584 页。

③ 中共中央马克思恩格斯列宁斯大林著作编译局编:《马克思恩格斯文集》第 2 卷,人民出版社 2009 年版,第 33 页。

④ 中共中央马克思恩格斯列宁斯大林著作编译局编:《马克思恩格斯全集》第 1 卷,人民出版社 1956 年版,第 306 页。

社会自由发展的寄生赘瘤"①，是"从社会中产生但又自居于社会之上并且日益同社会相异化的力量"②。

不过，与黑格尔主张通过进一步强化国家威权与力量——因为"国家是绝对自在自为的理性的东西"③，来扬弃和克服市民社会私人利益主导的原子式状态，赋予市民社会各种各样的"特殊性"以理性的"普遍性"，使之走向公共利益主导，使"市民社会"恢复共同体的一面，进而和国家一道实现政治的公共性，使整个社会上升到一个新的伦理实体根本不同，历史唯物主义选择截然相反的路向：消灭私有制基础上的"国家社会化"。国家消亡，其原有的管理社会职能回归社会，推行社会自治，其所代表的统治阶级利益为社会普遍利益所取代，"把国家政权重新收回，把它从统治社会、压制社会的力量变成社会本身的生命力"④，"当国家真正成为整个社会的代表时，它就使自己成为多余的了"⑤。赫尔德称此为"社会和国家将完全合一"⑥，施瓦尔茨曼托说国家消亡也就是"国家与社会的分离将逐渐消失"⑦，用奥本海更直白的话说，在"自由人联合体"中，"将不再有'国家'而只有'社会'"⑧。

而对于新生的无产阶级专政来说，"旧政权的纯属压迫性质的机关予以铲除，而旧政权的合理智能则从僭越和凌驾于社会之上的当局

---

① 中共中央马克思恩格斯列宁斯大林著作编译局编：《马克思恩格斯文集》第3卷，人民出版社2009年版，第157页。
② 中共中央马克思恩格斯列宁斯大林著作编译局编：《马克思恩格斯文集》第4卷，人民出版社2009年版，第189页。
③ [德]黑格尔：《法哲学原理》，范扬、张企泰译，商务印书馆1979年版，第253页。
④ 中共中央马克思恩格斯列宁斯大林著作编译局编：《马克思恩格斯文集》第3卷，人民出版社2009年版，第195页。
⑤ 中共中央马克思恩格斯列宁斯大林著作编译局编：《马克思恩格斯文集》第3卷，人民出版社2009年版，第561页。
⑥ [英]戴维·赫尔德：《民主的模式》，燕继荣等译，中央编译出版社2008年版，第134页。
⑦ [德]施瓦尔茨曼托：《马克思主义的国家观》，见《马列主义研究资料》第58辑，人民出版社1990年版，第186页。
⑧ [德]奥本海：《论国家》，沈蕴芳、王燕生译，商务印书馆1994年版，第120～121页。

## 第二章　经典马克思主义与中国特色社会主义新时代

那里夺取过来,归还给社会的承担责任的勤务员"①。然而,问题由此萌生:其一,它已不是完整意义上的国家,密里本德曾经说,这几乎不再是国家了;其二,它的任务和使命就是不断完善社会管理这个"合理职能",不断地扩大社会自治,尽快创造国家自行消亡的社会历史条件。

概言之,历史唯物主义很少设想过国家和社会在长期共存的基础上协调互动、健康共促。基恩(John Keane)分析说,马克思在批判黑格尔建构自己的市民社会理论时,明显的缺陷是,把国家和(市民)社会根本对立起来,否认国家的中立性,主张国家消亡,进而也否决了通过社会逐渐民主改造国家的可能性②,也就否认了国家与社会长期共存互动的可能性。基恩的这个批评固然不完全正确,但很难说它是无的放矢。在此,库诺的一个说法值得我们注意,他说马克思和恩格斯"执迷于他们国家消亡和国家职能逐渐由社会代替的学说,致使他们没有看到早在他们那个时代""国家就开始有了新的任务和职能",即由注重阶级统治、专制政权的职权国家发展为注重管理社会——"越来越多的社会任务由它接受下来"的管理国家③。库诺此说并不全面,现代国家的发展除社会国家化即原有的社会事宜成为国家管控对象外,也存在着国家社会化的趋向,即原来国家管控的事项逐渐转变为社会自我管理事项。其合理之处在于,揭示了包括当代社会主义国家在内的现代国家与社会互相渗透、长期并存的事实。

鉴于此,首先要提及的是,正如前已述及,历史已经证明,社会主义在现实中必须借助于国家形式、通过国家力量推进发展,社会主义国家长期存在有其历史必然性和合法性,在这种情况下,不考虑国家与社会的互动,既不尊重事实,也违背历史唯物主义实践本性。国

---

① 中共中央马克思恩格斯列宁斯大林著作编译局编:《马克思恩格斯文集》第3卷,人民出版社2009年版,第156页。
② 参见杨雪冬《西方马克思主义的国家理论简评》,载《马克思主义与现实》2004年第2期,第114~124页。
③ 参见[德]亨利希·库诺:《马克思的历史、社会和国家学说》,袁志英译,上海译文出版社2006年版,第315~320页。

家治理现代化的提出，这应是一个很重要的着眼点。

其次，治理理论的兴起和西方发达国家一些治理的成功经验表明，国家和社会、市场的良性互动、协调共进不但可行，而且卓有成效，对推动一个国家的健康发展极有裨益。为此"国家治理现代化"强调要"创新社会治理体制"，"激发社会组织活力。正确处理政府和社会关系，加快实施政社分开，推进社会组织明确权责、依法自治、发挥作用"，要"鼓励和支持社会各方面参与，实现政府治理和社会自我调节、居民自治良性互动"①。我们必须走出非此即彼的二元思维。国家力量、市场力量、社会力量应长期并存、互相促动、合作治理、协同发展，"国家治理现代化"的言说，无疑是走出这种二元思维方式的典范，是对历史唯物主义在国家与社会关系问题上的推进。

### （五）社会主义民族国家问题

民族问题虽不是历史唯物主义的核心内容，但也绝非可有可无；相反，马克思、恩格斯不但就民族的起源、近代民族问题的实质做了很多深刻的阐析，而且对近代欧洲民族国家兴起的进步意义给予了肯定，对亚非拉民族解放运动给予了有力声援，并且就解决民族争端、民族冲突提出了很有价值的理论指引。

但明显的事实是，正如列菲弗尔指出的，民族—国家问题是马克思原先预想（以1848年《共产党宣言》为代表）的工人阶级革命道路上两个重要的现实障碍②，历史唯物主义很少从社会主义与民族国家相结合的角度思考问题。"经典马克思主义对附属民族取得独立国家地位是持赞许态度的"③，密利本德的这个辩护固然有一定的文本依据，但就其主导思想而言，在历史唯物主义那里，社会主义是超民族

---

① 中共中央文献研究室编：《十八大以来重要文献选编》（上），中央文献出版社2014年版，第539页。
② [法] 亨利·列菲弗尔：《论国家——从黑格尔到斯大林和毛泽东》，李青宜等译，重庆出版社1988年版，第144～145页。
③ [英] 密利本德：《马克思主义与政治学》，黄子都译，商务印书馆1984年版，第111页。

## 第二章　经典马克思主义与中国特色社会主义新时代

国家的。早在《共产党宣言》中马克思、恩格斯就强调，"现代的工业劳动，现代的资本压迫，无论在英国或法国，无论在美国或德国，都是一样的，都使无产者失去了任何民族性"①，"工人没有祖国"②，呼吁"全世界无产者，联合起来"③。这固然张扬了无产阶级的国际主义精神，却轻忽了工人阶级民族性的客观事实。到19世纪下半叶，为了反对狭隘的民族主义，马克思、恩格斯进一步明确强调："在无产者不同的民族的斗争中，共产党人强调和坚持整个无产阶级共同的不分民族的利益。"④ 他们还专门批评了《哥达纲领批判》提出的"工人阶级为了本身的解放，首先是在现代民族国家的范围内进行活动"的观点是"从最狭隘的民族观点来理解工人运动"⑤。如此一来，"无产阶级的解放只能是国际的事业"⑥，社会主义革命和建设理应是超民族国家的事业。

吉登斯为此解释说，马克思、恩格斯"真诚地相信具有共同命运的工人最终会取得超越民族界限的胜利。坚持认为'工人没有祖国'，这显然既是实际的观察又是希望的表达。不过，作为对内在趋势的一项推测，它同马克思的资本主义发展理论的主要动力完全一致"⑦。换句话说，他们的这些观点是依据世界历史理论建构出来的，主张世界工厂、世界市场所铸就的代表世界先进生产力的现代工人，必然超越狭隘的民族视野："大工业到处造成了社会各阶级间相同的关系，从

---

① 中共中央马克思恩格斯列宁斯大林著作编译局编：《马克思恩格斯文集》第2卷，人民出版社2009年版，第42页。
② 中共中央马克思恩格斯列宁斯大林著作编译局编：《马克思恩格斯文集》第2卷，人民出版社2009年版，第50页。
③ 中共中央马克思恩格斯列宁斯大林著作编译局编：《马克思恩格斯文集》第2卷，人民出版社2009年版，第66页。
④ 中共中央马克思恩格斯列宁斯大林著作编译局编：《马克思恩格斯文集》第4卷，人民出版社2009年版，第3页。
⑤ 中共中央马克思恩格斯列宁斯大林著作编译局编：《马克思恩格斯文集》第3卷，人民出版社2009年版，第438页。
⑥ 中共中央马克思恩格斯列宁斯大林著作编译局编：《马克思恩格斯全集》第39卷，人民出版社1974年版，第87页。
⑦ ［英］安东尼·吉登斯：《民族—国家与暴力》，胡宗泽、赵力涛译，生活·读书·新知三联书店1998年版，第27页。

而消灭了各民族的特殊性",进而也创造了一个"在所有的民族中都具有同样的利益,在它那里民族特性已经消灭"① 的阶级即现代工人阶级。

放在今天来看,这多少有些理想化了。普兰查斯专门著书分析了马克思、恩格斯逝世以后资本全球化与民族国家之间的关联,得出的结论相反:全球化并没有削弱民族国家反而强化了它,事实上前者必须以民族国家的存在为前提和基础。② 普兰查斯的这个观点受到很多人的重视乃至认可。吉登斯为此批评说马克思、恩格斯的上述观察和希望都是建立在"未将民族—国家作为普遍现象而给予详尽的考察"的基础上③;而库诺则批评说,由于历史唯物主义过于注重从阶级统治工具角度看待国家,结果,"作为生活形式,作为对民族生活本能进行系统集中,整理和调节的国家从马克思的国家观中被剔除了"④,忽视了现代国家还有作为民族共同体这一重要面向。这些批评未必都很准确,但它们提出的问题值得我们思考。

在现实历史中,社会主义建设不但以国家形式存续,而且以民族国家形式进行。后者对中国尤为重要。我们知道,欧洲民族国家是在近代随着绝对主义国家谱系的建立、资本主义的兴起而逐渐形成的,自此以后,两者不可分割地联系在一起,几乎所有的当代国家都是民族国家,以至于人们普遍认为民族"几乎是建立国家所必需的自然因素"⑤。而中国更为特殊,是有几千年文明历史的民族国家,中国人提及国家,总是含有强烈的民族共同体意蕴,王岐山为此特意强调,"国家"是我们中华民族独有的概念,国与家紧密相连、不可分离。⑥

---

① 中共中央马克思恩格斯列宁斯大林著作编译局编:《马克思恩格斯文集》第1卷,人民出版社2009年版,第567页。
② 参见 Nicos Poulantzas, *Classes in Contemporary Capitalism*, Lowe&Brydone Printers Limited, 1975。
③ 参见[英]安东尼·吉登斯:《民族—国家与暴力》,胡宗泽、赵力涛译,生活·读书·新知三联书店1998年版,第25页。
④ [法]亨利希·库诺:《马克思的历史、社会和国家学说》,袁志英译,上海译文出版社2006年版,第310页。
⑤ [法]比岱:《总体理论》,陈原译,东方出版社2010年版,第134页。
⑥ 参见《谁敢继续我行我素就要付出代价》,载《京华时报》2014年10月26日。

## 第二章　经典马克思主义与中国特色社会主义新时代

中国不仅仅是无产阶级专政的社会主义国家，并且是在民族国家的基础上选择了社会主义。我们选择社会主义不仅是因为要实现工人阶级解放、人类解放，而且要实现国家富强、民族复兴。对此，毛泽东有过重要的思考，他说："国际主义者的共产党员，是否可以同时又是一个爱国主义者呢？我们认为不但是可以的，而且是应该的。……因此，中国共产党人必须将爱国主义和国际主义结合起来。我们是国际主义者，我们又是爱国主义者，……因为只有为着保卫祖国而战才能打败侵略者，使民族得到解放。只有民族得到解放，才有使无产阶级和劳动人民得到解放的可能。……因此，爱国主义就是国际主义在民族解放战争中的实施。"① 应该说，这是契合中国实际的非常有价值的思考。

在这个问题上，"国家治理现代化"有明确的认定：推进国家治理、国家能力现代化，建成富强民主文明和谐的社会主义现代化国家，其奋斗目标就是"实现中华民族伟大复兴的中国梦，就是要实现国家富强、民族振兴、人民幸福"②。这里的所谓国家，中华民族国家是其基本意蕴之一，"中华民族是一个兼容并蓄、海纳百川的民族，在漫长历史进程中，不断学习他人的好东西，把他人的好东西化成我们自己的东西，这才形成我们的民族特色"。"国家治理现代化"就是中华民族"学习、转化"结果，它必须为了民族的利益、形成民族特色，体现社会主义中国民族国家的维度，它要"对历史负责、对人民负责、对国家和民族负责"。③ 中国国家治理体系是中华民族选择的结果，我们的国家治理体系、治理能力是以中华民族国家为载体的。

国内学者郎友兴为此分析说，"国家治理体系和治理能力现代化"这个重要命题包含着两个维度：一个是现代民族—国家建构，另一个是现代化运动。对于中国的国家治理及其体系来说，有其特殊的内涵

---

① 毛泽东：《毛泽东选集》第 2 卷，人民出版社 1991 年版，第 520～521 页。
② 习近平：《在第十二届全国人民代表大会第一次会议上的讲话》，载《人民日报》2013 年 3 月 18 日。
③ 参见习近平《完善和发展中国特色社会主义制度　推进国家治理体系和治理能力现代化》，载《人民日报》2014 年 2 月 18 日。

与意义，那就是，中国的国家治理体系现代化实质上是中国现代民族—国家（nation-state）建构的问题。① 这个分析，可谓精当之论。我们提出"国家治理现代化"，用意在于强调中国作为民族国家的形态建设社会主义，既推动社会主义发展，也推动民族国家的兴盛，使之成为现代民族—国家。这当然是对历史唯物主义国家观的推进。

（六）余论

历史唯物主义是"实践的唯物主义"，创新是其内在本性和生命活力所在。恩格斯为此特意指明："我们的理论是发展的理论，而不是必须背得烂熟并机械地加以重复的教条。"② 因此，历史唯物主义的某些具体观点、看法有必要在社会主义实践中不断被丰富、拓展。而且，我们有理由相信，随着中国道路越走越宽广、越走越健康，中国模式不断成型、日益完善，我们对历史唯物主义的创新发展会迈向更高台阶。这既是历史唯物主义本性之所在，也是中国特色社会主义健康发展之所系。当然，也须明确，这些创新发展，主要是基于对当代人类社会发展和社会主义实践经验进行反思，从而实现对历史唯物主义某些具体观点的重释、拓展、完善等，而非对历史唯物主义基本原理、基本观点的背弃。"国家治理现代化"并没有否认国家本质上是阶级统治工具、在终极方向上它将逐渐退出历史舞台等基本观点。

另外，国家治理现代化虽然强调了国家的重要性——这对后发展中国家极具战略意义，没有一定的国家威权和有效的国家制度，就缺乏足够的整合力、动员力集中国力进行现代化建设和执行赶超战略，但是，这并不意味着重回过去全权政府、万能国家、国家过度膨胀的模式。在此，福山的一个总结很值得我们借鉴，他说："有必要将国家活动的范围和国家权力的强度区别开来，前者主要指政府所承担的各种职能和追求的目标，后者指国家制定并实施政策和执法的能力特

---

① 参见郎友兴《全能主义治理模式已无法维系》，载《人民论坛》2014年第9期，第37～39页。
② 中共中央马克思恩格斯列宁斯大林著作编译局编：《马克思恩格斯文集》第10卷，人民出版社2009年版，第3页。

别是干净的、透明的执法能力——现在通常指国家能力或制度能力。"① 后者才是"国家治理现代化"努力的方向。

### 三、历史唯物主义社会矛盾理论的双重逻辑与新时代我国社会主要矛盾的提出②

社会矛盾分析是历史唯物主义的重要贡献，它存在双重逻辑，一种是以生产力、生产关系矛盾为核心的社会结构矛盾分析，以阶级斗争为核心的阶级矛盾分析；另一种是基于对现实的人何以创造历史进行深层追溯所建构的人类需要及其满足的历史中蕴含的社会需要和社会生产的矛盾分析。两种逻辑虽内在一致，但前者借助于科学抽象更能把握历史的本质联系和深层奥秘，居于显性和主导地位，后者是隐性逻辑。这样的处置，是历史唯物主义的特点和优点，但也留下了难题：社会主义政权确立，阶级对立的根源被消除，怎么来分析社会矛盾？这是马克思主义中国化必须解答的课题。早期的马克思主义中国化，充分注意到显性逻辑，强调阶级矛盾的主导地位。社会主义基本制度确立以后，以党的八大决议为代表，在把生产力和生产关系、经济基础和上层建筑确定为普遍性的社会基本矛盾的基础上，逐渐把人民日益增长的物质文化需要同落后社会生产的矛盾确立为我国社会的主要矛盾。这既解答了难题，也同时把隐性逻辑揭示出来。随后的社会主义实践偏离了这个判断，造成巨大灾难。改革开放后，我们及时恢复了这个正确判断的指导地位，使中国特色社会主义不断走向成功。进入新时代后，我们坚持问题导向，深化对隐性逻辑的开挖，强调社会主要矛盾已转化为人民日益增长的美好生活需要和不平衡不充分的发展之间的矛盾。

党的十九大宣布，中国特色社会主义进入了新时代，"我国社会

---

① ［美］弗朗西斯·福山：《国家构建：21 世纪的国家治理与世界秩序》，黄胜强、许铭原译，中国社会科学出版社 2007 年版，第 7 页。

② 本部分以《历史唯物主义社会矛盾理论的双重逻辑——兼论马克思主义中国化理论对矛盾双重逻辑的创新发展》为题，载于《南京大学学报（哲学·人文科学·社会科学）》2019 年第 4 期。

### 经典马克思主义与中国特色社会主义新时代

主要矛盾已经转化为人民日益增长的美好生活需要和不平衡不充分的发展之间的矛盾"①。新时代我国社会主要矛盾的提出，公认是习近平新时代中国特色社会主义思想的重大理论创新，是对马克思主义社会矛盾理论的创新。问题在于，它究竟是什么样的创新，又是如何实现创新的。这无疑是从理论创新的角度理解它的一个深层次的根本问题。

我们认为，首先，它是对历史唯物主义社会矛盾思想在继承基础上的创新，不能只谈创新而忽视了"继承"；否则，既是对它缺乏准确理解，也是对马克思主义的不尊重。不过，这里的关键是，必须搞清楚"继承"究竟是什么意义上的。其次，必须结合马克思主义中国化来理解。它是在马克思主义中国化已有成果基础上的进一步推进。

众所周知，马克思主义社会矛盾思想主要集中在历史唯物主义中，而历史唯物主义关于社会矛盾的分析，有两个突出之处：一是强调了生产力与生产关系、经济基础和上层建筑之间的对立统一；二是强调了阶级斗争、阶级矛盾。从表面上看，新时代社会主要矛盾说和它们似乎没有多少直接关联。如果这样，还从何谈及继承基础上的创新呢？这确实是一个值得高度重视的重点问题。

#### （一）需要及其不断满足的历史：历史唯物主义分析历史的隐性逻辑

文德尔班曾指认说："马克思和恩格斯创建了社会主义的唯物主义历史哲学，黑格尔和孔德的因素以其独特的方式交错于其中。"② 这个指认比较粗疏，但也道出了一个基本的实情：马克思、恩格斯在以新的方式审视历史时，有两种最基本的因素交织渗透起着很大的作用，一种主要就是黑格尔的辩证法，一种主要是以孔德为代表的实证观察分析。

---

① 习近平：《决胜全面建成小康社会 夺取新时代中国特色社会主义伟大胜利》，人民出版社2017年版，第11页。
② ［德］威廉·文德尔班：《哲学史教程》（下），罗达仁译，商务印书馆1997年版，第904页。

## 第二章　经典马克思主义与中国特色社会主义新时代

1843—1844 年，马克思一方面内在地通过重返书桌阅读大量的历史、政治书籍（完成《克罗茨纳赫笔记》），另一方面外在地接受费尔巴哈感性直观唯物主义和人本学，确证了黑格尔思辨唯心主义历史观的错误所在，并且在《1844 年经济学哲学手稿》（以下简称《手稿》）中尝试对黑格尔的辩证法和整个哲学进行批判。

虽然此时马克思对古典经济学更多的是批判，但后者作为一门深受自然科学研究方式影响的新兴科学，得到了社会越来越多的认可，肯定有其合理的地方。它强调自己"不是建立在假设上面，而是建立在观察结果和经验上面"[①]，"建立在事实与实验"[②] 上，这种对经验实证的诉求与当时的主流科学范式几无二致。马克思显然看到了这一点。

费尔巴哈从黑格尔哲学到感性经验论唯物主义的转变，圣西门的实证主义应该发挥过一定的作用。[③] 圣西门（孔德）、古典政治经济学、费尔巴哈就强调经验事实的优先性而言无疑是相通的，三者实际上分享了广义实证主义（即强调经验材料的重要性，拒斥先验的、形而上学的思辨）的一些基本要素。[④]

《手稿》为此表扬费尔巴哈实现了"真正理论革命"，具有"伟大功绩"，专门引用费尔巴哈的话强调"感性必须是科学的基础"，科学只有"从感性出发""从自然界出发"，"才是现实的科学"，"感性的即现实的"的同时，总结说："对国民经济学的批判，以及整个实证的批判，全靠费尔巴哈的发现给它打下真正的基础。从费尔巴哈起

---

① ［法］萨伊：《政治经济学概论》，陈福生、陈振骅译，商务印书馆 1982 年版，第 49 页。
② ［英］约·雷·麦克库洛赫：《政治经济学原理》，郭家麟译，商务印书馆 1975 年版，第 10 页。
③ 参见关锋《解码"实证的人道主义"》，载《学术研究》2017 年第 6 期，第 20～27 页。
④ 圣西门的思想糅合了社会主义、工业主义和实证主义，这三者实际上都深深影响了青年马克思。Georges Gurvitch 为此详细考证后说，圣西门对青年马克思的影响，与黑格尔在某些方面不相上下。（参见［英］安东尼·吉登斯《资本主义与现代社会理论——对马克思、涂尔干和韦伯著作的分析》，郭忠华、潘华凌译，上海译文出版社 2013 年版，第 5 页）。

才开始了实证的人道主义的和自然主义的批判。"马克思在序言中称自己与大话连篇、崇尚空谈的鲍威尔等人完全不同,而与费尔巴哈同是"实证的批判者"。除了确认感性事实、经验实证对科学的重要性外,《手稿》还把《德法年鉴》中深受费尔巴哈人本学影响而提出的"人的解放"推进为"人的科学",其核心在于具有了鲜明的历史维度,马克思主张黑格尔的伟大之处在于把人的自我产生看作一个过程即是历史的,历史成为《手稿》的一个高频词,诸如"历史之谜""历史的全部活动""历史的产物"被先后提出,并专门强调"人也有自己的形成过程即历史……历史是人的真正的自然史"。① 人的科学就是人的历史之科学。

这样一来,我们理解历史必须注意两点:一是必须从人出发看历史,而不能从人之外的上帝或绝对理性看历史;二是历史只能是人的历史。"历史什么事情也没有做……正是人,现实的、活生生的人在创造这一切,拥有这一切并且进行战斗。……历史不过是追求者自己的人的活动而已。"《神圣家族》为此称这个思想是费尔巴哈"天才的阐述"。而在标志着历史唯物主义初步形成的《德意志意识形态》(以下简称《形态》)继续强调了这一点:"全部人类历史的第一个前提无疑是有生命的个人的存在。"②

不过,《手稿》认识到费尔巴哈只承认人是感性的人,而忽视在更根本意义上人是感性活动的人,它的感性直观唯物主义既无法真正洞悉人,也无法真正把握历史,因为"工业的历史和工业的已经生成的对象性存在。是一门打开了关于人的本质力量的书","整个所谓世界历史不外是人通过人的劳动而诞生的过程"③。

所以,在《形态》看来,真正作为历史前提的应该是"现实的个

---

① 参见中共中央马克思恩格斯列宁斯大林著作编译局编《1844 年经济学哲学手稿》,人民出版社 2000 年版,第 89~90、107、4、107 页。
② 中共中央马克思恩格斯列宁斯大林著作编译局编:《马克思恩格斯文集》第 1 卷,人民出版社 2009 年版,第 295、519 页。
③ 中共中央马克思恩格斯列宁斯大林著作编译局编:《马克思恩格斯文集》第 1 卷,人民出版社 2009 年版,第 192、196 页。

## 第二章　经典马克思主义与中国特色社会主义新时代

人"即处于实践活动中的人,"这是一些现实的个人,是他们的活动和他们的物质生活条件,包括他们已有的和由他们自己的活动创造出来的物质生活条件"。由此,"任何历史观的第一件事情就是必须注意"这两个"基本事实的全部意义和全部范围,并给予应有的重视"①,它们是正确分析和理解历史必不可少的起点和基石。而"第一个历史活动就是生产满足这些需要的资料,即生产物质生活本身,而且,这是人们从几千年前直到今天单是为了维持生活就必须每日每时从事的历史活动,是一切历史的基本条件"。历史是人的历史,更确切地说是人通过实践活动创造的历史,恩格斯为此称赞马克思"在劳动发展史中找到了理解全部社会史的钥匙"②。

可贵的是,马克思进一步追问,是什么推动现实的个人创造历史?早在19世纪40年代初,马克思就已经知道"人们奋斗所争取的一切,都同他们的利益有关",而利益不过是需要的社会表达,所以把人们"连接起来的唯一纽带是自然的必然性,是需要和私人利益"。唯物史观同样强调:"我们首先应当确定一切人类生存的第一个前提,也就是一切历史的第一个前提,这个前提是:人们为了能够'创造历史',必须能够生活。但是为了生活,首先就需要吃喝住穿以及其他一些东西。因此第一个历史活动就是生产满足这些需要的资料,即生产物质生活本身。"③"任何人如果不同时为了自己的某种需要和为了这种需要的器官而做事,他就什么也不能做。""人们的需要即他们的本性。"④ 概言之,需要是人类创造历史的前提和原始动力。

由此,历史既是人的历史、人的实践活动(首要是物质生产活动)的历史,从根本上说也是需要及其满足的历史。《形态》为此指

---

① 中共中央马克思恩格斯列宁斯大林著作编译局编:《马克思恩格斯文集》第1卷,人民出版社2009年版,第519、531、531页。
② 中共中央马克思恩格斯列宁斯大林著作编译局编:《马克思恩格斯文集》第4卷,人民出版社2009年版,第313页。
③ 中共中央马克思恩格斯列宁斯大林著作编译局编:《马克思恩格斯文集》第1卷,人民出版社2009年版,第531页。
④ 中共中央马克思恩格斯列宁斯大林著作编译局编:《马克思恩格斯全集》第3卷,人民出版社1960年版,第286、514页。

出:"已经得到满足的第一个需要本身、满足需要的活动和已经获得的为满足需要而用的工具又引起新的需要,而这种新的需要的产生是第一个历史活动。"实际上,《手稿》早就站在费尔巴哈人本学的立场上强调:"全部历史是为了使'人'成为感性意识的对象和使'人作为人'的需要成为需要而做准备的历史(发展史)。"并且以此为出发点,以"私有财产和需要"为题深入分析了资本主义表现为需要对立的社会矛盾。"每个人都力图创造出一种支配他人的、异己的本质力量,以便从这里面找到他自己的利己需要的满足。"更重要的是,"这种异化也部分地表现在:一方面出现的需要和满足需要的资料的精致化,却在另一方面造成需要的牲畜般的野蛮化和彻底的、粗陋的、抽象的简单化,或者毋宁说这种精致化只是再生出相反意义上的自身。对于工人来说,甚至对新鲜空气的需要也不再成其为需要了"①。最终,形成了"需要与满足需要的资料的增长"和"需要的丧失与满足需要的丧失"之间的两极对立,这无疑是资本主义社会矛盾的一个突出表现。

由此,《手稿》围绕着工人阶级的解放,构建了三大解放思想即需要的解放、劳动的解放(从异化劳动到自主活动)和私有财产(私有制)的解放(扬弃私有财产)。唯物史观形成以后,这三大解放思想被科学地重构。比如,劳动解放思想与科学的劳动辩证法思想、劳动过程理论结合起来。②《形态》在历史唯物主义基础上同样批判了资本主义需要现象:"受这种生产力所制约的、不能满足整个社会的生产,使得人们的发展只能具有这样的形式:一些人靠另一些人来满足自己的需要,因而一些人(少数)得到了发展的垄断权;而另一些人(多数)经常地为满足最迫切的需要而进行斗争,因而暂时(即在新的革命的生产力产生以前)失去了任何发展的可能性。"所以,"共

---

① 中共中央马克思恩格斯列宁斯大林著作编译局编:《马克思恩格斯文集》第1卷,人民出版社2009年版,第531~532、194、223、125页。
② 参见关锋《劳动辩证法——马克思历史辩证法的新解读》,载《天津社会科学》2007年第2期,第18~23页;《劳动过程理论:马克思主义不应被疏漏的向度》,载《学术月刊》2010年第10期,第51~57页。

## 第二章　经典马克思主义与中国特色社会主义新时代

产主义者所追求的只是这样一种生产和交往的组织,那里他们可以实现正常的,也就是仅限于需要本身的一切需要的满足","个人在自己的自我解放中要满足一定的、自己真正体验到的需要"。① 对资本主义需要现象的批判和需要解放在历史唯物主义后来的完善过程中,仍然多有涉及。如《资本论》手稿批判资本主义:"一个人只有当他同时满足了另一个人的迫切需要;并且为后者创造了超过这种需要的余额时,才能满足他本人的迫切需要"②;主张在共产主义"社会的个人的需要将成为必要劳动时间的尺度"③,《哥达纲领批判》把共产主义视为"物质财富充分涌流、按需分配、人自由全面发展"的三位一体。受此影响,《社会主义从空想到科学的发展》强调在共产主义社会,"社会的生产无政府状态就让位于按照社会总体和每个成员的需要对生产进行的社会的有计划的调节"④。

而且,历史唯物主义还在基础上建构了需要和生产的辩证法:一方面强调"没有需要,就没有生产",人的需要"本身就是生产活动的一个内在要素"⑤;另一方面强调,"历史地自行产生的需要即由生产本身产生的需要,社会需要即从社会生产和交换中产生的需要","需要也如同产品和各种劳动技能一样,是生产出来的"。⑥ 既然这样,可以说,"我们的需要是由社会产生的"⑦,但"一旦满足了某一

---

① 参见中共中央马克思恩格斯列宁斯大林著作编译局编《马克思恩格斯全集》第3卷,人民出版社1960年版,第507、287、347页。
② 中共中央马克思恩格斯列宁斯大林著作编译局编:《马克思恩格斯全集》第30卷,人民出版社1995年版,第380页。
③ 中共中央马克思恩格斯列宁斯大林著作编译局编:《马克思恩格斯全集》第31卷,人民出版社1998年版,第104页。
④ 中共中央马克思恩格斯列宁斯大林著作编译局编:《马克思恩格斯文集》第3卷,人民出版社2009年版,第560～561页。
⑤ 中共中央马克思恩格斯列宁斯大林著作编译局编:《马克思恩格斯全集》第46卷(上),人民出版社1979年版,第29、31页。
⑥ 参见中共中央马克思恩格斯列宁斯大林著作编译局编《马克思恩格斯全集》第46卷(下),人民出版社1980年版,第29、19页。
⑦ 中共中央马克思恩格斯列宁斯大林著作编译局编:《马克思恩格斯全集》第6卷,人民出版社1976年版,第429页。

范围的需要，又会游离出、创造出新的需要"①，这是人类自然发展的规律。由此，人们的社会需要和社会生产之间就存在着一种互相制约、互相促动、力图保持动态平衡（即社会需要推动、促动社会生产前进；而社会生产及其社会后果又催生新的社会需要）的矛盾运动。

应该说，这种矛盾运动是人类社会历史最深层、最根本的矛盾，这也意味着，社会主体需要及其满足之间的矛盾，应是分析社会历史非常重要的基本维度。但是，一个明显的文本事实是，这个重要维度在《形态》中并没有得到充分彰显，在以后更为成熟的历史唯物主义文本中，它也没有成为显要的话题。总体而言，它在历史唯物主义那里是隐而不彰的。

（二）社会结构矛盾运动与阶级矛盾为何成为分析历史的显性、主导逻辑

非但如此，即使前述与需要及其满足这一分析视角相互伴生的，现实的人及其实践活动这一分析视角，《形态》虽然强调它们是分析和理解历史必不可少的起点和基石，但后面在对人类历史进程进行具体分析时，以及分析未来的共产主义时，它们并没有成为最为重要的理据。为什么会这样呢？

因为，此时的马克思、恩格斯已认识到，对人类社会历史的把握绝不能仅仅停留在这个层面。人类社会历史是非常复杂的，它们仅仅是历史比较表显的维度，它们对于反对历史唯心主义、反对费尔巴哈的直观唯物主义，都是非常合理和必要的。甚至对于反对当时已经声名鹊起的兰克史学也是合理的。

马克思在克罗茨纳赫认真拜读过兰克的《法国史》。《形态》批评说："所谓客观的历史编纂学正是脱离活动来考察历史关系"而具有"反动的性质"。它们脱离和客观物质利益紧密结合的物质生产活动，进而"只能在历史上看到重大政治历史事件，看到宗教的和一般

---

① 中共中央马克思恩格斯列宁斯大林著作编译局编：《马克思恩格斯全集》第47卷，人民出版社1979年版，第260页。

## 第二章 经典马克思主义与中国特色社会主义新时代

理论的斗争"①。兰克史学在科学实证主义的影响下,以"如实直书"、还原史实为旗号奠定了科学史学,但他把历史主要归结为政治事件史、人物史。兰克史学是所谓"客观的历史编纂学"很重要的指向。实际上,《形态》对以兰克史学为代表的客观主义历史学,还有更深刻的洞悉。我们知道,《形态》突破常规,专门组配了两个新词"历史科学""真正实证的科学"来自指"新历史观"。"历史科学"德文原文为 Wissenschaft der Geschichte,"真正实证的科学"原文为 die wirkliche, positive Wissenschaft。在德语中,"历史"有两个用词,即 Geschichte 和 Historie,前者意义颇为广泛,意指一切发生过的事情,Historie 则指当时已经兴起的历史学意义上的历史;Wissenschaft 意指对知识、学术、学问的系统追求,或者有根据、有条理的系统知识,较之主流意义上的近代英语词 Science,即实证主义科学、自然科学以及现代学科意义上的"科学",其意义更为宽泛。在我们看来,既然有意用这两个语词,一则以凸显历史唯物主义与主流的历史学、一般的实证科学都是明显有异的,二则也显示了马克思对"实证"的独特看法。

马克思之所以在此时期接受并频频使用"实证"一词,固然有它在一般意义上可以有力地驳斥思辨唯心主义错误的原因,更重要的是,在马克思看来,"实证"最基本的意思就是尊重客观实际和客观事实,真正做到"实证"就是坚持了彻底的唯物主义。问题在于,不仅费尔巴哈的感性直观,而且一般的经验主义,都没有做到彻底的、"真正的实证"。马克思在克罗茨纳赫通过大量阅读历史学著作,已经明白了财产关系和政治法律之间有一种无法经验直观到的隐秘的内在联系;而1844年对政治经济学的初步研究,则强化了这一认识。萨伊提出的"存在着的物体"和"发生着的事件"两种事实之分应该影响了马克思,因为发生着的事件很大程度上是人们的实践活动造成的,这由此会形成"作为关系的事实",实际上圣西门的实证主义也

---

① 中共中央马克思恩格斯列宁斯大林著作编译局编:《马克思恩格斯文集》第1卷,人民出版社2009年版,第546、545页。

非常强调事实中的联系。马克思之所以强调劳动和由劳动所形塑的社会关系，这应该也是两个重要起因。马克思还进一步认识到，关系的事实涉及外显的事实和潜隐的事实，以及事实与事实之间的内在联系（形成更为复杂的"关系的事实"），《手稿》为此点明"私有财产的关系潜在地包含着作为劳动的私有财产的关系和作为资本的私有财产的关系，以及这两种表现的相互关系"①，而《神圣家族》表扬蒲鲁东"认清了贫穷和财产这两个事实之间有一种内在联系"②。"真正的实证"必须注意到这一层事实。

我们知道，在配第那里，就已开始了对科学抽象的初步运用，而在斯密和李嘉图那里，运用更多。③ 在《手稿》中，正是因为对黑格尔思辨抽象的拒斥，马克思同样反感古典政治经济学中的抽象方法。孙伯鍨曾为此指出："恰恰是这种能够在政治经济学研究中导致真正的进步和科学成就的抽象方法，当时却为马克思和恩格斯所不取。"④ 不过，透过文本的解析，可以发现，马克思实际上自觉不自觉地接受并运用了一定的抽象思维。当然，更重要的是黑格尔的辩证法。正如恩格斯所指出的，"黑格尔的思维方式不同于所有其他哲学家的地方，就是他的思维方式有巨大的历史感做基础。……他是第一个想证明历史中有一种发展、有一种内在联系的人"，而"这个划时代的历史观是新唯物主义观点的直接的理论前提，单单由于这种历史观，也就为逻辑方法提供了一个出发点"。⑤《形态》已知道用辩证逻辑的方法来更为透彻地把握历史。《反杜林论》还进一步指出："黑格尔第一次——这是他的伟大功绩——把整个自然的、历史的和精神的世界描

---

① 中共中央马克思恩格斯列宁斯大林著作编译局编：《马克思恩格斯文集》第1卷，人民出版社2009年版，第172页。
② 中共中央马克思恩格斯列宁斯大林著作编译局编：《马克思恩格斯文集》第1卷，人民出版社2009年版，第260页。
③ 参见马涛《经济思想史教程》，复旦大学出版社2002年版，第83～83页。
④ 庄福龄、孙伯鍨主编：《马克思主义哲学史》第2卷，北京出版社1991年版，第265页。
⑤ 参见中共中央马克思恩格斯列宁斯大林著作编译局编《马克思恩格斯文集》第2卷，人民出版社2009年版，第602页。

## 第二章　经典马克思主义与中国特色社会主义新时代

写为一个过程，即把它描写为处在不断的运动、变化、转变和发展中，并企图揭示这种运动和发展的内在联系。""而思维的任务现在就是要透过一切迷乱现象探索这一过程的逐步发展的阶段，并且透过一切表面的偶然性揭示这一过程的内在规律性。"① 显然，发掘人类社会历史隐秘的内在联系即客观规律，才能对历史有本质性的通透把握。而这正是《形态》中以"历史科学""真正实证的科学"为名的新历史观主要的努力方向。

所以，《形态》一方面指出"现实的人"及其实践活动"这些前提可以用纯粹经验的方法来确认"，历史观如果仅停留在此，当然是远远不够的，还不是"历史科学"和"真正实证的科学"，它们当然不应该成为历史唯物主义主要致力之处；还专门批评以兰克史学为代表的史学范式拘执于经验实证而成为"抽象的经验主义者"，结果把历史变成了"僵死的事实的汇集"。② 莱蒙对此提出，在《形态》中，"马克思认为他的新方法即'历史唯物主义'是'科学的'，因为对他来说，它源于实践的真实事实，而不是固定的或先验的概念。说它是'科学的'，还因为它能够从这种'真实的现实'中，提炼出揭示事物间联系的一般'概念'或主要原则框架——类似于'科学规律'解释自然的作用"③。另一方面致力于发掘历史中隐秘的内在联系、客观规律。如何去做呢？一是抽象思维的必要性。马克思固然在这个时候还不可能像写作《资本论》那样对科学抽象法有明确自觉的方法论意识，但是通过黑格尔和古典经济学的影响，已经开始不自觉地接受和运用它，《形态》不仅承继了古典经济学的生产力、所有制概念，还新创了诸如交往形式、生产方式概念，并在此基础上初步建构了社会结构图示（生产力—交往形式—意识形态）。而这些社会结构及其

---

① 中共中央马克思恩格斯列宁斯大林著作编译局编：《马克思恩格斯文集》第9卷，人民出版社2009年版，第26、27页。

② 参见中共中央马克思恩格斯列宁斯大林著作编译局编《马克思恩格斯文集》第1卷，人民出版社2009年版，第519、525～526页。

③ ［英］M. C. 莱蒙：《历史哲学：思辨、分析及其当代走向》，毕芙蓉译，北京师范大学出版社2009年版，第398页。

组成要素都不是感性直观、经验实证所能获知的。《形态》为此还强调"经验的观察在任何情况下都应当根据经验来揭示社会结构和政治结构同生产的联系,而不应当带有任何神秘和思辨的色彩"。社会结构作为一种客观却抽象的社会存在,只能借助于抽象思维来把握,而"真正的实证"必须通达于此。这意味着对历史的洞悉,经验观察必须和抽象思维互动起来,逻辑和历史必须辩证统一起来。所以《形态》在坦承新历史观"从直接生活的物质生产出发阐述现实的生产过程"的同时,强调"把同这种生产方式相联系的、它所产生的交往形式即各个不同阶段上的市民社会理解为整个历史的基础",① 社会结构才是理解历史的关键,达不到这一点,就难以冠之以"历史科学"。

恩格斯后来在强调唯物史观是劳动史观的同时,也特意提醒,"每一历史时代的经济生产以及必然由此产生的社会结构"是"历史的基础",或者更具体地说,"每一历史时代主要的经济生产方式和交换方式以及必然由此产生的社会结构,是该时代政治的和精神的历史所赖以确立的基础,并且只有从这一基础出发,这一历史才能得到说明"②。否则,如果只局限于经验事实看历史,就会沦为把历史变为"一些僵死的事实的汇集"的"抽象经验主义",结果"只是诉诸实际经验,而理由和原因仍然是秘密"。③

除了把握静态的社会结构,还必须把握动态的社会运行。历史深层次上是结构及其变动的历史。这些变动是怎么形成的?黑格尔辩证法的重要性就体现出来了,它主张"辩证法是实在世界中一切运动,一切生命,一切事业之推动的原则",其中的关键在于"矛盾是推动世界的原则",④ "矛盾则是一切运动和生命力的根源;事物只因为自

---

① 参见中共中央马克思恩格斯列宁斯大林著作编译局编《马克思恩格斯文集》第1卷,人民出版社2009年版,第524、544页。
② 中共中央马克思恩格斯列宁斯大林著作编译局编:《马克思恩格斯文集》第2卷,人民出版社2009年版,第9、14页。
③ 参见中共中央马克思恩格斯列宁斯大林著作编译局编《马克思恩格斯文集》第5卷,人民出版社2009年版,第264页。
④ 参见[德]黑格尔《小逻辑》,贺麟译,商务印书馆1980年版,第132、258页。

## 第二章 经典马克思主义与中国特色社会主义新时代

身具有矛盾,它才会运动,才具有动力和活动"。① 为此,《形态》明确指出"生产力和交往形式的这种矛盾","它们在迄今为止的历史中曾多次发生过","一切历史冲突都根源于生产力和交往形式之间的矛盾";更重要的是,"已成为桎梏的旧交往形式被适应于比较发达的生产力……新交往形式所代替;新的交往形式又会成为桎梏,然后又为另一种交往形式所代替","在整个历史发展过程中构成各种交往形式的相互联系的序列"。② 人类社会发展、社会形态变迁由此形成,是由社会矛盾推动的,社会矛盾实质上是社会结构内部要素之间的矛盾。

在稍后的《致安年科夫的信》《哲学的贫困》中,这个表述被进一步科学化,生产力有了更为准确的界定,交往形式被"生产关系"取代。经过《共产党宣言》的淬炼,及至《政治经济学批判》序言,社会结构的矛盾运动形成了经典表述:"人们在自己生活的社会生产中发生一定的、必然的、不以他们的意志为转移的关系,即同他们的物质生产力的一定发展阶段相适合的生产关系。这些生产关系的总和构成社会的经济结构,即有法律的和政治的上层建筑竖立其上并有一定的社会意识形式与之相适应的现实基础。……社会的物质生产力发展到一定阶段,便同它们一直在其中运动的现存生产关系或财产关系(这只是生产关系的法律用语)发生矛盾。于是这些关系便由生产力的发展形式变成生产力的桎梏。那时社会革命的时代就到来了。随着经济基础的变更,全部庞大的上层建筑也或慢或快地发生变革。"③ 这段话之所以被公认为是历史唯物主义的经典表述,就是因为它把社会结构及其矛盾运动简洁明确地表述出来了。现代史学大家伊格尔斯为此说:"马克思对现代史学最重要的贡献也许是强调了社会作为一个各种因素相互关系的整体而运动的思想以及力图找到历史现象在其中发生的结构要素,把这些同生产和再生产的过程联系起来,系统地阐

---

① 参见〔德〕黑格尔《逻辑学》(下卷),杨之一译,商务印书馆2013年版,第66页。
② 中共中央马克思恩格斯列宁斯大林著作编译局编:《马克思恩格斯文集》第1卷,人民出版社2009年版,第567、568、574页。
③ 中共中央马克思恩格斯列宁斯大林著作编译局编:《马克思恩格斯文集》第2卷,人民出版社2009年版,第591~592页。

述可以分析造成变革的各种因素的概念模式。"①

与此同时，历史唯物主义认识到：孤立的个人是不存在的，现实的人及其活动都是在一定社会关系中存在的。在资本主义社会，表面上看独立的自由的个人，实则不然，"这里涉及的人，只是经济范畴的人格化，是一定的阶级关系和利益承担者"②；由此，"当文明一开始的时候，生产就开始建立在级别、等级和阶级的对抗上，最后建立在积累的劳动和直接的劳动的对抗上。没有对抗就没有进步。这是文明直到今天所遵循的规律。到现在为止，生产力就是由于这种对抗的规律而发展起来的"③。所以，"这里所说的对抗，不是指个人的对抗，而是指从个人的社会生活条件中生长出来的对抗"。生产力与生产关系、经济基础和上层建筑的矛盾，往往通过阶级矛盾的形式体现出来。《共产党宣言》一方面集中笔力说明"几十年来的工业和商业的历史，只不过是现代生产力反抗现代生产关系、反抗作为资产阶级及其统治的存在条件的所有制关系的历史"④，另一方面又细致阐析了无产阶级和资产阶级之间的阶级斗争，深刻揭示了两者之间的深层关联。以至于恩格斯在它的1883年德文版序言和1888年英文版序言中两次强调，其基本思想一方面揭示历史是社会结构矛盾运动的历史，一方面是阶级斗争的历史。《政治经济学批判》序言在详细阐释社会结构矛盾运动的同时，也同样强调了它和社会革命之间的内在一致性。恩格斯后来还专门对历史唯物主义总结说："一切重要历史事件的终极原因和伟大动力是社会的经济发展，是生产方式和交换方式的改变，是由此产生的社会之划分为不同的阶级，是这些阶级彼此之间

---

① [英]伊格尔斯：《历史研究国际手册——当代史学研究和理论》，陈海宏、刘文涛、李玉林、张定河译，华夏出版社1989年版，第15页。
② [德]马克思：《资本论》第1卷，人民出版社2004年版，第10页。
③ 中共中央马克思恩格斯列宁斯大林著作编译局编：《马克思恩格斯全集》第4卷，人民出版社1958年版，第104页。
④ 中共中央马克思恩格斯列宁斯大林著作编译局编：《马克思恩格斯文集》第2卷，人民出版社2009年版，第592、37页。

## 第二章　经典马克思主义与中国特色社会主义新时代

的斗争。"① 在这个意义上，阶级社会的历史，同时表现为阶级（斗争）史。为此他结合资本主义更明确地说："社会化生产和资本主义占有之间的矛盾表现为无产阶级和资产阶级的对立。"② 这对矛盾实际上就是资本主义社会生产力和生产关系的矛盾。恩格斯后来还概括说，社会化生产和资本主义占有之间的矛盾"就是产生现代社会的一切矛盾的基本矛盾，现代社会就在这一切矛盾中运动，而大工业把它们明显地暴露出来了"③。这就是著名的资本主义社会基本矛盾说。

立足于社会结构矛盾运动及其表现——阶级矛盾来分析人类社会历史，就成了历史唯物主义的显性逻辑和主导逻辑。马克思、恩格斯之所以特别彰显这种逻辑的主导性，并因而使需要及其满足的历史、劳动及其解放的历史这一逻辑被相对遮蔽，除了前述提及的它更能实现"历史科学"的使命、深入洞察历史的本质外，还有以下三个因由。

第一，这两种逻辑之间存在内在一致性。因为"社会结构和国家总是从一定的个人生活过程中产生的"④，社会不过是"人们交互活动的产物"，而"任何生产力都是一种既得的力量，以往的活动的产物。所以生产力是人们的实践能力的结果"。以生产关系为核心的人们的"物质关系形成他们的一切关系的基础。这种物质关系不过是他们的物质的和个体的活动所借以实现的必然形式罢了"⑤，而人们不管是哪种形式的活动，最终都是由需要驱动的，"物质生活的这样或那

---

① 中共中央马克思恩格斯列宁斯大林著作编译局编：《马克思恩格斯文集》第3卷，人民出版社2009年版，第509页。
② 中共中央马克思恩格斯列宁斯大林著作编译局编：《马克思恩格斯文集》第9卷，人民出版社2009年版，第288页。
③ 中共中央马克思恩格斯列宁斯大林著作编译局编：《马克思恩格斯文集》第3卷，人民出版社2009年版，第565页。
④ 中共中央马克思恩格斯列宁斯大林著作编译局编：《马克思恩格斯文集》第1卷，人民出版社2009年版，第524页。
⑤ 中共中央马克思恩格斯列宁斯大林著作编译局编：《马克思恩格斯文集》第10卷，人民出版社2009年版，第42～43页。

样的形式,每次都取决于已经发达的需求"①。社会结构的矛盾来自物质生产劳动本身内涵的矛盾,而劳动本身的矛盾实际上根源于人的需要及其满足的矛盾。

第二,社会结构的矛盾、阶级矛盾虽然源自劳动本身内含的矛盾,最终根源于需要及其满足的矛盾,但需要本身不是自立的、天然的,而是社会的。从这意义上说,需要及其满足的矛盾、劳动内含的矛盾解决,恰恰依赖于生产力与生产关系、阶级矛盾的解决。

第三,还有一个更为重要的现实因由,历史唯物主义秉持"人体解剖是猴体解剖的一把钥匙"的原则,非常关注资本主义现实,而当时资本主义经济危机、社会危机(两极分化、阶级对立)都非常突出,社会结构矛盾分析、阶级矛盾分析才能深刻洞悉、深入揭示这两种危机的实质,并为它们寻求疗法和根本的解救之道。立足于需要、劳动的分析进路是达不到这样的高度和深度的。

这样来处理和安排分析社会矛盾的两种逻辑,无疑是历史唯物主义的特点和优点,但它也确实留下了很大的难题:如果社会主义革命取得胜利,推行公有制,社会化大生产和资本主义生产资料私人占有之间的矛盾不复存在,阶级对立的根源被消除,那么我们怎么来分析社会主义的社会矛盾?阶级矛盾分析还能占据主导地位吗?

我们知道,布哈林撰写《过渡时期的经济学》强调"资本主义是对抗的、矛盾的制度",把矛盾和对抗混为一谈,言下之意社会主义不存在对抗因而也将不存在矛盾。1920年5月,列宁在读到这个观点时专门做批注说,此说"极不确切。对抗和矛盾完全不是一回事。在社会主义下,对抗将会消失,矛盾仍将存在"。对抗是阶级之间根本利益的冲突,存在于"社会分裂为两个基本阶级"的社会中,矛盾则会贯穿于人类社会发展的始终,即使阶级消灭了社会矛盾依然存在。②而亲身领导社会主义改造和建设实践的斯大林,则在这个问题上反复

---

① 中共中央马克思恩格斯列宁斯大林著作编译局编:《马克思恩格斯文集》第1卷,人民出版社2009年版,第575页。
② 参见中共中央马克思恩格斯列宁斯大林著作编译局编《列宁全集》第60卷,人民出版社1990年版,第281～282页。

不定，20 世纪 20 年代中期，他接受列宁的说法，承认社会主义社会存在生产力和生产关系的矛盾，并表现为两种性质的社会矛盾，一种是无产阶级和农民之间的内部矛盾，另一种是我们这个社会主义国家与一切资本主义国家之间的外部矛盾。可到了 1938 年，他在《论辩证唯物主义和历史唯物主义》中，又否认社会主义存在生产力和生产关系的矛盾；20 世纪 50 年代初，他又恢复了承认。以上这段经历，充分说明了社会主义社会矛盾分析的复杂性。

（三）马克思主义中国化对双重逻辑的不断开掘

中国共产党之所以很快接受了马克思主义，并将之作为自己的指导思想，不仅仅是因为党的阶级立场、人民情怀和文化传统（如大同思想），更重要的是马克思主义科学性所散发的真理光芒，特别是实践观点、阶级分析法和矛盾分析法，具有无穷的感召力。

这方面，毛泽东在早期共产党人中无疑是最具代表性的。他早在 20 世纪 20 年代初读了《共产党宣言》后，就自认"初步掌握了认识问题的方法论"，并说"我只取它四个字'阶级斗争'，老老实实地来开始研究实际的阶级斗争"[①]。在此基础上，于 1936 年到 1937 年写下了著名的《实践论》《矛盾论》。在《矛盾论》中，毛泽东明确说："一切事物中包含的矛盾方面的相互依赖和相互斗争，决定一切事物的生命，推动一切事物的发展。没有什么事物是不包含矛盾的，没有矛盾就没有世界。""社会的变化，主要是由于社会内部矛盾的发展，即生产力和生产关系的矛盾，阶级之间的矛盾，新旧之间的矛盾，由于这些矛盾的发展，推动了社会的前进，推动了新旧社会的代谢。"而"马克思把这一法则（事物矛盾法则）应用到资本主义社会经济结构的研究的时候，他看出这一社会的基本矛盾在于生产的社会性和占有制的私人性之间的矛盾。……这个矛盾的阶级表现则是资产阶级和无产阶级之间的矛盾"[②]。这是对历史唯物主义准确理解基础上的通俗

---

① 毛泽东：《毛泽东农村调查文集》，人民出版社 1982 年版，第 22 页。
② 毛泽东：《毛泽东选集》第 1 卷，人民出版社 1991 年版，第 305、302、318 页。

表达，并且尊重了恩格斯关于资本主义基本矛盾的说法。还有一点非常重要的是，这标志着中共很早就抓住了历史唯物主义根本性的质点：社会矛盾分析。这为后来中国社会主义革命和建设的成功，奠定了重要的理论根基。

但《矛盾论》也实现了重要突破、创新，在分析矛盾特殊性的时候，指出了矛盾的多样性，并提出了著名的"主要矛盾说"。首先，它认为存在着"规定事物发展过程的本质"的"根本矛盾"，如从"自由竞争年代的资本主义发展为帝国主义，这时，无产阶级和资产阶级这两个根本矛盾着的阶级的性质"并没有变化，所以"这个社会的资本主义的本质，并没有变化"。其次，"在复杂的事物的发展过程中，有许多的矛盾存在，其中必有一种是主要的矛盾，由于它的存在和发展规定或影响着其他矛盾的存在和发展"，"例如在资本主义社会中，无产阶级和资产阶级这两个矛盾着的力量是主要的矛盾"。还特别强调："研究任何过程，如果是存在两个以上矛盾的复杂过程的话，就要用全力去找出它的主要矛盾。捉住了这个主要矛盾，一切问题就迎刃而解了。"①

在此，毛泽东和恩格斯一样，把生产力和生产关系矛盾的具体体现即生产社会化和资本主义私有制的矛盾视为资本主义的社会基本矛盾；他提出无产阶级和资产阶级是资本主义社会的"主要矛盾"，不过这是针对其他阶级之间的矛盾而言的，还不是我们今天理解的社会主要矛盾，但他把这对矛盾又视为资本主义社会的"根本矛盾"，即对一个社会或者其发展阶段起着决定性、主导性作用的矛盾，也就是我们今天理解的社会主要矛盾。在1952年6月针对中央统战工作起草的一个文件中，毛泽东非常明确地指出，"在打倒地主阶级和官僚资产阶级以后，中国国内的主要矛盾是工人阶级和民族资产阶级之间的矛盾"②，申明了阶级矛盾的主要矛盾地位。这意味着，中国共产党人在其早期探索中，充分注意到了唯物史观关于社会矛盾的显性逻

---

① 毛泽东：《毛泽东选集》第1卷，人民出版社1991年版，第314、320、322页。
② 毛泽东：《毛泽东选集》第5卷，人民出版社1977年版，第65页。

## 第二章 经典马克思主义与中国特色社会主义新时代

辑,即生产力与生产关系之间的矛盾和阶级矛盾。在社会主义基本制度确立以前,这些探索不但符合历史唯物主义的真谛,而且符合当时的客观实际,是正确的。

不过,随后,中国共产党结合新中国不断变化的实际,在推动马克思主义中国化的同时开启了对社会矛盾新的探索,即对历史唯物主义隐性逻辑的不断开掘。

1956年4月,《人民日报》刊发《关于无产阶级专政的历史经验》的文章,毛泽东强调说:"社会的发展总是在不断的矛盾中进行的。社会主义社会的发展也是在生产力和生产关系的矛盾中进行着的。"但要注意:"各个社会的矛盾性质不同,解决矛盾的方式不同。"① 这个在"三大改造"行将完成时的提示,实际上提醒人们,随着社会主义改造的完成,我们对社会矛盾应该有新的认识。果然,1956年9月,著名的八大决议对此颇为详细而明确地说:"在旧中国社会中的主要矛盾,即中国人民同帝国主义、封建主义、官僚资本主义的统治的矛盾,由于资产阶级民主革命的胜利而解决了。在解决了这种矛盾以后,我国除了对外还有同帝国主义的矛盾以外,在国内的主要矛盾是无产阶级同资产阶级之间的矛盾,这是社会主义革命所要解决的矛盾。我们对农业、手工业和资本主义工商业的社会主义改造,就是要变革资产阶级所有制,变革产生资本主义的根源的小私有制。现在这种社会主义改造已经取得决定性的胜利,这就表明,我国的无产阶级同资产阶级之间的矛盾已经基本上解决,几千年来的阶级剥削制度的历史已经基本上结束,社会主义的社会制度在我国已经基本上建立起来了。"显然,原有的社会主要矛盾随着作为剥削阶级、整体意义上的资产阶级的不复存在已经不存在了。所以,"我们国内的主要矛盾,已经是人民对于建立先进的工业国的要求同落后的农业国的现实之间的矛盾,已经是人民对于经济文化迅速发展的需要同当前经济文化不能满足人民需要的状况之间的矛盾。这一矛盾的实质,

---

① 中共中央文献研究室编:《建国以来重要文献选编》第8册,中央文献出版社1994年版,第231页。

在我国社会主义制度已经建立的情况下，也就是先进的社会主义制度同落后的社会生产力之间的矛盾。党和全国人民的当前的主要任务，就是要集中力量来解决这个矛盾，把我国尽快地从落后的农业国变为先进工业国"①。

八大决议的这个正确分析，一方面，正如它自己明白无误地指出的那样，顺应了我国社会发展的实际；另一方面，在理论上结合实际，深刻回答了在阶级矛盾不再是社会主要矛盾的社会主义社会，亦即社会生产、经济发展的目的既不像封建社会那样维系一个特权阶级、维护等级制，也不像资本主义社会那样为资本逻辑主宰，生产和生产主体需要之间不再被各种社会中介力量遮蔽、阻断、破坏而恢复直接关系，在这种状况下如何界定和分析社会主要矛盾。这个回答同时把历史唯物主义社会矛盾学说的隐性逻辑即生产力与生产关系的矛盾在深层次上是社会需要和社会生产之间的矛盾，前者既根源于后者，在特定历史时期（阶级矛盾不再是社会主要矛盾）又表现为后者，充分显示出来了。

很快，马克思主义中国化开始更好地回答社会主义生产力、生产关系的矛盾和社会主要矛盾的关系。1956 年 12 月，中共发表《再论无产阶级专政的历史经验》，强调生产力与生产关系、经济基础与上层建筑矛盾运动"这一规律，以不同的形态适用于一切社会。这就是说，也适用于现在的社会主义社会和将来的共产主义社会"②。这一方面将两对矛盾并置，讲法明确而又完整；另一方面强调它们具有历史的普遍性，贯穿人类历史。该文还在此基础上强调敌我矛盾和人民内部矛盾之分。在 1957 年 1 月的讲话中，毛泽东批判斯大林"没有把生产关系和生产力之间的矛盾，上层建筑和经济基础之间的矛盾，当作全面性的问题提出来，他还是没有认识到这些矛盾是推动社会主义

---

① 中共中央文献研究室编：《建国以来重要文献选编》第 9 册，中央文献出版社 1994 年版，第 340～341 页。

② 中共中央文献研究室编：《建国以来重要文献选编》第 9 册，北京中央文献出版社 1994 年版，第 570～571 页。

## 第二章 经典马克思主义与中国特色社会主义新时代

社会向前发展的基本矛盾"①，第一次明确把两对矛盾确定为社会基本矛盾，并再次重申了两种不同性质的矛盾。

1957年2月，著名的《关于正确处理人民内部矛盾的问题》发表，它再次申明："在社会主义社会中，基本的矛盾仍然是生产关系和生产力之间的矛盾，上层建筑和经济基础之间的矛盾。"但这种矛盾同旧社会的社会基本矛盾相比，"具有根本不同的性质和情况"，"资本主义社会的矛盾表现为剧烈的对抗和冲突，表现为剧烈的阶级斗争，那种矛盾不可能由资本主义制度本身来解决，而只有社会主义革命才能够加以解决。社会主义社会的矛盾是另一回事，恰恰相反，它不是对抗性的矛盾，它可以经过社会主义制度本身，不断地得到解决"。"总之，社会主义生产关系已经建立起来，它是和生产力的发展相适应的；但是，它又还很不完善，这些不完善的方面和生产力的发展又是相矛盾的"，上层建筑和经济基础同样是这种"又相适应又相矛盾"的关系。两对基本矛盾的这种状况，决定了"在客观上将会长期存在的社会生产和社会需要之间的矛盾"，而"所谓社会主义生产关系比较旧时代生产关系更能够适合生产力发展的性质，就是指能够容许生产力以旧社会所没有的速度迅速发展，因而生产不断扩大，因而使人民不断增长的需要能够逐步得到满足的这样一种情况"。② 这个重要讲话，在深层次上科学解答了社会主义社会基本矛盾和主要矛盾的关系，阐明社会主义社会基本矛盾的特殊性决定了其社会主要矛盾，即人们的社会需要和落后的物质生产、落后的生产力发展之间的矛盾，同时既回应了历史唯物主义社会基本矛盾决定主要矛盾、主要矛盾是基本矛盾的表现这个基本思想，又彰显了历史唯物主义分析社会矛盾显性逻辑和隐性逻辑之间的内在关联，并把隐性逻辑在社会主义中的重要性凸现出来。

可毛泽东本人在这个问题上又有所动摇，随着反右斗争的扩大

---

① 毛泽东：《毛泽东选集》第5卷，人民出版社1977年版，第356页。
② 中共中央文献研究室编：《毛泽东文集》第7卷，人民出版社1999年版，第213、214、215页。

化，他在1957年10月党的八届三中全会上却说："八大决议上有那么一段，讲主要矛盾是先进的社会主义制度同落后的社会生产力之间的矛盾。这种提法是不对的。""无产阶级和资产阶级的矛盾，社会主义道路和资本主义道路的矛盾，毫无疑问，这是当前我国社会的主要矛盾。"① 1958年的"大跃进运动"，1959年的"反右倾斗争"，直到10年"文化大革命"，历史惨痛的失败教训，使人们越来越清晰地认识到，阶级斗争不是也不应该被视为我国社会主义的社会主要矛盾。相反，党的八大决议的判断是符合实际的，是正确的。唯物史观关于社会矛盾的隐性逻辑，即社会需要和社会生产之间的矛盾，才是我们理解"三大改造"完成后阶级斗争已不再是主要社会矛盾的社会主义中国的合理依据。

我们既要在这个问题上拨乱反正，还要根据实际守正出新。这就是摆在改革开放以来中国特色社会主义面前的重大的历史任务。1979年3月初，作为改革开放的总设计师，邓小平明确表态："关于基本矛盾，我想现在还是按照毛泽东同志在《关于正确处理人民内部矛盾的问题》一文中的提法比较好"，即"在社会主义社会中，基本的矛盾仍然是生产关系和生产力之间的矛盾，上层建筑和经济基础之间的矛盾"。关于主要矛盾，肯定了党的八大的提法："我们的生产力发展水平很低，远远不能满足人民和国家的需要，这就是我们目前时期的主要矛盾，解决这个主要矛盾就是我们的中心任务。"② 1979年中央理论务虚会、政府工作报告都确认了这个思想。随后，1981年党的十一届六中全会通过著名的《关于建国以来党的若干历史问题的决议》，把主要矛盾作为一个重点问题进行了说明，强调"我国所要解决的主要矛盾，是人民日益增长的物质文化需要同落后的社会生产之间的矛盾"。既不再罗列式地指出很多情况，也不再抽象地谈落后的生产力，而是直接地聚焦于落后的社会生产。这一说法因此被广泛认为"充分

---

① 《〈毛泽东选集〉》：《〈毛泽东选集〉第5卷》简介，天津人民出版社1977年版，第30页。

② 中共中央文献编辑委员会编：《邓小平文选》第2卷，人民出版社1994年版，第181～182页。

## 第二章 经典马克思主义与中国特色社会主义新时代

地汲取了八大的成果,又比八大的提法更为准确"①。1992年党的十四大把关于社会主要矛盾的论断写入党章,1997年党的十五大报告确认"这个主要矛盾贯穿我国社会主义初级阶段的整个过程和社会生活的各个方面",2007年党的十七大报告提出了"两个没有变",2012年党的十八大提出"三个没有变"来确认现阶段社会主要矛盾没有变。

改革开放40多年来,我们一直坚持围绕社会主要矛盾,制定发展战略,谋划发展蓝图,规划发展路径,推进马克思主义中国化,不断进行理论创新和实践创新,在理论创新和实践创新的互动中取得了举世瞩目的成就。

### (四)中国特色社会主义新时代对社会主要矛盾认识的深化和创新

中国社会主义70年历史,我们一方面深知社会是在矛盾运动中发展的,这是历史唯物主义颠扑不破的真理,深知社会主要矛盾对社会主义的重要性;另一方面也深知必须与时俱进,根据不断变化的实际,特别是社会基本矛盾内部结构要素的变动、变革,及时更新、深化对社会主要矛盾的把握。

中国特色社会主义步入新时代,中央政治局就历史唯物主义基本原理和方法论专门进行集体学习,一是强调"要学习和掌握社会基本矛盾分析法,深入理解全面深化改革的重要性和紧迫性。只有把生产力和生产关系的矛盾运动同经济基础和上层建筑的矛盾运动结合起来观察,把社会基本矛盾作为一个整体来观察,才能全面把握整个社会的基本面貌和发展方向。……我们提出进行全面深化改革,就是要适应我国社会基本矛盾运动的变化来推进社会发展"。二是强调"社会基本矛盾总是不断发展的,所以调整生产关系、完善上层建筑需要相应地不断进行下去。改革开放只有进行时、没有完成时,这是历史唯

---

① 中共中央文献研究室编:《关于建国以来党的若干历史问题的决议》(注释本),人民出版社1983年版,第571页。

物主义态度"①。社会基本矛盾发展，也就意味着它的结构要素不断变动、各种关系不断调整，往往会诱致或直接造成社会主要矛盾随之发生变更。在迅速发展的中国，社会基本矛盾与社会主要矛盾的这种密切互动，更为明显。

那么，如何把握这种密切互动呢？我们结合中共革命和建设的优良历史传统即坚持问题导向强调："问题是事物矛盾的表现形式，我们强调增强问题意识、坚持问题导向，就是承认矛盾的普遍性、客观性，就是要善于把认识和化解矛盾作为打开工作局面的突破口。"② 社会问题背后是社会矛盾，社会问题不过是社会矛盾在现实中的生动表现、集中体现和多方面的展现。我们可以通过社会问题来更好地理解社会矛盾，特别是社会矛盾的变动。因为矛盾往往是深隐、内藏的，而问题则是外化、外显的，不关注问题，不观察问题，不思考问题，往往很难察觉到社会矛盾。

其中，诸如突出问题、难点问题、热点问题等重大社会问题，地位更为重要。正如习近平总书记所强调的，"党的十八大提出的基本要求，是对当前我国经济社会发展中存在的突出问题、改革攻坚和加快转变经济发展方式面临的难点问题、干部群众普遍关注的热点问题的积极回应"，基本要求是对重大社会问题的集中概括和高度凝练；而"这些基本要求，既涉及生产力和生产关系，又涉及经济基础和上层建筑；既涉及中国特色社会主义伟大事业，又涉及党的建设新的伟大工程，同时还涉及统筹国内国际两个大局"③。显然，重大社会问题根本上源于社会基本矛盾，是社会基本矛盾及其变动情况集中而又生动（往往通过基本要求）的体现。

中国特色社会主义新时代，我国各种突出问题、难点问题、热点

---

① 习近平：《推动全党学习和掌握历史唯物主义 更好认识规律更加能动地推进工作》，载《人民日报》2013年12月5日。
② 习近平：《坚持运用辩证唯物主义世界观方法论 提高解决我国改革发展基本问题本领》，载《人民日报》2015年1月25日。
③ 中共中央文献研究室编：《十八大以来重要文献选编》（上），中央文献出版社2014年版，第79页。

## 第二章 经典马克思主义与中国特色社会主义新时代

问题汇聚到一起,表现为什么?党的十八大刚结束不久,习近平总书记就总结说:"中国特色社会主义伟大实践,不仅使我们国家快速发展起来,还使我国人民生活水平快速提高起来"①,"人民热爱生活,期盼有更好的教育、更稳定的工作、更满意的收入、更可靠的社会保障、更高水平的医疗卫生服务、更舒适的居住条件、更优美的环境",以及"孩子们能成长得更好、工作得更好、生活得更好"②。也正因此,他代表党和国家高屋建瓴地宣告:"人民对美好生活的向往,就是我们的奋斗目标。"而从党的十八大到党的十九大召开的这5年,我们解决了许多长期想解决而没有解决的难题,办成了许多过去想办而没有办成的大事,取得了改革开放和社会主义现代化建设的历史性成就,"人民生活显著改善,对美好生活的向往更加强烈","人民群众的需要呈现多样化多层次多方面的特点",除了前面提到的多个"更",还有"更丰富的精神文化生活"也成了重要内容。③ 很明显,我国各种突出问题、难点问题、热点问题汇聚到一起,就表现为"人民对美好生活的向往,就是我们的奋斗目标"成为社会基本要求。它从主体角度而言,固然是一种主观状态,但其背后是社会发展所形成的客观社会需要,即美好生活已经成为普遍性的、不以人的意志为转移的客观需要。

问题在于,既然是向往和需要,就说明它在实际中还没有完全成为现实,没有被充分满足。是什么原因使它这样的?这里有三个基本的关键点:第一,美好生活成为人们的向往和社会需要,是在改革开放取得巨大成就的基础上形成的,"落后的社会生产"不可能催生普遍性的对美好生活的社会需要。第二,时至今日,我们经济、科技等各方面的实力以及综合国力都有大幅提升,科技创新、科技转化为生

---

① 习近平:《全面贯彻落实党的十八大精神要突出抓好六个方面工作》,载《求是》2013年第1期。
② 中共中央文献研究室编:《习近平关于社会经济主义社会建设论述摘编》,中央文献出版社2017年版,第3~4页。
③ 参见习近平《高举中国特色社会主义伟大旗帜 为决胜全面小康社会实现中国梦而奋斗》,载《人民日报》2017年7月28日。

产的能力都较之以前有很大提高，不少地方已经处在世界前列。在这个意义上，还像以前那样简单地说"落后的社会生产"，显然难以服众了。第三，很明显，对美好生活的需要，不仅仅是层次的提高，同样是内容的提升，内容更为全面，覆盖面非常宽广，相对单一性的"落后的社会生产"不可能与它相对应。

众所周知，党的十七大报告把党的十六大报告以来沿袭已久的说法"全面建设小康社会"调整为"全面建成小康社会"。这里绝不是一个字的简单修改问题，它折射的是社会发展问题，即经过几十年的艰苦奋斗、日积月累，全面小康社会变成一个"可望又可即"的现实奋斗目标，我们越来越有基础、越来越有能力实现的目标。另外，它也恰恰说明我们现实中的发展离全面小康社会还有一段距离，是"要建成"而不是已经完成。

党的十八大以来，我们对"全面建成小康社会"有了更为清晰、全面的认识：第一，全面建成小康社会，强调的不仅是"小康"，而且更重要的也是更难做到的是"全面"。"小康"讲的是发展水平，"全面"讲的是发展的平衡性、协调性、可持续性。如果到2020年我们在总量和速度上完成了目标，但发展不平衡、不协调、不可持续问题更加严重，短板更加突出，就算不上真正实现了目标。第二，全面小康，覆盖的领域要全面，是五位一体全面进步。全面小康社会要求经济更加发展、民主更加健全、科教更加进步、文化更加繁荣、社会更加和谐、人民生活更加殷实。第三，全面小康，覆盖的人口要全面，是惠及全体人民的小康。第四，全面小康，覆盖的区域要全面，是城乡区域共同的小康。①

可以说，"全面建成小康社会"是人民美好生活实现的初步要求。小康社会之所以还没有全面建成，最突出的病因、最根本的症结就在于我国经济社会发展的不平衡、不充分。同理，包括领域不平衡、区域不平衡、群体不平衡、代际不平衡等在内的发展不平衡，以及包括

---

① 参见中共中央文献研究室编《习近平总书记重要讲话文章选编》，中央文献出版社2016年版，第272～275页。

## 第二章　经典马克思主义与中国特色社会主义新时代

生产力发展不充分、科技发展不充分、资源能源利用不充分、民生工程发展不充分、民主法治和政治建设发展不充分、文化建设发展不充分、社会主体积极性能动性调动不充分等在内的发展不充分，已成为制约人民美好生活需要实现最集中、最重要的因素。

党的十八大以来，随着基础越来越好、条件越来越有利，人民对美好生活的需要越来越强烈，它与发展不平衡不充分形成尖锐的对立。党的十九大报告为此分析说："我国稳定解决了十几亿人的温饱问题，总体上实现小康，不久将全面建成小康社会，人民美好生活需要日益广泛，不仅对物质文化生活提出了更高要求，而且在民主、法治、公平、正义、安全、环境等方面的要求日益增长。"更可能的是，对于不少人来说，民主、法治、公平、正义、安全、环境等方面的要求，是越来越重要的需求。"同时，我国社会生产力水平总体上显著提高，社会生产能力在很多方面进入世界前列，更加突出的问题是发展不平衡不充分，这已经成为满足人民日益增长的美好生活需要的主要制约因素。""发展不平衡不充分的一些突出问题尚未解决"，有的表现为更深层次的不平衡不充分。这两方面的变化，我们必须承认和接受："中国特色社会主义进入新时代，我国社会主要矛盾已经转化为人民日益增长的美好生活需要和不平衡不充分的发展之间的矛盾。"[①]

"中国特色社会主义新时代社会主要矛盾"（新说法）的提出，无论是相对于马克思、恩格斯关于社会矛盾的主流经典分析，还是相对于中国社会主义使用已久的经典说法（旧共识），都有很大突破，毫无疑问，是世界社会主义发展史上、中国特色社会主义发展史上、中国共产党发展史上的重大理论创新，是马克思主义中国化最新成果的典例。不过，它的提出固然是重大的理论创新，但不要忘了，它不是无源之水、无本之木；相反，它是在有所继承的基础上进行的创新。

---

[①] 习近平：《决胜全面建成小康社会　夺取新时代中国特色社会主义伟大胜利》，人民出版社 2017 年版，第 11 页。

首先,这个"新说法"与"旧共识"之间存在着一种辩证的关系,这是我们要高度重视的。"新说法"在尊重客观实际的基础上,以"美好生活需要"这个更为全面、更切实际的说法取代了一般性的物质文化需要之说,用发展不平衡、不充分这个说法取代了落后的社会生产这个说法,确实是对"旧共识"的创新突破。但是,其一,它们都是基于人民内部矛盾这个基本判断进行分析的,认识到社会主义正常状态下阶级斗争不应再是社会主要矛盾。其二,基本上是在同一个框架体系中即主体需要同社会发展客观水平、客观现状(或者说主体和客体)之间的矛盾,进行分析的。其三,都是坚持运用马克思主义矛盾分析法的结果,立足于社会基本矛盾及其变动来发现社会主要矛盾;都是对马克思主义分析社会矛盾隐性逻辑——社会主体的需求以及由之形成的客观社会需要、社会利益同这种利益、需要满足之间的辩证关系的发掘和彰显。更具体地说,自中华人民共和国成立以来的前60年,从毛泽东到邓小平带领中国人民,已经把历史唯物主义关于社会矛盾的隐性逻辑即社会需要和社会生产之间的矛盾明示出来了,建构了中国社会主义社会主要矛盾的经典形态,而习近平总书记立足于新时代,带领中国人民不仅承继了对这个隐性逻辑的彰显,而且在此基础上进行了新的开掘。

而且,"中国特色社会主义新时代社会主要矛盾"的提出,同时进一步挖掘了马克思主义的全面生产理论(即不仅仅是物质生产,还有精神生产、人口生产、生产关系或社会关系的再生产),全面生产实际上就是社会的全面发展。人民日益增长的美好生活需要和不平衡不充分发展之间的矛盾,也就是社会需要与全面生产之间的矛盾。从这个意义上来说,它的提出,蕴含着对历史唯物主义的双重推进。

## 四、中国特色社会主义与历史唯物主义四大基本原理的"守正出新"①

中国特色社会主义是在马克思主义基本原理同改革开放不同时期具体实际结合中创立、发展和完善的。这种结合同时是对基本原理在坚持、遵守基础上的创新性理解、创造性运用和转化,是守正和出新的有机统一。这在历史唯物主义四大基本原理上表现得较为充分。如以"基本国情论""思想建党理论强党"为代表的对社会存在和社会意识辩证关系原理的守正出新,以"以经济建设为中心""国家治理现代化"为代表的对社会基本矛盾辩证关系原理的守正出新,以不断确立人民至上评判标准为代表的对人民群众是历史创造者原理的守正出新,以"五位一体""全面深化改革"为代表的对社会有机体原理的守正出新。使更多的马克思主义基本原理"在改革中守正出新",更好地"守正出新",是新时代需要高度重视的课题。

改革开放以来,中国共产党人把马克思主义基本原理同中国改革开放具体实际结合起来,同新时代中国具体实际结合起来,"实现了中华民族从站起来到富起来的伟大飞跃","中华民族迎来了从富起来到强起来的伟大飞跃"。② 改革开放40年,"我们党全部理论和实践的主题是坚持和发展中国特色社会主义",两次飞跃的背后是"中国特色社会主义迎来了从创立、发展到完善的伟大飞跃"。③ 中国特色社会主义就是上述结合的成果。这种结合,一方面是对马克思主义基本原理的坚持、遵守和捍卫;另一方面是结合具体实际进行的创新性理解、创造性运用和转化,是"守正"和"出新"的有机统一。

"历史和现实都表明,只有坚持历史唯物主义,我们才能不断把

---

① 本部分主体内容以《中国特色社会主义与历史唯物主义三大基本原理的"守正出新"》为题,载于《当代世界与社会主义》2019年第3期。
② 参见习近平《在纪念马克思诞辰200周年大会上的讲话》,载《人民日报》2018年5月5日。
③ 参见习近平《在庆祝改革开放40周年大会上的讲话》,载《人民日报》2018年12月19日。

## 经典马克思主义与中国特色社会主义新时代

对中国特色社会主义规律的认识提高到新的水平"①，由此，细细梳理、深入挖掘历史唯物主义基本原理在中国特色社会主义形成和发展过程中的"守正出新"，尤为必要。其中，又尤以社会存在和社会意识辩证关系原理、社会基本矛盾辩证关系原理、人民群众是历史创造者原理、社会有机体原理，或者地位极为重要，或者和中国特色社会主义关系极为密切，或者兼而有之，并且表现得比较充分，需要高度重视和特别关注。

（一）中国特色社会主义与社会存在和社会意识辩证关系原理的"守正出新"

《德意志意识形态》指出："发展着的自己的物质生产和物质交往的人们，在改变自己的这个现实的同时也改变着自己的思维和思维的产物。不是意识决定生活，而是生活决定意识。""意识在任何时候都只能是被意识到了的存在。"② 在《政治经济学批判》序言中，这个观点被完善为："物质生活的生产方式制约着整个社会生活、政治生活和精神生活过程。不是人们的意识决定人们的存在，相反，是人们的社会存在决定人们的意识。"③ 这就是著名的社会存在决定社会意识的观点。但历史唯物主义把唯物主义和历史辩证法有机结合起来，同时认识到"历史不过是追求着自己目的的人的活动而已"④，人都是能动的实践者，是"带有经过思考的、有计划的、向着一定的和事先知道的目标前进的特征"⑤ 进行活动的。它很早就承认"理论一经掌

---

① 习近平：《推动全党学习和掌握历史唯物主义 更好认识规律更加能动地推进工作》，载《人民日报》2013 年 12 月 5 日。
② 中共中央马克思恩格斯列宁斯大林著作编译局编：《马克思恩格斯文集》第 1 卷，人民出版社 2009 年版，第 525 页。
③ 中共中央马克思恩格斯列宁斯大林著作编译局编：《马克思恩格斯文集》第 2 卷，人民出版社 2009 年版，第 591 页。
④ 中共中央马克思恩格斯列宁斯大林著作编译局编：《马克思恩格斯文集》第 1 卷，人民出版社 2009 年版，第 295 页。
⑤ 中共中央马克思恩格斯列宁斯大林著作编译局编：《马克思恩格斯全集》第 20 卷，人民出版社 1971 版，第 374 页。

## 第二章 经典马克思主义与中国特色社会主义新时代

握群众，也会变成物质力量"①，肯定社会意识的能动反作用。列宁后来明确说："人的意识不仅反映客观世界，并且创造客观世界。"② 而毛泽东更为详细地说："一切事情是要人做的，……做就必须先有人根据客观事实，引出思想、道理、意见，提出计划、方针、政策、战略、战术，方能做得好。思想等等是主观的东西，做或行动是主观见之于客观的东西，都是人类特殊的能动性。这种能动性，我们名之曰'自觉的能动性'，是人之所以区别于物的特点。"③

由此，毛泽东进一步说："我们承认总的历史发展中是物质的东西决定精神的东西，是社会的存在决定社会的意识；同时又承认而且必须承认精神的东西的反作用，社会意识对社会存在的反作用，上层建筑对经济基础的反作用，这不是违反唯物论，正是避免了机械唯物论，坚持了辩证唯物论。"④ 他把社会存在与社会意识辩证关系原理简洁明白地表达出来了。

社会存在决定社会意识的核心就是强调人们必须根据客观存在的社会实际（事实、情况、问题、现象等）来决定我们的主观思考、思路、思维。党的十一届三中全会召开前夕，针对"两个凡是"的错误，邓小平态度鲜明地指出，"这是个重要的理论问题，是个是否坚持历史唯物主义的问题"，它违背了社会存在决定社会意识这个基本原理。"马克思、恩格斯创立了辩证唯物主义和历史唯物主义的思想路线，毛泽东同志用中国语言概括为'实事求是'四个大字。实事求是，一切从实际出发，理论联系实际，坚持实践是检验真理的标准，这就是我们党的思想路线。"⑤ 实事求是既坚持了社会存在决定社会意识这个基本原理，又是具有中国风格的创新表达。改革开放的拨乱反

---

① 中共中央马克思恩格斯列宁斯大林著作编译局编：《马克思恩格斯文集》第 1 卷，人民出版社 2009 年版，第 11 页。
② 中共中央马克思恩格斯列宁斯大林著作编译局编：《列宁全集》第 55 卷，人民出版社 2017 年版（增订版），第 182 页。
③ 毛泽东：《毛泽东选集》第 2 卷，人民出版社 1991 年版，第 477 页。
④ 毛泽东：《毛泽东选集》第 1 卷，人民出版社 1991 年版，第 300～301 页。
⑤ 中共中央文献编辑委员会编：《邓小平文选》第 2 卷，人民出版社 1993 年版，第 38、278 页。

正首先就在于重新确立了实事求是的路线。

更重要的是,我们在中国特色社会主义形成、发展进程中不断对其进行创造性运用、创新性发展,使社会存在决定社会意识原理得以不断"守正出新"。

(1) 坚持实事求是,创新性地提出"基本国情、最大实际论"。早在1979年,邓小平就反复强调,搞社会主义建设一定要符合中国情况。1980年年初,他特别提醒:"不要离开现实和超越阶段采取一些'左'的办法,这样是搞不成社会主义的。"①1981年的《关于建国以来党的若干历史问题的决议》第一次正式指出我们的社会主义还是处在初级阶段。党的十二大报告再次确认了这一点。党的十三大召开前夕,邓小平强调"社会主义本身是共产主义的初级阶段,而我们中国又处在社会主义的初级阶段,就是不发达的阶段。一切都要从这个实际出发,根据这个实际来制订规划"②。确立了社会主义初级阶段作为独特而又重要的"实际"之地位。

党的十四大报告强调,制定一切方针政策都必须以社会主义初级阶段这个基本国情为依据,以"基本国情说"来高屋建瓴地凸显"初级阶段"的重要地位。党的十五大、党的十六大、党的十七大都沿袭了"基本国情"说。及至党的十八大,既强调它是最大国情,又强调它是最大实际,把"基本国情"和"最大实际"并列,概括更为全面。习近平总书记为此多次强调:"坚持实事求是,就要清醒认识和正确把握我国仍处于并将长期处于社会主义初级阶段这个基本国情。我们推进改革发展、制定方针政策,都要牢牢立足社会主义初级阶段这个最大实际,都要充分体现这个基本国情的必然要求,坚持一切从这个基本国情出发。"③把社会存在决定社会意识原理创造性地凸显

---

① 中共中央文献编辑委员会编:《邓小平文选》第2卷,人民出版社1994年版,第38、278、312页。
② 中共中央文献编辑委员会编:《邓小平文选》第3卷,人民出版社1993年版,第252页。
③ 中共中央文献研究室:《十八大以来重要文献选编》(上),中央文献出版社2014年版,第696页。

## 第二章　经典马克思主义与中国特色社会主义新时代

出来。

抓住社会主要矛盾，"一切问题就迎刃而解了"①，这是我们革命和建设成功的宝贵经验。因为社会主要矛盾作为一种抽象客观存在，是一个国家基本国情的浓缩，也是客观实际通过问题的汇聚。所以改革开放之初，邓小平就把确定社会主要矛盾作为政治大事来抓，因为它涉及"全党和全国人民所必须解决的主要问题或中心任务"②。新时代我们之所以反复强调社会主要矛盾变化的重要意义，原因正在于此。通过社会主要矛盾来谋划发展蓝图，确定发展规划，一直是中国特色社会主义的一大特色，这也是社会存在决定社会意识原理的创造性运用。

（2）坚持实事求是，创造性地提出"赶上时代、与时俱进、引领时代"论。邓小平20世纪80年代中晚期曾说过一句名言："我们要赶上时代，这是改革要达到的目的。"③ 这是对社会存在决定社会意识的创新性发展。因为赶上时代首先是把握时代，其中最核心的是对客观的时代发展趋势、时代主题的把握，和平与发展时代主题论就是据此提出来的。其次是对自身客观状况的把握，进而在比较中凸显中国和时代前沿的客观差距。最后是在比较中确定客观的发展机遇、挑战。其核心就在于"对当今时代特征和总体国际形势，对世界上其他社会主义国家的成败，发展中国家谋求发展的得失，发达国家发展的态势和矛盾，进行正确分析，做出了新的科学判断"④。江泽民在此基础上提出"与时俱进"，强调我们的主观务必和客观的时代变化、时代新特征保持一致，把"实事求是"和"与时俱进"并列起来。胡锦涛依据中国特色社会主义取得很大胜利，将"赶上时代"发展为"走在时代前列"。新时代我们进一步强调"不仅要赶上时代，而且要

---

① 毛泽东：《毛泽东选集》第1卷，人民出版社1991年版，第322页。
② 中共中央文献编辑委员会编：《邓小平文选》第2卷，人民出版社1994年版，第182页。
③ 中共中央文献编辑委员会编：《邓小平文选》第3卷，人民出版社1993年版，第372页。
④ 中共中央文献编辑委员会编：《江泽民文选》第2卷，人民出版社2006年版，第16～17页。

引领时代潮流，走在时代前列"，之所以这样，是因为"一个国家、一个民族要振兴，就必须在历史前进的逻辑中前进、在时代发展的潮流中发展"①。

　　无论是赶上时代，还是引领时代，都是对时代客观形势、趋势的尊重，是对时代提供的客观机遇、挑战的重视；并且提供了从世界高度、全球视角对"社会存在"的把握，这无疑具有重要的开拓意义。

　　（3）坚持实事求是，将其创造性地具体化为"问题导向"。"问题是时代的声音""问题是事物矛盾的表现形式"，问题就是各种客观实际以生动的形式进行的汇集聚合，它本身因之成为一种特殊的客观实际，即最能生动地、鲜明地反映实际的实际。重视问题、直面问题就是对客观实际的尊重。邓小平很早就强调：实事求是，就是"要从问题堆里找长远的、根本解决问题的东西"②。"我们中国共产党人干革命、搞建设、抓改革，从来都是为了解决中国的现实问题。"中国特色社会主义是在不断解决问题中前行的，它强调"以重大问题为导向，抓住关键问题进一步研究思考，着力推动解决我国发展面临的一系列突出矛盾和问题"③。问题导向承认社会存在的优先性，是实事求是的具体应用。习近平为此总结说："坚持实事求是，就是坚持一切从实际出发来研究和解决问题，坚持理论联系实际来制定和形成指导实践发展的正确路线方针政策。"④

　　更重要的是，正因对国情、时代、问题这些客观实际的尊重和重视，改革开放以来，我们先后制定了一系列正确的政策和对策，出台了一系列科学的规定和规划，推出了一系列合理的方略和方案，奉献了一批先进的战略设计和理念创新，如著名的"一个中心、两个基本点""一国两制""三步走""三个代表""科学发展""全面深化改

---

① 习近平：《开放共创繁荣　创新引领未来》，载《人民日报》2018年4月11日。
② 中共中央文献研究室编：《邓小平年谱（1975—1997）》（上），中央文献出版社2004年版，第157～158页。
③ 中共中央文献研究室编：《十八大以来重要文献选编》（上），中央文献出版社2014年版，第497页。
④ 习近平：《坚持实事求是的思想路线》，载《学习时报》2012年5月28日。

## 第二章 经典马克思主义与中国特色社会主义新时代

革""五大发展理念"等,使中国特色社会主义更加健康发展。这是对社会存在决定社会意识原理最好的坚持与发展。

与此同时,中国特色社会主义也高度重视和创造性运用社会意识的反作用原理。

(1)把思想解放摆在极为突出的位置。改革开放序幕刚拉开,邓小平就强调:"解放思想是当前的一个重大政治问题。""如果一切从本本出发,思想僵化,迷信盛行,……就要亡党亡国。"① "解放思想"是强调社会意识能动性的凝练和通俗表达。中国特色社会主义始终注意把实事求是和解放思想统一起来,充分发挥思想解放的能动反作用。以至于党的十七大将其界定为"中国特色社会主义的一大法宝";新时代强调"思想不解放,我们就很难看清各种利益固化的症结所在,很难找准突破的方向和着力点,很难拿出创造性的改革举措"②,推进全面深化改革务必进一步解放思想。

(2)高度重视思想政治工作,始终坚持思想建党、理论强党。改革开放之初,邓小平提出,现在面临的问题很多,但"一定要把思想政治工作放在非常重要的地位,切实认真做好,不能放松"③,要恢复其"生命线"地位。在中国特色社会主义的发展中,我们努力确保其"中心环节"和"政治优势"地位。④ 与此同时,始终坚信"只有以先进理论为指南的党,才能实现先进战士的作用","没有革命的理论,就不会有革命的运动",⑤ 在强调把马克思主义理论作为必修课的

---

① 中共中央文献编辑委员会编:《邓小平文选》第2卷,人民出版社1994年版,第367页。
② 中共中央文献研究室编:《十八大以来重要文献选编》(上),中央文献出版社2014年版,第508页。
③ 中共中央文献编辑委员会编:《邓小平文选》第2卷,人民出版社1994年版,第342页。
④ 参见江泽民《适应新形势大力加强和改进党的思想政治工作 为改革开放和现代化事业提供强大动力与保证》,载《人民日报》2000年6月29日。
⑤ 参见中共中央马克思恩格斯列宁斯大林著作编译局编《列宁全集》第6卷,人民出版社2017年版(增订版),第23~24页。

基础上,"抓紧学习人类社会创造的一切科学的新思想新知识"[①]。习近平总书记为此总结说:"中国共产党之所以能够历经艰难困苦而不断发展壮大,很重要的一个原因就是我们党始终重视思想建党、理论强党。"[②]

(3) 高度重视并不断创新推进精神文明建设。早在改革开放之初,邓小平就发人深思地提醒说:"没有精神文明,怎么能建设社会主义?"明确指出:"所谓精神文明,不但是指教育、科学、文化,而且是指共产主义的思想、理想、信念、道德、纪律,革命的立场和原则,人与人的同志式关系,等等。"[③] 不但明确了精神文明的重要性,而且确定了其基本内容。1982年修宪第一次把精神文明建设写进了宪法,党的十二大将其写进党章,党的十三大将其确定为党的基本路线。

在中国特色社会主义建设中,我们将其向更为精细化或者更有针对性的方向拓新。如党的十六届六中全会提出"建设社会主义核心价值体系",党的十七届六中全会提出"建设社会主义文化强国"。新时代,我们坚持用社会主义核心价值观带动和引领群众性精神文明创建活动;加强全社会的思想道德建设,加强以远大理想和共同理想为核心的理想信念教育;推行中国梦主题宣传教育,强化"四个自信",深入实施公民道德建设工程;重点弘扬民族精神、时代精神、伟大斗争精神、伟大奋斗精神。

我们高扬社会意识的能动反作用,不但深入把握国情、世情、党情、社情及其变化,把握时代本质、各种社会问题,深化对三大规律的认识,更重要的是,据此制定出科学合理的战略规划、有效政策和执行方案,保障中国特色社会主义在正确道路上行稳致远。

---

[①] 中共中央文献研究室编:《十七大以来重要文献选编》(下),中央文献出版社2013年版,第439页。

[②] 习近平:《在纪念马克思诞辰200周年大会上的讲话》,载《人民日报》2018年5月5日。

[③] 中共中央文献编辑委员会编:《邓小平文选》第2卷,人民出版社1994年版,第141、143页。

## 第二章　经典马克思主义与中国特色社会主义新时代

鉴于此，习近平总书记有两个非常精辟的概括：①"辩证唯物主义虽然强调世界的统一性在于它的物质性，但并不否认意识对物质的反作用……我们党始终把思想建设放在党的建设第一位，……强调'革命理想高于天'，就是精神变物质、物质变精神的辩证法。"②我们牢牢把握"认识和实践辩证关系的原理"，"根据时代变化和实践发展，不断深化认识，不断总结经验，不断实现理论创新和实践创新良性互动"①。中国特色社会主义很大程度上就是精神变物质、物质变精神辩证法的胜利，就是理论创新和实践创新良性互动的结果，最终都是对社会存在和社会意识辩证关系原理的"守正出新"。

### （二）中国特色社会主义与社会基本矛盾辩证关系原理的"守正出新"

揭示人类社会是在矛盾运动中发展的，是历史唯物主义的重要贡献。《政治经济学批判》序言有个经典表述："社会的物质生产力发展到一定阶段，便同它们一直在其中运动的现存生产关系或财产关系（这只是生产关系的法律用语）发生矛盾。于是这些关系便由生产力的发展形式变成生产力的桎梏。那时社会革命的时代就到来了。随着经济基础的变更，全部庞大的上层建筑也或慢或快地发生变革。"② 这蕴含着历史唯物主义的一个基本原理，即生产力决定生产关系、经济基础决定上层建筑，生产关系反作用于生产力、上层建筑反作用于经济基础并最终影响生产力。毛泽东将经典表述中的矛盾概括为"社会基本矛盾"，可称这个原理为社会基本矛盾辩证关系原理。

关于决定作用，经典文献在很多地方都表达过，因而众所周知。反作用也有不少明确表达，比如《资本论》及其手稿明确说："从直接生产者身上榨取无酬剩余劳动的独特经济形式，决定了统治和从属的关系，这种关系是直接从生产本身中生长出来的，并且又对生产发

---

① 习近平：《坚持运用辩证唯物主义世界观方法论　提高解决我国改革发展基本问题本领》，载《人民日报》2015年1月25日。
② 中共中央马克思恩格斯列宁斯大林著作编译局编：《马克思恩格斯文集》第2卷，人民出版社2009年版，第591～592页。

生决定性的反作用。"① 这把生产关系的反作用及其重要性明白无误地呈现了出来。恩格斯则说："总的来说，经济运动会为自己开辟道路，但是它也必定要经受它自己所确立的并且具有相对独立性的政治运动的反作用，即国家权力的以及和它同时产生的反对派的运动的反作用。"② 这强调了上层建筑的反作用。毛泽东简明地总结说："诚然，生产力、实践、经济基础，一般地表现为主要的决定的作用，谁不承认这一点，谁就不是唯物论者。然而，生产关系、理论、上层建筑这些方面，在一定条件之下，又转过来表现其为主要的决定的作用。"③

在这种辩证关系中，生产力的决定作用无疑是第一位的。违背了这点就会有很大问题。"文化大革命"、浮夸风运动错误就在这里，片面夸大阶级斗争反作用，搞"一大二公三纯"的生产关系完全脱离了生产力的实际。改革开放一开始，邓小平就反思说："多年来我们吃了一个大亏，社会主义改造基本完成了，还是'以阶级斗争为纲'，忽视发展生产力。'文化大革命'更走到了极端。"所以，"集中力量发展社会生产力，这是最根本的拨乱反正"。因为，"马克思主义的基本原则就是要发展生产力"。中国特色社会主义就始于这种拨乱反正，重新确立生产力的决定性地位，但又结合实际进行了创新。

这里主要有两点：①提出"以经济建设为中心"的发展战略，以通俗易懂而又颇具中国特色的表达，把生产力决定性原理以基本路线的形式表现出来；②创造性地解决了社会主义基本制度确立以后如何谋求生产力大发展的难题，"社会主义制度确立以后，还要从根本上改革束缚生产力发展的经济体制，……所以改革也是解放生产力。过去，只讲在社会主义条件下发展生产力，没有讲要通过改革解放生产力，不完全"④。而且，我们还认识到社会主义所有制可以结构化，创

---

① 中共中央马克思恩格斯列宁斯大林著作编译局编：《马克思恩格斯文集》第7卷，人民出版社2009年版，第894页。
② 中共中央马克思恩格斯列宁斯大林著作编译局编：《马克思恩格斯文集》第10卷，人民出版社2009年版，第591、597页。
③ 毛泽东：《毛泽东选集》第1卷，人民出版社1991年版，第325～326页。
④ 中共中央文献编辑委员会编：《邓小平文选》第3卷，人民出版社1993年版，第141、114、370页。

## 第二章　经典马克思主义与中国特色社会主义新时代

新性地建立了以公有制为主体、多种经济成分并存的所有制结构；确立了以按劳分配为主体、多种分配方式并存的分配关系，来促进生产力的解放和发展，并进而推动政治、文化、社会体制改革创新，创造性地彰显了生产力决定性原理。

"在改革中，我们始终坚持两条根本原则，一是以社会主义公有制经济为主体，一是共同富裕"，"只要我国经济中公有制占主体地位，就可以避免两极分化"①。公有制为主体，从根本上预防、阻断大规模的、建制化的剥削和由之形成的两极分化，鲜活地体现了经济基础对上层建筑的决定作用；"坚持以经济体制改革为主轴，努力在重要领域和关键环节改革上取得新突破，以此牵引和带动其他领域改革"，依据的是"经济基础决定上层建筑"原理。②

在反作用方面，正因包括生产关系、上层建筑等改革措施的出台、推陈出新，中国特色社会主义生产力获得了大发展：经济总量连续多年雄踞世界第二，人均生产总值增长了几十倍；产业结构不断优化，成为世界制造业第一大国、第一大货物贸易国、第一大外汇储备国，成为世界公认的基建、科技、教育大国。这体现在以下三个方面。

（1）改变单一的公有制结构，确立以公有制为主体、多种经济成分并存的所有制结构，推行现代企业制度，搞股份制，使责权利更为明晰；确立以按劳分配为主体的分配制度，鼓励多劳多得、少数人先富起来。这两个创造性的举措，使"改革、开放、搞活"有机统一起来，极大地释放了社会发展潜力，激发了市场主体、社会主体的积极性、主动性，使生产关系对生产力的正面促进作用得以很好地体现。

（2）创新性地处理好政府与市场、政府与社会的关系，突显政治上层建筑的反作用。我们始终注意以政治制度、国家政策的力量和形式来牢固保障前述所有制结构和分配制度。习近平总书记为此总结

---

① 中共中央文献编辑委员会编：《邓小平文选》第3卷，人民出版社1993年版，第110、142、149页。
② 参见中共中央文献研究室编《十八大以来重要文献选编》（上），中央文献出版社2014年版，第550～551页。

说:"一个国家的政治制度决定于这个国家的经济社会基础,同时又反作用于这个国家的经济社会基础,乃至于起到决定性作用。"① 另外,"在我国,党的坚强有力领导是政府发挥作用的根本保证"②。这是中国特色社会主义最本质的特征、最大的优势,同时也是政治上层建筑反作用的典例。

而且,还有不少创新性的贡献。第一,"提出建立社会主义市场经济体制的改革目标,这是我们党在建设中国特色社会主义进程中的一个重大理论和实践创新",其核心是"处理好政府和市场的关系,使市场在资源配置中起决定性作用和更好发挥政府作用"。政府主要做好宏观调控、加强监管、服务,巩固社会主义市场经济体制进而建构和保障"好市场",使资源配置"实现效益最大化和效率最优化",最终促进生产力大发展。第二,"怎样治理社会主义社会这样全新的社会,在以往的世界社会主义中没有解决得很好。马克思、恩格斯没有遇到全面治理一个社会主义国家的实践",从这个意义上讲,"国家治理现代化"无疑是重大创新。其核心吁求是"激发社会组织活力。正确处理政府和社会关系,加快实施政社分开,推进社会组织明确权责、依法自治、发挥作用"③。这个良性互动的过程,其实就是政治上层建筑反作用于社会,激发社会活力,最终推动生产力发展的过程。第三,新时代提出"全面深化改革",这当然也具有创新性,它强调:"改革推进到现在,必须在深入调查研究的基础上提出全面深化改革的顶层设计和总体规划,提出改革的战略目标、战略重点、优先顺序、主攻方向、工作机制、推进方式,提出改革总体方案、路线图、时间表。"④ 顶层设计和总体规划,是由党和政府完成的,无疑也是政治上层建筑反作用的体现。

---

① 中共中央文献研究室编:《十八大以来重要文献选编》(中),中央文献出版社2016年版,第62页。
② 习近平:《习近平谈治国理政》,外文出版社2014年版,第118页。
③ 中共中央文献研究室编:《十八大以来重要文献选编》(上),中央文献出版社2014年版,第551、513、514、548、539页。
④ 中共中央文献研究室编:《习近平关于全面深化改革论述摘编》,中央文献出版社2014年版,第32页。

第二章　经典马克思主义与中国特色社会主义新时代

（3）不断推出新举措，凸显观念上层建筑的反作用。在中国特色社会主义建设中，观念上层建筑的反作用颇为丰富，除前面提到的诸如不断推进思想解放、高度重视思想政治工作和精神文明建设等外，我们还推出了不少创新举措。第一，"四十年来，我们始终坚持发展社会主义先进文化，……培育和践行社会主义核心价值观，传承和弘扬中华优秀传统文化"①，持续推进先进文化建设，极大地影响了中国特色社会主义政治、经济和文化自身。第二，"我们党历来高度重视哲学社会科学"②，这也是中国特色社会主义的重要特色。哲学社会科学提出的先进理念、正确建议、合理对策都被党和国家吸收、采纳并进而变为治国理政的政策、方略，产生了很大影响和积极作用。第三，强调"意识形态工作是党的一项极端重要的工作"，在思想政治工作、先进文化建设中，经常为意识形态进行专门安排、专项设计。由此巩固了全党全社会思想上的团结统一，对保持中国特色社会主义政治制度的稳定、社会秩序的安宁，整个国家凝神聚力、集中精力搞建设，最终发展生产力，都发挥了不可替代的作用。

步入新时代，改革全面发力、多点突破、纵深推进，先后推出1600多项改革方案，包括国资国企财税改革、行政管理体制改革、人口和户籍制度改革、金融体系改革、土地制度和城乡管理体制改革、司法体制改革、文化教育卫生管理体制改革等。在这个过程中，不但生产力获得了更高质量的发展，而且形成了改革和发展的联动、合力，全面深化改革使得社会基本矛盾辩证关系原理得到了更生动、更全面的彰显。

（三）中国特色社会主义与人民群众是历史的创造者原理的"守正出新"

早在《神圣家族》中，马克思、恩格斯就明确指出，"历史活动

---

① 习近平：《在庆祝改革开放40周年大会上的讲话》，载《人民日报》2018年12月19日。
② 习近平：《在哲学社会科学工作座谈会上的讲话（2016年5月17日）》，人民出版社2016年版，第1、2页。

是群众的事业",决定历史发展的是"行动着的群众","历史上的活动和思想都是'群众'的思想和活动"。① 后来恩格斯明确提出,决定历史变迁的,"与其说是个别人物,即使是非常杰出的人物的动机,不如说是使广大群众、使整个的民族,并且在每一民族中间又是使整个阶级行动起来的动机"②。列宁为此说:"马克思主义的原则在于促进群众的组织和主动性。"③ 毛泽东直接明了地概括说:"人民,只有人民,才是创造世界历史的动力。"④ 人民群众是历史的创造者原理在中国革命实践中被中国化为著名的"群众路线"。

中国特色社会主义始终认为群众路线"本质上体现的是马克思主义关于人民群众是历史的创造者这一基本原理"⑤,始终坚持群众路线的重要性。强调它是"我们的传家宝"(邓小平语),是"党的根本工作路线、优良传统和优良作风"(江泽民语),是"党的生命线"(胡锦涛语),是"我们党的生命线和根本工作路线,是我们党永葆青春活力和战斗力的重要传家宝"(习近平语)。并在此基础上,不断推出新理论、新理念、新举措,把群众路线的贯彻执行推向新的高度和深度,进而把人民群众创造历史原理不断进行创造性转化、创新性运用。

(1) 不断确立人民至上的评判标准。早在改革开放之初,邓小平就强调:"只要我们信任群众,走群众路线,把情况和问题向群众讲明白,任何问题都可以解决,任何障碍都可以排除。"⑥ 所以,"社会主义经济政策对不对,归根到底要看生产力是否发展,人民收入是否

---

① 参见中共中央马克思恩格斯列宁斯大林著作编译局编《马克思恩格斯文集》第1卷,人民出版社2009年版,第287、286页。
② 中共中央马克思恩格斯列宁斯大林著作编译局编:《马克思恩格斯文集》第4卷,人民出版社2009年版,第304页。
③ 中共中央马克思恩格斯列宁斯大林著作编译局编:《列宁全集》第20卷,人民出版社2017年版(增订版),第240页。
④ 毛泽东:《毛泽东选集》第3卷,人民出版社1991年版,第1031页。
⑤ 中共中央文献研究室编:《十八大以来重要文献选编》(上),中央文献出版社2014年版,第697页。
⑥ 中共中央文献编辑委员会编:《邓小平文选》第2卷,人民出版社1994年版,第152页。

## 第二章　经典马克思主义与中国特色社会主义新时代

增加。这是压倒一切的标准"①。各项工作"都要以是否有助于人民的富裕幸福，是否有助于国家的兴旺发达，作为衡量做得对或不对的标准"②。1992年南方谈话的时候，邓小平提出了著名的"三有利"标准，并将"提高人民的生活水平"作为最高价值标准。之后，江泽民代表中国共产党，在强调"人民，只有人民，才是我们工作价值的最高裁决者"的基础上，将邓小平提出的标准概括为，我们想事情、做工作"要有一个根本的衡量尺度，这就是人民拥护不拥护，人民赞成不赞成，人民高兴不高兴，人民答应不答应"③。胡锦涛代表中国共产党在反复强调"始终把实现好、维护好、发展好最广大人民的根本利益作为党和国家一切工作的出发点和落脚点"的同时，提出"能不能坚持全心全意为人民服务的根本宗旨，是检验领导干部党性是否坚强、作风是否优良的首要标准"④。进入新时代，习近平代表中国共产党更为具体地提出："党的一切工作，必须以最广大人民根本利益为最高标准。检验我们一切工作的成效，最终都要看人民是否真正得到了实惠，人民生活是否真正得到了改善，人民权益是否真正得到了保障。""人民是我们党的工作的最高裁决者和最终评判者。"⑤

（2）不断创新"人民主体论"。我们特别注意结合实践，不断赋予人民群众的历史主体地位新的内涵。世纪之交，随着改革开放的深入，我们认识到，"人类社会的发展，就是先进生产力不断取代落后生产力的历史进程"。同时，也是先进生产力和先进文化互动的过程，强调"人民群众是先进生产力和先进文化的创造主体"⑥。到20世纪

---

① 中共中央文献研究室编：《邓小平年谱（1975—1997）》（上），中央文献出版社2004年版，第629页。

② 中共中央文献编辑委员会编：《邓小平文选》第3卷，人民出版社1993年版，第23页。

③ 江泽民：《论党的建设》，中央文献出版社2001年版，第181、193、194页。

④ 中共中央文献研究室编：《十七大以来重要文献选编》（上），中央文献出版社2009年版，第576、851页。

⑤ 中共中央文献研究室编：《十八大以来重要文献选编》（上），中央文献出版社2014年版，第698页。

⑥ 中共中央文献编辑委员会编：《江泽民文选》第3卷，人民出版社2006年版，第274、281页。

初,中国特色社会主义取得很大成功,"科学发展"提上日程,提出"人民群众是推动科学发展的主体。……推动科学发展,必须紧紧依靠人民群众"①。进入新时代,改革开放必须向纵深处推进,我们一方面强调"人民是历史的创造者,是真正的英雄"②,另一方面面对全面深化改革的新要求强调人民群众"是改革开放事业的实践主体",要"紧紧依靠人民推进改革开放"③。

(3)不断深化共同富裕原则,凸显人民主体地位。中国特色社会主义在其启程时就强调:"一个公有制占主体,一个共同富裕,这是我们所必须坚持的社会主义的根本原则","社会主义原则,第一是发展生产,第二是共同致富"。④ 共同富裕之所以构成根本原则,就在于它在根本上尊重、彰显了人民群众是历史的创造者。之后的进程,我们特别注意通过深化对共同富裕的认识来凸显人民群众的主体地位。随着国民经济的高速增长,党的十四大提出要兼顾效率与公平,防止两极分化,逐步实现共同富裕。江泽民还郑重提出:"在整个改革开放和现代化建设的过程中,都要努力使工人、农民、知识分子和其他群众共同享受到经济社会发展的成果。"⑤ 较早创新性地提出"共享"观念。党的十六大以来,我们更加注重公平,强调要"逐步建立以权利公平、机会公平、规则公平、分配公平为主要内容的社会公平保障体系,使全体人民共享改革发展的成果,使全体人民朝着共同富裕的方向稳步前进"⑥,"尊重人民主体地位……走共同富裕道路","做到

---

① 中共中央文献研究室编:《十七大以来重要文献选编》(上),中央文献出版社2009年版,第579页。

② 中共中央文献研究室编:《十八大以来重要文献选编》(上),中央文献出版社2014年版,第544页。

③ 中共中央文献研究室编:《习近平关于全面深化改革论述摘编》,中央文献出版社2014年版,第138页。

④ 参见中共中央文献编辑委员会编《邓小平文选》第3卷,人民出版社1993年版,第111、172页。

⑤ 中共中央文献编辑委员会编:《江泽民文选》第2卷,人民出版社2006年版,第262页。

⑥ 中共中央文献研究室编:《十六大以来重要文献选编》(中),中央文献出版社2006年版,第712页。

## 第二章 经典马克思主义与中国特色社会主义新时代

发展为了人民、发展依靠人民、发展成果由人民共享"①。人民主体、共同富裕、共享三者有机统一。

进入新时代,我们迎来了"共同享有""人生出彩、梦想成真、同祖国和时代一起成长与进步的机会"②,进一步将"共享"提升为"五大发展理念"之一。首先,强调"共享发展注重的是解决社会公平正义问题。……让广大人民群众共享改革发展成果,是社会主义的本质要求",既把共享发展和社会公平之间的本质联系凸显出来,又将其上升到社会主义本质的高度。其次,强调它既要求人人参与、人人尽力、人人享有,又倡导"全民共享、全面共享、共建共享、渐进共享","实质就是坚持以人民为中心的发展思想,体现的是逐步实现共同富裕的要求"③。把公平正义、共同富裕统合起来,把人民主体论推向新的时代高度。

(4)民主、民生两大建设并行不悖、创新推进,不断彰显两大基本权利的重要性。早在改革开放之初,邓小平在总结"文革"教训时就说,没有民主就没有社会主义。之所以这样说,是因为民主是人民当家做主最基本的政治权利,亦因此是人民群众是历史的创造者原理最重要的体现。为此,我们一是在党的十二大把"人民公仆"理念写入党章;二是及时推出一些新的制度安排来确保党内民主的实现,如废除干部领导职务终身制,确立考核制。在后来的建设中,我们不断"健全民主制度、拓宽民主渠道、丰富民主形式、完善法治保障,确保人民依法享有广泛充分、真实具体、有效管用的民主权利"④,除了不断完善诸如人民代表大会制度、政治协商制度、选举制度等基本的民主制度外,还不断创新,如扩大基层民主,健全基层自治组织和民主管理制度;合理调整重大社会关系,如政企、政社、政事关系;在

---

① 中共中央文献研究室编:《十七大以来重要文献选编》(上),中央文献出版社 2009 年版,第 12 页。
② 习近平:《习近平谈治国理政》,外文出版社 2014 年版,第 40 页。
③ 参见习近平《习近平谈治国理政》第二卷,外文出版社 2017 年版,第 199、200、214 页。
④ 习近平:《在庆祝改革开放 40 周年大会上的讲话》,载《人民日报》2018 年 12 月 19 日。

从严治党上不断推出新举措,如全面开展专项巡视。

与此同时,高度重视日常生活领域中的民生这项基本权利。民生是人民主体论最基本的规定和要求。邓小平在20世纪80年代初就强调,中国搞社会主义,"一定要致力于发展生产力,并在这个基础上逐步提高人民的生活水平"①,后来还把"提高人民的生活水平"作为"三有利"标准之一。步入21世纪,我们强调"必须在经济发展的基础上,更加注重社会建设,着力保障和改善民生,……努力使全体人民学有所教、劳有所得、病有所医、老有所养、住有所居,推动建设和谐社会"②。而进入新时代,我们强调"紧抓民生之本、解决民生之急、排除民生之忧,这是密切党群关系的治本之策,也是最根本的群众工作"③。为此,一方面千方百计引领人民对美好生活的追求;另一方面集中力量做好基础性、兜底性民生建设,推出新举措,如重视农村"三留守"问题,推动养老事业多元化、多样化发展,全力搞好脱贫攻坚。由此,中国谱写了人类反贫困史上的辉煌篇章,建成了世界最大的社会保障体系,成了世界上最有安全感的国家之一。

(5)不断推出理论创新、实践创新,在两者良性互动中彰显人民主体论。在重大理论创新方面,改革开放早期,我们先后创造性地提出社会主义本质论,把共同富裕作为中国特色社会主义的本质规定和奋斗目标;提出"三有利"标准论,把是否提高人民生活水平作为改革、建设是否正确的评判标准。及至世纪之交,创新性地提出"三个代表"思想,把代表最广大人民的根本利益列入其间。而在21世纪,创新性地提出"科学发展观",其核心是"以人为本",而"坚持以人为本,就是要以实现人的全面发展为目标,从人民群众的根本利益出发谋发展、促发展,不断满足人民群众日益增长的物质文化需要,

---

① 中共中央文献编辑委员会编:《邓小平文选》第3卷,人民出版社1993年版,第28页。

② 中共中央文献研究室编:《十七大以来重要文献选编》(上),中央文献出版社2009年版,第29页。

③ 习近平:《群众工作是社会管理基础性经常性根本性工作》,《人民日报》2011年2月24日。

切实保障人民群众的经济、政治和文化权益,让发展的成果惠及全体人民"①。进入新时代,我们一是强调人民对美好生活的希望和追求,就是我们的奋斗目标,提出"以人民为中心的发展"这个新发展观,提出"五个一切",即一切为了人民、一切依靠人民、为了一切人民、为了人民一切以及一切由人民检验;二是提出"创新、协调、绿色、开放、共享"五大新发展理念。不断彰显人民主体论。

在实践方面,我们一是尊重人民群众的首创精神。邓小平指出:"农村搞家庭联产承包,这个发明权是农民的。农村改革中的好多东西,都是基层创造出来,我们把它拿来加工提高作为全国的指导。"②改革中好多举措都是学习借鉴人民群众创造性实践形成的,如基层民主中的"海选模式"、小区自治等。二是不断推出实践创新。如在党的建设伟大工程反腐败方面,先后推出用人失察责任追究制度、问责制,深入开展并不断创新党的群众路线教育实践活动,制定并严格执行"八项规定",全面开展专项巡视,等等。而在民生建设中,先后进行户籍制度改革、考试招生制度改革、农村土地制度改革、公立医院综合改革;实施精准扶贫、精准脱贫,先后创造了产业扶贫、就业扶贫、生态保护脱贫、教育扶贫脱贫等多种扶贫方式。

通过以上工作,中国特色社会主义不断赋予人民主体论新的理论形式、新的时代内涵、新的实践模式,人民群众是历史的创造者原理不但得到很好的坚持,而且在中国化、时代化中被创造性地运用。

(四)中国特色社会主义与"社会有机体"原理的"守正出新"

1847年出版、对历史唯物主义"有决定意义的论点"、"第一次做了科学的、虽然只是论战性的概述"③的《哲学的贫困》,就明确

---

① 中共中央文献研究室编:《十六大以来重要文献选编》(上),中央文献出版社2005年版,第850页。
② 中共中央文献编辑委员会编:《邓小平文选》第3卷,人民出版社1993年版,第382页。
③ 中共中央马克思恩格斯列宁斯大林著作编译局编:《马克思恩格斯文集》第2卷,人民出版社2009年版,第593页。

强调:"每一个社会中的生产关系都形成一个统一的整体",而社会不过是"一切关系在其中同时存在而又互相依存的社会机体"①。《资本论》手稿进一步分析说,在一个社会,"一定的生产决定一定的消费、分配、交换和这些不同要素相互间的一定关系……不同要素之间存在着相互作用。每一个有机整体都是这样","这种有机体制本身作为一个总体有自己的各种前提,而它向总体的发展过程就在于:使社会的一切要素从属于自己,或者把自己还缺乏的器官从社会中创造出来。有机体制在历史上就是这样生成为总体的"②。《资本论》中则更为明确地说:"现在的社会不是坚实的结晶体,而是一个能够变化而且经常处于变化过程中的机体。"③列宁非常睿智地指出:"马克思和恩格斯称之为辩证方法的,不是别的,正是社会学中的科学方法,这个方法把社会看作处在经常发展中的活的机体(而不是机械地结合起来因而可以把各种社会要素随便配搭起来的一种什么东西)",历史唯物主义的科学性就在于"阐明调节这个社会机体的产生、生存、发展和死亡以及这一机体为另一更高的机体所代替的特殊规律(历史规律)"④。

显然,社会有机体思想伴随着经典历史唯物主义的形成、完善全过程,社会有机体原理是其重要的基本原理,核心是把社会看成不断发展的有机整体。具体而言,它有以下三层主要指向:第一,整个社会是由各种要素(特别是诸如生产力和生产关系、经济基础和上层建筑等社会结构)互相作用形成的整体,生产力固然是基本的决定性力量,但社会不能简单地归结为生产力。恩格斯晚年在这个问题上有过明晰交代:"说经济因素是唯一决定性的因素,那么他就是把这个命

---

① 中共中央马克思恩格斯列宁斯大林著作编译局编:《马克思恩格斯文集》第1卷,人民出版社2009年版,第603、604页。
② 中共中央马克思恩格斯列宁斯大林著作编译局编:《马克思恩格斯全集》第30卷,人民出版社1995年版,第40、237页。
③ 中共中央马克思恩格斯列宁斯大林著作编译局编:《马克思恩格斯全集》第5卷,人民出版社1995年版,第10~11页。
④ 中共中央马克思恩格斯列宁斯大林著作编译局编:《列宁专题文集·论辩证唯物主义和历史唯物主义》,人民出版社2009年版,第185、187页。

## 第二章 经典马克思主义与中国特色社会主义新时代

题变成毫无内容的、抽象的、荒诞无稽的空话。"① 这是社会有机体原理最基本的、显明性的意涵。第二,一个社会的发展,健康的状态应是各大要素,诸如经济、政治、文化、社会等各个领域、多个层面的共同发展、全面发展。第三,一个社会的发展更高的理想状态,则是在各种要素、各个领域都获得发展的基础上,均衡发展、协调发展,使各种要素、各个领域协调互动、良性互促,形成优化和合力。后两层是拓深性、内隐性的意涵。

中国特色社会主义从其形成起,就重视避免发展的单一化、单极化、畸形化。改革开放伊始,通过拨乱反正确立了以经济建设为中心的发展战略,但邓小平同时提醒人们"现代化建设的任务是多方面的,各个方面需要综合平衡,不能单打一","我们要建设的社会主义国家,不但要有高度的物质文明,而且要有高度的精神文明"②。后来还多次提及改革包括政治体制,不能局限于经济体制,提出一系列"两手抓",对社会有机体原理进行了初步的创造性应用。

到20世纪90年代,改革面临着更多挑战,我们提出:"改革,是一个复杂的巨大的系统工程,包括经济、政治、教育、科技、文化体制等各方面的改革,需要相互协调、配套进行。"③ 以经济体制改革为中心,一系列体制改革不断推进。到世纪之交,随着改革开放的深入,我们的认识也不断深化。提出了"社会主义社会作为人类历史上崭新的社会形态,是以经济建设为重点的全面发展、全面进步的社会。经济、政治、文化协调发展,两个文明都搞好,才是有中国特色的社会主义"④。党的十五届五中全会据此提出"全面建设小康社会",党的十六大以"全面建设小康社会"为主题报告,提出要全面

---

① 中共中央马克思恩格斯列宁斯大林著作编译局编:《马克思恩格斯文集》第10卷,人民出版社2009年版,第591页。
② 中共中央文献编辑委员会编:《邓小平文选》第2卷,人民出版社1994年版,第250、367页。
③ 中共中央文献编辑委员会编:《江泽民文选》第1卷,人民出版社2006年版,第162页。
④ 中共中央文献编辑委员会编:《江泽民文选》第2卷,人民出版社2006年版,第258页。

建设惠及十几亿人口的更高水平的小康社会，使经济更加发展、民主更加健全、科教更加进步、文化更加繁荣、社会更加和谐、人民生活更加殷实；要"三个文明"一起抓，加快启动政治文明建设进程，把社会有机体原理蕴含的第二层诉求即全面发展彰显出来。

到党的十六届三中全会前夕，一方面是改革开放取得了新成就；另一方面是全面建设小康社会在推进过程中，暴露出越来越多相互交织的矛盾和问题，本次大会首次创造性提出科学发展观，强调"坚持以人为本，树立全面、协调、可持续的发展观，促进经济社会和人的全面发展"①。党的十七大对之进行明确界定：第一要义是发展，核心是以人为本，基本要求是全面协调可持续，根本方法是统筹兼顾；提出"四位一体"的发展。这把全面发展和协调发展都作为重点，进而把社会有机体原理蕴含的第三层诉求，即全面、均衡、协调发展有力地彰显出来。

进入新时代，面对贫富差距愈益明显，唯 GDP（国内生产总值）主义依然盛行的现状，党的十八大一方面把科学发展观写进党章；另一方面强调必须更加自觉地把全面协调可持续作为深入贯彻落实科学发展观的基本要求，全面落实经济建设、政治建设、文化建设、社会建设、生态文明建设五位一体总体布局，促进现代化建设各方面相协调，促进生产关系与生产力、上层建筑与经济基础相协调。首次明确"五位一体"的总布局。更重要的是，为了贯彻总布局和科学发展观，我们进一步推出创新性的举措。首先，及时提出"全面深化改革"，并在 2013 年党的十八届三中全会将之确定为重大战略部署。它强调"加强各项改革关联性、系统性、可行性"，"深入研究各领域改革关联性和各项改革举措耦合性，……使各项改革举措在政策取向上相互配合、在实施过程中相互促进、在实际成效上相得益彰"。"要统筹谋划深化改革各个方面、各个层次、各个要素，注重推动各项改革相互促进、良性互动、协同配合"，"形成改革合力"。② 不但目标指向上

---

① 中共中央文献研究室编：《十六大以来重要文献选编》（上），中央文献出版社 2005 年版，第 465 页。

② 参见中共中央文献研究室编《习近平关于全面深化改革论述摘编》，中央文献出版社 2014 年版，第 38、39、44 页。

## 第二章 经典马克思主义与中国特色社会主义新时代

遵循了社会有机体原理,而且本身也把社会有机体原理的主要诉求淋漓尽致地表达出来。其次,确立了"四个全面"的战略布局,即全面建成小康社会、全面深化改革、全面依法治国、全面从严治党,不但每一个都强调全面性,而且彼此之间都相互联动,最终形成有机整体和合力,更加强调了中国特色社会主义发展、治国理政的全面性、协调性。最后,2015年党的十八届五中全会,强调牢固树立并切实贯彻创新、协调、绿色、开放、共享的"五大新发展理念"。"五大发展理念"把协调发展摆在重要位置,强调重点促进城乡区域协调发展,促进经济社会协调发展,促进新型工业化、信息化、城镇化、农业现代化同步发展,在增强国家硬实力的同时注重提升国家软实力,不断增强发展整体性;而且,它们相互连通、彼此互动,同样形成和谐整体,并且把创新摆在第一位,要求以创新驱动破解发展难题,增强发展实力,厚植发展优势,把高质量发展充分凸显出来,进而把社会有机体原理的理想诉求创造性地彰显出来。

习近平在纪念马克思诞辰200周年大会上总结说:"从《共产党宣言》发表到今天,170年过去了,人类社会发生了翻天覆地的变化,但马克思主义所阐述的一般原理整个来说仍然是完全正确的。"他站在时代的高度寄语人们:"我们要坚持用马克思主义观察时代、解读时代、引领时代,用鲜活丰富的当代中国实践来推动马克思主义发展,用宽广视野吸收人类创造的一切优秀文明成果,坚持在改革中守正出新、不断超越自己,在开放中博采众长、不断完善自己。"[①] 使更多的马克思主义基本原理"在改革中守正出新",更好地"守正出新",既是马克思主义中国化进一步发展、建设21世纪中国马克思主义的必由之路,也是新时代更好地建设中国特色社会主义,进而使"四个自信"更为坚定的必由之路。这是摆在中国共产党、中国人民面前的历史重任。

---

[①] 习近平:《在纪念马克思诞辰200周年大会上的讲话》,载《人民日报》2018年5月5日。

# 第三章 经典马克思主义与习近平新时代中国特色社会主义思想

习近平新时代中国特色社会主义思想不仅是新时代中国共产党的思想旗帜，是国家政治生活和社会生活的根本指针，也是当代中国马克思主义、21世纪马克思主义。我们既有必要以经典马克思主义来审视和理解习近平新时代中国特色社会主义思想，深化对习近平新时代中国特色社会主义思想的认知，更有必要搞清楚习近平新时代中国特色社会主义思想何以是当代中国马克思主义、21世纪马克思主义，进而为新时代中国特色社会主义建设提供更好的理念指引、理论参照。

## 一、习近平新时代中国特色社会主义思想的多维解读①

"新时代中国特色社会主义思想"是党的十九大报告极为重要的新概念，它是基于中国特色社会主义进入新时代、中国特色社会主义思想体系获得重大进展而进行的新概括、新提炼。其完成式具体指党的十八大以来，以习近平同志为核心的中国共产党深化对执政规律、社会主义建设规律、人类社会发展规律的认识，所形成的一系列治国理政新理念、新思想、新战略；除完成式外，它还有既往史和现在时。它是马克思主义中国化的"又一次飞跃"，是两种意义上"时代之思"的交融，它融马克思主义中国化最新成果、中国特色社会主义理论体系最新境界、21世纪世界马克思主义最新贡献为一体，同时具有科学性、时代性、实践性、革命性，具有诸如政治动员、行动指南、精神支柱、评判标准等多种具体实践功能。它是科学社会主义理

---

① 本部分以《新时代中国特色社会主义思想的多维解读》为题，载于《华南师范大学学报（社会科学版）》2017年第6期。

## 第三章　经典马克思主义与习近平新时代中国特色社会主义思想

论逻辑和中国社会发展历史逻辑良性互动、实践优位、问题导向共同作用的结果,这也是它未来进一步发展的重要保障。

正如习近平总书记向全世界所庄严宣示的:"中国共产党第十九次全国代表大会,是在全面建成小康社会决胜阶段、中国特色社会主义进入新时代的关键时期召开的一次十分重要的大会。"① 党的十九大是习近平总书记成为党中央和全党领导核心后召开的第一次党代会,无疑是我党在关键的时间节点、重要的历史时刻召开的一次承前启后、继往开来的伟大盛会,它对中华民族伟大复兴、中国特色社会主义伟大事业的健康前行和更好发展的至关重要性是不言而喻的。

这一点,海内外、全世界都认识到了。2017 年年初,英国《金融时报》预测的 2017 年"可能改变全球局势的大事",党的十九大赫然占据前列;香港《明报》提出,因为党的十九大,2017 年成为"中国政治关键之年",这个判定已成为世界舆论的普遍共识;在美国《纽约时报》看来,无论对中国共产党、中国,还是世界,党的十九大都关系重大;新加坡《联合早报》直言,党的十九大将为中国未来几年乃至几十年的发展"把脉定调"。②

可以看出,党的十九大将"改变国家的面貌,改变我们党的面貌,改变社会的面貌,改变社会主义的面貌,改变民族的面貌,甚至影响着世界的面貌",会在"党的发展历史、新中国的发展历史、改革开放的发展历史"以及世界社会主义发展历史甚至人类社会发展历史上③,写下浓墨重彩的一笔。正如中央党校原副校长李君如所指出的,党的十九大,"历史地位格外突出"④。

党的十九大报告,既是十九大的开场白,亦是十九大的重头戏和

---

① 习近平:《决胜全面建成小康社会　夺取新时代中国特色社会主义伟大胜利》,人民出版社 2017 年版,第 1 页。
② 参见《国际舆论热议即将召开的中共十九大——中国将开启改革发展新篇章》,载《人民日报》(海外版) 2017 年 9 月 11 日。
③ 参见韩庆祥《韩庆祥阐释十九大报告的五大重要意义》,见新华网 (http://www.xinhuanet.com/politics/19cpcnc/2017 - 10/18/c_129722508.htm)。
④ 《中央党校原副校长李君如:十九大历史地位格外突出》,见新华网 (http://www.xinhuanet.com//politics/19cpcnc/2017 - 10/19/c_129722549.htm)。

灵魂所在，其地位无可争议；更重要的是，它不但提出一系列的新理念、新思想、新战略、新举措，也提出了一系列新概念、新判断、新定位、新理路，"提出了全局性、战略性、前瞻性很强的行动纲领"，是"是当前和今后一个时期党和国家事业的总设计、总定向、总指引"，因其"具有划时代的里程碑意义"①。

其中，"新时代中国特色社会主义思想"提出，无疑是党的十九大报告中的大手笔。在主体性的13块内容中，其被冠以"新时代中国特色社会主义思想和基本方略"，摆在第三位；在3万多字字斟句酌的报告中，这一块占用了将近4200多个字，足见其分量之重；这既是新观念、新说法、新话语，也是新提炼、新概括、新界定。张德江同志以"是党的十九大最大的亮点，是对党的发展的历史性贡献"② 高度肯定它提出的意义和价值。

既然如此，我们就很有必要从不同的维度对之进行全面而深入的解读。

## （一）习近平新时代中国特色社会主义思想的基本意涵与具体意指

首要的，就是要搞清楚"新时代中国特色社会主义思想"这个概念的基本内涵和专有指向。这是我们准确理解和深入把握它的一项基础性工作。

顾名思义，"新时代中国特色社会主义思想"是由3个关键词即新时代、中国特色社会主义、思想有机组合成的。其中，中国特色社会主义虽处在关键的连接位置，但它本身内涵很明确，靠它自身不会提供更多的新信息，更多的新信息来自前面的限定词。缘于此，我们现在分析这一概念，重心应放在"新时代" "思想"这两个关键词上。

---

① 《十九大报告作出了"中国特色社会主义进入新时代"的重大判断，具有划时代的里程碑意义》，载《人民日报》2017年10月19日。

② 《张德江俞正声刘云山分别参加十九大代表团讨论》，载《中国青年报》2017年10月19日。

## 第三章　经典马克思主义与习近平新时代中国特色社会主义思想

"新时代"可谓是党的十九大报告中最闪光、最引人注目的热词。党的十九大报告中,"新时代"一词出现频率极高,共35次,其中出现在小标题中共3次①。

党的十九大报告做出重大判断和庄严宣告:"经过长期努力,中国特色社会主义进入了新时代,这是我国发展新的历史方位。"接着用"三个意味着"和"五个是"来进一步细化和解释,即这"意味着近代以来久经磨难的中华民族迎来了从站起来、富起来到强起来的伟大飞跃,迎来了实现中华民族伟大复兴的光明前景;意味着科学社会主义在21世纪的中国焕发出强大生机活力,在世界上高高举起了中国特色社会主义伟大旗帜;意味着中国特色社会主义道路、理论、制度、文化不断发展,拓展了发展中国家走向现代化的途径,给世界上那些既希望加快发展又希望保持自身独立性的国家和民族提供了全新选择,为解决人类问题贡献了中国智慧和中国方案"。它"是承前启后、继往开来、在新的历史条件下继续夺取中国特色社会主义伟大胜利的时代,是决胜全面建成小康社会、进而全面建设社会主义现代化强国的时代,是全国各族人民团结奋斗、不断创造美好生活、逐步实现全体人民共同富裕的时代,是全体中华儿女勠力同心、奋力实现中华民族伟大复兴中国梦的时代,是我国日益走近世界舞台中央、不断为人类作出更大贡献的时代"。

众所周知,对于中国特色社会主义因不断发展而面临新情况、确立新目标、提出新任务,我们一般的用语是"新时期、新阶段",而新时代则是一个具有特定意指的"重词",即它必须针对重大而突出的变化和战略性、全局性变动,经由权威机构、权威人物率先正式提出,方可确立。我们知道,即使是始于20世纪七八十年代伟大的改革开放所形成的新征程,我们大都以"中国特色社会主义新时期"来指认它,因为改革开放并没有改变我们的社会主要矛盾;而在党的十九大前夕,国内基本上都是以"中国特色社会主义新时期、新阶段、

---

① 《"新时代"这个词很重要　十九大报告中出现35次》,载《新京报》新媒体2017年10月18日。

新征程"来指认党的十八大以来的中国。

党的十九大报告接着就给出了提出"中国特色社会主义新时代"最根本的因由、最重要的理据，即"我国社会主要矛盾已经转化为人民日益增长的美好生活需要和不平衡不充分的发展之间的矛盾"。

1956年党的八大指出：我们国内的主要矛盾，已经是人民对于建立先进的工业国的要求同落后的农业国的现实之间的矛盾，已经是人民对于经济文化迅速发展的需要同当前经济文化不能满足人民需要的状况之间的矛盾。到1981年，党的十一届六中全会通过《关于建国以来党的若干历史问题的决议》，对其做了规范表述："在社会主义改造基本完成以后，我国所要解决的主要矛盾，是人民日益增长的物质文化需要同落后的社会生产之间的矛盾。"这个表述虽然更为准确、更为规范，但它在根本上和党的八大的说法是一致的。因此，我们有理由把改革开放的那一段伟大征程称为"中国特色社会主义的新时期、新阶段"。

但历史发展到今天，我国已经是公认的世界制造大国，是世界第二大经济体，不但"社会生产力水平总体上显著提高，社会生产能力在很多方面进入世界前列"，而且"稳定解决了十几亿人的温饱问题，总体上实现小康，不久将全面建成小康社会"，再说"落后的社会生产"，再简单地说"人们日益增长的物质文化需要"就都不合时宜了。相反，一方面"更加突出的问题是发展不平衡不充分"，另一方面"人民美好生活需要日益广泛，不仅对物质文化生活提出了更高要求，而且在民主、法治、公平、正义、安全、环境等方面的要求日益增长"，它们之间的张力日益突出和凸显。

一言以蔽之，社会主要矛盾发生了重大变化，我们的历史主题也随之发生重大变化（如果说以前的历史主题偏重于如何发展，那么今天的主题偏重于如何更好地发展），再加上特殊的历史时间节点（关键期、决胜阶段）和特殊的历史使命（实现中国梦、促进构建人类命运共同体），标志着"中国特色社会主义进入新时代"。当然，党的十九大报告的这个重大判断，既可以说是客观的历史情势发展使然，是我们党针对历史时势发展的"顺势而为"，也可以说是体现了我们党

## 第三章　经典马克思主义与习近平新时代中国特色社会主义思想

"高度的历史自觉性和前瞻性",将得到"全民高度认同和热烈欢呼"①。

一般而言,我们习惯用主义(如马克思列宁主义)、思想(如毛泽东思想)、理论(如邓小平理论)、观念或观点(如科学发展观)来概括我们党在社会实践中取得的重大精神成果。不过,从用法上或者说语用学的角度上讲,它们之间还是各自有所偏重的。比如,"主义"更强调其普适性,更强调对之的信奉、信仰和信守;理论偏重于概念及其语词表述之间逻辑关系的体系化、系统化;而思想则更强调创新性的真知灼见,强调抓住事物本质和规律的正确认识。而且,人们公认,从主义到思想到理论,存在着一定的价值位序。

显然,党的十九大报告之所以用"新时代中国特色社会主义思想",是因为既要彰显高位价值,更是强调它是在洞彻了我国当前社会发展的本质和根本,深入把握我国社会的关键(新社会主要矛盾的形成)和主题(如何更好地发展)的基础上所形成的创新性的科学认知和重大精神成果,闪耀着真理的光芒,洋溢着真知的光辉。这是"新时代中国特色社会主义思想"最基本的意涵。

党的十九大公开宣告,中国特色社会主义进入了新时代,不过,"新时代"不是一个时间界限极为清晰,前后截然有别、泾渭分明的历史方位。实际上,进入新时代的关键期和加速器则是党的十八大以来的近几年,也就是习近平同志作为党和国家领导人执政以来的这几年。这是我们确定"新时代中国特色社会主义思想"基本意指在历史时间上要清楚明白的。因此,党的十九大报告很明确地指出,"十八大以来,国内外形势变化和我国各项事业发展都给我们提出了一个重大时代课题,这就是必须从理论和实践结合上系统回答新时代坚持和发展什么样的中国特色社会主义、怎样坚持和发展中国特色社会主义","围绕这个重大时代课题,我们党……进行艰辛理论探索,取得

---

① 刘建军:《从"新时期"到"新时代":中国特色社会主义的历史跃升》,见人民论坛网(http://www.rmlt.com.cn/2017/1019/500387.shtml)。

经典马克思主义与中国特色社会主义新时代

重大理论创新成果,形成了新时代中国特色社会主义思想"①。

据此,"形成了"的"新时代中国特色社会主义思想"就是指党的十八大以来,以习近平同志为核心的中国共产党提出的(集中汇聚在习近平同志的系列重要讲话中),代表着党和人民实践经验和集体智慧的最新结晶,深化对共产党执政规律、社会主义建设规律、人类社会发展规律的认识,所形成的一系列治国理政新理念、新思想、新战略,是对它们的概括、总称和提升。这是"新时代中国特色社会主义思想"的核心意指。也正是在这个意义上,李克强、王岐山、张高丽同志和张德江、俞正声、刘云山同志,都直接以"习近平新时代中国特色社会主义思想"来称谓它、指认它。②

(二)习近平新时代中国特色社会主义思想的过往史、完成式与进行时

前文已经指出,当下提出习近平新时代中国特色社会主义思想,是有特定所指的,即党的十八大以来以习近平同志为核心的中国共产党提出的一系列治国理政新理念、新思想、新战略,党的十九大报告特意用"形成了",这也就意味着"新时代中国特色社会主义思想"有自己的"完成式"。

之所以谓之为"完成式",是因为其中很多重要内容不仅明确提出,形成相对完备的体系和完整逻辑,而且产生了广泛深远的影响和卓有成效的实践价值。其中,具有重大创新性的主要内容有以下八个方面。

(1)"四个全面"战略布局思想,即全面建成小康社会、全面深化改革、全面依法治国、全面从严治党。

(2)"五大发展理念"思想,即创新、协调、绿色、开放、共享

---

① 习近平:《决胜全面建成小康社会 夺取新时代中国特色社会主义伟大胜利》,人民出版社2017年版,第18~19页。
② 参见《李克强王岐山张高丽分别参加十九大代表团讨论》,载《中国青年报》2017年10月20日;《张德江俞正声刘云山分别参加十九大代表团讨论》,载《中国青年报》2017年10月19日。

## 第三章 经典马克思主义与习近平新时代中国特色社会主义思想

"五大发展理念"。

（3）"两个一百年"伟大复兴中国梦思想，即第一个一百年，是到中国共产党成立100年时（2021年）全面建成小康社会；第二个一百年，是到中华人民共和国成立100年时（2049年）建成富强、民主、文明、和谐的社会主义现代化国家①。

（4）"四个自信"（道路自信、理论自信、制度自信、文化自信）思想和"四个伟大"（进行伟大斗争、建设伟大工程、推进伟大事业、实现伟大梦想）思想。

（5）总体国家安全观（核心为：构建集政治安全、国土安全、军事安全、经济安全、文化安全、社会安全、科技安全、信息安全、生态安全、资源安全、核安全等于一体的国家安全体系）②。

（6）经济发展新常态、供给侧结构性改革和创新型国家思想③。

（7）国家治理现代化思想即国家治理能力、国家治理体系现代化思想。

（8）"一带一路"（丝绸之路经济带和21世纪海上丝绸之路）与人类命运共同体思想。

以上这些，都是党的十八大以来提出的，有明确内涵、完整框架或体系和内在严谨逻辑的表述、立论，涉及经济、政治、文化、社会建设、外交、党建等中国特色社会主义的方方面面，党的十九大报告用"8个明确""14条基本方略"来彰显这一点。正因如此，党的十九大报告特别强调："全党要深刻领会新时代中国特色社会主义思想的精神实质和丰富内涵，在各项工作中全面准确贯彻落实。"

不难看出，作为"完成式"的习近平新时代中国特色社会主义思想，确实在很多地方实现了重大创新和理论推进，但我们不要忘了，

---

① 党的十九大报告将此深化为"把我国建成富强民主文明和谐美丽的社会主义现代化强国"。
② 参见《坚持总体国家安全 走中国特色国家安全道路》，见新华网（http://www.xinhuanet.com/politics/2014-04/15/c_1110253910.htm）。
③ 参见《坚定不移创新创新再创新 加快创新型国家建设步伐》，见新华网（http://www.xinhuanet.com/politics/2014-06/09/c_1111056325.htm）。

## 经典马克思主义与中国特色社会主义新时代

它是思想创新和思想传承、理论创新和理论承接、实践创新和实践接续的有机统一，不是空穴来风，不是空中楼阁。恰恰相反，是在中国特色社会主义原有理论、既有成果基础上的创新推进、丰富深化。在此意义上，习近平新时代中国特色社会主义思想的提出，有其不可忽略的"前史"，或者说"过往史"；完成式的背后有"过去式"。

其中，"五位一体"总体布局思想，即全面落实经济建设、政治建设、文化建设、社会建设、生态文明建设五位一体总体布局，是党的十八大首次明确提出来的。党的十八大后，习近平总书记多次强调了它的重要性，党的十九大报告仍然明确承认其总体布局地位。它虽然提出于党的十八大，却当然是习近平新时代中国特色社会主义思想的重要组成部分。

另外，邓小平同志在改革开放之初，就提出"两个文明"一起抓的战略布局；继后的江泽民同志在提出物质文明、精神文明、政治文明三个文明一起抓的基础上提出中国特色社会主义经济、文化、政治"三大纲领"的战略布局；到胡锦涛同志那里，则更加明确地提出社会主义经济建设、政治建设、文化建设、社会建设"四位一体"战略布局。"五位一体"的总体布局显然是"四位一体"战略布局水到渠成式的深化。在上述双重意义上，都可以明显看出，习近平新时代中国特色社会主义思想有其过去式和过往史。

比如，2002年，党的十六大报告提出"一个全面"，即"全面建设惠及十几亿人口的更高水平的小康社会"。2007年，党的十七大报告在此基础上提出到2020年"全面建成小康社会"的奋斗目标。2012年，党的十八大报告提出"全面建成小康社会和全面深化改革开放"的目标，把"一个全面"扩展为"两个全面"。2014年召开党的十八届四中全会，审议通过《关于全面推进依法治国若干重大问题的决定》，提出"全面建成小康社会、实现中华民族伟大复兴的中国梦，全面深化改革、完善和发展中国特色社会主义制度，提高党的执政能力和执政水平，全面推进依法治国"，"两个全面"被扩展为"三个全面"。2014年12月14日，习近平总书记在江苏考察调研时顺理成章、水到渠成地提出"四个全面"的战略布局。

## 第三章　经典马克思主义与习近平新时代中国特色社会主义思想

再如，我们知道，邓小平同志很早就提出"分三步走基本实现现代化"的构想①，1987年，党的十三大将其发展为著名的"三步走"战略方针，即解决温饱问题，达到小康水平和基本实现现代化②。江泽民同志将其进一步推进为"两个一百年"的"新三步走"，他在党的十五大报告中指出："展望下世纪，我们的目标是，第一个10年实现国民生产总值比2000年翻一番，使人民的小康生活更加宽裕，形成比较完善的社会主义市场经济体制；再经过10年的努力，到建党100年时，使国民经济更加发展，各项制度更加完善；到世纪中叶中华人民共和国成立100年时，基本实现现代化，建成富强民主文明的社会主义国家。"③习近平总书记提出的"两个一百年"中华民族伟大复兴中国梦，受其影响的痕迹清晰可见。

实际上，除了要清楚习近平新时代中国特色社会主义思想的完成式、过往史，我们同样还要关注它的"现在时"，即在当下的中国特色社会主义新征程伟大实践中，自觉坚持"8个明确"，围绕"14条基本方略"，清醒认识到"我们的工作还存在许多不足，也面临不少困难和挑战"，知难而进、迎难而上，针对它们找出更好的解决办法，提出新的思路策略，奉献新的观念和思考，进而实现对既成的"新时代中国特色社会主义思想"（完成式）的丰富和细化、推进和深化，以至提出新话题、建构新议题，在最大程度上返本开新、推陈出新、

---

① "我们原定的目标是，第一步在八十年代翻一番。以一九八〇年为基数，当时国民生产总值人均只有二百五十美元，翻一番，达到五百美元。第二步是到本世纪末，再翻一番，人均达到一千美元。实现这个目标意味着我们进入小康社会，把贫困的中国变成小康的中国。那时国民生产总值超过一万亿美元，虽然人均数还很低，但是国家的力量有很大增加。我们制定的目标更重要的还是第三步，在下世纪用三十年到五十年再翻两番，大体上达到人均四千美元。做到这一步，中国就达到中等发达的水平。"（参见中共中央文献编辑委员会编《邓小平文选》第3卷，人民出版社1993年版，第226页）

② "第一步，实现国民生产总值比1980年翻一番，解决人民的温饱问题……第二步，到本世纪末，使国民生产总值再增长一倍，人民生活达到小康水平。第三步，到下个世纪中叶，人均国民生产总值达到中等发达国家水平，人民生活比较富裕，基本实现现代化。"（参见《中共中央文件选编》，中共中央党校出版社1992年版，第381页）

③ 中共中央文献编辑委员会编：《江泽民文选》第2卷，人民出版社2006年版，第4页。

革故鼎新。

立足于习近平新时代中国特色社会主义思想的"完成式",追溯其"过往史",预期和思索其"进行时",寻找其相对完整的发展程式,揭示其相对整全的演进图谱,这样,我们才能有效把握"习近平新时代中国特色社会主义思想"的全貌。

(三) 习近平新时代中国特色社会主义思想的历史定位与时代担当

要想全面把握和深入理解习近平新时代中国特色社会主义思想,搞清楚它的历史定位和时代担当,是非常必要的。关键是掌握以下五点。

(1) "又一次飞跃"。具体指习近平新时代中国特色社会主义思想,是马克思主义基本原理同中国具体实际相结合的又一次飞跃。[①]

党的十五大明确提出了一个著名的说法即"历史性飞跃",即马克思列宁主义同中国实际相结合有两次历史性飞跃,产生了两大理论成果。第一次飞跃的理论成果是被实践证明了的关于中国革命和建设的正确的理论原则和经验总结,它的主要创立者是毛泽东,我们党把它称为毛泽东思想。第二次飞跃的理论成果是建设中国特色社会主义理论,它的主要创立者是邓小平,我们党把它称为邓小平理论。"新时代中国特色社会主义思想"是以习近平同志为核心的党中央紧密结合时代的新变化和实践的新发展,以问题为导向,在中国特色社会主义进入新时代的伟大实践和攻坚克难的征程中,积极探索,以革命的理论勇气和实践智慧,依据和运用马克思主义基本原理从根本上正确把握当前中国的时代问题,形成对当前中国的科学认知、科学判断、科学决策、科学思考。其实质是在当代中国"历史新变革、历史新方位、矛盾新转化、历史新使命、时代新课题"中形成的"理论新发展""理论新革命",奉献出很多对中国特色社会主义的全新的判断、

---

① 参见《人民日报社论:夺取新时代中国特色社会主义伟大胜利》,见人民网(http://opinion.people.com.cn/n1/2017/1024/c1003 - 29606678.html)。

## 第三章　经典马克思主义与习近平新时代中国特色社会主义思想

全新的思考，写出了科学社会主义的"新版本"，写出了中国特色社会主义理论体系的"新篇章"[①]。它是当之无愧的马克思主义中国化的"第三次历史性飞跃"。

（2）两"思"交融。具体指习近平新时代中国特色社会主义思想是"新时代"之思和新"时代之思"两种思维的有机统一体。

所谓"新时代"之思，是指对一种新历史时代的分析、判断和思考，在这里"新时代"作为对象而存在的，习近平总书记在"7·26"讲话中提出"时代是思想之母"，大体上意义接近。习近平新时代中国特色社会主义思想最基本的意蕴就是指它是对中国特色社会主义步入新时代进行的思考、思维，是对这种新时代的思考、思维。

而所谓新"时代之思"，这里的"时代之思"是一个具有特定意义的组合词，是根据"思"的性质、类型、地位而言的，即它不是一般的、普泛意义上的思考、思想，而是基于时代重大问题、重大特征而实现的对这个时代的本质性把握、根本性理解，是一种大智慧视野下的大思考。在此意义上的"时代之思"，也就是马克思提出的"时代精神的精华"[②]，具有哲学的高度和深度。由此新"时代之思"就是对时代本质、时代根本的新观察、新分析、新思考。显然，习近平新时代中国特色社会主义思想无疑也是这种意义上的新"时代之思"，它是在深入分析当今世界大格局及其加快演变所形成的大发展、大变革、大调整的态势[③]，抓住新时代最根本、最重要的变化——社会主要矛盾演变出新内容、新形式，以及深刻把握新时代最基本的主题即在新的时代背景下怎样更好地发展中国特色社会主义基础上而做出的对新时代的新洞察、新洞悉。更重要的是，在习近平新时代中国特色社会主义思想那里，这两种思维实现了奇妙、微妙而又绝妙的融合，

---

[①] 韩庆祥：《准确理解新时代中国特色社会主义思想》，载《浙江日报》2017年10月23日。

[②] 中共中央马克思恩格斯列宁斯大林著作编译局编：《马克思恩格斯全集》第1卷，人民出版社1956年版，第121页。

[③] 参见金民卿《习近平新时代中国特色社会主义思想的生成机制和思想要义》，见求是网（http://www.qstheory.cn/2017-10/24/c_1121850091.htm）。

互相交织，密不可分。

（3）三"新"一体。习近平新时代中国特色社会主义思想无疑在很多方面都称得上是创新。有学者仅就"新境界"，列举了四个——马克思主义新境界、中国特色社会主义新境界、党治国理政新境界、管党治党新境界。① 我们之所以以三"新"一体来概括，主要是立足于最基本、最重要的方面来说的，那就是：马克思主义中国化的最新成果，中国特色社会主义理论体系的最新境界，世界21世纪马克思主义的最新贡献、集大成者。三者有机地融合成一体。

之所以谓之"马克思主义中国化的最新成果"，就是指它紧紧结合当前中国实际，直面当前中国社会发展的各种大问题、大难题，运用马克思主义的基本立场（如人民群众历史主体论）、基本观点（如普遍联系观点）、基本方法（如矛盾分析法）和基本原理（如社会基本矛盾运动原理）进行观察、分析、思考，形成一些重大的新判断、新分析、新思考、新观念、新方略，并形成很多契合中国当前实际重大的正确性认识、真理性思想和实效性策略。当然，也指在此过程中，它同时把中华文明和中华优秀文化思想有机地融合进来，并充分彰显中华文化的风格、中华文明的风格，比如它的很多语言表达、很多话语风格，特别具有中华民族色彩。这是习近平新时代中国特色社会主义思想的一个突出特点。

之所以谓之"中国特色社会主义理论体系的最新境界"，首先是因为习近平新时代中国特色社会主义思想属于中国特色社会主义理论体系的重要组成部分。我们知道，党的十七大报告最早提出"中国特色社会主义理论体系"这个重要新概念，将邓小平理论、"三个代表"重要思想和科学发展观，统称为中国特色社会主义理论体系。之所以将它们合称为中国特色社会主义理论体系，根本上是因为它们围绕共同的主题即"建设中国特色社会主义"，结合不同历史阶段、历史时期的历史特征、突出问题，从理论和实践结合上系统回答了坚持和发

---

① 参见包心鉴《习近平新时代中国特色社会主义思想的鲜明特质和时代价值》，见求是网（http://www.qstheory.cn/wp/2017-10/24/c_1121849443.htm）。

## 第三章　经典马克思主义与习近平新时代中国特色社会主义思想

展什么样的中国特色社会主义、怎样坚持和发展中国特色社会主义的问题,进而形成一系列理论成果。

其次是因为,党的十八大以来,以习近平同志为核心的中国共产党,坚持解放思想、实事求是、与时俱进、求真务实,以马克思列宁主义为指导,以全新的视野深化对共产党执政规律、社会主义建设规律、人类社会发展规律的认识,进行艰辛的理论探索,从理论和实践结合上系统回答了新时代坚持和发展中国特色社会主义的总目标、总任务、总体布局、战略布局和发展方向、发展方式、发展动力、战略步骤、外部条件、政治保证等一系列重大基本问题,推出了一系列重大理论创新,或者实现了对以前中国特色社会主义理论的重大推进,如从"四个全面"推进到"五个全面"总体布局,从"三个自信"推进到"四个自信"等,或者提出崭新的判断和思想,如新时代、新时代主要矛盾、总体国家安全观、国家治理现代化等。

之所以谓之"21世纪世界马克思主义的最新贡献、集大成者",是因为它是"中国特色社会主义理论体系的最新境界",同时也是站在21世纪的时代高度,把握世界发展趋势、世界社会主义发展趋势做出的时代判断、时代分析、时代回应,提出了很多新思想、新观点,其中不少新思想、新观点无疑是站在21世纪这个时代的新制高点上对马克思主义经典观点、正统思想的重大突破、重大推进。更重要的是,这些重大突破、重大推进,不仅具有重大的世界意义,是当今世界范围内其他社会主义国家建设和左翼运动、左翼政党应该借鉴和吸收的创新,而且是世界范围内在21世纪具有引领性地位的率先创新。

比如,关于国家治理现代化,习近平总书记明确地说:"怎样治理社会主义社会这样全新的社会,在以往的世界社会主义中没有解决得很好。马克思、恩格斯没有遇到全面治理一个社会主义国家的实践,他们关于未来社会的原理很多是预测性的;列宁在俄国十月革命后不久就过世了，没来得及深入探索这个问题。"① 国家治理现代化呼求"完善党委领导、政府负责、社会协同、公众参与、法治保障的社会治理体制，提高社会治理社会化、法治化、智能化、专业化水平"②，强调代表公共权力的国家与代表民间自治的社会、市场之间的良性互动，这既是对马克思主义传统国家观的重大突破③，更是在世界范围内社会主义实践在 21 世纪的重大创新。

再如，习近平同志早在其博士学位论文中就提出了"经济的政治化，政治的经济化"思想，这意味着不能以传统二分法来简单看待政治与经济的关系。党的十八大后，2014 年 9 月，在庆祝全国人民代表大会成立 60 周年大会上的讲话中，他特别指出，"一个国家的政治制度决定于这个国家的经济社会基础，同时又反作用于这个国家的经济社会基础，乃至于起到决定性作用。在一个国家的各种制度中，政治制度处于关键环节"，"政治制度是用来调节政治关系、建立政治秩序、推动国家发展、维护国家稳定的"④。这个说法，把马克思主义关于生产关系、上层建筑"决定性的反作用"⑤推展到政治制度"起到决定性作用"，无疑是站在 21 世纪世界经济政治发展新格局、新趋势做出的新突破，以至于有学者称之为"新政治经济学"⑥。

（4）四"性"合一。具体指习近平新时代中国特色社会主义思想同时具有科学性、时代性、实践性、革命性，而且它们相互交织，你中有我、我中有你，互相支撑。

所谓具有科学性，主要指它以马克思主义这个巨大的科学思想库

---

① 中共中央文献研究室编：《十八大以来重要文献选编》（上），中央文献出版社 2014 年版，第 548 页。

② 习近平：《决胜全面建成小康社会 夺取新时代中国特色社会主义伟大胜利》，人民出版社 2017 年版，第 49 页。

③ 参见关锋《"国家治理现代化"对历史唯物主义国家观的推进》，载《教学与研究》2016 年第 11 期，第 27～36 页。

④ 参见《习近平：设计和发展国家政治制度 要从国情出发从实际出发》，见新华网（http://www.xinhuanet.com/politics/2014-09/05/c_1112384483.htm）。

⑤ 中共中央马克思恩格斯列宁斯大林著作编译局编：《马克思恩格斯全集》第 25 卷，人民出版社 1974 年版，第 891 页。

⑥ 杨光斌：《习近平的政治思想体系初探》，载《学海》2017 年第 4 期，第 5～11 页。

## 第三章 经典马克思主义与习近平新时代中国特色社会主义思想

为依据,坚持并运用其基本立场、基本观点、基本原理、基本方法,结合世界客观发展情势、中国当下实际,紧紧围绕中国特色社会主义呈现出来的现实问题,科学地分析、针对性地思考所得出的符合中国特色社会主义实际、符合世界发展客观规律、符合社会主义发展本质要求并在现实实践中不断被证明是正确和卓有成效的科学思想。所谓时代性,主要指它以马克思主义的宽广眼界观察世界,以科学思维审视时代,充分吸纳借鉴当代人类社会文明成果,始终站在时代前列谋划发展、引领中国进步,[①] 牢牢抓住新时代的本质特征并做出具有时代特色的判断、分析,成为"时代精神的精华"。所谓实践性,主要指它在科学总结以往中国特色社会主义实践成功经验的基础上,紧密结合党的十八大以来的中国特色社会主义实践和时代特征,聚焦于新时代中国特色社会主义实践中出现的重大问题,进行科学分析,而且还要把这种科学分析的思想成果反馈于实践,用来指导中国特色社会主义实践,实现所谓"从实践中来、到实践中去",改变旧貌,解决问题,使中国特色社会主义向更好状态、更高水平发展,并在这种发展中与时俱进,在实践中得到进一步的丰富和发展。所谓革命性,既指它强调针对客观实际的变化,思想理论一定随之推陈出新、返本开新、革故鼎新,也指它不是书斋中偏重于"解释世界"的纯学问,而是要积极投身于中国特色社会主义实践,攻坚克难,解决问题,革除时弊,化除风险,实际地改变世界、改善环境,又指它要在中国特色社会主义实践中保持自我反思、自我批判精神,在必要时及时自我更新,不断深化发展。

(5)多能并举。具体指习近平新时代中国特色社会主义思想在新时代中国特色社会主义伟大实践中,具有多种具体的、现实的、实际的具体功能。

第一,政治宣言、政治动员功能。习近平新时代中国特色社会主义思想是我们党迈进新时代、开启新征程、续写新篇章的政治宣言,

---

① 参见丁晋清《中国特色社会主义理论体系的丰富和发展》,载《光明日报》2014年12月6日。

即它宣示中国特色社会主义进入了新时代，面对新的社会主要矛盾及其衍生的问题，中国共产党要以新的精神状态、新的革命勇气、新的担当意识、新的发展观念破解新的难题、化解新的矛盾；为此，习近平新时代中国特色社会主义思想内在地要求全党全国人民必须准确把握党的十九大确立的重大判断、重大战略、重大任务、重大举措，切实把思想和行动统一到党的十九大精神上来，不断开创中国特色社会主义事业新局面，具有重要的政治动员功能。

第二，思想指导、行动指南功能。习近平新时代中国特色社会主义思想是我们党和国家在新时代建设中国特色社会主义的指导思想，它为新时代建设中国特色社会主义指明了努力方向、前进目标、战略规划，同时也是"全党全国人民为实现中华民族伟大复兴而奋斗的行动指南"，全党全国人民要依循这些努力方向、前进目标，遵照战略规划，聚焦主题，解决问题来展开行动。

第三，精神支柱、力量源泉功能。习近平新时代中国特色社会主义思想不但散发着真理的光辉，而且，它还在基础上规划了美好可行的未来，即中华民族伟大复兴"两个百年"梦，这必将极大地鼓舞全党全国人民，牢固树立"四个自信"，发扬大无畏革命精神战胜各种艰难险阻，不断从胜利走向新的胜利。

第四，检验尺度、评判标准功能。习近平新时代中国特色社会主义思想作为思想指导和行动指南，当然内在地要求我们认真贯彻和落实，为了在具体工作中更好地贯彻和落实，它专门细化出"八个明确"和"十四个坚持"作为行动方略，它们固然是更为精细的行动指南，同时也是对新时代中国特色社会主义实践及其具体工作是否正确、是否合理、是否有效的检验尺度、评判标准。

（四）习近平新时代中国特色社会主义思想的经验总结与未来前瞻

理论强则党强，思想富则国富。正如恩格斯所告诫过的，"一个

## 第三章　经典马克思主义与习近平新时代中国特色社会主义思想

民族要想站在科学的最高峰,就一刻也不能没有理论思维"①。那么,对于我们来说,这种科学的理论思维从哪里来?

早在2011年,习近平同志就深刻总结说:"抚今追昔,90年来我们党所以能够不断发展壮大,所以能够带领人民创造举世瞩目的伟业,一个根本原因,就在于始终坚持科学理论的指导,坚持把马克思主义基本原理同中国革命、建设、改革的具体实际相结合,不断推进马克思主义中国化,实现了党的指导思想和基本理论的与时俱进。""随着实践发展不断丰富发展马克思主义,不断赋予马克思主义新的生命活力"②,这就是当代中国形成科学的指导理论和理论思维最根本、最重要的途径。

作为马克思主义中国化最新成果的习近平新时代中国特色社会主义思想,也正是在这种结合中形成和初步发展起来的。正如党的十九大报告指出的,党的十八大以来,围绕着"从理论和实践结合上系统回答新时代坚持和发展什么样的中国特色社会主义、怎样坚持和发展中国特色社会主义"这个重大时代课题,"我们党坚持以马克思列宁主义、毛泽东思想、邓小平理论、'三个代表'重要思想、科学发展观为指导,坚持解放思想、实事求是、与时俱进、求真务实,坚持辩证唯物主义和历史唯物主义,紧密结合新的时代条件和实践要求,以全新的视野深化对共产党执政规律、社会主义建设规律、人类社会发展规律的认识,进行艰辛理论探索,取得重大理论创新成果,形成了新时代中国特色社会主义思想"③。

具体言之,其形成的经验主要有以下三点。

(1) 两种逻辑的统一和互动。2013年1月,在学习贯彻党的十八大精神研讨班开班式的重要讲话中,习近平总书记强调,中国特色

---

① 中共中央马克思恩格斯列宁斯大林著作编译局编:《马克思恩格斯文集》第9卷,人民出版社2009年版,第437页。
② 习近平:《中国共产党90年来指导思想和基本理论的与时俱进及历史启示》,载《学习时报》2011年6月27日。
③ 习近平:《决胜全面建成小康社会　夺取新时代中国特色社会主义伟大胜利》,人民出版社2017年版,第18~19页。

## 经典马克思主义与中国特色社会主义新时代

社会主义道路是"科学社会主义理论逻辑和中国社会发展历史逻辑的辩证统一",这条道路要求"不断推进理论创新、实践创新、制度创新","马克思主义必定随着时代、实践和科学的发展而不断发展"①。邓小平理论、"三个代表"重要思想、科学发展观等中国特色社会主义理论体系的重要组成部分根本上都是马克思主义中国化在不同阶段的成果。习近平新时代中国特色社会主义思想实质上是中国特色社会主义道路最新的理论成果,追根溯源,也是上述两种逻辑在现实中互动的结果。

(2) "科学社会主义理论逻辑和中国社会发展历史逻辑的辩证统一",实际上也就是马克思主义理论和现实实践之间的良性互动。不过,在这种互动中,实践无疑处在更优先的位置,即理论必须针对实践中出现的新问题给予新的分析和思考;随着实践新模式、新范型的出现,不断更新和调整,与时俱进。马克思主义是"实践的唯物主义",与时俱进、在实践中不断创新是其内在本性和生命活力所在。恩格斯为此特意指明:"我们的理论是发展的理论,而不是必须背得烂熟并机械地加以重复的教条。"② 邓小平同志为此强调指出:"不以新的思想、观点去继承、发展马克思列宁主义,不是真正的马克思主义。"③

习近平同志在党的十八大针对马克思主义发展史、中国化的历程总结到,"脱离实践需要,脱离人民群众的伟大创造,关起门来苦思冥想,或者从书本到书本,都不可能实现科学理论的创新",因此,历史唯物主义要"时刻关注社会发展的客观要求和人民群众的实践创造,根据新鲜实践经验不断推进理论创新"。④ 后来又特意强调"要

---

① 习近平:《毫不动摇坚持和发展中国特色社会主义 不断推进理论创新实践创新制度创新》,载《人民日报》2013年1月6日。
② 中共中央马克思恩格斯列宁斯大林著作编译局编:《马克思恩格斯文集》第4卷,人民出版社1995年版,第681页。
③ 中共中央文献编辑委员会编:《邓小平文选》第3卷,人民出版社1993年版,第291页。
④ 参见习近平《中国共产党90年来指导思想和基本理论的与时俱进及历史启示》,载《学习时报》2011年6月27日。

## 第三章　经典马克思主义与习近平新时代中国特色社会主义思想

及时总结党领导人民创造的新鲜经验,不断开辟马克思主义中国化新境界",并将此提升为"不断推进实践基础上的理论创新"①。结合新的实践不断做出新的理论创造,充分彰显了实践的优先性。

习近平新时代中国特色社会主义思想根本上既是对党的十八大以来中国特色社会主义进入新时代、新征程的实践中所出现的新问题、新情况、新情势、新局面所进行的新分析、新思考、新探索,也是对党的十八大以来的实践经验的总结和提升。

(3)问题导向。马克思提出,"问题就是时代的口号,是它表现自己精神状态的最实际的呼声"②。习近平指出:"每个时代总有属于它自己的问题,只要科学地认识、准确地把握、正确地解决这些问题,就能够把我们的社会不断推向前进。"③所以,"世界上没有纯而又纯的哲学社会科学。世界上伟大的哲学社会科学成果都是在回答和解决人与社会面临的重大问题中创造出来的"。马克思主义之所以成为伟大的科学理论,成为"时代精神的精华",很大程度上因为"坚持问题导向是马克思主义的鲜明特点"。

"问题是创新的起点,也是创新的动力源。只有聆听时代的声音,回应时代的呼唤,认真研究解决重大而紧迫的问题,才能真正把握住历史脉络,找到发展规律,推动理论创新。坚持以马克思主义为指导,必须落到研究我国发展和我们党执政面临的重大理论和实践问题上来,落到提出解决问题的正确思路和有效办法上来。"④新时代中国特色社会主义思想作为马克思主义中国化的最新成果,就是直面中国特色社会主义新时代各种重大现实问题,如"三大陷阱"(中等收入陷阱、塔西佗陷阱、修昔底德陷阱)问题、逆全球化问题、生态环保问题、文化软实力问题、收入差距拉大问题、官员腐败问题等,对它

---

① 中共中央文献研究室编:《十八大以来重要文献选编》(上),中央文献出版社2014年版,第696～697页。
② 中共中央马克思恩格斯列宁斯大林著作编译局编:《马克思恩格斯全集》第40卷,人民出版社1982年版,第289～290页。
③ 习近平:《之江新语》,浙江人民出版社2007年版,第235页。
④ 习近平:《在哲学社会科学工作座谈会上的讲话》,载《人民日报》2016年5月19日。

们进行科学分析、正确对待、合理应对或有效应答而形成的理论成果。

前面我们已经分析过，习近平新时代中国特色社会主义思想有其过往史、完成式与进行时，当然，如果把历史的视距再拉长一点，还有其未来式和将来时。它的进行时、未来式和将来时，代表着它在当下和未来的进一步发展、进一步深化。这种深化发展，同时也是前述成功经验即两种逻辑的统一和互动、实践优位、问题导向的进一步践履和推进。具体言之，我们要注意以下两点。

（1）一定要聚焦主题和时代课题。所谓主题，就是习近平总书记在"7·26"重要讲话中指出的，并且在党的十九大报告中再一次强调的，"中国特色社会主义是改革开放以来党的全部理论和实践的主题"；所谓重大时代课题，就是党的十九大报告提出的"必须从理论和实践结合上系统回答新时代坚持和发展什么样的中国特色社会主义、怎样坚持和发展中国特色社会主义"。

这个主题和重大时代课题无疑是我们当前最大的实际、最重要的实践任务和使命，是当前中国社会发展历史逻辑形成的最重要的支点和基点，习近平新时代中国特色社会主义思想继续发展和深化必须聚焦于此。

（2）必须针对系列问题努力破解重要难题。这一系列问题，党的十九大报告进行了较为详细的列举，即"发展不平衡不充分的一些突出问题尚未解决，发展质量和效益还不高，创新能力不够强，实体经济水平有待提高，生态环境保护任重道远；民生领域还有不少短板，脱贫攻坚任务艰巨，城乡区域发展和收入分配差距依然较大，群众在就业、教育、医疗、居住、养老等方面面临不少难题；社会文明水平尚需提高；社会矛盾和问题交织叠加，全面依法治国任务依然繁重，国家治理体系和治理能力有待加强；意识形态领域斗争依然复杂，国家安全面临新情况；一些改革部署和重大政策措施需要进一步落实；党的建设方面还存在不少薄弱环节"。而所谓重要难题，主要指"7·26"讲话中提出的"人民群众反映最强烈、对党的执政基础威胁最大的突出问题"。

## 第三章　经典马克思主义与习近平新时代中国特色社会主义思想

这一系列问题和由之形成的难题，同时也是我们面临的具体的直接的现实，是具体实践不能回避的具体现实，是当前中国社会发展历史逻辑的具体展开。习近平新时代中国特色社会主义思想即要指导中国共产党和中国人民有效地解决这些问题并破解难题，同时也要在应对这些问题和难题中，不断总结新的成功经验，实现自我创新和发展。

### 二、习近平新时代中国特色社会主义思想理论特质的三维阐析[①]

鉴于习近平新时代中国特色社会主义思想对当代中国具有极为重要的意义，正确理解、深刻把握和通透领会其理论特质，无疑是必要的基础性工作，这可以从三个维度进行：①结合其形成过程和主要内容具体分析，其理论特质表现为四种统一，即问题导向与突出的问题意识的统一、实践创新与理论创新的互动统一、人类关怀和民生情怀的有机统一、综合性分析和辩证性思考的统一。②结合其理论属性概括分析，其理论特质表现为六"性"合一，即科学性与系统性、实践性与时代性、价值性与革命性融为一体。③结合其理论效度概括分析，其理论特质表现为八"度"共存，即有高度、有深度、有宽度、有厚度、有亮度、有温度、有风度、有气度。全面准确理解这些特质，有助于我们相应地形成深化、发展习近平新时代中国特色社会主义思想的基本思路。

习近平新时代中国特色社会主义思想，作为党和国家在新时代凝神聚力以建设中国特色社会主义的政治宣言、指导思想、战略纲领和行动指南，作为中国共产党和中国人民夺取新时代新胜利的伟大旗帜，需要全党全国人民认真学习、深入领会、贯彻落实。其中，对其理论特质的准确理解和深透把握是必要的基础性工作。因为深入搞清楚其理论特质有助于我们更好地把握其精神实质、根本目的、核心诉求、主要内容和基本逻辑。笔者以为，这个基础性工作可以分为两个

---

① 本部分原载于《湖湘论坛》2019 年第 2 期。

层次：一是结合其形成过程、主要内容来具体分析，二是概括性阐释。后者又可细分为两种维度：一种是偏向于理论属性的概括分析，一种是偏向于理论效度的概括分析。我们认为，这三种维度缺一不可，只有把它们统一起来，对习近平新时代中国特色社会主义思想理论特质才会有准确、全面进而是深透的把握。国内已有的研究中，从理论效度进行概括分析的，较为少见；而把三种维度统一起来进行综合论析的，尚未见到。本文就是为此而做的尝试。

（一）四种统一：习近平新时代中国特色社会主义思想在形成过程和主要内容方面具有的理论特质

综观习近平新时代中国特色社会主义思想，它的构成要素多种多样，形成过程颇为复杂，总体而言是主观和客观、主体和客体、个人和集体、核心和群体、价值和事实等多种相互对立因素互相作用的结果。也正因此，就其主要内容、形成过程来看，它的理论特质上明显地表现为以下"四种统一"。

1. 问题导向与突出的问题意识的统一

2012年11月，习近平总书记主持中央政治局第一次集体学习会时强调："我们一定要以我国改革开放和现代化建设的实际问题、以我们正在做的事情为中心，着眼于马克思主义理论的运用，着眼于对实际问题的理论思考，着眼于新的实践和新的发展。"[①] 的确，党的十八大以来，我们党、国家正是这样做的，提出的一系列新思想、新理念、新战略，都是立足于中国问题而提出的。刘云山同志曾总结说："党的十八大以来，习近平总书记发表系列重要讲话，深刻回答了新的历史条件下党和国家发展面临的一系列重大理论和现实问题，贯穿着强烈的问题意识、鲜明的问题导向。"[②]

刘云山同志的这个概括非常到位，习近平总书记对问题导向、问题意识结合的重要性一直有清醒的把握、自觉的秉持。他明确说：

---

① 习近平：《习近平谈治国理政》，外文出版社2014年版，第9页。
② 刘云山：《增强问题意识 坚持问题导向》，载《学习时报》2014年5月19日。

## 第三章　经典马克思主义与习近平新时代中国特色社会主义思想

"每个时代总有属于它自己的问题,只要科学地认识、准确地把握、正确地解决这些问题,就能够把我们的社会不断推向前进。"① 因此,"世界上没有纯而又纯的哲学社会科学。世界上伟大的哲学社会科学成果都是在回答和解决人与社会面临的重大问题中创造出来的"。马克思主义之所以成为伟大理论,成为"时代精神的精华",很大程度上是因为"坚持问题导向是马克思主义的鲜明特点"。所以,务必牢记:"问题是创新的起点,也是创新的动力源。只有聆听时代的声音,回应时代的呼唤,认真研究解决重大而紧迫的问题,才能真正把握住历史脉络,找到发展规律,推动理论创新。坚持以马克思主义为指导,必须落到研究我国发展和我们党执政面临的重大理论和实践问题上来,落到提出解决问题的正确思路和有效办法上来。"②

更重要的是,他总是率先垂范,身体力行。习近平新时代中国特色社会主义思想作为中国共产党治国理政的最新理论成果,就是以习近平同志为核心的中国共产党,直面中国特色社会主义步入新时代以来出现和凸显的各种重大现实问题,如"三大陷阱"问题(中等收入陷阱、塔西佗陷阱、修昔底德陷阱)改革发展寻找新动力问题、生态环境保护问题、文化软实力明显欠缺问题、收入差距不断拉大问题、官员腐败较为严重的问题,以及信息化时代国家安全问题、逆全球化问题等。或者如有学者总结的三类大问题:一是包括环境污染突出、社会差距扩大、民生短板普遍、权力腐败严重等在内的发展起来的问题;二是制度定型的问题,即在新时代要使中国特色社会主义包括政治、经济、文化、民生、社会治理、教育、生态等在内的一些基本制度,内涵和形式要更为科学、稳定,构建"系统完备、科学规范、运行有效"的制度体系;三是由"大"变"强"的问题。③ 把问题导向和清醒、自觉的问题意识结合起来,充分发挥主观能动性,对这些重

---

① 习近平:《之江新语》,浙江人民出版社2007年版,第235页。
② 习近平:《在哲学社会科学工作座谈会上的讲话》,载《人民日报》2016年5月19日。
③ 参见包心鉴《习近平新时代中国特色社会主义思想的鲜明特质和时代价值》,见求是网(http://www.qstheory.cn/wp/2017-10/24/c_1121849443.htm)。

大问题进行科学观察、辩证分析、正确思考进而做出合理应对或有效应答。

问题导向与突出的问题意识相结合，所形成的问题化思维方式在习近平新时代中国特色社会主义思想形成和演进中扮演着非常重要的角色，两者的统一是其重要的理论特质。

2. 实践创新与理论创新的良性互动与辩证统一

习近平总书记在主持中央政治局第二十次集体学习会议上强调："我们要根据时代变化和实践发展，不断深化认识，不断总结经验，不断进行理论创新，坚持理论指导和实践探索辩证统一，实现理论创新和实践创新良性互动，在这种统一和互动中发展21世纪中国的马克思主义。"① 实际上，习近平新时代中国特色社会主义思想作为马克思主义中国化的最新成果，正是在两个创新的有机统一和良性互动中形成的。

比如，习近平总书记曾总结说："怎样治理社会主义社会这样全新的社会，在以往的世界社会主义中没有解决得很好。马克思、恩格斯没有遇到全面治理一个社会主义国家的实践，他们关于未来社会的原理很多是预测性的；列宁在俄国十月革命后不久就过世了，没来得及深入探索这个问题。"② "国家治理现代化"是中国特色社会主义新时代马克思主义中国化的标志性成果之一，确系马克思主义发展史上的重大理论创新。但不要忘了，党的十八大以来，在改革开放已有的基础上，我们在社会治理、在处理政府与市场方面有不少的创新实践，如社区自治、国企改革形成了不少成功案例，在理顺政府和民营企业、政府和社会组织关系方面做了不少可贵的创新探索，"国家治理现代化"正是在这些实践创新的基础上，同时借鉴吸收了国外治理理论的合理内容而提出来的，它必将进一步促进我国国家治理的实践创新。

---

① 习近平：《坚持运用辩证唯物主义世界观方法论　提高解决我国改革发展基本问题本领》，载《人民日报》2015年1月25日。

② 中共中央文献研究室编：《十八大以来重要文献选编》（上），中央文献出版社2014年版，第548页。

## 第三章　经典马克思主义与习近平新时代中国特色社会主义思想

再如，在庆祝全国人民代表大会成立60周年大会上，习近平总书记特别指出，"一个国家的政治制度决定于这个国家的经济社会基础，同时又反作用于这个国家的经济社会基础，乃至于起到决定性作用。在一个国家的各种制度中，政治制度处于关键环节"，"政治制度是用来调节政治关系、建立政治秩序、推动国家发展、维护国家稳定的"①。这个说法，把马克思主义关于生产关系、上层建筑"决定性的反作用"②推展到政治制度"起到决定性作用"，无疑是站在21世纪世界经济政治发展新格局、新趋势做出的新突破，以至于有学者称之为"新政治经济学"③。这显然也是习近平新时代中国特色社会主义思想中理论创新的典例。可是，我们同样不要忘了，在其背后，是我们在全面深化改革、推进供给侧结构性改革和创新驱动战略，以及彰显"总体国家安全观"、推进"国家治理现代化"进程中，以顶层设计为典型，对有为政府、有为政党的吁求与践履，以及其间政治重要性的实际彰显。

一言以蔽之，实践创新和理论创新的统一和良性互动，是习近平新时代中国特色社会主义思想在形成中具备的重要理论特质。

**3. 人类关怀和民生情怀的有机统一**

习近平新时代中国特色社会主义思想，很好地继承了马克思主义人的解放思想，但又将它时代化、中国化，结果，其一是放眼世界，充满对人类境遇的关注和对人类命运的关怀；其二是聚焦国内，以人民为中心，充满浓烈的民生情怀。这种人类关怀主要体现为以下三个方面。

（1）对整个人类历史演进规律、内在逻辑和趋势的深透把握。它继承了历史唯物主义的衣钵，经常强调要"顺应时代发展潮流、把握人类进步大势"，认为"世界多极化进一步发展，新兴市场国家和发

---

① 《习近平：设计和发展国家政治制度 要从国情出发从实际出发》，见新华网（http://www.xinhuanet.com/politics/2014-09/05/c_1112384483.htm）。
② 中共中央马克思恩格斯列宁斯大林著作编译局编：《马克思恩格斯全集》第25卷，人民出版社1974年版，第891页。
③ 杨光斌：《习近平的政治思想体系初探》，载《学海》2017年第4期，第5～11页。

展中国家崛起已经成为不可阻挡的历史潮流","人类历史就是一幅不同文明相互交流、互鉴、融合的宏伟画卷"①。还强调:"历史地看,经济全球化是社会生产力发展的客观要求和科技进步的必然结果。"② 深刻洞悉了人类历史的内在逻辑和未来趋向。

(2) 对人类当下共同的生存境遇和共同面临的问题的深切关注。它特别强调,"当今世界,科技进步日新月异,互联网、云计算、大数据等现代信息技术深刻改变着人类的思维、生产、生活、学习方式"③,这就是当下人类共同的生存环境。"世界经济增长乏力,金融危机阴云不散,发展鸿沟日益突出,兵戎相见时有发生,冷战思维和强权政治阴魂不散,恐怖主义、难民危机、重大传染性疾病、气候变化等非传统安全威胁持续蔓延。"④ 除了这些问题,诸如女性、儿童、毒品问题等,都是当今人类共同面临的难题,其中最重要的莫过于生态环境问题。总括起来,发展赤字、和平赤字、生态赤字、健康赤字是人类当下面临的共同问题。

(3) 对人类未来共同命运的前瞻思索。坚执"世界命运应该由各国共同掌握"的理念,提出著名的"人类命运共同体"思想,为此分析说:"人类生活的关联前所未有,同时人类面临的全球性问题数量之多、规模之大、程度之深也前所未有。世界各国人民前途命运越来越紧密地联系在一起。"所以,世界各国已改为"张开怀抱,彼此理解,求同存异,共同为构建人类命运共同体而努力"⑤。2017 年 3 月,联合国人权理事会第 34 次会议首次将"构建人类命运共同体"理念载入决议,以后多次写入联合国决议。

关于民生情怀。我们知道,党的十八届五中全会将马克思主义的

---

① 习近平:《携手构建合作共赢新伙伴 同心打造人类命运共同体》,载《人民日报》2015 年 9 月 29 日。
② 习近平:《共担时代责任 共促全球发展——在世界经济论坛 2017 年年会开幕式上的主旨演讲》,载《人民日报》2017 年 1 月 18 日。
③ 习近平:《致国际教育信息化大会的贺信》,载《人民日报》2015 年 5 月 24 日。
④ 习近平:《习近平谈治国理政》第二卷,外文出版社 2017 年版,第 538 页。
⑤ 习近平:《携手建设更加美好的世界——在中国共产党与世界政党高层对话会上的主旨讲话》,载《人民日报》2017 年 12 月 2 日。

## 第三章　经典马克思主义与习近平新时代中国特色社会主义思想

人民主体论进一步深化为"以人民为中心的发展思想"。以人民为中心的发展与人们对美好生活的需求是密切关联的，或者说要落实到人民的美好生活上。因此，"人民对美好生活的向往，就是我们的奋斗目标"①，这已成为新时代中国共产党人的集体共识和共同使命。具体而言，就是要"坚持在发展中保障和改善民生。增进民生福祉是发展的根本目的。必须多谋民生之利、多解民生之忧，在发展中补齐民生短板、促进社会公平正义，在幼有所育、学有所教、劳有所得、病有所医、老有所养、住有所居、弱有所扶上不断取得新进展，深入开展脱贫攻坚，保证全体人民在共建共享发展中有更多获得感，不断促进人的全面发展、全体人民共同富裕。建设平安中国，加强和创新社会治理，维护社会和谐稳定，确保国家长治久安、人民安居乐业"②。党的十九届一中全会明确强调："全面落实以人民为中心的发展思想，不断提高保障和改善民生水平。"③ 这种并列，把以人民为中心的发展与民生情怀之间的关系清楚明白地呈现出来。

这也就意味着，习近平新时代中国特色社会主义思想，把人民主体论、"以人民为中心的发展"具体化为自觉而又浓烈的民生情怀，进而将人类关怀和民生情怀很好地统一起来。

### 4. 综合性分析和辩证性思考的统一

习近平总书记曾总结说："我们强调，要有强烈的问题意识，以重大问题为导向，抓住关键问题进一步研究思考，着力推动解决我国发展面临的一系列突出矛盾和问题。我们中国共产党人干革命、搞建设、抓改革，从来都是为了解决中国的现实问题。"④ 习近平新时代中国特色社会主义思想就是在分析、应对和解决当下中国以"四大考验"和"四大风险"为典型代表的各种社会问题中形成和发展起

---

① 习近平：《习近平谈治国理政》，外文出版社 2014 年版，第 4 页。
② 习近平：《决胜全面建成小康社会　夺取新时代中国特色社会主义伟大胜利》，人民出版社 2017 年版，第 23 页。
③ 习近平：《在党的十九届一中全会上的讲话》，载《前线》2018 年第 1 期。
④ 中共中央文献研究室编：《十八大以来重要文献选编》（上），中央文献出版社 2014 年版，第 497 页。

来的。

不过，我们知道，问题中还有问题，问题连着问题，表面问题背后有深层问题，老问题背后有新问题；而且，任何一个问题都牵扯很多方面的内容。所以，在剖析问题时，必须坚持在普遍联系中分析问题，以整体性视野、综合性分析来深入把握问题，以总体性、综合性的办法来解决问题。所以，习近平总书记专门号召全党认真学习辩证唯物主义，要学会全面而非片面、系统而非零散、普遍联系而非孤立地观察和思考事物、分析和解决问题。

习近平新时代中国特色社会主义思想也正是这样做的。比如，针对改革，其强调，"改革推进到现在，必须在深入调查研究的基础上提出全面深化改革的顶层设计和总体规划"，"重大改革都是牵一发而动全身的，更需要全面考量、协调推进"①。还说："我们要统筹谋划深化改革各个方面、各个层次、各个要素，注重推动各项改革相互促进、良性互动、协同配合。要坚持整体推进，加强不同时期、不同方面改革配套和衔接，注重改革措施整体效果，防止畸重畸轻、单兵突进、顾此失彼。"② 针对腐败，它强调要"坚持标本兼治、综合治理、惩防并举、注重预防方针，更加科学有效地防治腐败"③。针对社会治理，它强调："加强社会治安综合治理，创新立体化社会治安防控体系。"④ 针对创新，它强调："创新要实，就是要推动全面创新，更多靠产业化的创新来培育和形成新的增长点。"⑤

这样做的过程，同时也是把辩证法与实际问题结合的过程。正如习近平总书记要求的："我们的事业越是向纵深发展，就越要不断增

---

① 中共中央文献研究室编：《十八大以来重要文献选编》（上），中央文献出版社2014年版，第32～33页。
② 中共中央宣传部：《习近平总书记系列重要讲话读本》，学习出版社、人民出版社2016年版，第79页。
③ 习近平：《习近平谈治国理政》，外文出版社2014年版，第385页。
④ 中共中央文献研究室编：《十八大以来重要文献选编》（上），中央文献出版社2014年，第540页。
⑤ 《中央经济工作会议在北京举行　习近平李克强作重要讲话》，载《人民日报》2014年12月12日。

第三章　经典马克思主义与习近平新时代中国特色社会主义思想

强辩证思维能力。当前，我国社会各种利益关系十分复杂，这就要求我们善于处理局部和全局、当前和长远、重点和非重点的关系，在权衡利弊中趋利避害、作出最为有利的战略抉择。"为此，"要学习掌握唯物辩证法的根本方法，不断增强辩证思维能力，提高驾驭复杂局面、处理复杂问题的本领"①。习近平新时代中国特色社会主义思想中的"全面深化改革""五大发展理念"显然都是运用辩证思维的典范。

## （二）六"性"合一：习近平新时代中国特色社会主义思想在理论属性方面表现出的理论特质

习近平新时代中国特色社会主义思想，因其内涵丰富宏阔、牵涉广泛，立意和用意都是多种向度错综交织的，它在理论属性上就表现为多维性，更准确地说是多维性很好地相互交织、紧密糅合，从而形成六"性"合一即科学性与系统性、实践性与时代性、价值性与革命性融为一体的理论特质。

所谓科学性，主要指它充分发挥马克思主义这个伟大思想武器的巨大力量，始终注意两个紧密结合，即紧密结合当今世界发展的客观情况和趋势、紧密结合中国特色社会主义新时代种种客观实际，高度重视世界和中国呈现出来的现实问题，进而表现出以下特点：一则"积极探索规律、自觉遵循规律，按照客观规律要求谋划事业发展，……使我们党对共产党执政规律、社会主义建设规律、人类社会发展规律的认识达到了新的高度"②；二则科学地分析，有针对性地思考，得出符合中国特色社会主义新时代根本实际、符合世界发展基本规律、符合社会主义本质要求并在现实中和实践中不断被证明是正确的和卓有成效的科学决策、科学谋划，如"四个全面"战略布局、"五位一体"的总体布局、"五大发展理念"等；三则把马克思主义

---

① 习近平：《坚持运用辩证唯物主义世界观方法论　提高解决我国改革发展基本问题本领》，载《人民日报》2015年1月25日。
② 刘云山：《深入学习贯彻习近平新时代中国特色社会主义思想》，载《人民日报》2017年11月6日。

的基本原理、基本方法和实际结合起来进行创造性转化，形成一批行之有效、简洁高效的科学方法。其中最典型的是，诸如用辩证思维抓根本、用战略思维把全局、用历史思维观大势、用系统思维聚合力、用底线思维谋主动等①。

所谓系统性，指它在整体与部分、硬核与保护带、上位与下位层次之分的基础上，形成一个内在连通、相互支撑而又逻辑自洽的有机整体。具体地说，它紧紧围绕坚持和发展中国特色社会主义这个主题，科学而又系统解答新时代"坚持和发展什么样的中国特色社会主义""怎样坚持和发展中国特色社会主义"两大基本问题，确立了建设和奋斗的总目标、总任务、总体布局、战略布局，以及事关社会发展方向、方式、动力和战略步骤、外部条件、政治保证等一系列基本问题，以"八个明确"为核心内容，以"十四个坚持"为基本方略，涉及经济、政治、文化、社会、科教、生态、国安、民族、宗教、国防、外交、党建等各个方面，对党和国家各项事业进行全面指导，"形成一个主题目标鲜明、内容相互贯通、逻辑层次明确的思想体系"②。正如有学者所指出的："显然，这一科学理论，已不是个别、零散、部分的论断和结论，而是构成了自成系统的内容体系，具有逻辑的严密性、内在的贯通性和理论的系统性，思想丰富、博大精深，是一个完整科学的理论体系。"③

所谓实践性，一般有三层指向：其一，源自、形成于实践。习近平总书记曾经指出，我们要"坚持实践第一的观点，不断推进实践基础上的理论创新。我们推进各项工作，要靠实践出真知"④。习近平新时代中国特色社会主义思想无疑是这方面的典例。正如党的十九大报

---

① 参见吴瀚飞《努力掌握和善于运用科学思维方式——深入学习习近平同志关于思维方式的重要论述》，载《人民日报》2017年6月8日。
② 包心鉴：《习近平新时代中国特色社会主义思想的鲜明特质和时代价值》，见求是网（http://www.qstheory.cn/wp/2017-10/24/c_1121849443.htm）。
③ 周正刚：《习近平新时代中国特色社会主义思想的本质特征》，载《光明日报》2017年11月24日。
④ 习近平：《坚持运用辩证唯物主义世界观方法论 提高解决我国改革发展基本问题本领》，载《人民日报》2015年1月25日。

## 第三章　经典马克思主义与习近平新时代中国特色社会主义思想

告所宣告的，它"是党和人民实践经验和集体智慧的结晶"①，是扎根于新时代中国特色社会主义的伟大实践，并将其中的成功经验以理论的形式进行概括、升华的结果。而且，它的主要内容都是针对我们当前实践遇到的问题、难题和实践中产生的话题、议题而提出来的。其二，返回并指导实践、推动实践前行。它张扬了马克思主义作为"实践的唯物主义"的内在吁求，不仅仅要解释世界，更重要的是"改变世界"，真正做到"从实践中来、到实践中去"。非常明显的是，它提出的一些重大战略部署不但具有鲜明的针对性，而且具有突出的可实操性，就是为了更有效、更有力地践行，所以，人们公认它是新时代中国特色社会主义建设的总遵循，是实践总纲，是行动指南。党的十九大报告也正是这个意义上强调它是"全党全国人民为实现中华民族伟大复兴而奋斗的行动指南"，提出全党要深刻领会它的"精神实质和丰富内涵，在各项工作中全面准确贯彻落实"②。其三，随着实践的变化、深化而不断做出相应的调整、完善，与时俱进、与践同行。习近平总书记曾强调："把坚持马克思主义和发展马克思主义统一起来，结合新的实践不断做出新的理论创造，这是马克思主义永葆生机活力的奥妙所在。"③ 习近平新时代中国特色社会主义思想作为 21 世纪当代中国的马克思主义，不但正是这样形成的，而且还必然这样进一步发展和推进、丰富和深化，不断进行自我创新和自我完善。

所谓时代性，这里有两层指向。首先是指它作为中国特色社会主义理论体系的最新组成部分而言的。众所周知，中国特色社会主义理论体系始终"以马克思主义的宽广眼界观察世界，以科学思维审视时代，充分吸纳借鉴当代人类社会文明成果，始终站在时代前列谋划发

---

① 习近平：《决胜全面建成小康社会　夺取新时代中国特色社会主义伟大胜利》，人民出版社 2017 年版，第 20 页。
② 习近平：《决胜全面建成小康社会　夺取新时代中国特色社会主义伟大胜利》，人民出版社 2017 年版，第 20 页。
③ 习近平：《在哲学社会科学工作座谈会上的讲话》，载《人民日报》2016 年 5 月 19 日。

展、引领中国进步"①，与时俱进，与时代同行，与时代共进退，具有鲜明的时代性。其次特指它牢牢抓住中国特色社会主义新时代这个历史方位的本质特征，高度关注中国特色社会主义新时代人类集体面临的大问题，全面把握了新时代党情、国情、社情世情的最新变化，进而做出科学的思考、深刻的回应和具有新时代特色的判断、分析，完整地回答了中国特色社会主义新时代提出的一系列重大命题，有力地回应了中国特色社会主义新时代呈现的重大难题（诸如"四大考验""四大风险""三大陷阱"等），成为"新时代精神的精华"。与新时代共在共生，与新时代同步同行。

所谓价值性，即它是有明确价值追求、价值关怀和价值立场的，有两个维度：①人类性。具体表现为对整个人类生存境况的人道关怀、对整个人类未来发展走向的人道关注，"为人类进步事业""为人类谋和平与发展"这个伟大的人道目标奉献中国智慧、提供中国方案，"让和平的阳光普照大地，让人人享有安宁祥和"，"让发展成果惠及世界各国，让人人享有富足安康"，"让各种文明和谐共存，让人人享有文化滋养"，"让自然生态休养生息，让人人都享有绿水青山"②。②人民性。其一，尊重人民历史主体地位的价值立场，它强调，"人民创造历史，劳动开创未来。……实现我们的奋斗目标，开创我们的美好未来，必须紧紧依靠人民、始终为了人民"③，而且，"人民是我们党的工作的最高裁决者和最终评判者"④。其二，坚持人民利益至上的价值标准，它强调，我们"必须以最广大人民根本利益为最高标准"⑤，所以，"推进任何一项重大改革，都要站在人民立场

---

① 丁晋清：《中国特色社会主义理论体系的丰富和发展》，载《光明日报》2014年12月6日。
② 习近平：《携手建设更加美好的世界——在中国共产党与世界政党高层对话会上的主旨讲话》，载《人民日报》2017年12月2日。
③ 习近平：《在同全国劳动模范代表座谈时的讲话》，载《人民日报》2013年4月29日。
④ 中共中央文献研究室编：《十八大以来重要文献选编》（上），中央文献出版社2014年版，第698页。
⑤ 中共中央文献研究室编：《十八大以来重要文献选编》（上），中央文献出版社2014年版，第698页。

## 第三章　经典马克思主义与习近平新时代中国特色社会主义思想

上把握和处理好涉及改革的重大问题,都要从人民利益出发谋划改革思路、制定改革举措"①。其三,推行以人民为中心的价值理念。它强调要贯彻"以人民为中心的发展"这个理念。其四,实现人民美好生活的价值目标,它强调"一定要永远与人民同呼吸、共命运、心连心,永远把人民对美好生活的向往作为奋斗目标"②。

所谓革命性,首先指它参与并引领了新时代中国特色社会主义使中国发生全方位多层次变化的伟大实践,完成了"改变世界"的理论自觉、担当和使命,并使新时代中国特色社会主义发生了革命性的变化。正如党的十九大报告总结的,新时代以来的"成就是全方位的、开创性的","变革是深层次的、根本性的","推动了党和国家事业发生了历史性变革"③。其次指它贯彻了实事求是的精神,坚持结合变化了的实际、中国特色社会主义新的实践,"在理论上有重大突破、重大创新、重大发展"④,既提出了不少原创性的思想,如"四个全面""四个自信""五大发展理念""新常态""中国特色社会主义新时代"等,也同时实现了对经典历史唯物主义某些观点的重大革新或创造性转化。比如前面提到的政治制度"决定性反作用"思想、国家治理现代化思想⑤。最后指它发扬了马克思主义特有的自我反思意识和自我批判精神,以大无畏的自我革命的勇气和精神,对一切痼疾和问题毫不留情地进行反思和批判,并以自我激励、自我期许、不断革新来保证自己的科学性和理论活力,换言之,不断地推进实践创新和理论创新,在创新中真正落实"勇于自我革命"这个"我们党最鲜明

---

① 中共中央文献研究室编:《十八大以来重要文献选编》(上),中央文献出版社2014年版,第554页。
② 习近平:《决胜全面建成小康社会　夺取新时代中国特色社会主义伟大胜利》,人民出版社2017年版,第1页。
③ 习近平:《决胜全面建成小康社会　夺取新时代中国特色社会主义伟大胜利》,人民出版社2017年版,第8页。
④ 刘云山:《深入学习贯彻习近平新时代中国特色社会主义思想》,载《人民日报》2017年11月6日。
⑤ 关锋:《"国家治理现代化"对历史唯物主义国家观的推进》,载《教学与研究》2016年第11期,第27～36页。

的品格"①。

在习近平新时代中国特色社会主义思想那里，以上这六种属性，实则你中有我、我中有你、相互交织又相互支撑，有机地融合在一起。

（三）八"度"共存：习近平新时代中国特色社会主义思想在理论效度方面表现出的理论特质

从理论效度上总体把握习近平新时代中国特色社会主义思想的理论特质，是深入把握它不可缺少的一环。概括而言，就是八"度"共存，即在它那里，有高度、有深度、有宽度、有厚度、有亮度、有温度、有风度、有气度，八"度"同时并存共在。

所谓有高度，通俗地讲，就是站得高、看得远、行得稳，具体表现为三个方面：其一，指站在了人类历史的高度，即习近平新时代中国特色社会主义思想深入洞视人类社会演进的基本规律，高度关注人类的共同命运，深刻把握人类未来发展的根本趋向，努力为实现"全人类的共同价值"即"和平、发展、公平、正义、民主、自由"②而探索思考、寻求对策。其二，指站在了世界发展的高度，即它深刻掌握了当今世界发展的总格局、大趋势、大潮流，提出"世界格局正处在一个加快演变的历史性进程之中"，"多极化进一步发展"③，并且勇立潮头，矗立浪尖来求索、谋划世界共同发展之道，提出建设一个"持久和平的世界、普遍安全的世界、共同繁荣的世界、开放包容的世界、清洁美丽的世界"④。也正因此，在字字珠玑、字斟句酌的党的十九大报告中，人类、全球、世界、国际这4个词出现的总次数高达106次。其三，指站在新时代的时代高度，深刻把握了中国特色社会主义新时代的本质特征即从富起来到强起来的时代、制度定型的时

---

① 习近平：《决胜全面建成小康社会　夺取新时代中国特色社会主义伟大胜利》，人民出版社2017年版，第26页。
② 习近平：《习近平谈治国理政》第二卷，外文出版社2017年版，第522页。
③ 习近平：《习近平谈治国理政》第二卷，外文出版社2017年版，第52页。
④ 习近平：《习近平谈治国理政》第二卷，外文出版社2017年版，第541～544页。

## 第三章　经典马克思主义与习近平新时代中国特色社会主义思想

代,来定位和破解中国发展的重大基本问题,把脉定向,纲举目张。

所谓有深度,是指习近平新时代中国特色社会主义思想在积极探究"我们从哪里来、现在在哪里、将到哪里去"这个人类社会历史"最基本的问题"[①]中,透过表层和表象,而深入事物、事实的本质和内里,抓根本、抓关键、抓主题、抓深层次矛盾、抓最重要的问题、抓问题背后最深层的原因。这一则体现为对事物本质和规律的深刻把握,特别是对三个最基本规律"中国共产党执政规律、社会主义建设规律、人类社会发展规律"的澄明理解和牢固把握。二则表现为对中国特色社会主义新时代本质特征及其最重要的依据之一即其社会主要矛盾的通透掌握,强调"新时代我国社会主要矛盾是人们日益增长的美好生活需要和不平衡不充分的发展之间的矛盾",促使自身不断成为"时代精神的精华"。三则表现为在此基础上实现了对新时代中国特色社会主义最基本的判断、最基本的谋划,如总任务、"五位一体"总布局、全面深化改革总目标等。

所谓有宽度,体现为三个方面:其一,视野宽。习近平新时代中国特色社会主义思想既有博古通今之历史大视野,又有俯览中外之全球大视野。它强调历史是"最好的老师""最好的教科书""最好的营养剂",提出"重视历史、研究历史、借鉴历史,可以给人类带来很多了解昨天、把握今天、开创明天的智慧"[②];也强调"以全球视野谋划和推动创新"[③]。其二,涉及面宽。它涉及中国特色社会主义建设经济生活、政治生活、文化生活、日常交往、社会建设等几乎所有领域,涉及"经济、政治、法治、科技、文化、教育、民生、民族、宗教、社会、生态文明、国家安全、国防和军队、'一国两制'和祖国统一、统一战线、外交、党的建设"等方方面面。其三,知识面宽,具有典型的跨学科性。我们知道,"马克思主义经典作家眼界广

---

[①] 习近平:《习近平谈治国理政》第二卷,外文出版社2017年版,第537页。
[②] 习近平:《致第二十二届国际历史科学大会的贺信》,载《人民日报》2015年8月24日。
[③] 习近平:《坚定不移深化改革开放　加大创新驱动发展力度》,载《人民日报》2013年3月6日。

## 经典马克思主义与中国特色社会主义新时代

阔、知识丰富，马克思主义理论体系和知识体系博大精深",之所以这样,是因为"马克思、恩格斯在建立自己理论体系的过程中就大量吸收借鉴了前人创造的成果"①。不分领域、不分学科,只要是有益的知识都为我所用。当代中国的马克思主义当然也是这样,举凡政治学、经济学、社会学、哲学、历史学、文化学、国家关系学、心理学乃至各种自然科学知识,都要在搞懂的基础上融会贯通,然后才能对问题和矛盾实现科学诊断和透视。

所谓有厚度,这一则表现为厚重的理论体系,即习近平新时代中国特色社会主义思想融内容丰富、立意高远、见识深刻为一身,可谓博大精深,但又形成了内在关联、相互支撑的有机整体。二则表现为有厚重的历史感,这不仅表现为对人类历史、中华民族史、中华人民共和国史、人民解放军史、中国特色社会主义改革开放史的深刻理解,更表现为在此基础上将历史视为"最好的老师""最好的教科书",悟透其间的失败教训,发扬其间的成功经验以为当代所用。它特别强调:"中国历史是中国人民、中华民族坚持不懈的创业史和发展史。其中既有升平之世社会发展进步的丰富经验,也有衰乱之世的深刻教训以及由乱到治的经验智慧","蕴涵着十分丰富的治国理政的历史经验"②,所以,"重视历史、研究历史、借鉴历史,可以给人类带来很多了解昨天、把握今天、开创明天的智慧。……需要从历史中汲取智慧,需要博采各国文明之长"③。作为典范,习近平新时代中国特色社会主义思想因之"具有无比深厚的历史底蕴"④。

所谓有亮度,着重指习近平新时代中国特色社会主义思想内蕴着、贡献出很多重大的理论创新和实践创新,是中国特色社会主义在新时代向世界交出的亮丽的、亮眼的"名片"。这也含有两个层面:

---

① 习近平:《在哲学社会科学工作座谈会上的讲话》,载《人民日报》2016年5月19日。

② 习近平:《领导干部要读点历史》,载《学习时报》2011年9月5日。

③ 习近平:《致第二十二届国际历史科学大会的贺信》,载《人民日报》2015年8月24日。

④ 中共中央文献研究室:《十八大以来重要文献选编》(上),中央文献出版社2014年版,第694页。

### 第三章　经典马克思主义与习近平新时代中国特色社会主义思想

一个层面是大家比较熟知的、直接具有重大现实意义的创新，诸如新改革思路、新发展观念、新方位判断、新矛盾提炼、新党建举措、新战略部署、新全球交往理念等；另一个层面是对传统理论、对经典马克思主义的重大突破、重大推进，如"中华民族共同体"对传统民族理论的重大突破，人类命运共同体和中华民族共同体思想对马克思主义共同体思想的重大创新，"全面深化改革"和"五大发展理念"对历史唯物主义发展哲学的重大深化，"国家治理现代化"对历史唯物主义国家观的重大推进，等等。

所谓有温度，实际上就是前面分析的，习近平新时代中国特色社会主义思想充盈着深厚而又真挚的现实主义的人道精神和人道关怀，具有浓厚的为人类、为人民的价值情怀，温暖世间、温暖人间，对苍生与众生充满温情，更对黎民和庶民充满温情。这一则表现为对人类共同命运的高度关注，对当今世界仍然面临战争、饥饿、灾难、病疫等祸害的人们的热忱关注。二则表现为追求以人民为中心的发展，强调"在整个发展过程中，都要注重民生、保障民生、改善民生"[①]，具有浓郁的民生关怀。三则表现为对人民群众中的每一个群体都有特殊的关切、关怀。例如，针对劳动者提出"使人人都有通过辛勤劳动实现自身发展的机会"[②]，针对青年人提出"关心和爱护青年，为他们实现人生出彩搭建舞台"[③]，针对农村群众提出"小康不小康，关键看老乡"[④]，等等。

所谓有风度，主要指习近平新时代中国特色社会主义思想，一则充满中国风范，即体现了中华民族作为世界优秀民族的气派，体现了中国作为历史悠久文明古国、泱泱大国的气派，彰显中国力量，张扬中国精神，凸显中国智慧，吁求在淡定中奋起直追、努力奋斗，在从

---

① 习近平：《在重庆调研时的讲话》，载《人民日报》2016 年 1 月 7 日。
② 习近平：《决胜全面建成小康社会　夺取新时代中国特色社会主义伟大胜利》，人民出版社 2017 年版，第 46 页。
③ 习近平：《决胜全面建成小康社会　夺取新时代中国特色社会主义伟大胜利》，人民出版社 2017 年版，第 70 页。
④ 中共中央文献研究室编：《十八大以来重要文献选编》（上），中央文献出版社 2014 年版，第 658 页。

容中审视差距、实现超越。二则指充满中国风格,它以马克思主义作为本色,以马克思主义中国化作为底座,积极吸纳中国传统优秀文化,使之成为自己的基本底色之一,在话语风格和表达形式(经常运用中国的经典名句、格言警句、古典诗词来生动形象或者朗朗上口、通俗易懂地表达)、思维方式、价值立场(比如天下为公、和为贵)上,表现出非常明显的中华文明特色、中国风味。三则表现为充满中国风骨,把中华民族、中国人民的刚毅坚卓、百折不挠、威武不屈、自力更生的骨气和品格,很好地糅合进来。一言以蔽之,"充分体现中国特色、中国风格"①。

所谓有气度,主要指习近平新时代中国特色社会主义思想,一则强调包容、宽容、开放、共进共生,对不同的国家、民族、地区、人群,宣扬"万物并育而不相害,道并行而不相悖""和而不同"理念,追求兼容相济、互相尊重、和谐共生,具有博大的胸襟和开阔的气度;对不同的思想、观念、传统,"秉持兼容并蓄的态度,虚心学习他人的好东西"②,"对一切有益的知识体系和研究方法,我们都要研究借鉴"③,充分体现"万物皆备于我"、有容乃大的气度。二则表现为在强调平等共荣、携手共进的基础上,不卑不亢,既不自傲但也不自卑,"气定神闲",具有高度的道路自信、理论自信、制度自信、文化自信,"具有无比强大的前进定力"④。

准确、全面而深刻地理解上述理论特质,除了有助于我们更好地把握其精神实质、根本目的、核心诉求、主要内容和基本逻辑,无疑也有助于我们在现实中更好地贯彻落实习近平新时代中国特色社会主义思想,更好地推进新时代中国特色社会主义建设,更好地实现中华

---

① 习近平:《在哲学社会科学工作座谈会上的讲话》,载《人民日报》2016 年 5 月 19 日。
② 中共中央文献研究室编:《十八大以来重要文献选编》(中),中央文献出版社 2016 年版,第 60 页。
③ 习近平:《在哲学社会科学工作座谈会上的讲话》,载《人民日报》2016 年 5 月 19 日。
④ 习近平:《决胜全面建成小康社会 夺取新时代中国特色社会主义伟大胜利》,人民出版社 2017 年版,第 70 页。

## 第三章　经典马克思主义与习近平新时代中国特色社会主义思想

民族伟大复兴。

当然，这实际上也同时为我们继续深化、推进、发展习近平新时代中国特色社会主义思想，建设21世纪中国马克思主义指明了基本思路。这个基本思路主要包括：坚持问题导向、对问题进行综合性分析是深化、发展习近平新时代中国特色社会主义思想的基本要求；把科学发展与以人民为中心的发展很好地统一起来，实现科学性和人民性、真理性与价值性的有机统一是深化、发展习近平新时代中国特色社会主义思想的基本原则；坚持以我为主、博采众长、兼收并蓄、批判借鉴是深化、发展习近平新时代中国特色社会主义思想的基本方式。

### 三、习近平新时代中国特色社会主义思想对历史虚无主义的透视①

历史虚无主义公认是近年来有较大影响的一种社会思潮，在中国特色社会主义新时代，它更为复杂且具有新的重要特征，引起以习近平同志为核心的党和国家的高度重视，对其界定、揭批和应对，无疑是一项重要工作。首先，近年来历史虚无主义重心聚焦于中国革命史、党史、共和国史，而不再是泛泛地"虚无"中华民族史、文化史，就此把民族虚无主义和历史虚无主义相对界划开来，很必要也很关键；其次，近年来历史虚无主义特别重视披戴学术外衣、文艺外衣和言论、舆论外衣，特别重视通过学术化、日常生活化、网络化来生成和传播，模糊和遮蔽其意识形态色彩；最后，反对历史虚无主义要坚持两条战线同时进行，既要把它作为重要政治问题来动员政治力量、采取必要的政治行动进行政治斗争，更要把它作为思想、认识问题进行思想斗争，其核心是运用唯物史观来反对对历史的无知和误解。

中国共产党有高度重视历史的优良传统。在第一代领导人那里，

---

① 本部分以《近年来历史虚无主义思潮的新特点及其批判》为题，载于《山东社会科学》2019年第3期。

## 经典马克思主义与中国特色社会主义新时代

周恩来认为"一个民族如果忘记了历史,就会成为一个愚昧的民族。而一个愚昧的民族是不可能建设社会主义的"①;刘少奇警告说不懂历史共产党就会变为"跛足的马克思主义者"②;毛泽东早在1938年就强调"不把党的历史搞清楚,……便不能把事情办得更好③",后来还特别强调要"给历史以一定的科学地位④","只有讲历史才能说服人"⑤。

邓小平亲自主持起草《关于建国以来党的若干历史问题的决议》,强调"历史上成功的经验是宝贵财富,错误的经验、失败的经验也是宝贵财富",它们应成为制定规划的基础,而"这样的基础是最可靠的"⑥。江泽民以党史为例,提出"党史工作是我们党的一项重要工作","随着历史的不断发展,党史工作的重要性会越来越明显"⑦。世纪之交,胡锦涛提出要把"正确地对待历史,善于总结经验"作为"马克思主义政党成熟的重要标志"⑧。

对党史精通熟稔的习近平同志,特意总结道:"学习和总结历史,借鉴和运用历史经验,是我们党一贯重视并倡导的做好领导工作一个重要的思想和方法。""是我们党九十年来之所以能够领导中国革命、建设、改革不断取得胜利的一个重要原因。"⑨

但近年来有一股影响很大的社会思潮——历史虚无主义,不断挑

---

① 王香平:《"读历史是智慧的事"——毛泽东等中共领袖的读史人生》,载《光明日报》2011年6月17日。
② 中共中央文献研究室编:《刘少奇选集》(上),人民出版社1985年版,第416~417页。
③ 中共中央文献研究室编:《毛泽东文集》第2卷,人民出版社1993年版,第399页。
④ 毛泽东:《毛泽东选集》第2卷,人民出版社1991年版,第708页。
⑤ 中共中央文献研究室编:《毛泽东文集》第8卷,人民出版社1999年版,第276页。
⑥ 中共中央文献编辑委员会编:《邓小平文选》第3卷,人民出版社1993年版,第234~235页。
⑦ 江泽民:《在上海党史工作会议上的讲话》,载《中共党史研究》1989年第5期,第1~4页。
⑧ 胡锦涛:《在全国党史研究室主任会议和中国中共党史学会第四届理事会议上的讲话》,载《中共党史研究》1995年第1期。
⑨ 习近平:《领导干部要读点历史》,载《学习时报》2011年9月5日。

## 第三章　经典马克思主义与习近平新时代中国特色社会主义思想

战、破坏这个优良传统，扰乱视线，混淆视听，冲击历史共识，冲淡民族情感，甚至冲撞社会主义政权。据人民论坛调查，2013年国内十大思潮中历史虚无主义排名第二，2014年第七，2015年又回到第二，2016年第七。由此，它成了党和国家高度关注的话题和问题。习近平总书记针对历史虚无主义，做了多次重要讲话。显然，依据这些讲话进行分析和批判，是很重要的理论工作。

（一）两种"虚无主义"：新时代对历史虚无主义的基本界划和关键确诊

进入新时代，习近平总书记继承我党优良传统，强调"历史是最好的教科书"，只有熟知党史、国史并深入思考，才能"不断交出坚持和发展中国特色社会主义的合格答卷"；①"历史是人类最好的老师"，"重视历史、研究历史、借鉴历史，可以给人类带来很多了解昨天、把握今天、开创明天的智慧"；②历史"是最好的清醒剂。"③

可是，历史能否这样发挥作用？"历史的启迪和教训是人类的共同精神财富。忘记历史就意味着背叛。"要让历史发挥作用，首先要牢记历史特别是"牢记历史经验、牢记历史教训、牢记历史警示"④，"全党全国各族人民要牢记由鲜血和生命铸就的中国人民抗日战争的伟大历史"⑤并因此敬畏历史；更重要的是，"只有正确认识历史，才能更好开创未来。"⑥

---

① 参见习近平《在对历史的深入思考中更好走向未来　交出发展中国特色社会主义合格答卷》，载《人民日报》2013年6月27日。
② 参见习近平《致第二十二届国际历史科学大会的贺信》，载《人民日报》2015年8月24日。
③ 习近平：《在纪念全民族抗战爆发七十七周年仪式上的讲话》，载《人民日报》2014年7月8日。
④ 习近平：《牢记历史经验历史教训历史警示　为国家治理能力现代化提供有益借鉴》，载《人民日报》2014年10月14日。
⑤ 习近平：《牢记中国人民抗日战争伟大历史　万众一心推进中国特色社会主义》，载《人民日报》2015年7月8日。
⑥ 《习近平在纪念中国人民抗日战争暨世界反法西斯战争胜利70周年大会上的讲话》，见人民网（http://politics.people.com.cn/n/2015/0903/c1024-27543345.html）。

## 经典马克思主义与中国特色社会主义新时代

习近平总书记之所以做上述强调，是有深刻用意和专门针对性的，那就是历史虚无主义在新时代不但愈演愈烈，甚至甚嚣尘上，而且有了新的重大变化、新的重要表征、新的重点方向。

有学者考证，《陈云同志给吴宗锡同志的信》，刊载于1979年1月复刊后的《曲艺》第一期，明确主张"闭目不理有几百年历史的传统书，是一种历史虚无主义"，这大概是"文革"后党和国家领导人第一次以正式成文的形式对历史虚无主义进行界定见诸报端。所谓"传统书"，是记载了传统曲艺历史的书，是文化和历史的结合，这个界定，既含有传统历史记载、历史叙事的虚无，也含有传统文化（曲艺）的虚无。这两者的确有很大交集，传统文化属于历史，是通过历史得以流传的，总体意义上的传统文化和抽象的、整体意义上的历史大体上同构近义。历史虚无主义由此有两层所指：一则是偏向于对一个民族、国家抽象、整体意义上的"历史"进行虚无，在此，历史虚无和文化虚无彼此糅合交融，更准确地说虚无历史是手段、表象，虚无民族文化、国家传统文化是实质和根本，称之为"文化虚无主义"没问题；二则是偏向于对诸如某一时段历史、某些历史事实、某些或某个历史人物等具体历史进行虚无。

也正因此，我们反对历史虚无主义，有时是第二种意义，有时是第一种意义。针对《关于建国以来党的若干历史问题的决议》以科学态度实事求是地评价毛泽东，以项南、李德生为代表的高层领导肯定它做得对，是与"完全否定历史"的"历史虚无主义"做坚决斗争。[①] 这里明确提及的"历史虚无主义"显然是第二层指向。而1986年胡启立在全国对外宣传工作会议上强调："我们要防止另一种倾向，有的人搞历史虚无主义和民族虚无主义，把我们自己说得一钱不值。"[②] 此处明确提及的"历史虚无主义"，显然着重于第一种意义，即对整个中华民族历史的虚无，这同时也是文化虚无主义和民族虚无

---

① 参见王瑾、文世芳《对历史虚无主义的解析》，载《当代中国史研究》2017年第2期，第4～15页。
② 徐学江、胡启立：《在全国对外宣传工作会议上强调我国对外宣传一定要实事求是，对成绩和缺点要有正确估计，要大力改进文风》，载《人民日报》1986年12月4日。

## 第三章　经典马克思主义与习近平新时代中国特色社会主义思想

主义。

江泽民曾经强调："任何割断历史，采取虚无主义的态度，借口'改革'而否定党的优良传统的做法，都是错误的。"① 但他同时又强调"要特别注意反对那种全盘否定中国传统文化的民族虚无主义和崇洋媚外思想"，稍晚一点他还特意总结说："一个时期以来，资产阶级自由化思潮的泛滥，……民族虚无主义和历史虚无主义的滋长，严重侵蚀党的肌体。"② 这些讲话，既关注"割断党的历史"、虚无具体历史的历史虚无主义，也关注到虚无整个民族历史、文化传统的虚无主义，但基本上还是惯于将两者并置、混合使用。

这样做，有其合理性，因为文化虚无主义、民族虚无主义和历史虚无主义确实有相互交织、相互支撑、难以分割的一面，而且，历史虚无主义根底上是文化虚无主义；更重要的是，这一时期的历史虚无主义，确实和民族虚无主义、文化虚无主义紧密结合在一起，或者说重在虚无"大历史"。

时至今日，如此理解和做法就不尽合理了。具体而言，随着国内外有识之士的揭露指斥，随着改革开放不断取得成功，通过虚无整个民族、国家的历史而虚无民族文化的虚无主义，不但伤害中华儿女朴素的民族情感、自尊，而且被事实严重证伪，不断式微，影响日益弱化。其中最典型的例证就是电视系列片《河殇》，当时几近家喻户晓，在今天基本上淡出了社会舆论视野。与此同时，新时代以来，上述两层指向侧重点的不同日益清晰地凸显出来。换言之，虚无具体历史进程、情节、事实和人物的历史虚无主义，逐渐占据显要位置，影响愈大。

习近平同志敏锐地把握到这一点。早在 2010 年 7 月全国党史工作总结会上，他就态度鲜明地指认："历史虚无主义以所谓'重新评

---

① 中共中央文献研究室编：《江泽民思想年编（1989—2008）》，中央文献出版社 2010 年版，第 8 页。
② 中共中央文献研究室编：《十三大以来重要文献选编》（中），人民出版社 2011 年版，第 75、223～224 页。

价'为名，歪曲近现代中国革命历史、党的历史和中华人民共和国历史。"① 新时代历史虚无主义的重心、聚焦点发生了很大变化，它重在和旨在歪曲、虚无具体的"三史"，而非在整体意义上泛泛地、抽象地否定、虚化乃至丑化一般的中华文化演化史、民族发展史。2013年1月，他更为具体地分析说："苏联为什么解体？苏共为什么垮台？"很重要的原因在于"全面否定苏联历史、苏共历史，否定列宁，否定斯大林，搞历史虚无主义"；现在，"国内外敌对势力往往就是拿中国革命史、新中国历史来做文章，竭尽攻击、丑化、污蔑之能事"。② 苏联、苏共的历史和我们当前的现状提醒世人，历史虚无主义的核心在于"虚无"当代具体的"正史"。

虚无革命领袖无疑是这种历史虚无主义的用力之处。习近平总书记在纪念毛泽东同志诞辰120周年时有针对性地说，对待以毛泽东为代表的革命先驱、领袖，"不能因为他们有失误和错误就全盘否定，抹杀他们的历史功绩，陷入虚无主义的泥潭"③。这实则告诉世人，今天我们谈论、揭批历史虚无主义，不应、不宜泛泛而谈，要有具体所指和针对性。

也正因此，习近平总书记先是在纪念孔子诞辰2565周年时宣告："中国共产党人不是历史虚无主义者，也不是文化虚无主义者"④；稍后再次强调，"我们不是历史虚无主义者，也不是文化虚无主义者"⑤。两次把两种"虚无主义"有意并列：一则因为二者之间确实有很深的关联；二则也想提醒我们，在新时代两者还是有必要相对分开的，因为两者重心明显有异。为此，习近平总书记针对文化虚无主

---

① 《全国党史工作会议在京举行》，载《人民日报》2010年7月22日。
② 中共中央文献研究室编：《十八大以来重要文献选编》（上），中央文献出版社2014年版，第113页。
③ 中共中央文献研究室编：《十八大以来重要文献选编》（上），中央文献出版社2014年版，第693页。
④ 习近平：《在纪念孔子诞辰2565周年国际学术研讨会暨国际儒学联合会第五届会员大会开幕会上的讲话》，载《人民日报》2014年9月25日。
⑤ 习近平：《牢记历史经验历史教训历史警示　为国家治理能力现代化提供有益借鉴》，载《人民日报》2014年10月14日。

第三章　经典马克思主义与习近平新时代中国特色社会主义思想

义也多次讲话。如在2016年哲学社会科学工作座谈会上专门总结说："历史和现实都表明，一个抛弃了或者背叛了自己历史文化的民族，不仅不可能发展起来，而且很可能上演一场历史悲剧。"① 显然，文化虚无主义重心在于解构和虚无中国优秀文化传统、中华民族优良传统，这中间当然包括中共的优秀红色文化传统，但它范围更为宽广、内容更为多样。

对历史虚无主义和文化虚无主义的合理界划，具有重要意义，它实际上是立足于新时代对历史虚无主义进行了"确诊"，对今天精准把握它的核心题旨和关键特征，尔后精准发力、精准施策，无疑具有根本的指导性作用。

（二）新时代历史虚无主义的"三衣""三化"和意识形态本性

新时代以来历史虚无主义影响很大，是多种因素共同作用的结果。其中，它本身善于"与时俱进"，不断地自我赋予新形式、呈现新特点，是非常重要的因由。其间，形式上的"三种外衣"、途径上"三化"表现尤为突出，值得认真对待。

新时代历史虚无主义，特别注意披戴三种外衣以乔装打扮、层层包装。或者移形变相，让人不知真假；或者改头换面，让人难识其质。

（1）学术外衣。其核心有两点：一是把学术研究神圣化，强调历史研究以"价值中立"为根本，可不顾及因果、规律和内在趋势，重心在于极力还原历史本身，尽力挖掘历史事实、史料来全面地呈现历史原貌。其结果，爬梳、整理、还原出一系列、一大堆和公认的共和国史、党史、革命史明显有别甚至迥然有异的历史事实、细节、片段，严重冲击、虚无正统历史叙事和正统观点。二是把学术创新神圣化，甚至不惜为新而新，为此在不断挖掘新史料、新细节的基础上，用力"反思、新思、再思"，"奉献"出一大批新锐观点、新奇思考、新

---

① 习近平：《在哲学社会科学工作座谈会上的讲话》，载《人民日报》2016年5月19日。

异想法，进而吁求"重写、改写、补写"三史，竟至得出政治阴谋史、人性黑暗史、文明异变史，直接挑战、解构正统史学、史识、史论。

（2）文艺外衣。其核心在于高举高打"让历史本身更具体生动""让历史人物更形象真实"的旗帜，以"触摸历史""感知历史""体味历史"为常用口号，以文艺的手段和形式来"再现历史、复原历史"。其问题主要有两方面：第一，以文艺重塑和再现历史过程中，创作者的个人情感、价值偏好等主观因素，往往缺乏合理的历史观引导和约束。换言之，个体或少数人的主观好恶容易主导着"历史的再现"，甚至沦为极度的滥情和煽情。由此，所谓的人性标准、普适价值经常决定着历史如何再现，历史往往被浓缩为简单的人性史、价值观念史，更准确地说是人性和价值冲突史，甚或人性异化史、价值偏离史。所以，"好人不好、坏人不坏"的现象经常出现，因为人性是复杂的。第二，艺术的夸张化和典型化（典型的个体人物、细节）经常互相结合，"以小见大"不但往往严重失真，而且非常片面。由此，一部取得伟大成就但同时付出巨大牺牲的复杂宏阔的三史，被文艺化为人性受到束缚压抑、人性受到戕害异化甚至人性泯灭的"单一"史，或者个别人物、人群简单的曲折生活史、不幸命运史。与此同时，"乱花渐欲迷人眼"，历史评价标准被严重模糊化了，人们一贯认可的光明、正确、伟大的那些客观标准受到质疑甚至唾弃，传统三史记述、评判的合理性、正确性受到挑战和攻击。

（3）言论、舆论外衣。其核心在于极力鼓吹"言论自由、思想自由"，庄重的历史问题、严肃的历史研究，经过"自由言论、自由思想"的加工，经常沦为个人化的解读甚至情绪化的宣泄，历史虚无主义者据此喜欢"现身说法"，以"我想""我认为""我的看法是"为借口，依据自己认为的"人之常情""世之常理"或个人好恶来反思、反驳甚至反对已有定论的历史事件、情节，有时或以"语不惊人死不休"的姿态，以非常轻佻的态度擅自妄评、随意訾议历史事件、人物和进程。正统的历史、公认的结论往往经过"个人思考、言说"而"变相""变色""变调"。

虽然这些"言论自由、思想自由"大都开始是在私人空间（如私

## 第三章　经典马克思主义与习近平新时代中国特色社会主义思想

下的专题讨论、个人微博、微信、朋友圈、小论坛等）进行的，但在现代传播技术作用下，很容易演变成牵涉者众多、受众面广的公共舆论，而其始作俑者往往以行使私人权利、"言者无罪"、没法阻止别人自由选择为由推卸社会责任。①

同时，新时代历史虚无主义在生成、传播途径上注重学术化、日常生活化、网络化。

学术化路径，就是指历史虚无主义借助于学术化而标榜自己是"科学研究"。"科学研究无禁区、科学研究重在客观、科学研究贵在创新"是所谓三大"金科玉律"，一些历史虚无主义者奉其为"尚方宝剑"或"最高指示"。或者以勇于突破禁区的姿态研究尚未公开的、有争议的史实、史料，得出否定传统定论的"惊人之见"；或者以客观性为借口努力收集历史细节、琐碎史实，冲淡正统历史叙事和史论；或者以创新为旨归，不断提出新论，弱化正统观点。更常见的是三者相互结合，形成合力，排挤、诘疑、拒斥关于三史的主流观点、官方论说，为历史反面人物、反面事件翻案，丑化正面人物、正面历史事件。

问题在于，这种学术化的历史虚无主义，不但因"科学研究"的名义而获得上佳的"隐身符"，一般人不敢轻易质疑，隐蔽性、蛊惑性、诱惑性都很强；而且，因此获得强大的"护身符"，因为是学术研究，容易得到辩解、辩护，很难定性、定罪。这也是历史虚无主义选择学术化的生成、传播路径很重要的因由，它也因此获得了巨大的生存、散播空间。深层次上看，其历史观、历史研究方法、话语系统，都和唯物史观根本对立。②

所谓日常生活化路径，就是指历史虚无主义把对历史的分析、评价融入日常生活中，以日常生活喜闻乐见的形式影响人们。这主要有三种情况：一是把历史研究、历史叙事聚焦于普通人物、人群，尽力彰显普通人回忆录、访谈录对历史再现的重要性，极力凸显普通人生

---

① 参见关锋《历史虚无主义穿了什么样的欺骗外衣》，载《红旗文稿》2018年第16期，第6页。

② 参见杨军《历史虚无主义思潮最新表现形态》，载《人民论坛》2015年第27期，第23～24页。

活的曲折不幸、多磨多难，① 不但严重淡化宏大事件、宏大叙事、集体记忆的重要性，而且意图以此折射社会主义革命史、共产党解放战争史、中华人民共和国建设史的问题、弊端乃至阴暗面，冲击它们的合理性、合法性。二是利用普通人一般日常生活中的认知模式、情感体验，来质疑、抨击、否定历史英雄人物、领袖人物在特定历史情境、场合中的超常行为，如对邱少云、黄继光、狼牙山五壮士的怀疑、攻击等。它诉诸普通人的日常体验，很容易赢得广泛认同和普遍共鸣，进而使不少普通民众质疑正统史实、史论的正确性。三是很善于利用日常娱乐、日常话语，达到"润物细无声"的效果。近年来，以"百家讲坛"为代表的历史研究大众化逐渐兴起，影响很大。一时间，各种"抗日神剧""宫廷戏说""名著改编"此起彼伏。有的为追求商业利润、吸引眼球不惜炮制各种荒诞情节、离奇故事来"戏说历史"；而且常常善于利用日常民众休闲娱乐的语言表达方式如调侃、反讽、搞笑、段子等；更极端的是，对历史缺乏基本的尊重，肆意"恶搞"、恣意"胡说"。不但把历史搞得面目全非，而且把评判历史的标准搞得混乱不堪。正如有人所指出的，把历史"泛娱乐化"，其结果就是审美取向感官化，价值取向虚无化，政治取向戏谑化，道德取向去崇高化。② 这样一来，诋毁三史中正面英雄人物、伟大人物，消解其正面意义和进步价值，就成了经常性的选项。

历史虚无主义的日常化，使得历史虚无主义事件具有分散性、琐碎性，很容易使"大事化小、小事化了"，难以上纲上线、定罪定责。

所谓网络化路径，就是指历史虚无主义非常善于利用微信、微博、QQ群、聊天室、直播室、贴吧、论坛以及自媒体等现代信息技术，善于利用网络语言、网络风格、网民身份进行包装，善于揣摩利用网民猎奇心理、从众心理和青年网民的叛逆心理、后现代意识，来散播、传递诸如虚无三史的言论、"学术研究"、文艺创作，以及大众

---

① 参见杨军、明海英《追踪新形势下历史虚无主义演变动态》，载《中国社会科学报》2018年3月13日。

② 参见《追寻意义，走出"泛娱乐化"——我们需要什么样的历史观》，载《人民日报》2015年8月14日。

## 第三章　经典马克思主义与习近平新时代中国特色社会主义思想

"民间艺术"、恶搞类"反艺术作品"。

根据《中国互联网络发展状况统计报告》，至 2017 年 12 月，我国网民规模达 7.72 亿，互联网普及率为 55.8%，手机网民达 7.53 亿。近几年几次引起全国性的、互联网上百万甚至上千万网民围观的舆论争议、网络舆情的事件，大都与历史虚无主义有关。如 2013 年 5 月微博账号"作业本"在新浪微博发文对邱少云烈士进行侮辱、丑化，而某饮料公司对此附和，引起上百万的网民围观事件。[①] 也正因此，正如有学者所分析的，新时代历史虚无主义出现了一些新动向：一是切口"小"，以小切口做大文章；二是传播"快"，借助新媒体快速传播的技术优势，在短时间内造成较大影响；三是面目"隐"，善于通过"看似无心"的言行来达到其"实则有意"的目的。[②]

更重要的是，在新时代，以上三种外衣、三条路径，经常互通有无、交织错杂、相互支持。比如，历史虚无主义在文艺化和舆论化时，一般都善于利用所谓学术化的"新成果"来为自己站台，增加底气，而学术化的历史虚无主义经常利用文艺化的形式如文学性的回忆录、历史小说和传记等，也常常通过言论自由、社会舆论的形式进行观点传播。而不管是哪种外衣，都很注重利用现代网络技术，注重和普通人群的亲近，注重走进日常生活，进而影响民众的内心世界。再加上历史虚无主义的一些惯用手法，如抓住英雄人物的某些缺点无限放大，虚构事实，制造谣诼，利用假设逆推历史，等等，一如既往地使用，新时代历史虚无主义有时面目更为模糊，隐蔽性更强，政治色彩不太明显。以至于有人错误地说，"并不存在批判者所指认的历史虚无主义"，很多人"热衷于投入没有对手的历史虚无主义之战"，因为"批判对象是虚的"即不存在的。[③]

---

① 参见关锋《当前中国历史虚无主义思潮的发展态势和有效应对》，载《理论与评论》2018 年第 5 期。
② 参见郭海成《精准发力消解历史虚无主义》，载《人民论坛》2018 年第 22 期，第 122～123 页。
③ 参见郭世佑《历史虚无主义的实与虚》，载《炎黄春秋》2014 年第 5 期，第 35～40 页。

对此,习近平总书记代表中国共产党,立足于新时代这个历史方位强调:"一个政权的瓦解往往是从思想领域开始的,……思想演化是个长期过程。思想防线被攻破了,其他防线就很难守得住。我们必须充分认识意识形态工作的极端重要性……否则就要犯无可挽回的历史性错误。"① 与此同时,一方面抓住新时代历史虚无主义最基本的表现即"以所谓'重新评价'为名,歪曲近现代中国革命历史、党的历史和中华人民共和国历史";另一方面明确无误地指出其意识形态本质,"历史虚无主义的要害,是从根本上否定马克思主义指导地位和中国走向社会主义的历史必然性,否定中国共产党的领导"②。它在政治上有所谋求、有所意图。所谓"学术研究"的背后是"夹带私货、包藏祸心",所谓"文艺创作"的背后或多或少都有"不可告人之目的",所谓"言论、思想自由"的背后很可能是"蓄谋已久、居心不良"。也正因此,习近平总书记高度肯定了《关于建国以来党的若干历史问题的决议》对毛泽东的正确评价、定位,它有力地阻遏了历史虚无主义的滋生蔓延,称得上是"一个重大的政治问题"③。

而且,习近平总书记对历史虚无主义因披上各种让人眼花缭乱的"外衣"所呈现出来的复杂性、多元性、多面性同样有深刻的洞悉,强调要"通过学校教育、理论研究、历史研究、影视作品、文学作品等多种方式"④ 来强化正面宣传和教育,剥除其各种"外衣",让真相大白于天下;对于它和网络等新媒体的结合,习近平总书记不仅在一般意义上多次强调,过不了互联网这一关,就过不了长期执政这一关,还特意提醒,"做好网上舆论工作是一项长期任务,要创新改进网上宣传,运用网络传播规律,弘扬主旋律,激发正能量,大力培育和践行社会主义核心价值观,把握好网上舆论引导的时、度、效,使

---

① 《新设计师习近平·文化篇》,见人民网(http://politics.people.com.cn/n/2014/1115/c1001-26032453.html)。

② 《全国党史工作会议在京举行》,载《人民日报》2010年7月22日。

③ 中共中央文献研究室编:《十八大以来重要文献选编》(上),中央文献出版社2014年版,第113页。

④ 习近平:《建设社会主义文化强国 着力提高国家文化软实力》,载《人民日报》2014年1月1日。

网络空间清朗起来"①，使历史虚无主义在网络上无所遁形、无处藏身、不起风浪。

（三）政治和思想舆论的双线斗争：新时代历史虚无主义的有效应对

毛泽东曾深刻指出："凡是要推翻一个政权，总要先造成舆论，总要先做意识形态方面的工作。革命的阶级是这样，反革命的阶级也是这样。"② 对历史虚无主义一定要有这样的认识。所以，"要警惕和抵制历史虚无主义的影响，坚决抵制、反对党史问题上存在的错误观点和错误倾向"③。有效应对历史虚无主义，无疑是新时代党和国家的历史重任。

"各种敌对势力绝不会让我们顺顺利利实现中华民族伟大复兴，这就是为什么我们要郑重提醒全党必须准备进行具有许多新的历史特点的伟大斗争的一个原因。"④ 习近平总书记的这段话，实际上已经说明新时代有效应对历史虚无主义最基本的立场、策略和路径，即要把反对历史虚无主义上升到"具有许多新的历史特点的伟大斗争"的高度进行下去，"面对新形势新挑战，要发扬斗争精神，既要敢于斗争，又要善于斗争，在事关中国特色社会主义前途命运的大是大非问题上坚定不移"⑤。

具体言之，这种斗争可分两个层面：其一，"党员、干部特别是高级干部在大是大非面前不能态度暧昧，不能动摇基本政治立场，不能被错误言论所左右。当人民利益受到损害、党和国家形象受到破

---

① 《把我国从网络大国建设成为网络强国》，见新华网（http://www.xinhuanet.com/politics/2014-02/27/c_119538788.htm）。
② 中共中央文献研究室编：《毛泽东年谱（1949—1976）》第5卷，中央文献出版社2013年版，第153页。
③ 《全国党史工作会议在京举行》，载《人民日报》2010年7月22日。
④ 中共中央文献研究室编：《习近平总书记重要讲话文章选编》，中央文献出版社、党建读物出版社2016年版，第227页。
⑤ 《对照贯彻落实党的十八届六中全会精神 研究加强党内政治生活和党内监督措施》，载《人民日报》2016年12月28日。

坏、党的执政地位受到威胁时,要挺身而出、亮明态度,主动坚决开展斗争"①,这里的核心就是指对待历史虚无主义要有政治斗争的意识和自觉性。其二,"要敢抓敢管,敢于亮剑,着眼于团结和争取大多数,有理有利有节开展舆论斗争,帮助干部群众划清是非界限、澄清模糊认识"②,这里的核心是要在思想认识、社会舆论领域同历史虚无主义展开斗争。新时代要双线作战,要使两种斗争联动起来,互相支持,形成合力。

所谓政治斗争,其实质就是把反对历史虚无主义作为政治问题来看待,政治力量要介入,有必要动员国家资源、政府机构、公共权力来采取一些实际的政治行动。新时代我们整合各种有益资源、聚合各种正面力量,做出了以下代表性的政治行动、举措。

第一,2018年4月27日,第十三届全国人民代表大会常务委员会第二次会议通过的《中华人民共和国英雄烈士保护法》,禁止歪曲、丑化、亵渎、否定英雄烈士的事迹和精神;又先后出台《中华人民共和国网络安全法》《互联网新闻信息服务管理规定》《微博客信息服务管理规定》等法律法规,为保护三史英雄人物提供有力的法律保障,为抵制历史虚无主义"虚无""丑化"历史人物提供有力的法律武器。

第二,"确定了中国人民抗日战争胜利纪念日、烈士纪念日、南京大屠杀死难者国家公祭日,举行了隆重活动"③。并且将其上升到立法高度,让中华儿女始终铭记可歌可泣的近代史、抗日战争史、共和国史。

第三,制定《中国共产党纪律处分条例》,强调"通过信息网络、广播、电视、报刊、书籍、讲座、论坛、报告会、座谈会等方式,公开发表坚持资产阶级自由化立场、反对四项基本原则,反对党的改革开放决策的文章、演说、宣言、声明"和"丑化党和国家形象,或者

---

① 《关于新形势下党内政治生活的若干准则》,载《人民日报》2016年11月3日。
② 中共中央文献研究室编:《习近平关于社会主义文化建设论述摘编》,中央文献出版社2017年版,第27~28页。
③ 《国家主席习近平发表二〇一五年新年贺词》,载《人民日报》2015年1月1日。

## 第三章　经典马克思主义与习近平新时代中国特色社会主义思想

诋毁、诬蔑党和国家领导人，或者歪曲党史、军史的"① 言行，都是严重地违反政治纪律的行为。党员干部在这方面一定要有自觉意识和责任感。还制定了《关于新形势下党内政治生活的若干准则》和《中国共产党党内监督条例》，相继出台了《党委（党组）意识形态工作责任制实施办法》《党委（党组）网络意识形态工作责任制实施细则》等党规党纪，建立了很多与历史虚无主义做政治斗争的重要规章制度。

新时代深化对历史虚无主义的斗争，政治举措、国家政治活动、行为仍是非常必需的，特别是针对一些政治色彩非常浓厚、政治诉求非常明确、态度极端性质恶劣的历史虚无主义，必须坚持政治斗争的旗帜，毫不留情、绝不手软、露头就打。在这方面，新时代应在以下几处用力：其一，严格贯彻、执行上述的法律法规、党纪党规，强化必要的意识形态管控、干预；其二，必要的时机，有需要时要继续制定专门的相关法律法规，以法制化的形式强化政治斗争；其三，国家公祭日、纪念日的纪念、示范、普及教育意义和民族记忆功能，需要国家政治层面来进一步强化。

不过，历史虚无主义作为意识形态、社会思潮，决定了解放思想、认识问题，或者说在思想认识、社会舆论领域做斗争应是新时代主战场。具体而言，有必要做好以下工作。

（1）历史的无知、不解不信不懂问题要有效解决。一些人之所以沦为历史虚无主义的受众，甚至同时变为主动的再传播者，很多时候源于他们对具体历史的无知，不了解、不清楚、不明白，缺乏辨别力、洞视力，不但轻易接受、认可对历史的随意编排、捏造和篡改，而且很可能"以讹传讹"。对他们来说，知史、懂史才会更好地信史、敬史，进而远离、自觉拒斥历史虚无主义。习近平总书记曾强调："对我们共产党人来说，中国革命历史是最好的营养剂。多重温这些伟大历史，心中就会增加很多正能量。"② 应该讲，这对普通的民众同

---

① 《中国共产党纪律处分条例》，载《人民日报》2015年10月22日。
② 《党面临的"赶考"远未结束——习近平总书记再访西柏坡侧记》，载《人民日报》2013年7月14日。

样成立。如果人们对党史、国史、军史有更好的了解、更多的认识，心中增加正能量，历史虚无主义就很难有市场。"对中国人民和中华民族的优秀文化和光荣历史，要加大正面宣传力度"①，这是新时代我们必做的基本功课。

（2）依据主观想象或价值观念先行，要么生编硬造，要么用心"假设"推理出从未客观存在的历史，或是在某些史料、史实的基础上"文艺再现""艺术加工"出"别样的历史""新异的历史"，或者抓住某些历史材料如抓住"救命稻草"，以偏概全、以小博大来"重评历史""重写历史"，有意无意地曲解、肢解和误解历史，都是历史虚无主义的惯用伎俩、重要招式。

针对这个问题，习近平总书记多次强调"历史不会因时代变迁而改变，事实也不会因巧舌抵赖而消失"②，"历史就是历史，事实就是事实，任何人都不可能改变历史和事实"③，所以，面对以上招数，"务必让历史说话，用史实发言"，"要以事实批驳歪曲历史、否认和美化侵略战争的错误言论"，所以，我们一定要"加强史料收集和整理"，一定要有"翔实准确的史料支撑和深入细致的研究分析"，"要更多通过档案、资料、事实、当事人证词等各种人证、物证来说话"。④

这实际上也是对马克思主义研究社会历史的优良传统、历史唯物主义科学研究基本要求的继承和运用。马克思明确说："研究必须充分地占有材料。"⑤恩格斯更明确地说："在这里只说空话是无济于事

---

① 习近平：《建设社会主义文化强国 着力提高国家文化软实力》，载《人民日报》2014年1月1日。

② 习近平：《在南京大屠杀死难者国家公祭仪式上的讲话》，人民出版社2014年版，第3页。

③ 习近平：《在纪念全民族抗战爆发七十七周年仪式上的讲话》，载《人民日报》2014年7月8日。

④ 参见习近平《让历史说话用史实发言 深入开展中国人民抗日战争研究》，载《人民日报》2015年8月1日。

⑤ 中共中央马克思恩格斯列宁斯大林著作编译局编：《马克思恩格斯文集》第5卷，人民出版社2009年版，第21页。

## 第三章　经典马克思主义与习近平新时代中国特色社会主义思想

的,只有靠大量的、批判地审查过的、充分地掌握了的历史资料。"①只有这样,才能完成科学地把握历史的任务。全面、准确、翔实的史料、史实,形成"铁证如山",无疑是对那些"虚构"历史、"戏说"历史、"肢解"历史所形成的历史虚无主义最有效的反驳,是最犀利、最直接的武器。

（3）颇有学术味道,或者穿戴上"学术外衣"的历史虚无主义,也非常重视史实、史料和史证,以学术化的口气宣称理想状态就是使"人类历史中全部最细微事实的集合终将说话"②,不惜成为"文献拜物教""考证癖"。它们在零碎细节、琐碎史料的考证、辨疑和整理上,确实很用功夫,有时也很见功力。而且,即使在一些舆论化的甚至文艺化的历史虚无主义那里,也强调"摆事实讲道理","以史实说话、让事实发声",历史事件、历史细节的挖掘有时表面上看也"相当漂亮"。这是历史虚无主义最有迷惑性、最具蛊惑力的地方。如果这样,问题出在哪里呢?

"人们必须有了正确的世界观和方法论,才能更好观察和解释自然界、人类社会、人类思维各种现象","只有真正弄懂了马克思主义,……才能更好识别各种唯心主义观点、更好抵御各种历史虚无主义谬论"。③获取史证、史料只是基本功,但历史研究、分析绝不能停留于此,缺乏正确的史观和方法,只能导致对历史的曲解、误解,冲击和"虚无"正确的历史。

首先,从广义上说,历史是已发生事情的总和,在此意义上史实是无限的,不可能穷尽和全部还原。缘于此,不少史学家主张一定要把两种意义上的历史,即实际发生事实集合的历史和后人记载、研究意义上的历史区分开。后一种才是更有意义的。这也就意味着,光靠

---

① 中共中央马克思恩格斯列宁斯大林著作编译局编:《马克思恩格斯文集》第 2 卷,人民出版社 2009 年版,第 598 页。
② [英] 杰弗里·巴勒克拉夫:《当代史学主要趋势》,杨豫译,北京大学出版社 1987 年版,第 7～8 页。
③ 参见习近平《在哲学社会科学工作座谈会上的讲话》,载《人民日报》2016 年 5 月 19 日。

堆集史实，是堆积不出"历史"的。

其次，即使是第二种意义上的历史事实，也不仅数量众多，而且对我们准确把握历史不是等价的和匀质的。恩格斯说："历史常常是跳跃式地和曲折地前进的，如果必须处处跟随着它，那就势必不仅会注意许多无关紧要的材料，而且也会常常打断思想进程。"① 显然，有些史料、史实对理解历史是"无关紧要"的。历史不能成为事实和材料的简单堆集，也不是"所有事实"的相加。马克思为此嘲笑鼓吹和张扬尽力还原历史的兰克，把历史贬低为"收集趣闻轶事和把一切重大事件归为琐碎小事"②，成为把历史变为"一些僵死的事实的汇集"的"抽象经验主义"者。③

这也就意味着，离开正确史观、正确方法的指导，再精细的史料、再齐全的史实、再完整的史据，也不一定能真正把握历史；相反，历史研究很可能变为依据时间先后进行的历史事实的粘连、堆积，历史则表现为或者是事实的偶然合成，或者是凌乱的冲突，看不到因果关系，更谈不上内在联系、普遍趋势和基本规律，正误、是非的评判标准难以谈及。正如美国历史学会主席威廉·麦克尼尔曾总结的，这种琐碎的历史编纂学"与散乱、混杂和无意义渐行渐近"④。如果这样，我们还何以谈及历史？

而正确的史观、方法无疑主要来自历史唯物主义，"要坚持用唯物史观来认识和记述历史"⑤。

唯物史观强调，"经验的观察在任何情况下都应当根据经验来提

---

① 中共中央马克思恩格斯列宁斯大林著作编译局编：《马克思恩格斯文集》第2卷，人民出版社2009年版，第603页。

② 中共中央马克思恩格斯列宁斯大林著作编译局编：《马克思恩格斯全集》第30卷，人民出版社1975年版，第423页。

③ 参见中共中央马克思恩格斯列宁斯大林著作编译局编《马克思恩格斯文集》第1卷，人民出版社2009年版，第525～526页。

④ 转引自［英］理查德·埃文斯《捍卫历史》，张仲民、潘玮琳、章可译，广西师范大学出版社2009年版，第84页。

⑤ 习近平：《让历史说话用史实发言　深入开展中国人民抗日战争研究》，载《人民日报》2015年8月1日。

## 第三章　经典马克思主义与习近平新时代中国特色社会主义思想

示社会结构和政治结构同生产的联系"①，任何历史事实、事件都不是自立和孤立的，背后总是有或明或暗、或强或弱的结构因素的影响，有因有果，有内在联系；历史既是事件史，更是结构史。我们既应通过各种历史事实来彰显和把握历史联系、规律和趋势，又要通过历史内在联系来把握历史事实，在两者的双向互动中把握历史。列宁提出，"在社会科学问题上有一种最可靠的方法，它是真正养成正确分析这个问题的本领而不致淹没在一大堆细节"，"那就是不要忘记基本的历史联系"②。他还提出，"在社会现象方面，没有哪种方法比胡乱抽出一些个别事实和玩弄实例更普遍、更站不住脚的了"，"如果不是从整体上、不是从联系中去掌握事实，如果事实是零碎的和随意挑出来的，那么，它们就只能是一种儿戏，或者连儿戏都不如"③。

我们应在把握历史趋势、吃透历史进程主流和本质、凸显历史进步意义的前提下，来挖掘、考证、梳理和分析史料，如此一来，选择史料、史实就成了理解历史很重要的环节。在此，不能流连忘返于边边角角、细枝末节的史实和琐碎史料，不能以个人的、个别小群体的人生遭遇史、生活际遇史来代替真实的宏大历史，更不能以它们来否定正统的、公认的"大历史"。

习近平总书记依据唯物史观，针对党史研究强调要"牢牢把握中共历史发展的主题和主线、主流和本质"，"要坚持实事求是的思想路线，分清主流和支流"，反对包括用琐碎、细微的历史片段、历史碎片来"重写历史"在内的"任何歪曲和丑化党的历史的错误倾向"。④抗日战争史研究"要坚持正确方向、把握正确导向，准确把握中国人民抗日战争的历史进程、主流、本质，正确评价重大事件、重要党

---

① 中共中央马克思恩格斯列宁斯大林著作编译局编：《马克思恩格斯文集》第1卷，人民出版社2009年版，第524页。
② 中共中央马克思恩格斯列宁斯大林著作编译局编：《列宁全集》第37卷，人民出版社2017年版（增订版），第61页。
③ 中共中央马克思恩格斯列宁斯大林著作编译局编：《列宁全集》第28卷，人民出版社2017年版（增订版），第364页。
④ 参见《全国党史工作会议在京举行》，载《人民日报》2010年7月22日。

派、重要人物"①。应该说历史虚无主义恰恰违背了这些根本的要求。

显然,强化历史唯物主义的宣传、教育,更确切地说唯物史观的大众化、时代化、通俗化,让普通党员、群众知道唯物史观是怎么看待历史的,知道历史实质上是怎么回事,知道如何合理评价历史进程、事件、时段、人物,应是新时代要着力解决的大问题。在此不但要强化唯物史观的"老三进"即进教材、进课堂、进学生头脑,增强其效果,还要特别注意"新三进",即进网络(加大在网络上的宣传普及)、进社区(要以更为通俗易懂的形式加大对基层民众的普及教育)、进媒体(要在各种媒体中普及、发声),使"老三进"和"新三进"形成互动与合力,学术研究、大学生教育、社会传播形成合力。

鉴于历史虚无主义有多种外衣,很会利用包括互联网、自媒体等在内的现代信息技术,我们要"以其人之道、还治其人之身","要加大正面宣传力度,通过学校教育、理论研究、历史研究、影视作品、文学作品等多种方式,加强爱国主义、集体主义、社会主义教育,引导我国人民树立和坚持正确的历史观、民族观、国家观、文化观,增强做中国人的骨气和底气";②而且还"要创新改进网上宣传,运用网络传播规律,弘扬主旋律,激发正能量"③。

当然,"文化自信,是更基础、更广泛、更深厚的自信"④。建设和搞好包括优秀传统文化、中国共产党的革命文化和社会主义先进文化在内的文化自信,确实是化解历史虚无主义最根本的药方。新时代的历史虚无主义和一般意义上的文化虚无主义的确有很深的内在关联。

反对历史虚无主义,我们在新时代理应有责任意识和担当精神。具体而言要着重做好以下三点:①高度重视历史虚无主义的意识形态本性,要透过它的各种"外衣"抓住它在新时代最基本的特征和实质

---

① 习近平:《让历史说话 用史实发言 深入开展中国人民抗日战争研究》,载《人民日报》2015年8月1日。
② 参见习近平《建设社会主义文化强国 着力提高国家文化软实力》,载《人民日报》2014年1月1日。
③ 《把我国从网络大国建设成为网络强国》,见新华网(http://www.xinhuanet.com/politics/2014-02/27/c_119538788.htm)。
④ 习近平:《习近平谈治国理政》第二卷,外文出版社2016年版,第36页。

## 第三章 经典马克思主义与习近平新时代中国特色社会主义思想

即歪曲三史、否定共产党的领导、否定中国道路。②要把政治斗争和思想斗争结合起来,因为历史虚无主义大多穿戴上了"学术""文艺""舆论"的外衣,所以思想斗争、理论斗争、宣传斗争应该成为主战场,但绝不能忽略政治斗争的重要性、必要性,更不能忘记思想、理论、宣传斗争背后的政治立场。③要善于综合运用各种手段如学校教育、学术研究、文艺创作、网络媒体。首先,要搞好正面宣传教育,这里有两个重点内容:一是把真实的、完整的近现代中国革命历史、党的历史和中华人民共和国历史正面宣传好;二是把历史唯物主义关于历史的基本观点、研究分析历史的基本方法和基本立场正面宣传好、普及好。其次,要搞好对历史虚无主义的揭批,在把翔实的史料和正确的历史观、方法论有机结合起来的基础上,充分揭示历史虚无主义的唯心主义实质、错误特质和政治本质。

# 第四章　中国特色社会主义新时代与经典马克思主义新阐释

马克思主义的发展史，在某种意义上就是一部阐释史、理解史，就是马克思主义者结合不同的客观形势、时代问题、发展处境进行新的理解、新的思考、新的分析进而做出新的阐释的历史。中国特色社会主义新时代，无论是坚持和发展习近平新时代中国特色社会主义思想、建构和发展 21 世纪中国马克思主义，还是实现理论创新和实践创新的良性互动，都需要立足于中国特色社会主义新时代的客观实际、实践需要，结合国内外马克思主义研究的新进展、国内外哲学社会科学的新成果，对经典马克思主义的某些概念、某些问题、某些论述、某些分析进行必要的反思和新的阐析。

## 一、生态学与马克思主义何以相遇相融[①]

生态学马克思主义是当今西方马克思主义最重要的理论流派之一，随着全球性生态危机的愈益凸显，其发展迅猛，影响也越来越大。生态学马克思主义是生态学思想和马克思主义相互吸收、相互融合的结果。这种相互渗透、相互融合主要有三种情况，生态学马克思主义的生成因之主要有三种理路，即针对生态危机的病理诊断学理路、针对马克思主义内在地是否与生态学相符的重释和辩护论理路、针对生态危机解决的危机疗愈学亦即生态社会主义理路。上述三种理路都有各自立足的理据，但一种把三者组合在一起的整体性生态学马克思主义更有价值和意义。

自从 1979 年加拿大著名左翼学者本·阿格尔首次提出"生态学

---

[①] 本部分原载于《华南师范大学学报（社会科学版）》2016 年第 3 期。

## 第四章　中国特色社会主义新时代与经典马克思主义新阐释

马克思主义"(the Ecological Marxism)概念并主张它代表着西方马克思主义最新发展阶段以来,生态学马克思主义发展迅猛,早在20世纪末,意大利左翼理论家卡斯特林那就认为"它无疑代表着我们这个世纪的最后年月里马克思主义发展的一个新阶段"[①],而进入21世纪以来,它势头未减,仍砥砺前行,已然成为"当今西方马克思主义中最有影响的思潮"[②],风头一时无两。

无论就其词源学构成来说,还是就其实际内容而言,生态学马克思主义显然是生态学思想、理论和马克思主义的彼此渗透、相互融合、共振共鸣的结果。问题在于它们是如何互渗互融的。这无疑是正确理解和合理定位生态学马克思主义的一个要害问题,亦因此引起国内马克思主义研究界的不少关注。如周穗明等以"从红到绿"(一些欧美马克思主义者主动关注生态问题)、"红绿交融"(绿色运动和马克思主义有了越来越多的结合)、"绿色的红化"(越来越多的马克思主义者试图以马克思主义来重构生态理论并引领生态运动)等进程和阶段角度分析了两者的结合[③],还有不少学者立足于20世纪中叶以来西方生态问题的不断凸显、全球性生态危机逐渐激化、生态运动日趋高涨等社会背景分析二者何以交汇。它们都有一定的价值。不过,我们认为,相较于这些偏重于外在性的描述与分析,整体性、概要性地剖析、解密其内在交融理路,对我们把握生态学马克思主义的生发机制、演进逻辑和未来趋向,尤为必要和更有价值。本文就是基于此目的而做的尝试。

### (一) 社会生态学与生态危机:病理诊断学理路

众所周知,1866年进化论者海克尔新创"oecologie"一词,强调这

---

[①] [意]卢西亚那·卡斯特林那:《为什么"红的"也必须是"绿的"?》,载尼科利奇编《处在21世纪前夜的社会主义》,赵培杰、冯瑞梅、孙春晨译,重庆出版社1989年版,第58页。

[②] 俞吾金、陈学明:《国外马克思主义哲学流派新编·西方马克思主义卷》(下册),复旦大学出版社2002年版,第573页。

[③] 参见周穗明等《20世纪西方新马克思主义发展史》(下),学习出版社2004年版,第454~460页。

是"一门关于活着的有机物与其外部世界,它们的栖息地、习性、能量和寄生者等的关系的学科"。它先是被冠以"oecology"之名,在1893年的国际植物学大会之后,按照近代的拼法改为"ecology"。海克尔之后,在督德、希姆珀、沃明等欧洲生态植物地理学家的努力下,"oecology"很快由一个新名词转变为一门具有独特性和实质内涵的科学。不过,这些人大大强化了"oecology"的自然科学性,生态学由此走上了"科学的自然史"之路。

在埃尔顿、坦斯利、林德曼等人的努力下,很快形成经济学化和物理学化的"新生态学"。其实质与核心在于,在使自然产出或效能最大化的同时,保护好各种生物基金和非生物自然资源基金,兼顾长远利益和未来后代的利益。正如麦茜特所云:"对短期利益的追求,让位于科学研究和政策制定基础上的长期计划。管理的生态学追求最大的能量产出、经济收益,以及通过生态系统模拟、操纵及结果预测而达到的环境质量。"① 这种在将人视为外在的客观观测者、科学研究者基础上(即生态系统之外)建构的管理性的生态学,在20世纪40年代基本形成,成为欧美国家治理生态问题的主导性思路。

问题在于,尽管这种科学生态学对维系生态平衡、扩增生态效益确实有一定的效用,然而生态问题却愈演愈烈,到20世纪五六十年代甚至不断出现大规模的乃至全球性生态危机,卡逊《寂静的春天》正是在此背景下问世的,世界地球日、联合国第一次人类环境会议都是缘此而出现的。仅仅依赖这种科学生态学,能遏制、解决生态危机吗?这是人们不得不反思的巨大问题。实际上,早在科学生态学萌生、形成期,就已有人另辟蹊径,从人与自然的关系角度理解生态,反思生态问题。比如施韦策在20世纪初提出敬畏生命的概念,主张一切生命都是神圣的,人类应对之怀有责任感和怜悯心,方能与之和谐共处,真正的生态是人如何与自然和谐相处;利奥波德在此基础上提出大地伦理学,把道德共同体扩展到包括人在内的生态共同体中的

---

① [美]卡洛琳·麦茜特:《自然之死——妇女、生态和科学革命》,吴国盛、吴小英、曹南燕等译,吉林人民出版社1999年版,第261~262页。

## 第四章 中国特色社会主义新时代与经典马克思主义新阐释

所有成员,甚至包括无生命物质。

这种把人融进生态共同体、从人的角度思考生态问题的思路,一般被称为"人类生态学",以区别于上述自然科学生态学。到20世纪60年代前后,随着生态问题的不断显现,人类生态学的合理性日益凸显,人们越来越清醒地认识到,生态危机、生态问题实质上是人的问题。因此,美国著名生物生态学家奥德姆撰写的名作《生态学基础》20世纪60年代首版时主张生态学是"研究生态系统的结构和功能的科学",到了稍后的第二版却增加了副标题"现代生态学是联系自然科学和社会科学的桥梁",而在现今的第五版序言中明确说"生态学如今不只是被认为是一门生物科学,还是一门人类科学"[①]。于是,由施韦策等人开启的具有生态哲学、生态伦理学范式的人类生态学迎来了大发展,诸如动物权利论、生物中心论、自然内在价值论、"大自然的权利"等有机论自然观纷纷出现,及至20世纪70年代奈斯、塞壬斯等人张扬非人类中心主义,伸张生态中心主义甚或生命中心主义而提出的"深层生态学",可谓演进到了顶峰。

不过,这种哲学化、伦理化的人类生态学,除了它越来越激进的反人类中心主义立场,其过于抽象化的思维言说方式、单一的分析视角,根本不足以分析日趋复杂的生态危机。因为,正如卡普拉所指认的:"我们发现我们自己处于一场深刻的、世界范围的危机状态之中。这是一场复杂的、多方面的危机。这场危机触及我们生活的每一个方面——健康与生计、环境质量与社会关系、经济与技术及政治。"[②] 这意味着,"全球环境变化和生态环境问题对现有政治经济结构的挑战,向我们提出了世界重新设计与组织的严肃课题"[③]。这自然逸出生态哲学、生态伦理学的视野之外,它们对生态危机也因此开不出有具体针

---

[①] 参见[美]E.P.奥德姆、G.W.巴雷特:《生态学基础》(第5版),王伟、王天慧、何文珊、李秀珍译,高等教育出版社2008年版。

[②] [美]弗里乔夫·卡普拉:《转折点:科学·社会·正在兴起的文化》,卫飒英、李四南译,四川科学技术出版社1988年版,第3页。

[③] A. Hurrell, *International Political Theory and the Global Environment*, in Ken Booth and Steve Smith (eds.), International Relations Theory Today, The Pennsy Lvnia State University Press, 1995, pp. 150–151.

对性的疗愈之法。

这当然遭到生态学内部的反思和批判，并由此催生出人类生态学的另一种影响更为深重的分支——社会生态学（social ecology），当今非常活跃的一些激进政治生态学如生态女权主义、生态无政府主义等正是在社会生态学基本主张的基础上演化出来的，可视为社会生态学的具体化与深化。正如贾丁斯所指出的，社会生态学"并不认为生态破坏的根本原因在于主流哲学或世界观。它们都认为，深生态学考虑的因素太抽象、太一般，认为深生态学试图忽略非常具体的造成环境破坏的人和社会的因素。……认为具体的人类的机构制度和实践——不公正的制度和实践——才更为重要"①。社会生态学最著名的初创者、集大成者布克金坚定地申明："差不多所有我们今天面临的生态失衡问题都有着社会失衡的根源"，必须"把环境问题理解为社会问题"②。他的学生科尔曼进一步说："首先需要认清存在于现有经济和政治制度之中的社会关系，因为环境危机的根源最终可以追究到这些社会关系。"③ 鉴于此，卡特（Alan Carter）总结性地比较说，深生态学等生态哲学虽然也知道用"社会的话语"（人类的价值观、自然观）来阐释自然与生态问题，但它却不去从社会及社会问题中寻找生态问题的直接根源，这样做无异于缘木求鱼，不得要领④。

正像施密特所指认的，马克思主义的一个革命性在于其"自然概念的社会——历史性质"⑤，即马克思主义主张，人们对自然的看法乃至与自然的关系，总是在一定的社会制度、社会环境中形成的。对于马克思主义的这种社会历史分析法，当代生态学马克思主义者柯维尔

---

① [美] 戴斯·贾丁斯：《环境伦理学——环境哲学导论》，林官明、杨爱民译，北京大学出版社2002年版，第265页。

② [美] 默里·布克金：《自由生态学：等级制的出现及消解》，郇庆治译，山东大学出版社2008年版，导言第21页。

③ [美] 丹尼尔·A. 科尔曼：《生态政治——建设一个绿色社会》，梅俊杰译，上海译文出版社2006年版，第39页。

④ 参见 Alan Carter, *A Radical Green Political Theory*, Routledge, 1999, p. 352。

⑤ [德] A. 施密特：《马克思的自然概念》，欧力同、吴仲昉译，商务印书馆1988年版，第2页。

## 第四章　中国特色社会主义新时代与经典马克思主义新阐释

（Joel Kovel）阐释说："当我们使用'自然'一词时，它首先是一个社会建构的概念，然后才可以被理解为任何其他事物。"① 佩珀更为具体地说："马克思认为，自然是一个社会的概念：尽管存在一个'客观的'自然，但它现在已被它自身一个方面——人类社会所重塑和重释。"自然是"社会地被设想的和社会地产生的"。正因此，人与自然的矛盾并不是先验的，"人并不是一种污染源，他既不是生来就是傲慢、贪婪、好斗、富有侵略性，也不是生来就具有其他的种种野蛮性。如果人沾染上这些的话，那也并不是不可改变的遗传因素或原罪所致，而是流行的社会经济制度造成的"②。

毫无疑问，社会生态学对生态问题、生态危机的解析思路、研究方法，与马克思主义是非常接近的，具有很深的亲缘关系。正因此，前述的布克金，虽然也批评马克思主义缺乏明细的生态意识，具有反生态的一面，但多次强调他的社会生态学直接受惠于马克思主义。

更重要的是，马克思主义还将社会历史分析法具体化和深化，指认当代生态问题与资本主义社会制度之间的内在因果关系。马克思明确说"人类存在的这些无机条件同这种活动的存在之间的分离"即人们的劳动与自然界的敌对亦即我们现在所谓的生态问题"只是在雇佣劳动与资本的关系中才得到完全的发展"③。所以，"资本主义农业的任何进步，都不仅是掠夺劳动者的技巧的进步，而且是掠夺土地的技巧的进步，在一定时期内提高土地肥力的任何进步，同时也是破坏土地肥力持久源泉的进步"④。"历史的教训是，资本主义制度同合理的农业相矛盾，或者说合理的农业同资本主义制度不相容。"⑤ 这意味

---

① Joel Kovel, *The Enemy of Nature: The End of Capitalism of the Word?* Zed Books Ltd. 2002, p. 172.
② ［英］戴维·佩珀：《生态社会正义：从深生态学到社会正义》，刘颖译，山东大学出版社2012年版，第164、232～233页。
③ 中共中央马克思恩格斯列宁斯大林著作编译局编：《马克思恩格斯全集》第46卷（上），人民出版社1979年版，第488页。
④ 中共中央马克思恩格斯列宁斯大林著作编译局编：《马克思恩格斯全集》第23卷，人民出版社1972年版，第579～580页。
⑤ 中共中央马克思恩格斯列宁斯大林著作编译局编：《马克思恩格斯全集》第25卷（上），人民出版社1979年版，第139页。

着，资本主义社会制度是造成现代生态问题的罪魁祸首和直接根源，它在本性上是反生态的。

生态学马克思主义就是在社会生态学对生态危机的分析理路愈益被认可的背景下产生的，承继且光大了上述社会历史分析法的具体特指，并据此与某些社会生态学泛泛地批评一般人类社会制度（如布克金批评人类等级制，生态女性主义批评人类男权制）有原则上的不同，它们把生态危机直接归咎于资本主义社会制度。福斯特为此强调，之所以说马克思主义为我们分析社会与自然的关系（亦即当代生态问题）"提供了一种强有力的方法"，就在于它"将一个生态系统的特定生态环境（和更大的自然之网）以及由资本主义生产方式决定的特定社会交往考虑进来"①。

应该说，立足于马克思主义对资本主义的批判分析、深刻洞察，借鉴、运用其社会历史分析法来诊断当代生态危机，是生态学马克思主义得以形成最基本的理路，也是生态学和马克思主义相结合的最初理路。所以，早在生态学马克思主义形成的开端人物那里，这个理路就已奠定。如马尔库塞多次宣扬："对自然的损害在多大程度上直接与资本主义的有关，这是十分明显的"，"在资本主义条件下，自然是资本主义用于加工制造的原料，是物质，是加强对人和物质的剥削性管理的原料"，进而形成了"商业化的、受污染的、军事化的自然"②。他的学生阿格尔在解释为什么提出生态学马克思主义时强调："生态学马克思主义之所以是马克思主义的，恰恰是因为它是从资本主义的扩张动力中来寻找挥霍性的工业生产的原因，它并没有忽视阶级结构。"它"认为不仅资本主义生产过程中存在着根深蒂固的矛盾，而且生产过程据以同整个生态系统相互作用的方式也存在着根深蒂固

---

① ［美］布雷特·克拉克、约翰·贝拉米·福斯特：《二十一世纪的马克思生态学》，孙要良译，载《马克思主义与现实》2010年第3期，第127～132页。
② ［美］赫伯特·马尔库塞：《工业社会和新左派》，任立编译，商务印书馆1982年版，第127、129、128页。

## 第四章　中国特色社会主义新时代与经典马克思主义新阐释

的矛盾"①。

这得到后继的大多数生态学马克思主义者的响应。如柯维尔、洛威明确宣称：资本主义"这个体制，由于对利润的持续增长的迫切追求，不断影响着大自然和生态平衡，使生态系统遭到严重破坏"②。柯氏还说："整个资本主义制度的主导功能是生态危机的原动力。换句话说，资本积累的存在使得克服生态危机和恢复具有生命特征的地球生态系统的愿望无法实现。"③福斯特认定："生态和资本主义是相互对立的两个领域，这种对立不是表现在每一实例之中，而是作为一个整体表现在两者之间的相互作用之中。"④而佩珀更为具体地说："资本主义制度内在地倾向于破坏和贬低物质环境所提供的，而这种环境也是它所依赖的。从全球的角度来说，自由放任的资本主义正在产生诸如全球变暖、生物多样性减少、水资源短缺和造成严重污染的大量废弃物等不利后果。"所以，"应该责备的不仅仅是个性'贪婪'的垄断者或消费者，而且是这种生产方式本身；处在生产力金字塔之上的构成资本主义的生产方式"⑤。

还有一些生态学马克思主义者在此基础上从资本主义制度的基本特征、某些核心要素如资本逻辑、经济理性等进行了进一步的具体分析。如福斯特分析说："资本主义的主要特征是，它是一个自我扩张的价值体系"，"把追求利润增长作为首要目的，所以要不惜任何代价追求经济增长，包括剥削和牺牲世界上绝大多数人的利益。这种迅猛增长通常意味着迅速消耗能源和材料，同时向环境倾倒越来越多的废

---

①　[加]本·阿格尔：《西方马克思主义概论》，慎之等译，中国人民大学出版社1991年版，第420页。

②　[美]乔尔·柯维尔、[法]迈克尔·洛威：《生态社会主义宣言》，李楠译，载《绿叶》2008年第12期。

③　[美]乔尔·柯维尔：《资本主义与生态危机：生态社会主义的视野》，郎廷建译，载《国外理论动态》2014年10期。

④　[美]约翰·贝拉米·福斯特：《生态危机与资本主义》，耿建新、宋兴无译，上海译文出版社2006年版，第1页。

⑤　[英]戴维·佩珀：《生态社会正义：从深生态学到社会正义》，刘颖译，山东大学出版社2012年版，中译本"前言"第2、133页。

物导致环境急剧恶化"①。而岩佐茂则强调说:"资本主义社会就是一个追求利润、积累资本、按照资本的逻辑运行的社会","资本的逻辑由于对不带来利润的环境保护毫不关心而破坏了环境"②。卡利尼科斯同样断言:"目前的情况是,大多数破坏自然的行为产生于资本积累的逻辑。"③ 高兹(Andre Gorz)则别出心裁,在法兰克福学派技术理性批判的基础上提出"经济理性"这一概念,指认其实质就是借助于"计算和核算"的"典型形式","以效率为标准",尽可能地"获取最大利润","扫除所有从经济的观点来看是不合理的价值和目标,而只留下人与人之间的工具关系"④,而资本主义社会为了"最大限度地提高生产力","把经济理性的统治扩充到生活和劳动的所有领域,这种经济理性借助于市场的逻辑肆无忌惮地显示自己",其结果是"在企业层面上最大量的生产力的发展……从经济观点来看则是增长之源",但"从生态观点来看是对资源的破坏和浪费"⑤,资本主义由此和生态不兼容。

这一理论的第三层表现是,一些生态学马克思主义者以生态危机理论来补充、重构历史唯物主义,以使马克思主义和生态学融合、和时代合拍。如阿格尔认为:"我们的中心论点是,历史的变化已使原来马克思主义关于只属于工业资本主义生产领域的危机理论失去效用。今天,危机的趋势已经转移到消费领域,即生态危机取代了经济危机。"⑥ 言下之意,马克思当年对由生产引发的经济危机的分析必须让位于当今由消费领域(虚假消费和过度消费)引发的生态危机的分

---

① [美]约翰·贝拉米·福斯特:《生态危机与资本主义》,耿建新、宋兴无译,上海译文出版社2006年版,第2~3页。
② [日]岩佐茂:《社会主义在本质上是生态社会主义》,刘荣华、韩立新译,载《马克思主义与现实》2005年第4期,第84~88页。
③ [英]阿列克斯·卡利尼科斯:《反资本宣言》,罗汉、孙宁、黄悦译,上海译文出版社2005年版,第24页。
④ Andre Gorz, *Critique of Economic Reason*, Verso, 1989, pp. 109-110, 19.
⑤ 俞吾金、陈学明:《国外马克思主义哲学流派新编·西方马克思主义卷》(下册),复旦大学出版社2002年版,第608、605页。
⑥ [加]本·阿格尔:《西方马克思主义概论》,慎之等译,中国人民大学出版社1991年版,第486页。

## 第四章 中国特色社会主义新时代与经典马克思主义新阐释

析,必须走向"生态危机学的马克思主义"才有存在的价值。而奥康纳指出,马克思主义对资本主义经济危机的分析固然正确,也仍然有时效性,但偏重于生产本身内在的矛盾(生产力与生产关系亦即社会化大生产和资本主义私有制之间的矛盾),而忽视了资本主义生产同其得以进行、持续的"生产条件"(如自然资源、自然环境以及工人自身的自然)之间的矛盾亦即它对这些生产条件的破坏、损害甚至毁灭作用——生态危机是资本主义生产方式的痼疾,结果"低估了作为一种生产方式的资本主义的历史发展所带来的资源枯竭以及自然界的退化的厉害程度","因此,有两种而不是一种类型的矛盾和危机内在于资本主义之中"[①]。高兹则说:"毫无疑问,生态的因素是当前经济危机中起着决定性和促进性作用的要素。这并不意味着这些要素要被看成危机的主要原因:我们这里所论述的资本主义的过度积累的危机,由于生态的危机而加剧。"[②] 为此,必须把生态危机纳入对资本主义的分析批判中,马克思主义必须具有生态学向度,如此才是完整的、科学的和有生命力的。

### (二)辩证的自然观、协同进化和立足于生态危机的反思:重释和辩护论理路

上述第一条结合理路虽取得不少成就,获得很大进展,却面临着一个根本的难题:马克思主义也许对我们分析思考、有效应对生态危机很有裨益,但它本身是否符合生态诉求?如果不是,生态学马克思主义还何从谈及呢?

而在西方,指责马克思反生态学的说法层出不穷。对于深生态学来说,马克思主义具有强烈的人类中心主义,是明显的反自然主义者,完全承继了启蒙主义的主调,根本上是反生态的;对于大部分主流绿色分子来说,马克思主义否认自然的超自然性(如具有难以理喻的神性,可成为人类的范本),否认自然具有内在价值和经济增长具

---

[①] [美]詹姆斯·奥康纳:《自然的理由——生态学马克思主义研究》,唐正东、臧佩洪译,南京大学出版社 2003 年版,第 198、275 页。
[②] Andre Gorz, *Ecology as Politics*, South End Press, 1980, p.21.

### 经典马克思主义与中国特色社会主义新时代

有自然限制,对自然缺乏应有的敬意和尊重,将自然从属为社会历史,以发展生产力的名义公开鼓励并支持人类支配自然,是典型的普罗米修斯主义者,和生态学基本上背道而驰。

更重要的是,不少新左派先后加入这种指责的大合唱,其中不乏生态学马克思主义者。如马尔库塞认为马克思把自然看作斗争对手,"看作更加合理地发展生产力的领域"①;阿多尔诺说马克思"认可了像对自然的控制这样的大资产阶级纲领"②;吉登斯指认,"马克思尽管也曾提出过某些值得注意的见解,但它的著作主要是把自然看作是人类社会进步的中介"③;克拉克强调马克思的人"是一个不以自然为家的……存在物。他是一个把自然置于他的自我实现要求之下的"④存在;科拉科夫斯基同样抱怨马克思主义"缺乏对人类存在的自然条件的兴趣"⑤。此外,一些新左派接受工业社会理论的某些思想,进一步以生产主义、生产力主义、增长主义或增长范式等恶名,指认马克思主义为片面追求生产力发展、工业增长的工业主义,和资产阶级经济学如出一辙。如萨拉·萨卡说:"很难设想,如此深深植根于增长范式的马克思主义的社会主义,如何能够让它自身实现生态化。"⑥鲁道夫·巴罗、乔纳森·波里特、特德·本顿都坚持科学社会主义和资本主义一样信奉工业主义这种"超级意识形态",左右对立不存在。鲍德里亚更具典型意义,他认为,马克思接受了启蒙运动以来的"奴役性自然观"即自然"在本质上是一个被支配概念"⑦ 的主流成见,

---

① [美]赫伯特·马尔库塞:《审美之维》,李小兵译,广西师范大学出版社2001年版,第123页。
② [德]特奥多·阿多尔诺:《否定的辩证法》,张峰译,重庆出版社1993年版,第240页。
③ [英]安东尼·吉登斯:《批判的社会学导论》,郭忠华译,上海译文出版社2007年版,第122页。
④ [美]约翰·贝拉米·福斯特:《马克思的生态学》,刘仁胜等译,高等教育出版社2006年版,第150页。
⑤ Leszek Kolakowski, *Main Currents of Marxism*, VolI, Clarendon Press, 1978, p. 412.
⑥ [印]萨拉·萨卡:《生态社会主义还是生态资本主义》,张淑兰译,山东大学出版社2008年版,第245~246页。
⑦ [法]让·鲍德里亚:《生产之镜》,仰海峰译,中央编译出版社2005年版,第38页。

## 第四章　中国特色社会主义新时代与经典马克思主义新阐释

其建筑在自然"好坏"、资源匮乏基础上的政治经济学,制造了资产阶级经济学的又一种"生产之镜"。于此,还有一个影响很大的主流陈见,即认为在青年马克思(以《1844年经济学哲学手稿》为代表)那里,存在一定的生态思想,而到了成熟时期的马克思主义,这种思想已然消失殆尽。

面对上述情况,生态学马克思主义要想令人信服地被认可与接受,有必要再推进一格,即指认马克思主义本身的思想和生态学相一致、相吻合。究其实就是通过文本的重新梳理、阐释为马克思主义存在生态思想、生态向度辩护。不过,这种辩护性理路大致又可分为强意义上的辩护和弱意义上的辩护。

所谓强意义上的辩护,就是指它主张马克思主义根本没有违背生态学,或者是和生态学高度吻合,具有丰富的生态学内涵,或者提供全新的、更高水平的生态学。生态学马克思主义之所以成立,那种外在嫁接(生态学和马克思主义社会历史分析法)固然有必要,但更重要的是内在开掘。这种强辩护的生态学马克思主义主要有两种情况:一种是围绕某些核心内容(如自然观)或者核心观念(如控制自然、人类中心主义)或者核心概念(如生产力)等重点突破性的辩护;另一种是相对完整的、通盘性的辩护,认为马克思主义存在较为完整的生态学。

前一种情况代表性人物有帕森斯(Howard L. Parsons)、格伦德曼(Reiner Grundmann)。如帕森斯认为,马克思确实很少谈及自然价值,对物质进步持有乐观主义态度,他也的确为了人类的利益接受了"控制自然"(domination of nature,亦译支配自然)的观念,但这绝非鼓吹一种专横的主奴关系、无节制地利用自然,"对于控制问题",马克思和恩格斯"他们的生态立场恰好是资本主义的反题:通过关心而不是贪婪……慷慨有情而不是一味占有以及通过对自然和社会的理性计划来实现发展",坚持"自然创造人反过来又被人创造、人改变了自然反过来又被自然改变"这种科学辩证法,马克思主义因此内在地具有生态学。① 而格伦德曼则就三个核心问题多面出击，首先，他明确说："生态中心主义提出的方法是自相矛盾的，它妄图单纯从自然的立场来界定生态问题，呼吁人类遵循、适应自然法则，可现实中离开人类行为就无从谈及生态平衡，真正的生态平衡是把自然和人的需要、快乐和愿望协调起来，并通过满足后者来实现。"由此，人类中心主义并不必然反生态，更不能因此指责马克思主义反生态。其次，控制自然是人类为生存所必需的活动，它本身并不必然造成生态问题，更重要的是，在马克思主义那里，控制自然还有更深一层所指即控制人与自然的关系（共产主义就追求这种控制），这恰恰是非常生态的，从这个意义上说，"生态问题的出现证明了这种控制的缺失"②。最后，在马克思主义那里，所谓"生产力增长"有两层含义：一是前述的控制自然，二是较少努力获得更多财富。人们往往习惯于从狭义的第二层含义上理解，把马克思主义误解为反生态的。

后一种情况以福斯特、伯克特、佩珀、休斯为代表。福斯特明确说："马克思的世界观是一种深刻的、真正系统的生态世界观，而且这种生态观是来源于他的唯物主义的"，仅仅认识到"他所提供的历史唯物主义的分析方法是生态学所迫切需要的"则是远远不够的，历史唯物主义实质上是"生态学唯物主义"③，马克思主义内在地具有完整、独立的生态学。为何这样说？首先，马克思充分吸收了伊壁鸠鲁、费尔巴哈、达尔文的自然唯物主义思想的合理之处，但又在实践唯物主义的基础上进行了推进，进而形成了既尊重自然的先在性（自然先于历史）、母体性（自然是人类生存的前提和基础）、自立性（自然会自我演进），又强调自然和社会历史的彼此制约、互相促动，实现自然主义和人道主义有机结合的辩证自然观；马克思同时批判了蒲鲁东机械论的"普罗米修斯主义"，在他那里，"支配自然"不具

---

① 参见 Howard. L. Parsons, *Marx and Engels on Ecology*, Greenwood Press, 1977, pp. 70, 15.
② Reiner Grundmann, *Marxism and Ecology*, Oxford University Press, 1991, pp. 20, 15.
③ ［美］约翰·贝拉米·福斯特：《马克思的生态学》，刘仁胜等译，高等教育出版社2006年版，"前言"。

## 第四章　中国特色社会主义新时代与经典马克思主义新阐释

有为了财富积累而罔顾自然的反生态命意。其次，更重要的是，马克思在《资本论》及其手稿中提出"物质变换"（又译为新陈代谢）理论，不但用它来批判资本主义的反生态性（造成人和自然之间的物质变换裂缝），而且依据它强调一个合理的社会应该维系和促进人与自然之间良性、可续的物质变换，进而实现人和自然之间的协同进化。这是一种符合现代生态理念的革命性生态学，我们现今提出的可持续发展理念，可以视为它在今天的复归。休斯重新解释了生态原则，认为它包括生态依赖（人为了生存而依赖自然）、生态影响（人类行为会影响自然，自然会影响人类）、生态包含（人是自然的一部分）三大原则，但无论从哪个方面讲，马克思主义的辩证自然观都含有这些内容；而且，早期和晚期的马克思在生态问题上根本不存在所谓断裂问题；马克思强调生产力发展的重要性，但生产力不只是技术，还包括劳动者的体能、原料和自然给予的生产资料。就此而言，指责马克思主义反生态无从立足，恰恰相反，马克思主义从多个维度看都是和生态学一致的。[①] 伯克特通过系统考察马克思的自然思想，认为马克思主义（特别是其共产主义思想）张扬的是和自然条件有限性相匹配的新财富观和新消费观，秉持共有的生态伦理，吁求人类负责任地管理自然，其人的全面发展思想中，人与自然和谐发展、维系生态良性平衡是很重要的维度，马克思主义具有充足的生态学。[②]

所谓弱意义上的辩护，是指它承认马克思主义内在地含有一定的生态思想，但要么不完整，要么晦暗不明，有必要立足于现代生态危机进行反思，在重释文本的基础上重新开掘或大力补强马克思主义的生态意蕴。奥康纳、岩佐茂、柯维尔是典型代表。

奥康纳批评那些指责马克思主义轻蔑、敌视自然的观点，认为马克思主义不但不是反生态学的，反而含有很多生态思想。不过，他更强调，"经典历史唯物主义理论凸显了自然界的人化问题，却没有强

---

① 参见［英］乔纳森·休斯《生态与历史唯物主义》，张晓琼、侯晓滨译，江苏人民出版社2011年版，第123～144、175～194页。
② 参见陈永森、蔡华杰《人的解放与自然的解放》，学习出版社2015年版，第313～334页。

调人类历史的自然化方式以及自然界的自我转型问题"。"历史唯物主义事实上只给自然系统保留了极少的理论空间，而把主要的内容放在了人类系统上面"，"缺失"丰富的"生态感受性"①。马克思主义本来是有很多重要的生态学洞见的，比如它对生产方式的分析，实际上已经含有"生态条件"思想，如果沿着生态条件思路分析，就必然会得出自然生产力或者说生产力存在自然向度这个结论（自然是生产力形成的重要内在因素，因为自然条件是一种生产方式得以形成的基础），可惜的是在马克思主义创始人以及正统解释那里，这一点基本上没有受到重视。今天，面对资本主义的生态问题，有必要立足于生产条件分析资本主义的第二重矛盾——生产无限性与自然条件有限性之间的矛盾，同时开掘出生态学马克思主义。岩佐茂同样认为："在马克思与恩格斯的思想中存在着环境保护的观点，但是无论从性质还是规模来讲，已成为当今问题的公害与环境问题是马克思和恩格斯没能想到的。"马克思主义在生态问题上"不可避免地受到历史限制"②。比如生产力概念，它既有我们通常所理解的征服自然、改造自然等量的方面，实际上还有更根本的质的方面即作为劳动者各种能力发展的生产力，如果这样理解生产力，生产力发展恰恰是生态的，因为人的各种能力发展很重要的一点就是处理和自然环境关系的能力的发展。这个思想在马克思主义那里当然存在，马克思提出人的自由全面发展就是有力证据，可惜的是这没有成为马克思主义的显要思想，为此，有必要结合当今时代的生态危机，对其进行大力开掘和彰显。

（三）自然、人的双重解放与生态社会主义：危机疗愈学理路

无论是作为诊断学，还是作为一种独特的"生态学"，马克思主义都含有治疗学意义上的生态理论，生态学马克思主义很容易趋向第

---

① [美] 詹姆斯·奥康纳：《自然的理由——生态学马克思主义研究》，唐正东、臧佩洪译，南京大学出版社2003年版，第7～8页。
② [日] 岩佐茂：《环境的思想——环境保护与马克思主义的结合处》，韩立新等译，中央编译出版社1997年版，第104页。

## 第四章　中国特色社会主义新时代与经典马克思主义新阐释

三条理路：走出资本主义生态问题，走向未来生态社会，即建构生态社会主义理路。

当然，具体建构又有不同的情况，一种是直接依据诊断学意义上的马克思主义来建构，另一种是把诊断学意义上和辩护论意义的马克思主义上结合起来建构。一般把后者称为严格或狭义的生态社会主义，把前者称为中义的生态社会主义，因为还有更广义的生态社会主义，即它更多地汲取了传统社会主义而非科学社会主义的思想来建构生态学。

生态社会主义之所以成为生态学马克思主义形成的第三条理路，根本上在于它诉求自然解放和社会解放同时实现。早在20世纪中叶，受马克思主义影响，霍克海默等认为："人们从自然中想学到的就是如何利用自然，以便全面地统治自然和他者。""随着支配自然的力量一步步地增长，制度支配人的权力也在同步增长。"① 提出了双重统治（支配）之间的关系。继后的马尔库塞进一步细化了这个主题："对自然的改造导致了对人的改造"，"通过对自然的统治而逐步为愈加有效的人对人的统治提供纯概念和工具"②；"在剥削社会中，自然受到的侵害加剧了人受到的侵害"，"自然的解放乃是人的解放的手段"③。自然的解放、人的解放或社会的解放内在地高度关联，而在当今，两种解放的共同实现，有赖于马克思主义开出的药方：走向一种和生态有机融合的社会主义，在理论上同时就是生态学马克思主义。

帕森斯为此指出："马克思恩格斯有确定的（尽管不是充分详尽的）生态学观点，对他们来说，政治生态学和政治经济学是不可分割的。既然劳动人民和自然都受到阶级统治剥削，所以其都将由解放于阶级统治而获得自由。"④ 而伯克特（Paul Burkert）进一步分析说，

---

① ［德］马克斯·霍克海默、西奥多·阿道尔诺：《启蒙辩证法：哲学断片》，渠敬东、曹卫东译，上海人民出版社2003年版，第2、36页。
② ［美］赫伯特·马尔库塞：《单向度的人：发达工业社会意识形态研究》，刘继译，上海译文出版社2006年版，第140、144页。
③ ［美］赫伯特·马尔库塞：《工业社会和新左派》，任立编译，商务印书馆1982年版，第127页。
④ Howard. L. Parsons, *Marx and Engels on Ecology*, Greenwood Press, 1977, p. 77.

马克思主义"对资本主义环境危机的来源、生态斗争与阶级斗争之间的关系、健康而持续的人与自然互相依赖关系的强调,都提供了开创性的和有用的洞察"①。萨克塞据此合理总结说,生态社会主义"将社会主义作为基本立场的生态学社会方案","最好被理解成一种立足于马克思主义的主旋律和社会主义的行动主义的、通向生态社会的途径"②。

那么,如何实现生态社会主义呢?

首先,正如前述,资本主义私有制既是社会剥削、奴役的根源,也是生态灾害的根源,所以"生态社会主义则是建立在所有的生产者自由发展的基础上,换句话说,它要中止生产者和生产资料之间的分离"③。即实行马克思主义提出的生产资料共同所有的公有制。伯克特也明确说:"马克思的生产条件共同所有的设想无疑体现了某种需要对生产进行合理管理的生态合作框架。"④ 福斯特更直白地说:"解决资本主义生态破坏的唯一途径就是改变我们的生产关系,以实现新陈代谢的恢复。"⑤ 佩珀提出了相同的主张:"最好的绿色战略是那些设计来推翻资本主义、建立社会主义/共产主义的战略。"⑥

与此同时,科学社会主义提出的国家和计划都有存在的必要。奥康纳立场鲜明地表达了这一点:"离开了'对生产的社会统辖',缺少了以一种'对自然的深刻的科学理解'为基础的经济计划,一种在生态上可持续的社会几乎是不可能的。"⑦ 而佩珀进一步说,如此一来,

---

① Paul Burkert, *Marx and Nature*, Macmillan Press Ltd., 1999, p. 8.
② [德] 汉斯·萨克塞:《生态哲学》,文韬、佩云译,东方出版社1991年版,第126页。
③ [美] 乔尔·柯维尔、[法] 迈克尔·洛威:《生态社会主义宣言》,李楠译,载《绿叶》2008年第12期,第96~100页。
④ Paul Burkert, *Marx and Nature*, Macmillan Press Ltd., 1999, p. 245.
⑤ [美] 约翰·贝拉米·福斯特:《历史视野中的马克思的生态学》,刘仁胜译,载《国外理论动态》2004年第2期,第34~36页。
⑥ [英] 戴维·佩珀:《生态社会正义:从深生态学到社会正义》,刘颖译,山东大学出版社2012年版,第337页。
⑦ [美] 詹姆斯·奥康纳:《自然的理由——生态学马克思主义研究》,唐正东、臧佩洪译,南京大学出版社2003年版,第447页。

## 第四章 中国特色社会主义新时代与经典马克思主义新阐释

国家有必要"同时在全国的、地方的和分散化的层次上发挥作用"①。

其次，在此基础上进一步消解资本主义一些反生态的内在要素，如经济理性、资本逻辑、官僚制管理以及帝国主义扩张趋向等，同时高扬社会主义的平等、公正、民主等核心诉求。"生态社会主义是一种生态合理而敏感的社会，这种社会已对生产手段和对象、信息等的民主控制为基础，并以高度的社会经济平等、和睦以及社会公正为特征"，奥康纳此言，应是生态社会主义者的共识。其中，特别重要的是民主。奥康纳进一步说："在我看来，唯一可能行得通的政治形式，即也许可以很好地协调生态问题的地方特色和全球性这两个方面之间的关系的政治形式，应是这样一种民主国家：在这种国家中，社会劳动的管理是民主化地组织起来的。"②

其中，所谓"社会劳动管理的民主化"，就是马克思晚期在劳动过程理论中提出的生产者自治思想，这种工人自治（自我管理生产劳动）既是一种直接民主，也是一种分散的小规模的基层民主。主流绿色思想都认可分散和小规模民主是内在地与生态吻合的（所谓小的就是好的，亲近自然等说法因之产生），它也因此广受生态社会主义的欢迎，如佩珀认为它是生态社会主义的基本标志之一，而阿格尔认为生态社会主义必须是"结构分散化、非官僚化的"社会主义。

此外，生态社会主义诉求的是全新的生活、全方位的生态化。为此呼求发挥马克思主义的辩证自然观，尊重自然；呼吁理性消费、绿色消费，反对无节制消费；实现生态生产、生态消费、生态技术有机统一。

最后，在如何终结资本主义而代之以社会主义上，不少生态社会主义者或多或少认可了马克思主义的一些基本原则，集中为两点：一是坚持马克思主义阶级分析的基本原则，仍然强调工人阶级是基本的历史力量，工人运动是实现生态社会主义的基本形式，在此基础上把

---

① ［英］戴维·佩珀：《生态社会正义：从深生态学到社会正义》，刘颖译，山东大学出版社2012年版，第332页。

② ［美］詹姆斯·奥康纳：《自然的理由——生态学马克思主义研究》，唐正东、臧佩洪译，南京大学出版社2003年版，第439～440页。

许多代表生态主义的自发性新社会运动整合、吸附进来,形成反对资本主义的统一战线。佩珀立场鲜明地说:"作为集体性生产者,我们有很大的能力去建设我们需要的社会。因此,工人运动一定是社会变革中的一个关键力量……潜藏的阶级冲突仍潜在地是一种强大的变革力量,而阶级分析也依然重要。"① 二是坚持暴力革命的必要性,柯维尔毫不犹豫地断言:"如果一个社会制度到了人们无法忍受的程度,并且制度力量和人民力量之间的平衡产生了逆转,革命暴力就可能成为改变现存社会制度的选择方式。"②

应该说,结合当今时代的生态问题反思、重释乃至新构马克思主义,确实很有必要。这不仅因为生态问题是当今世界人类实践最突出的问题,影响到人类存续的大问题,也是全球性的问题,更是因为马克思主义不是一成不变的教条,恰恰相反,它是不断发展着的理论,它的最大特性和根本优点就是要在实践中不断接受检验,吐故纳新、推陈出新,是"实践诠释学"。就此而言,我们不但要欢迎生态学马克思主义的到来,而且要在中国特色社会主义实践中,为生态学马克思主义的"大合唱"贡献自己的声音。

不过,我们认为,在如何建构生态学马克思主义中,坚持一种整体性的视角,最有裨益。生态学不是马克思主义理论的重心,但马克思主义的确蕴含着丰富的生态思想,具有相当多的生态论述和话语,从这个意义上说,尽管上述三种理路都有各自立足的理由,其中第二种理路无疑是最基本的,如果不挖掘出马克思主义本身和生态学相融相生的思想,整个生态学马克思主义的地基是不牢靠的,而这种挖掘和整理当然不是无中生有、空穴来风,更无须夸大其词式地"过度诠释",而是依据文本、尊重文本,结合现实,反思历史,有根有据地解读和整理。而上述第一种理路最被认可与接受且争议最少,第三种理路最具建设性。三者都不可或缺。因此,以第二种理路为基础,整

---

① [英]戴维·佩珀:《生态社会正义:从深生态学到社会正义》,刘颖译,山东大学出版社 2012 年版,第 357 页。

② Joel Kovel, *The Enemy of Nature*: *The End of Capitalism of the World?* Zed Books Ltd., 2002, p. 222.

合第一种、第三种理路，构建总体性的完整意义上的生态学马克思主义，不但回应了马克思主义整体性的内在禀赋，也更有说服力和可信度，这理应是我们努力的方向。

## 二、生产力的三层维度与决定论的多种表现——马克思主义历史决定论新探①

马克思主义历史决定论的核心内容和实质是生产力决定论，确认和准确把握这一特质非常重要。在历史唯物主义那里，"决定"有多重意思，主要是前提—基础性限定作用、优先—主导性作用两层内涵；而生产力实际上具有不同的维度，生产力决定论相应地有不同的表现。传统的解读大都把多种维度的生产力、多种不同的决定混在一起，笼统抽象地谈生产力决定论，造成一些棘手费解的难题。习近平同志在当前时期提出的人民主体与全面深化改革重要思想，是对马克思主义生产力决定论的当下回应。

正如有学者所指认的，可以"把历史唯物主义是历史决定论当作是已经无须证明的理论前提"②，历史决定论是马克思主义的核心内容和理论特质之一。正因此，这也是一些人诟病、攻击乃至诋毁马克思主义最为用力之处。举其要者，如波普尔将马克思主义视为历史决定论"最纯粹的、最发达的和最危险的形式"③并对其进行浓墨重彩的地批判；后马克思主义主要干将拉克劳、墨菲在其合著名作中称马克思主义历史决定论构建了"本质主义的最后堡垒"④，犯了简单主义还原论错误；伯林高度赞赏波普尔，认为各种决定论既不符合历史真相，也推卸了我们应担当的道德责任，而其中"马克思主义是最大胆

---

① 本部分原载于《马克思主义研究》2015年第9期，第88～96页。
② 赵家祥：《历史决定论与改变世界何以可能》，《贵州社会科学》2012年第4期，第35～45页。
③ [英]卡尔·波普尔：《开放社会及其敌人》第二卷，郑一明等译，中国社会科学出版社1999年版，第140页。
④ [英]恩斯特·拉克劳、查特尔·墨菲：《领导权与社会主义的策略——走向激进民主政治》，尹树广、鉴传今译，黑龙江人民出版社2003年版，第83页。

也是最聪明的"①,它的决定论更具"科学色彩",因之更能蛊惑人心;阿隆强调历史是或然性的,历史"各种事件所能显示的仅仅是一种偶然的决定论"②,那些坚持历史具有普遍必然性的历史决定论,制造了很多用"信仰和情感根据宿命论而建立起来"的"构造性的和概率性的公式",而其"理想的模型便是马克思主义的图式"③。

以上这些攻击、诋毁,固然有政治倾向、价值偏见的原因,但对马克思主义历史决定论的错误理解亦是重要致因,如波普尔、阿隆基本上将之等同为机械决定论,拉克劳、墨菲将之界定为经济决定论。而且,正如科拉柯夫斯基所云,"关于马克思的所谓历史决定论,诸多马克思主义者的意见分歧大得惊人"④,马克思主义阵营内部亦不乏误释和曲解。因此,准确理解和把握马克思主义的历史决定论,对其正本清源和健康发展都极为重要。

### (一) 历史唯物主义"决定"表述的语意重思

为此,首先要搞清楚马克思主义是什么意义上的决定论,其中关键就是如何理解"决定"这个核心词的语意和用意。阿隆之所以质疑马克思主义历史决定论,就在于他感到"使用'决定性'这样太精确的词来了解生产力或生产关系和社会意识之间的关系确实是困难的"⑤,因为该词具有典型的机械决定论色彩。这当然是他个人的误解。

威廉斯曾指出:"Determine 的意涵范围在现代英文中非常复杂,尤其当这个词汇与 determinant(决定性的事物)、determinism(决定

---

① [英] 伯林:《自由论》,胡传胜译,译林出版社 2003 年版,第 176 页。
② [法] 雷蒙·阿隆:《知识分子的鸦片》,吕一民、顾杭译,译林出版社 2005 年版,第 169 页。
③ [法] 雷蒙·阿隆:《历史的规律》,载张文杰编《历史的话语:现代西方历史哲学译文集》,广西师范大学出版社 2002 年版,第 87～101 页。
④ [波] 科拉柯夫斯基:《马克思主义的主流》(一),马元德译,台湾远流出版事业股份有限公司 1992 年版,第 17 页。
⑤ [法] 雷蒙·阿隆:《社会学主要思潮》,葛智强、胡秉诚、王沪宁译,华夏出版社 2000 年版,第 120 页。

## 第四章　中国特色社会主义新时代与经典马克思主义新阐释

论）以及 determined（决定的）的特别用法发生联结时，它的词义更加难解。"① 他为此感慨，"在马克思主义文化理论中，再没有哪个问题比'决定'更难解的了"，问题在于，"缺少这些决定概念的马克思主义毫无价值，可带着许多它现在所特有的那种决定概念的马克思主义则又完全丧失了能力"。所以，准确把握这个概念进而准确把握马克思主义的历史决定论非常重要。

按照威廉斯的考证，决定的本意是"设定边界"或"设定限度"，经过中世纪上帝决定论和近代机械决定论的冲击，它越来越具有因果必然性、先定支配性的意蕴，从开始的消极设定限度走向更为积极的"施加作用力"②——某物主导、支配另一物的生成。这是我们理解马克思主义决定论基本的理论参照。

历史唯物主义关于决定的表述，分为两种情况：一种是直接冠之以"决定"一词，如"社会存在决定社会意识"。另一种情况是间接地表露决定的意思，如用基础、制约、必然等词语，或者用"没有……就""随着……就""……于是""只有……才"等句式，或者用非常肯定的直言判断等。参照威廉斯的分析，马克思主义大致存在着四类意义上的决定。

第一类，设定边界、限度意义上的决定。这又主要分为两种情况：一种直接用决定、规定表达此意，如"前一代传给后一代的大量生产力"等"预先规定新的一代的本身的生活条件"③。另一种用"制约"表达此意，如"权利永远不能超出社会的经济结构以及由经济结构制约的社会的文化发展"④，后者为前者设定了大致、基本的边界。用通俗的话说，A 决定 B，意味着 B 只能在 A 提供的框架内存在

---

① ［英］雷蒙·威廉斯：《关键词：文化与社会的词汇》，刘建基译，生活·读书·新知三联书店 2005 年版，第 118 页。
② ［英］雷蒙德·威廉斯：《马克思主义与文学》，王尔勃、周莉译，河南大学出版社 2008 年版，第 89～96 页。
③ 中共中央马克思恩格斯列宁斯大林著作编译局编：《马克思恩格斯文集》第 1 卷，人民出版社 2009 年版，第 545 页。
④ 中共中央马克思恩格斯列宁斯大林著作编译局编：《马克思恩格斯文集》第 1 卷，人民出版社 2009 年版，第 435 页。

和运行。

第二类，前提性、基础性的决定。这大致包括两种情况：第一种是正面直接明确表述，典型的如"物质生产的发展"是"整个社会生活从而整个现实历史的基础"①；资本主义雇佣关系和雇佣生产是"以产业、商业和科学的一定发展，简言之，以生产力的一定发展为基础的"，"以物质生产的全面变革和发展为前提"②。第二种是用否定句式做出表达，如"没有蒸汽机和珍妮走锭精纺机就不能消灭奴隶制；没有改良的农业就不能消灭农奴制"，生产力大发展因此成为共产主义、人类解放"绝对必需的实际前提"③。它们可通俗地理解为：没有 A（作为基础或前提）就不会有或很难有 B，有了 A（作为基础或前提）就可能有 B。

第三类，优先性—主导性的决定。它明显表现了威廉斯所谓积极"施加作用力"，意在强调主动方动态性施加主宰和导向性影响。常见表达有三种：第一种是用"随着"或句式"随着……就……"来表达，如"随着新生产力的获得，人们改变自己的生产方式，随着生产方式即谋生方式的改变，人们也就会改变自己的一切社会关系"④。第二种是用"相适合、相适应"等语词表达，如"同他们的物质生产力的一定发展阶段相适合的生产关系"⑤。第三种是用"引起、造成"或者类似强调引起变化等语词表达，如"珍妮"纺纱机等机械发明"在生产方式上，并且归根结底，在工人的生活方式上，引起那样大

---

① 中共中央马克思恩格斯列宁斯大林著作编译局编：《资本论》第 1 卷，人民出版社 2004 年版，第 211 页注释。
② 中共中央马克思恩格斯列宁斯大林著作编译局编：《马克思恩格斯全集》第 46 卷（上），人民出版社 1979 年版，第 234～235 页。
③ 中共中央马克思恩格斯列宁斯大林著作编译局编：《马克思恩格斯文集》第 1 卷，人民出版社 2009 年版，第 527、538 页。
④ 中共中央马克思恩格斯列宁斯大林著作编译局编：《马克思恩格斯文集》第 1 卷，人民出版社 2009 年版，第 602 页。
⑤ 中共中央马克思恩格斯列宁斯大林著作编译局编：《马克思恩格斯文集》第 2 卷，人民出版社 2009 年版，第 591 页。

# 第四章　中国特色社会主义新时代与经典马克思主义新阐释

的改变"①。这大体上可通俗地理解为：有了 A（先导作用）很有可能或基本上、大体上相应地就会有 B，B 是适应 A 的需要、由 A 推动形成的。

第四类具有明显的"强决定论"色彩，就其文字表达上看，甚至有一些先决命定性、支配预定性的机械决定论味道。这集中表现为两种情况：一种是用必然、必定等带有强烈决定意味的着重词表达，如"人们生产力的一切变化必然引起他们的生产关系的变化"②，"这些关系的性质必然随着这些生产力的改变和发展而改变"。另一种是用"一定……一定"的句式表达，从字面上看前后似乎一一对应，如"在人们的生产力发展的一定状况下，就会有一定的交换和消费形式。在生产、交换和消费发展的一定阶段上，就会有相应的社会制度形式、相应的家庭、等级或阶级组织"③。对之大致可通俗地理解为：有了 A，就一定或必然会有 B。应该讲，以上两类表达都不少见，《资本论》甚至还提出过"以铁的必然性发生作用并且正在实现的趋势"④等更为强硬的话语。前述波普尔、阿隆等人，正是据此将马克思主义定位为单线因果决定论、机械决定论。

如何看待之？第一，马克思、恩格斯有时是为了突出历史唯物主义特质而使用这些语词，并不一定是在刻意强调因果决定；第二，"一定……一定"的句式，还有另一种合理解释，那就是强调 A 决定 B 特定的历史条件性，而非机械因果必然性；第三，马克思主义是在多种意义上表达决定意思的，我们应就其文本进行综合性理解，不应只盯住这些话语；第四，对上述铁律论，马克思在后来关于俄国村社致查苏利奇的几封信中，有明确的反思和限定，强调历史发展的多种

---

① 中共中央马克思恩格斯列宁斯大林著作编译局编：《马克思恩格斯全集》第 47 卷，人民出版社 1979 年版，第 501 页。
② 中共中央马克思恩格斯列宁斯大林著作编译局编：《马克思恩格斯文集》第 1 卷，人民出版社 2009 年版，第 613 页。
③ 中共中央马克思恩格斯列宁斯大林著作编译局编：《马克思恩格斯文集》第 10 卷，人民出版社 2009 年版，第 42～43 页。
④ 中共中央马克思恩格斯列宁斯大林著作编译局编：《马克思恩格斯文集》第 5 卷，人民出版社 2009 年版，第 8 页。

可能性，"一切随历史条件而定"，并承认偶然性在历史中的重要作用。

综上，我们认为：第一，马克思主义历史决定论绝不是单线因果机械决定论，如托波尔斯基所分析的，它是辩证决定论，强调偶然与必然、客观规律与主体能动辩证统一，决定者与被决定者相互作用①。第二，与此相应，马克思主义历史决定论中的决定，主要是上述两层意义上的，即基础性、前提性限定决定作用（没有 A 就很难有 B）和优先性—主导性的决定作用（有了 A 就很可能有 B）。

（二）生产力三层维度和多种"决定"：马克思主义生产力决定论新解

正确理解马克思主义历史决定论，还须搞清楚它具体是什么样的决定论。众所周知，生产力决定论，这个正统和主流观点得到了诸多马克思主义者承前继后的传播、阐析和辩护。其中，分析马克思主义的领军人物柯亨就"生产力的水平决定生产关系性质"的首要性命题和"生产力不断发展并进而推动人类历史变迁"的发展命题做出的阐析和辩护最具系统性和条理性。但尽管如此，生产力决定论仍然受到很多人的批评乃至攻击，柯亨的辩护同样受到多方质疑和攻讦，究其原因，这些传统理解模式确实引起了很多棘手难解的问题，造成认识上的困境。比如，面对复杂的社会系统，什么才是生产力的内容？区分的标准是什么？马克思、恩格斯承认很多社会因素影响生产力，它们既然影响了生产力的形成，那么能把它们排除在生产力之外吗？如果不能，那还有必要谈生产力决定论吗？其中典型的是生产关系，生产关系的反作用影响一个社会生产力的最后形成，那为什么把它和生产力并立起来，并强调生产力决定生产关系？

在我们看来，之所以形成上述诸多难解问题，是因为以往传统的解释大都忽视了生产力的层次性，以及与此相关的生产力决定论的多

---

① 参见 [波] 托波尔斯基《历史学方法论》，张家哲、王寅、尤天然等译，华夏出版社 1990 年版，第 248～249 页。

## 第四章　中国特色社会主义新时代与经典马克思主义新阐释

样表现,把生产力和生产关系割裂,抽象地论说生产力决定论。鉴于此,有必要提出生产力的层次性以及就生产力决定作用的具体表现做新的探索。本文就是为此而做的初步尝试。

在此,搞清楚生产力的基本要素,即劳动者—劳动力、劳动资料、劳动对象,或更抽象地概括为人的因素和物的因素①之间的结合形式、组合架构、互动状态的具体状况至为重要。因为"凡要进行生产,它们就必须结合起来"②,生产力不过是这些要素结合、互动的功能和结果。"人们在生产中不仅影响自然界,而且也相互影响。……为了进行生产,人们相互之间便发生一定的联系和关系;只有在这些社会联系和社会关系的范围内,才会有他们对自然界的影响,才会有生产。"③ 这些基本要素的结合、组配和互动是在两类基本关系中进行的,一是劳动者同生产资料进而同自然界的关系,一是生产中人与人的关系。

我们认为,这些基本要素之间结合、组构、互动主要包括三种情况,生产力因之具有三层维度,这也就意味着生产力决定论相应地具有三大类表现。不能将之混为一谈,笼统抽象地说生产力决定论,否则会陷入前述难题中而不能自拔。

第一层维度既是最基本、最始源性的,也是微观直接具体层面的。它主要源于具体劳动生产过程中,受最基本目的支配(满足人作为类存在物的生存需要)发生的上述两类关系及由此形成的上述基本要素的结合、组配、互动,劳动者在此主要是一种生存性、技术性的存在(可以说是人之存在的基始性状态),即富兰克林谓之的"制造

---

① 马克思明确说:"劳动过程的简单要素是:有目的的活动或劳动本身,劳动对象和劳动资料。"(参见中共中央马克思恩格斯列宁斯大林著作编译局编《资本论》第1卷,人民出版社2004年版,第208页)又说:"不论生产的社会形式如何,劳动者和生产资料始终是生产的因素。"(参见中共中央马克思恩格斯列宁斯大林著作编译局编《资本论》第2卷,人民出版社2004年版,第44页)

② 中共中央马克思恩格斯列宁斯大林著作编译局编:《资本论》第2卷,人民出版社2004年版,第44页。

③ 中共中央马克思恩格斯列宁斯大林著作编译局编:《马克思恩格斯文集》第1卷,人民出版社2009年版,第724页。

利用工具的动物",相应地劳动就是"为了在对自身生活有用的形式上占有自然物质",主要是一种技术性活动,马克思用"工艺学"(或译"技术学")称呼它。物质生产之所以被视为"第一个历史活动",这应是很重要的一个立足点。这种意义上的物质生产大体上可忽略非技术性因素的影响,它"是为了人类的需要对自然物的占有,是人和自然之间的物质变换的一般条件,是人类生活的永恒的自然条件。……它为人类生活的一切社会形式所共有"①。这就是说,劳动者作为技术性存在(制造和使用工具),为了满足自然性生存需要,通过技术(如生产工具)并通过技术性的结合(物理性的分工与协作,人与人的结合关系主要是为了满足生存需要、提高生产效果)和自然界发生关系。与此相对应,这层维度的生产力,主要指具体劳动中劳动者的技能与其他诸多技术之间所形成的技术化合力,最大可能、最有效地满足技术性、自然性生存需要,是其核心。

这一层面的生产力决定论表现为:一是劳动者的劳动技能水平和生产资料的技术化水平(核心是生产工具),它们及其互动限定或主导了生产中的技术性劳动分工、劳动协作以及由之形成的技术性劳动组织。"随着新作战工具即射击火器的发明,军队的整个内部组织就必然改变了,各个人借以组成军队并能作为军队行动的那些关系就改变了,各个军队相互间的关系也发生了变化。"② 马克思以作战工具决定军队的技术组合比喻性地强调了这一点。《资本论》进一步指出,工厂手工业中的整个劳动过程"客观地按其本身的性质分解为各个组成阶段,每个局部过程如何完成和各个局部过程如何结合的问题"即分工、协作、组织问题则"由力学、化学等等在技术上的应用来解决";而在自动工厂里重新出现的分工,"是纯技术性的",因为它是随着机器的出现、个人技能的变化而自动形成的,是"机器从技术上

---

① 中共中央马克思恩格斯列宁斯大林著作编译局编:《资本论》第1卷,人民出版社2004年版,第208、215页。

② 中共中央马克思恩格斯列宁斯大林著作编译局编:《马克思恩格斯文集》第1卷,人民出版社2009年版,第724页。

## 第四章　中国特色社会主义新时代与经典马克思主义新阐释

废弃了旧的分工制度"①。二是劳动者技能、生产资料技术化水平以及劳动分工、协助、组织的技术化水平三者及其互动进一步限定或主导劳动分工、协作、组织的社会性，决定其社会形式。"劳动的组织和划分视其所拥有的工具而各有不同。手推磨所决定的分工不同于蒸汽磨所决定的分工"②，这里，劳动的组织和划分既包括技术性、物理性的，也包括社会性的。"现代工业通过机器、化学过程和其他方法，使工人的职能和劳动过程的社会结合不断地随着生产的技术基础发生变革。"③ 这里的社会结合，显然包括社会性的分工协作。

技术性的劳动分工、协作、组织当然是这层维度生产力的重要内容，它们构成人们生产中的"物质关系"，用威廉姆·肖的话说就是"从其特殊的社会和历史形成中抽象出来的物质的、技术的关系"④，可不考虑其具体历史和社会性质，这种技术性具有某种"自然性"，马克思据此强调"由协作和分工产生的生产力……它是社会劳动的自然力"⑤。而社会性的则不是；相反，它们是被决定的和派生性的。在此，柯亨、威廉姆·肖等人提出劳动关系、物理关系与社会关系的区分有一定合理性⑥。

第二层维度的生产力是中观层面的，即劳动者在一定的生产方式（狭义）下进行生产、以技术为中介与自然物质世界发生关系形成的效力，借用张一兵的说法，它是生产方式的"一个功能性规定，即一

---

① 中共中央马克思恩格斯列宁斯大林著作编译局编：《资本论》第1卷，人民出版社2004年版，第437、484～485页。
② 中共中央马克思恩格斯列宁斯大林著作编译局编：《马克思恩格斯文集》第1卷，人民出版社2009年版，第622页。
③ 中共中央马克思恩格斯列宁斯大林著作编译局编：《资本论》第1卷，人民出版社2004年版，第560页。
④ [美] 威廉姆·肖：《马克思的历史理论》，阮仁慧、钟石韦、冯瑞荃译，重庆出版社2007年版，第31页。
⑤ 中共中央马克思恩格斯列宁斯大林著作编译局编：《资本论》第1卷，人民出版社2004年版，第443页。
⑥ 参见 [英] G. A. 柯亨《卡尔·马克思的历史理论——一个辩护》，岳长龄译，重庆出版社1989年版，第179～182页。

定的生产方式或结构在实际运作中发挥出来的程度、能力和水平"①。

不过,"马克思并没有从任何单纯的、一贯的意义上使用过这一术语"②,在历史唯物主义的文本中,生产方式确实具有多重所指。③本文主张存在狭义和广义生产方式之分。"必须变革劳动过程的技术条件和社会条件,从而变革生产方式本身,以提高劳动生产力"④,狭义生产方式是具体劳动过程的技术条件和社会条件的统一体,由此它包含两种向度:一是技术性的,二是社会性的。前者不但包括劳动者的技能、生产资料的技术水平以及劳动者和生产资料的技术性结合——比如工人不把生产资料当作资本,而只是把它当作自己有目的的生产活动的手段和材料;还包括劳动者之间的技术性结合(前述技术性分工、协作),就此而言,它和第一层维度的生产力很多内容具有重合性。而后者主要指劳动者如何被社会性地组织起来的,具体说就是劳动者如何被监管、控制实现分配组合等(即前述社会性分工、协作和组织),也包括劳动者和生产资料之间的非技术性关系,如是否拥有占有、支配、处分权力。确切地说,这层维度的生产力就是狭义生产方式两种向度及其内部要素之间互动所形成的合力及其效能。

这一层面的生产力决定论主要表现在三个方面:①前述劳动者、生产资料以及技术性分工、协作限定或主导社会性分工、协作,在这里演变为第一层维度生产力限定或主导狭义生产方式;②第二层维度的生产力限定或主导狭义生产关系(人们在劳动过程中形成的与生产直接相关的社会关系,如所有制关系、人们在生产中的社会地位所形成的相互关系等);③第二层维度生产力通过狭义生产关系决定广义

---

① 张一兵:《回到马克思——经济学语境中的哲学话语》(第3版),江苏人民出版社2014年版,第462页。

② [英]汤姆·博托莫尔:《马克思主义思想辞典》,陈叔平等译,河南人民出版社1994年版,第408页。

③ 柯亨认为有三种含义即生产的物质方式、社会方式和混合方式。(参见[英]G. A. 柯亨《卡尔·马克思的历史理论——一个辩护》,岳长龄译,重庆出版社1989年版,第84~89页;赵家祥教授则列举出五种内涵,参见赵家祥《唯物史观的核心与当代现实——论生产关系必须适合生产力性质的规律》,天津人民出版社1987年版,第104~111页)。

④ 中共中央马克思恩格斯列宁斯大林著作编译局编:《资本论》第1卷,人民出版社2004年版,第366页。

## 第四章　中国特色社会主义新时代与经典马克思主义新阐释

生产关系（包括劳动过程之外的交换关系、分配关系等），并进而主导整个社会关系，也由此确定了整个社会结构。马克思明确指出，"资本主义占有方式，从而资本主义的私有制"，是"从资本主义生产方式产生的"。① 他有时更多地把这三类决定合在一起表述，如"'机械发明'。它引起'生产方式上的改变'，并且由此引起生产关系上的改变，因而引起社会关系上的改变"②。

问题是，如何处理狭义生产方式的社会性向度和生产关系的关系？应该承认，两者之间有着非常密切的关系，或者说它们在某些内容方面具有一定的重合性。这是否违背、破坏了生产力决定生产关系这个基本原理？

正是出于这种顾虑，柯亨、威廉姆·肖等人不但把狭义生产方式的这些社会性向度排除在生产力之外，甚至把劳动者的技术性关系也排除掉，结果，整个分工、协作都不属于生产力。③ 这种做法既忽视了生产力的层次性，也忽视了狭义生产方式的独特性和内生性。我们承认，这里，仅仅是狭义生产方式的技术性向度不会自动生成其社会性向度，这当然涉及外面的社会性因素。但是，确切地说，是狭义生产方式的技术性向度主动汲取社会性因素，并将其吸纳、转化、创生为内在成分，从而使之成为狭义生产方式内生有机要素而不再是外在影响力量，并和技术性向度融合互渗，共同成为第二层维度生产力的

---

① 参见中共中央马克思恩格斯列宁斯大林著作编译局编《资本论》第1卷，人民出版社2004年版，第874页。

② 中共中央马克思恩格斯列宁斯大林著作编译局编：《马克思恩格斯全集》第47卷，人民出版社1979年版，第501页。

③ 因把技术性、物质性的劳动关系都排除在生产力之外，米勒称柯亨、威廉姆·肖的观点是一种错误的"狭义技术决定论"。米勒因此提出把前述劳动关系包含在内的"广义生产力"概念（参见［美］米勒《分析马克思——道德、权力与历史》，张伟译，高等教育出版社2009年版，第172～175页）。米勒的分析得到了莱尔因的认同，莱尔因认为那种"狭隘的生产力观点""必然造成这样一种结果：生产力只能被解释为纯粹的物质和技术方面的东西"（参见［英］莱尔因《重构历史唯物主义》，姜兴宏等译，中国社会科学出版社1991年版，第96～97页）。威廉姆·肖明确提出历史唯物主义就是"技术决定论"，原因正在于此；而米尔斯则直接说"生产力是一个更复杂的概念，既包括物质因素也包括社会因素"，后者如劳动分工（参见［美］米尔斯《马克思主义者》，商务印书馆译，商务印书馆1965年版，第83页）。

内在成分。狭义生产方式的社会性向度根本不具有生产关系那样的外在相对独立性。这是两者最重要的区别。（第二层维度）生产力决定生产关系由此得以成立。

第三层维度的生产力是宏观抽象层面的，其核心与实质是作为狭义生产方式功能性规定的第二层级生产力和其之外的社会因素互动，通过人类生产实践所形成的利用自然创造物质财富的总合力。在这种互动中，同时形成广义生产方式，即人们围绕物质生产展开各种社会实践活动所形成的相对稳定的实践格局、框式，或者直白地说，是人们围绕物质生产所形成的生活方式。马克思也正是在这个意义上说："随着生产方式即谋生的方式的改变，人们也就会改变自己的一切社会关系。""物质生活的生产方式决定着人们的精神生活、政治生活。"① 就此而言，第三层维度的生产力可以视为广义生产方式的功能性规定。

上述互动首先表现在生产关系与狭义生产方式（也可说是第二层维度生产力）之间，这是最根本、最主要的，所以，马克思、恩格斯不但经常强调生产关系对生产力能动的反作用，甚至提到"决定性的反作用"②，也只有在这个时候，说生产方式是生产关系和生产力的统一，大体上可以接受，这时的生产方式确实受到生产关系的渗透和影响③。其次表现为，在此基础上，诸如自然地理条件、科学知识和教

---

① 中共中央马克思恩格斯列宁斯大林著作编译局编：《马克思恩格斯文集》第1卷，人民出版社2009年版，第602页。

② 原话为："从直接生产者身上榨取无酬剩余劳动的独特经济形式，决定了统治和从属的关系，这种关系是直接从生产本身中生长出来的，并且又对生产发生决定性的反作用。"（参见中共中央马克思恩格斯列宁斯大林著作编译局编《资本论》第3卷，人民出版社2004年版，第894页）

③ 我们也可把生产关系与第二维度生产力之间互动形成的统一体，视为中义生产方式。不少人也就是在这个意义上理解生产方式的。

## 第四章　中国特色社会主义新时代与经典马克思主义新阐释

育、社会交通甚至世界市场等社会因素参与进来的互动①，《资本论》曾总结说："劳动生产力是由多种情况决定的，其中包括：工人的平均熟练程度，科学的发展水平和它在工艺上应用的程度，生产过程的社会结合，生产资料的规模和效能，以及自然条件。"最后表现为社会政治、文化、意识等上层建筑因素参与进来的互动，马克思曾举例说明："有一点很清楚，中世纪不能靠天主教生活，古代世界不能靠政治生活。相反，这两个时代谋生的方式和方法表明，为什么在古代世界政治起着主要作用，而在中世纪天主教起着主要作用。"②

关于这一层维度的生产力，马克思、恩格斯除有时用"社会生产力"来指称外，有时用"生产力总和""全部生产力"等来指称，还有一些更为抽象的表达如"文明的果实""以往活动的产物"等。另外，他们还特意强调此种生产力是"一般社会知识"和"社会生活过程"相互作用的结果，"不仅以知识的形式，而且作为社会实践的直接器官，作为实际生活过程的直接器官被生产出来"③。"社会实践的直接器官"，表明了这一层维度生产力的宏观抽象性。

这一层面的生产力决定论主要表现为：其一，第三层维度生产力从总体上限定或主导着社会状况，"人们所达到的生产力的总和决定着社会状况"，"物质生活的生产方式制约着整个社会生活、精神生活

---

① 具体文本有："因为自然条件的贫瘠还是富饶决定着受自然条件限制的特殊实在劳动的生产力"（参见中共中央马克思恩格斯列宁斯大林著作编译局编《马克思恩格斯全集》第13卷，人民出版社1965年版，第26页）；劳动的社会生产力"它既包括科学的力量，又包括生产过程中社会力量的结合，最后还包括从直接劳动转移到机器即死的生产力上的技巧"［参见中共中央马克思恩格斯列宁斯大林著作编译局编《马克思恩格斯全集》第46卷（下），人民出版社1980年版，第229页］；"科学、发明、劳动的分工和结合、交通工具的改善、世界市场的开辟、机器等等"都影响生产力的增长［参见中共中央马克思恩格斯列宁斯大林著作编译局编《马克思恩格斯全集》第46卷（上），人民出版社1979年版，第268页］。

② 中共中央马克思恩格斯列宁斯大林著作编译局编：《资本论》第1卷，人民出版社2004年版，第100页。

③ 中共中央马克思恩格斯列宁斯大林著作编译局编：《马克思恩格斯全集》第46卷（下），人民出版社1980年版，第219～220页。

和政治生活的过程"①。其二，第三层维度生产力最终决定着社会形态的更替。"无论哪一个社会形态，在它所能容纳的全部生产力发挥出来以前，是决不会灭亡的"②，"随着联合起来的个人对全部生产力的占有，私有制也就终结了"③。这意味着，当社会因素对第三层维度的生产力不再有促进作用时（最核心的是生产关系与第二层维度生产力的矛盾极为尖锐），其所处的社会形态将要为新社会所取代。因此，社会形态的历史更替和生产方式的历史更替深层次内在统一。《〈政治经济学批判〉序言》提出亚细亚、古代、封建社会等立基于生产方式的历史更替，表达的正是此意。其三，第三层维度生产力构成历史新时期或者新社会的基础，在最初时期主导着未来社会的基本面目。马克思为此说："人们不能自由选择自己的生产力——这是他们的全部历史的基础，因为任何生产力都是一种既得的力量，是以往的活动的产物。"④"历史的每一阶段都遇到一定的物质结果、一定的生产力总和，……它们也预先规定新的一代的生活条件，使它得到一定的发展和具有特殊的性质。"⑤

埃尔斯特曾批评说："马克思有时似乎是在更为一般的意义上使用'生产力'这个词及其同义词的，即任何一种在强化工人的生产率或计入生产力总量上具有因果效应的东西。……在此，构成生产力增长的因素和引起这种增长的因素具有同等的地位。因此，人们可能认为马克思说，……生产的社会关系在它们促进了生产力的增长的意义

---

① 中共中央马克思恩格斯列宁斯大林著作编译局编：《马克思恩格斯文集》第1卷，人民出版社2009年版，第533页。
② 中共中央马克思恩格斯列宁斯大林著作编译局编：《马克思恩格斯文集》第1卷，人民出版社2009年版，第592页。
③ 中共中央马克思恩格斯列宁斯大林著作编译局编：《马克思恩格斯文集》第1卷，人民出版社2009年版，第582页。
④ 中共中央马克思恩格斯列宁斯大林著作编译局编：《马克思恩格斯文集》第4卷，人民出版社1995年版，第532页。
⑤ 中共中央马克思恩格斯列宁斯大林著作编译局编：《马克思恩格斯文集》第1卷，人民出版社2009年版，第545页。

## 第四章　中国特色社会主义新时代与经典马克思主义新阐释

上就是生产力。"① 应该说，抱有这种观点的大有人在，有人据此否定生产力决定论，甚至主张生产关系决定论。这显然忽视了生产力的层次性，把上述三层维度的生产力混为一谈。由此，因为生产方式的多义性和在第二、第三层维度生产力中的核心性，我们说阿尔都塞在把生产方式概念泛化（由社会各种因素围绕生产所形成的"总体性结构"②）的基础上提出的"矛盾的多元决定"虽有很多问题，但确实很有理论敏锐性，也颇具参考价值；而生态学马克思主义者奥康纳通过分析文化对生产方式的重要影响而得出生产力具有文化向度，或者说具有文化生产力向度③，有一定的合理性。可惜的是，他们也忽视了生产力的层次性。

还需注意的是，这三层维度生产力之间，第一层维度生产力是最根本的，它受人类本能性的生存需要直接驱动，生产力创造物质财富主要是通过它实现的，它是整个生产力发展的原发性、基始性的推动者；第二层维度生产力是核心性的，它是第一层和第三层维度互动的中介，所谓生产力与生产关系的矛盾运动根源于此；第三层维度生产力是总体性和最终性的，在它这里，马克思主义生产力决定论的辩证性、基础限定性和优先主导性体现得最充分。正因此，马克思、恩格斯为简洁行事，有时将生产力决定论表述为生产工具决定社会形态（省略了第二、第三层维度的生产力）；有时则比较笼统，如"随着新的生产力的获得，人们便改变自己的生产方式，而随着生产方式的改变，他们便改变所有不过是这一特定生产方式的必然关系的经济关系"④。这里的"新生产力"，理解为第一、第三层维度大概都可以成立。

---

① ［美］乔恩·埃尔斯特：《理解马克思》，何怀远等译，中国人民大学出版社2008年版，第235页。
② ［法］路易·阿尔都塞：《保卫马克思》，顾良译，商务印书馆1984年版，第67～105页。
③ 参见［美］詹姆斯·奥康纳《自然的理由——生态学马克思主义》，唐正东、臧佩洪译，南京大学出版社2003年版，第68～73页。
④ 中共中央马克思恩格斯列宁斯大林著作编译局编：《马克思恩格斯文集》第10卷，人民出版社2009年版，第44页。

(三) 物质生产、生产方式决定论和技术、经济决定论：必要界划和新的分析

除生产力决定论外，还有两种决定论也得到马克思主义显性文本的支撑，即物质生产决定论和生产方式决定论。如恩格斯在《致约·布洛赫》中指出，"根据唯物史观，历史过程中的决定性因素归根到底是现实生活的生产和再生产"①。《共产党宣言》"序言"中说："每一历史时代的经济生产以及必然由此产生的社会结构，是该时代政治的和精神的历史的基础"。"每一历史时代主要的经济生产方式和交换方式以及必然由此产生的社会结构，是该时代政治的和精神的历史所赖以确立的基础。"② 恩格斯还指出："一切重要历史事件的终极原因和伟大动力是社会的经济发展，是生产方式与交换方式的改变。"③

这两种决定论都有其存在的合理性。物质生产活动无疑是人类历史的第一个前提性活动，其对社会、历史的基础性决定作用无可疑辨；任何物质生产都是在一定生产方式中进行的，狭义的生产方式是区别不同社会的重要标志，广义生产方式则是决定社会形态的最终力量，任何一种维度的生产力都是在一定生产方式中形成的。

不过，总体上将马克思主义视为生产力决定论更为合理与准确，这不仅是因为生产力决定论有更多的、远非后两者所能比及的明确文本支撑，更重要的是，这两种决定论要么有明显缺陷，要么其主要诉求已被涵括在生产力决定论中。如物质生产决定论，它是用"纯粹经验的方法来确认"④ 的，这是小孩都知道的事实，具有明显的直观性，无法破译纷繁复杂的社会历史之深层奥秘，不能揭示生产系统之复杂矛盾及由之形成的动力系统如生产力、生产关系的矛盾；而生产方式

---

① 中共中央马克思恩格斯列宁斯大林著作编译局编：《马克思恩格斯文集》第10卷，人民出版社2009年版，第591页。
② 中共中央马克思恩格斯列宁斯大林著作编译局编：《马克思恩格斯文集》第2卷，人民出版社2009年版，第14页。
③ 中共中央马克思恩格斯列宁斯大林著作编译局编：《马克思恩格斯文集》第3卷，人民出版社2009年版，第509页。
④ 中共中央马克思恩格斯列宁斯大林著作编译局编：《马克思恩格斯文集》第1卷，人民出版社2009年版，第519页。

## 第四章　中国特色社会主义新时代与经典马克思主义新阐释

决定论固然能彰显生产力与生产关系的矛盾运动与双向互动，但淡化了生产力与生产关系的边界，弱化了生产力的决定性角色。

在对马克思主义历史决定论的阐释中，还有两种很有影响力的说法。

（1）技术决定论。即把马克思主义理解为这样一种观点：强调技术具有自主性并对社会变迁具有主导甚至支配的作用。这当然是误解。首先，前已述及，生产力具有多种维度，在第二、第三层维度中，技术和社会互动性越来越明显，社会性生产方式、生产关系、社会政治制度、文化影响甚至形塑着技术，技术的社会建构性愈益强化，其自主性不断降低，与此相应，其对生产力的重要性越来越依赖于社会因素的影响。其次，即使是在技术性色彩最为浓厚的第一层维度生产力中，技术亦非最根本的因素；相反，"人本身是他自己的物质生产的基础，也是他进行的其他各种生产的基础"[①]。人不但是生产的基础性要素，更是主导性要素，它才是最根本的。这在现代社会体现得越来越明显。所以，马克思一方面强调，随着大工业的发展，现代社会生产力的发展越来越取决于科技的发展和应用；另一方面则强调科技的发展更多地取决于劳动者个人能力的发展，由此"个人的充分发展"成为"最大的生产力"[②]。诺曼为此很到位地总结说："把马克思主义的历史唯物主义解释为狭隘的技术决定论是不恰当的。"[③]

（2）经济决定论。应该说，与政治、文化决定论相比较，经济决定论无疑更具合理性。因为生产力归根结底表现为人们物质生产、创造财富的能力，经济财富是生产力的物化表现，生产力与经济之间关系更为接近。马克思、恩格斯为此称生产劳动为创造财富的活动，生产力为现实财富的创造力。但是，就此把马克思主义历史决定论归结

---

① 中共中央马克思恩格斯列宁斯大林著作编译局编：《马克思恩格斯全集》第26卷第1册，人民出版社1972年版，第300页。

② 中共中央马克思恩格斯列宁斯大林著作编译局编：《马克思恩格斯全集》第46卷（下），人民出版社1980年版，第225页。

③ ［加］罗伯特·韦尔、凯·尼尔森：《分析马克思主义新论》，鲁克俭、王来金、杨洁等译，中国人民大学出版社2002年版，第61页。

为经济决定论则相当不妥。

原因在于以下三点：其一，在第一维度生产力中，虽然生产过程的起因（人们为了满足物质生产需要）和结果（物质产品）都与经济有关，但却是技术和劳动者的互动处于决定性地位，不能把这两点都归结为纯粹的经济。其二，第三维度生产力更为复杂，涉及生产关系、政治制度、文化环境等外在因素与狭义生产方式的互动，其中政治制度、文化环境当然不是经济，即使表现为经济关系的生产关系，也不能完全用经济来归结它，因为生产关系同时涉及对工人的控制、支配以维系阶级关系的存续，有时会超越经济层面；正如西伯朗所指出的，"无论生产力（人口、技能、艺术、技巧和人工发明）还是生产关系都不是狭隘的经济概念。……偶尔用来标记马克思主义历史哲学的粗俗经济主义并不是与它的唯物主义重心内在一致的"①。其三，更重要的是，从历史长时段看，最终性的第三维度生产力决定论往往表现出多样性，如当一个社会中政治因素通过狭义生产方式对生产力维系与发展产生主导性影响的时候，内在的生产力决定论可能外在地表现为政治决定论（成为表象），如欧洲的封建社会就出现这种情况；当生产关系产生主导性影响时，生产关系决定论可能成为外在表象。对此，恩格斯晚年反思说："如果有人在这里加以歪曲，说经济因素是唯一决定性的因素，那么他就是把这个命题变成毫无内容的、抽象的、荒诞无稽的空话。"事实上，"整个伟大的发展过程是在相互作用的形式中进行的"②。

此外，必须承认《资本论》及其手稿用极大篇幅深入分析、批判了资本主义特有的、以三大（资本、商品、货币）拜物教为突出表现的强经济决定论——经济不但主导而且支配和主宰着一切社会生活，其实质就是人与人之间的社会关系不但以物为中介，而且为物所支配，"人和人之间的社会关系可以说是颠倒地表现出来的，就是说，

---

① ［英］戴维·佩珀：《生态社会主义：从深生态学到社会正义》，刘颖译，山东大学出版社2012年版，第108页。

② 中共中央马克思恩格斯列宁斯大林著作编译局编：《马克思恩格斯文集》第10卷，人民出版社2009年版，第601页。

## 第四章　中国特色社会主义新时代与经典马克思主义新阐释

表现为物与物之间的社会关系"①。生产力和经济保持了高度同质性，表现为不顾一切发展经济，这种生产力成为异化的客观力量。但马克思同时强调了它的历史情境性和暂时性，并进而批判资本主义经济学家将这些历史现象自然化、永恒化。我们不能将马克思主义批判和分析的东西视为其本身。

### （四）人民主体论与全面深化改革思想：马克思主义生产力决定论的当下回应

自从邓小平同志提出解放和发展生产力，生产力的决定性意义、社会主义与和生产力之间的本质性关联已广为人们所接受。时至今日，我们更为关注的是发展怎样的生产力、怎样更好地发展生产力。这当然需要准确理解马克思主义生产力决定论思想。

前已分析，在生产力的各种要素中，马克思认为最重要的是人本身。这一点，就连被认为明显具有经济决定论思想的考茨基都认识到了，他说："最重要的生产力是人本身，只有人才能把其他的生产力释放出来，使它们开动起来，并且有目的地加以使用。"② 库诺进一步指认："马克思认为，在所有的生产力中，地位最重要的乃是人的劳动力。"③ 另外，马克思还特别强调，"人本身是他自己的物质生产的基础……。因此，所有对人这个生产主体发生影响的情况，……会改变人作为物质财富、商品的创造者所执行的各种职能和活动。在这个意义上，确实可以证明，所有人的关系和职能，不管它们以什么形式和在什么地方表现出来，都会影响物质生产，并对物质生产发生或多或少是决定的作用"④。上述第三层维度生产力即综合性的社会生产力

---

① 中共中央马克思恩格斯列宁斯大林著作编译局编：《马克思恩格斯全集》第13卷，人民出版社1965年版，第22页。
② ［德］卡·考茨基：《唯物主义历史观》（中译本）第5分册，上海人民出版社1964年版，第331页。
③ ［德］亨利希·库诺：《马克思的历史、社会和国家学说》，袁志英译，上海译文出版社2006年版，第501页。
④ 中共中央马克思恩格斯列宁斯大林著作编译局编：《马克思恩格斯全集》第26卷第1册，人民出版社1972年版，第300页。

## 经典马克思主义与中国特色社会主义新时代

固然是狭义生产方式与其外的各种社会因素互动的结果,但根本原因却在于此,因为人(劳动者)是社会中的人,不可能隔绝各种社会影响而进行生产,各种社会因素最终是通过人来和狭义生产方式互动进而促成第三层维度生产力的形成。由此,无论在哪一层维度的生产力中,人都是最根本的。

"必须牢牢记住,个人的发展,个人的自由,是所有发展形式的主要动力之一。"① 佩鲁的这个说法,确实有一定合理性。而且,正如考茨基所说的,"人不仅是最高的生产力量,而且也是最高的生产目的。至少从一般的社会观点看来,人是劳动者的同义语"②。作为生产力核心的人主要是劳动者,或者说劳动人民。

由此,社会主义应发展以劳动人民为本的生产力,全面发展劳动者的能力,按照日本左翼学者岩佐茂的说法,这是生产力更为重要的质的方面③。这要求,不但在劳动过程中高扬劳动者的主体性,尊重其创造性,进而最大限度地发展生产力,而且发展生产力的目的是促进全体劳动人民的自由全面发展,从而使生产力不再是一种外在的异化力量。

习近平同志针对我国当前所处的"经济体制深刻变革,社会结构深刻变动,利益格局深刻调整,思想观念深刻变化"这样一个新时期、新阶段,大力倡扬的"人民主体论"充分彰显了这一点,它不但在一般意义上强调了"人民群众创造历史","群众是真正的英雄",因此要"紧紧依靠人民推进改革",强调"人民对美好生活的向往,就是我们的奋斗目标",而且还特别突出了劳动、劳动者、工人阶级的重要性,人民实际上指劳动人民,这直接或间接地张扬了生产力的人本向度和劳动者的核心性、根本性。习近平同志明确说:"人民创

---

① [法]弗朗索瓦·佩鲁:《新发展观》,张宁、丰子义译,华夏出版社1987年版,第175页。

② [德]卡·考茨基:《唯物主义历史观》(中译本)第5分册,上海人民出版社1964年版,第197页。

③ 参见[日]岩佐茂《环境的思想——环境保护与马克思主义的结合处》,韩立新等译,中央编译出版社2006年版,第125～130页。

## 第四章　中国特色社会主义新时代与经典马克思主义新阐释

造历史,劳动开创未来。劳动是推动人类社会进步的根本力量。……必须紧紧依靠人民、始终为了人民,必须依靠辛勤劳动、诚实劳动、创造性劳动。""必须牢固树立劳动最光荣、劳动最崇高、劳动最伟大、劳动最美丽的观念,让全体人民进一步焕发劳动热情、释放创造潜能,通过劳动创造更加美好的生活。""努力让劳动者实现体面劳动、全面发展。""当代工人不仅要有力量,还要有智慧、有技术,能发明、会创新。"① 这不仅是创造美好生活所需,更是发展更好的生产力、更好地发展生产力所需。促进劳动者全面发展、以人为本地发展生产力,是社会主义优越性的重要体现,决定着能否建设成熟的社会主义。这无疑是对马克思主义生产力决定论的有力回应。

习近平同志还继承先辈观点,强调生产力最活跃、最革命,社会主义的根本任务是解放和发展生产力,改革是实现根本任务的基本途径。不过,他在当前时期特别推重的是"全面深化改革"。

为什么要"全面深化改革"?因为"物质生产是社会历史发展的决定性因素,但上层建筑也可以反作用于经济基础,生产力和生产关系、经济基础和上层建筑之间有着作用和反作用的现实过程,并不是单线式的简单决定和被决定逻辑","只有把生产力和生产关系的矛盾运动同经济基础和上层建筑的矛盾运动结合起来观察,把社会基本矛盾作为一个整体来观察,才能全面把握整个社会的基本面貌和发展方向"。所以,"仅仅依靠单个领域、单个层次的改革难以奏效,必须加强顶层设计、整体谋划,增强各项改革的关联性、系统性、协同性。只有既解决好生产关系中不适应的问题,又解决好上层建筑中不适应的问题,这样才能产生综合效应。……更好推动生产关系与生产力、上层建筑与经济基础相适应"②。

从前面的分析可以看出,生产力是由多种因素互动形成的有机整体,具有鲜明的系统性,从历史的长时段来看,持续健康地发展生产

---

① 《习近平同全国劳动模范代表座谈并发表重要讲话》,见新华网(http://www.xinhuanet.com/photo/2013-04/28/c_124646883.htm)。
② 习近平:《推动全党学习和掌握历史唯物主义　更好认识规律更加能动地推进工作》,载《人民日报》2013年12月5日。

力最好是实现多因素的良性互动。特别是上述第三层维度的生产力，它是狭义生产方式和诸如生产关系、上层建筑等社会因素互动所形成的综合性效应，对这一点要求更高。这种"社会生产力"具有最重要的社会意义，可视为一个国家综合国力的基础，它具有多重决定意义，而要想促进其健康持续发展，必须实现多种社会因素之间的协调发展以及多种社会因素与狭义生产方式的良性互动，特别是实现生产关系、上层建筑对第二层维度生产力的正向反作用。这当然要求最终在宏观层面上使社会各个层面多头并进、协调进步和良性互动。习近平同志特别强调的"必须加强顶层设计、整体谋划，增强各项改革的关联性、系统性、协同性"，就充分体现了这一点，他在多次讲话中，使用最多的也是"社会生产力"这个概念。显然，全面深化改革以促进社会生产力更快更好地发展，也是对马克思主义生产力决定论思想的有力回应。

## 三、历史唯物主义的三种理论面相和三种争议及其解题[①]

历史唯物主义之所以被称为科学，很重要的理由在于它为我们提供了科学的历史观。但因为历史本身的多维性，历史唯物主义历史观表现出三种理论面相，即立足于主体经验活动的劳动史观、强调深入分析社会结构的结构史观和深刻洞悉资本主义特殊性的资本主义社会理论。这三种理论面相引起了关于历史唯物主义三种比较有影响的争议，它们分别是历史决定论（物质生产决定论、生产方式决定论和生产力决定论）之争、结构主义和人本主义之争、人类社会历史发展的普遍性理论和资本主义社会的特殊性理论之争。反思性历史社会学融经验观察与抽象理论为一体，能把历史唯物主义的三种理论面相很好地统摄起来。把历史唯物主义界定为反思性历史社会学，是化解前述三种争议的有益尝试。

历史唯物主义作为人类社会科学中的重要成果，可谓世所公认。

---

① 本部分原载于《华南师范大学学报（社会科学版）》2018 年第 5 期。

第四章　中国特色社会主义新时代与经典马克思主义新阐释

列宁甚至说:"马克思的历史唯物主义是科学思想中的最大成果。"①历史唯物主义科学性的一个重要体现就在于它提供对历史的合理看法与分析路径,亦即它具有科学的历史观。所以,列宁同时称历史唯物主义的历史观"是唯一科学的历史观"②。

不过,对我们来说,还应在列宁这些总体性判断的基础上,进一步分析历史唯物主义历史观在理论上的具体表现,分析它们之间是否引起不同的争议,并力图廓清这些争议,使历史唯物主义作为"唯一科学的历史观"更为具体丰满,亦更具有明证性和说服力。笔者认为,历史唯物主义作为历史观在理论上有三种面相,这三种面相在理论实质上是一致和统一的,但在表述、阐析上是有差异、分殊的,由此引起了三大争议。反思性历史社会学可能是回应这些争议的一种较为可行的思路。

(一)劳动史观、结构史观和资本主义理论:历史唯物主义历史观的三种理论面相

我们知道,马克思经过在克罗茨纳赫对历史学、政治学的研究,在巴黎对古典经济学的初步研究,在费尔巴哈感性唯物主义和人本主义的双重影响下,认识到"黑格尔的历史观以抽象的或绝对的精神为前提,这种精神是这样发展的:人类只是这种精神的无意识或有意识的承担者,即群众。可见,黑格尔是在经验的、公开的历史内部让思辨的、隐秘的历史发生的。人类的历史变成了抽象精神的历史,因而也就变成了同现实的人相脱离的人类彼岸精神的历史"。而费尔巴哈的"天才的阐述"在于,他"认识到人是本质、是人的全部活动和全部状况的基础……历史什么事情也没有做……正是人,现实的、活生生的人在创造这一切,拥有这一切并进行战斗。并不是'历史'把人当作手段来达到自己——仿佛历史是一个独具魅力的人——的目的。

---

① 中共中央马克思恩格斯列宁斯大林著作编译局编:《列宁专题文集·论马克思主义》,人民出版社2009年版,第68页。

② 中共中央马克思恩格斯列宁斯大林著作编译局编:《列宁专题文集·论辩证唯物主义和历史唯物主义》,人民出版社2009年版,第163页。

历史不过是追求着自己目的的人的活动而已"。这正确地告诉人们，感性可以直观到的人是认识世界特别是社会历史最基本的立足点和出发点，"费尔巴哈消解了形而上学的绝对精神，使之变为'以自然为基础的现实的人'；……同时也为批判黑格尔的思辨以及全部形而上学拟定了博大恢宏、堪称典范的纲要"①。

可是，费尔巴哈的问题也很明显。他"对对象、现实、感性，只是从客体的或者直观的形式去理解，而不是把它们当做感性的人的活动，当做实践去理解"，"没有把人的活动本身理解为对象性的活动"；费尔巴哈"喜欢直观"，"但是他把感性不是看做实践的、人的感性的活动"②。所以，在他那里，只能把人理解为感性直观到的自然人，而忽视了现实的人更根本的是实践活动的人，同时也是关系中的人。从他所谓的自然人出发，是把握不了社会历史的。而马克思强调"人的感性实质上是实践的对象化"，由此"把实践的和社会的存在这一根本特征引入关于人的本质的存在的定义之中"③。这由此带来对历史观的一种革命性变化。

标志着历史唯物主义初步形成的《德意志意识形态》（以下简称《形态》）强调，"任何人类历史的第一个前提无疑是生命的个人存在"，在这一点上费尔巴哈当然是正确的。可是要接着追问一个更基本的问题（费尔巴哈却没有做到）：他们为什么能生存？"因此我们首先应当确定一切人类生存的第一个前提，也就是一切历史的第一个前提，这个前提是：人们为了能够'创造历史'，必须能够生活。但是为了生活，首先就需要吃喝住穿以及其他一些东西。因此第一个历史活动就是生产满足这些需要的资料，即生产物质生活本身，而且，这是人们从几千年前直到今天单是为了维持生活就必须每日每时从事的

---

① 中共中央马克思恩格斯列宁斯大林著作编译局编：《马克思恩格斯文集》第1卷，人民出版社2009年版，第291～292、295、342页。

② 中共中央马克思恩格斯列宁斯大林著作编译局编：《马克思恩格斯文集》第1卷，人民出版社2009年版，第499、501页。

③ 复旦大学哲学系现代西方哲学研究室编译：《西方学者论〈1844年经济学—哲学手稿〉》，复旦大学出版社1983年版，第113页。

## 第四章 中国特色社会主义新时代与经典马克思主义新阐释

历史活动,是一切历史的基本条件。""任何历史观的第一件事情就是必须注意上述基本事实的全部意义和全部范围,并给予应有的重视。"历史固然是人的历史,但确切地说,是现实的人的历史,而现实的人就在于"他们的活动和他们的物质生活条件",当然也在于他们是处于各种关系中的人,不过这种种关系也是由上述"第一个历史活动"形成的。在这个意义上,我们在确定第一个历史活动即物质生产活动时,同时意味着"第一个需要确定的具体事实就是这些个人的肉体组织,以及受肉体组织制约的他们与自然界的关系"。总而言之,"这种历史观与唯心主义历史观不同,它不是在每个时代中寻找某种范畴,而是始终站在现实历史的基础上,不是从观念出发来解释实践,而是从物质实践出发来解释各种观念形态",唯心史观做不到这一点,"就把人与自然界的关系从历史中排除出去","只能在历史上看到重大政治历史事件,看到宗教的和一般理论的斗争"①。

恩格斯为此总结说,唯物史观很重要的贡献就是发掘了"历来为纷繁复杂的意识形态所掩盖着的一个简单事实:人们首先必须吃、喝、住、穿,然后才能从事政治、科学、艺术、宗教等等",进而将"直接的物质生活资料的生产"确定为理解历史的基础,后来还强调说"唯物主义历史观从下述原理出发:生产以及随生产而来的产品交换是一切社会制度的基础"②,称赞马克思"在劳动发展史中找到了理解全部社会史的钥匙"③,有力地驳斥了各种思辨的或意识形态虚饰的唯心史观。

由此,从主体(现实的人)的实践活动(最根本的是生产劳动)看历史,或者说把历史视为主体实践活动史、劳动史就成为历史唯物主义最基本的向度,劳动史观就成了历史唯物主义一个基本理论

---

① 中共中央马克思恩格斯列宁斯大林著作编译局编:《马克思恩格斯文集》第1卷,人民出版社2009年版,第499~501页。
② 中共中央马克思恩格斯列宁斯大林著作编译局编:《马克思恩格斯文集》第3卷,人民出版社2009年版,第519、531、544、545页。
③ 中共中央马克思恩格斯列宁斯大林著作编译局编:《马克思恩格斯文集》第4卷,人民出版社2009年版,第313页。

面相。

不过，历史唯物主义绝没有停留于此，因为《形态》已经认识到，立足于现实的人及其物质生产劳动出发理解历史，固然可以超越唯心史观，但它正确强调的没有持续的生产劳动就无从谈及人类历史，却是"每一个小孩都知道的"①，它把历史"归结为某种经验的事实"，是用"纯粹经验方法"来确认的，这虽然远远超越了费尔巴哈的感性直观，但没有超越经验直观。问题在于，历史固然是追求着自己目的的人的活动，但现实的人及其活动"是受他们的物质生活的生产方式，他们的物质交往和这种交往在社会结构和政治结构中的进一步发展所制约的"，所以，"经验的观察在任何情况下都应当根据经验来提示社会结构和政治结构同生产的联系"。正因此，《形态》专门用一段话说："这种历史观就在于：从直接生活的物质生产出发阐述现实的生产过程，把同这种生产方式相联系的、它所产生的交往形式即各个不同阶段上的市民社会理解为整个历史的基础，从市民社会作为国家的活动描述市民社会，同时从市民社会出发阐明意识的所有各种不同的理论产物和形式，如宗教、哲学、道德等等，而且追溯它们产生的过程。"② 历史既可以从物质生产出发来看，但同时又要超越这一点，深入到以生产方式为核心的社会结构来理解历史。恩格斯在强调唯物史观是劳动史观的同时，也特意提醒，"每一历史时代的经济生产以及必然由此产生的社会结构"是"历史的基础"，或者更具体地说，"每一历史时代主要的经济生产方式和交换方式以及必然由此产生的社会结构，是该时代政治的和精神的历史所赖以确立的基础，并且只有从这一基础出发，这一历史才能得到说明"③。否则，如果只局限于从经验事实看历史，就会沦为把历史变为"一些僵死的事实的

---

① 中共中央马克思恩格斯列宁斯大林著作编译局编：《马克思恩格斯文集》第10卷，人民出版社2009年版，第289页。
② 中共中央马克思恩格斯列宁斯大林著作编译局编：《马克思恩格斯文集》第1卷，人民出版社2009年版，第528、519、524、544页。
③ 中共中央马克思恩格斯列宁斯大林著作编译局编：《马克思恩格斯文集》第2卷，人民出版社2009年版，第9、14页。

## 第四章　中国特色社会主义新时代与经典马克思主义新阐释

汇集"的"抽象经验主义",结果"只是诉诸实际经验。而理由和原因仍然是秘密"。①

劳动史观的背后是结构史观,确切地说,历史是诸如生产力、生产关系、上层建筑等社会结构要素矛盾运动的历史。这才是唯物史观更深刻、更独特的贡献,透过人类社会历史结构及其内部诸要素形成的社会矛盾运动,历史唯物主义揭示了人类社会历史最深处、最复杂的奥秘,发现了历史演进的内在逻辑、趋势和规律。拉布里奥拉为此说唯物史观"不是要把历史发展的整个复杂的进程归结为经济范畴,而只是要用构成历史事实的基础的经济结构来归根到底解释每一个历史事实"②。熊彼特为此肯定说,一般的历史学家沉迷于历史细节和事实,马克思远远超越了他们,建构了"巨大的历史图景","用穿透乱七八糟不规则的表层深入历史事物的宏伟逻辑的眼光抓住这些事实"③。伊格尔斯说:"马克思对现代史学最重要的贡献也许是强调了社会作为一个各种因素相互关系的整体而运动的思想以及力图找到历史现象在其中发生的结构要素,把这些同生产和再生产的过程联系起来,系统地阐述可以分析造成变革的各种因素的概念模式。"④

借助于这种结构史观,历史唯物主义认为,现实中的人既是社会实践的人,也是社会关系中的人,同时也是社会结构中的人,社会结构实则是社会关系的结构化、制度化。这样一来,表面上看独立的自由的个人,实则是社会结构中的人,"是经济范畴的人格化,是一定的阶级关系和利益承担者"⑤。海尔布隆纳很有见地地指出:"阶级斗

---

① 参见中共中央马克思恩格斯列宁斯大林著作编译局编《马克思恩格斯文集》第5卷,人民出版社2009年版,第264页。
② [意]安·拉布里奥拉:《关于历史唯物主义》,杨启潾、孙魁、朱中龙译,人民出版社1984年版,第58页。
③ [奥]约瑟夫·熊彼特:《资本主义、社会主义与民主》,吴良健译,商务印书馆2002年版,第52页。
④ [英]伊格尔斯:《历史研究国际手册——当代史学研究和理论》,陈海宏、刘文涛、李玉林、张定河译,华夏出版社1989年版,第15页。
⑤ 中共中央马克思恩格斯列宁斯大林著作编译局编:《马克思恩格斯文集》第5卷,人民出版社2009年版,第10页。

争植根于生产方式的结构性特征中。"① 恩格斯则总结说:"一切重要历史事件的终极原因和伟大动力是社会的经济发展,是生产方式和交换方式的改变,是由此产生的社会之划分为不同的阶级,是这些阶级彼此之间的斗争。"② 在这个意义上,阶级社会的历史,同时表现为阶级(斗争)史。

以上,构成历史唯物主义在历史观的第二个理论面相。

不过,我们知道,诚如海尔布隆纳所指出的,"马克思毕生都在研究资本主义这一社会形态"③,而且,马克思对整个人类社会历史结构的把握,是立足于对资本主义进行的,因为"人体解剖是猴体解剖的一把钥匙"。《资本论》开宗明义地说:"本书研究的,是资本主义生产方式以及和它相适应的生产关系和交换关系。"④ 马克思由此构建了资本主义的生理学和病理学。

马克思曾明确指认,所谓"资产阶级制度的生理学"即"对这个制度的内在有机联系和生活——的理解"⑤,历史唯物主义确实揭示了资本主义的根本结构性矛盾,如社会化大生产与资本主义私有制之间的矛盾,个别企业中生产的有组织性与市场的无序竞争之间的矛盾,资产阶级与无产阶级之间的矛盾,资本主义制度维护公共秩序和维护私人利益之间的矛盾,等等。海尔布隆纳以《资本主义的本质与逻辑》为题,盛赞马克思对资本主义生理学的分析根本上回答了"资本主义是什么"这个元问题。⑥

---

① [美] 罗伯特·海尔布隆纳:《马克思主义:支持与反对》,马林梅译,东方出版社2014年版,第46页。
② 中共中央马克思恩格斯列宁斯大林著作编译局编:《马克思恩格斯文集》第3卷,人民出版社2009年版,第509页。
③ [美] 罗伯特·海尔布隆纳:《马克思主义:支持与反对》,马林梅译,东方出版社2014年版,第7页。
④ 中共中央马克思恩格斯列宁斯大林著作编译局编:《马克思恩格斯文集》第5卷,人民出版社2009年版,第8页。
⑤ 中共中央马克思恩格斯列宁斯大林著作编译局编:《马克思恩格斯全集》第34卷,人民出版社2008年版,第209页。
⑥ 参见 [美] 罗伯特·海尔布隆纳《资本主义的本质与逻辑》,马林梅译,东方出版社2013年版。

## 第四章　中国特色社会主义新时代与经典马克思主义新阐释

历史唯物主义在完成资本主义生理学的基础上实现了对资本主义深刻的病理诊断，建构了科学的资本主义病理学。《国际社会主义》杂志副主编库拉纳曾撰文说："正如医学科学随着病理学的发展而发展一样，马克思主义政治经济学通过分析资本主义的实际危机而发展。"① 马克思对资本主义社会危机的分析建构了科学的病理学。日共原书记不破哲三更明确地说："马克思是唯物论思想家、资本主义的病理学家和未来人类社会的开拓者。"②

这种病理诊断，集中体现在对资本主义三大最重要病症的把脉号诊。一是经济危机，即"一切真正的危机的最根本的原因，总不外乎群众的贫困和他们的有限的消费，资本主义生产却不顾这种情况而力图发展生产力，好像只有社会的绝对的消费能力才是生产力发展的界限"③。这种表现为生产过剩的危机，实质上根源于资本主义私有制和社会化大生产之间的矛盾。二是社会危机，即"资产阶级生存和统治的根本条件，是财富在私人手里的积累，是资本的形成和增殖；资本的生存条件是雇佣劳动。雇佣劳动完全是建立在工人的自相竞争之上的"。资本不断地追逐利润，不断深化对剩余价值的剥夺，导致"整个社会日益分裂为两大敌对的阵营，分裂为两大相互直接对立的阶级：资产阶级和无产阶级"④。这种资本主义私有制和资本逻辑造成的两极分化和阶级对立，在资本主义体系内也是不可能得到根本解决的。三是以商品拜物教为核心的各种拜物教现象，其实质是"把生产者同总劳动的社会关系反映成存在于生产者之外的物与物之间的社会关系。由于这种转换，劳动产品成了商品，成了可感觉而又超感觉的

---

① ［英］约瑟夫·库拉纳：《当前经济危机的马克思主义解释》，牛田盛摘译，载《国外理论动态》2002 年第 5 期，第 18 页。
② 转引自张利军《日本马克思主义研究报告 2010》，载复旦大学国外马克思主义与国外思潮研究国家创新基地《国外马克思主义研究报告 2010》，人民出版社 2010 年版。
③ 中共中央马克思恩格斯列宁斯大林著作编译局编：《马克思恩格斯文集》第 7 卷，人民出版社 2009 年版，第 548 页。
④ 中共中央马克思恩格斯列宁斯大林著作编译局编：《马克思恩格斯文集》第 2 卷，人民出版社 2009 年版，第 43、32 页。

物或社会的物"①。结果,人作为主体却被诸如商品、金钱等物所主宰。

以资本主义社会的生理学、病理学为核心内容的资本主义理论,成为历史唯物主义历史观的第三大理论面相。

(二)历史唯物主义三大理论面相引起的三大争议

以上三种理论面相共存在于历史唯物主义中,从实质上看,三者构成内在统一的有机体。但不能否认的是,它们在分析历史的时候是各有偏重的,各自的某些具体表述甚至有不一致的地方,并由此引发了很有影响的三大争议。

第一种,物质生产决定论、生产方式决定论和生产力决定论三种决定论之争。

正如赵家祥教授所指认的,可以"把历史唯物主义是历史决定论当作是已经无须证明的理论前提"②,历史决定论是历史唯物主义的核心内容和理论特质之一。它强调历史不是随机的、偶然的甚或杂乱无章的;相反,历史是受某种东西决定的,因为它是有章可循的即是有规律的、有稳定趋势或内在演变逻辑的。正因此,这也是一些非马克思主义者、反马克思主义者诟病、攻击乃至诋毁马克思主义最为用力之处。举其要者,如波普尔专门创建 historicism 一词指称以柏拉图、黑格尔与马克思为主要代表的"历史决定论",并将马克思主义视为 historicism,即"最纯粹的、最发达的和最危险的形式"③,浓墨重彩地对其进行批判;后马克思主义主要干将拉克劳、墨菲在其合著的名作中称马克思主义历史决定论构建了"本质主义的最后堡垒"④,犯

---

① 中共中央马克思恩格斯列宁斯大林著作编译局编:《马克思恩格斯文集》第 5 卷,人民出版社 2009 年版,第 89 页。
② 赵家祥:《历史决定论与改变世界何以可能》,载《贵州社会科学》2012 年第 4 期,第 35~45 页。
③ [英]卡尔·波普尔:《开放社会及其敌人》(第二卷),郑一明等译,中国社会科学出版社 1999 年版,第 140 页。
④ [英]恩斯特·拉克劳、查特尔·墨菲:《领导权与社会主义的策略——走向激进民主政治》,尹树广、鉴传今译,黑龙江人民出版社 2003 年版,第 83 页。

## 第四章　中国特色社会主义新时代与经典马克思主义新阐释

了简单主义的还原论错误。

历史决定论虽然这么重要，可它具体指什么，却有不同的看法。因为历史唯物主义有三种理论面相，它对决定论的一些表述往往会有不同的说法。

有人认为马克思主义的历史决定论就是物质生产决定论。根据历史唯物主义的第一个理论面相即劳动史观，历史唯物主义将人类的物质生产劳动视为历史的第一个活动，是历史的起点。也正因此，马克思、恩格斯多次将物质生产置于人类社会历史的基础性环节。除了前面《形态》提到的将物质生产视为"第一个历史活动""一切历史的基本条件"，恩格斯在马克思墓前的讲话中将"直接的物质生活资料的生产"确定为理解历史的基础外，两人还有大量的表述。《资本论》第1卷明确说："物质生产的发展"即"整个社会生活以及整个现实历史的基础"[①]。恩格斯在《社会主义从空想到科学的发展》中明确说："唯物主义历史观从下述原理出发：生产以及随生产而来的产品交换是一切社会制度的基础。"[②] 他也在《家庭、私有制和国家的起源》第一版序言中说："根据唯物主义观点，历史中的决定性因素，归根结底是直接生活的生产和再生产。"[③] 他还在《致约·布洛赫》的信中说："根据唯物史观，历史过程中的决定性因素归根到底是现实生活的生产和再生产。"确证无疑，历史唯物主义在基础决定性意义上建构了物质生产决定论。

但也有人主张历史唯物主义是生产方式决定论。我们知道，历史唯物主义在历史观上的第二个理论面相就是结构史观，而社会结构中最核心、最根本的是生产方式。马克思在《政治经济学批判》序言中对历史唯物主义进行精辟概括时就强调，"物质生活的生产方式制约

---

[①] 中共中央马克思恩格斯列宁斯大林著作编译局编：《马克思恩格斯文集》第5卷，人民出版社2009年版，第211页。

[②] 中共中央马克思恩格斯列宁斯大林著作编译局编：《马克思恩格斯文集》第3卷，人民出版社2009年版，第547页。

[③] 中共中央马克思恩格斯列宁斯大林著作编译局编：《马克思恩格斯文集》第4卷，人民出版社2009年版，第15页。

着整个社会生活、精神生活的过程"。所以，恩格斯在《共产党宣言》1883年德文版序言中提到，"每一历史时代的经济生产以及必然由此产生的社会结构"是"历史的基础"；而到《共产党宣言》1888年英文版序言时则改称："每一历史时代主要的经济生产方式和交换方式以及必然由此产生的社会结构，是该时代政治的和精神的历史所赖以确立的基础，并且只有从这一基础出发，这一历史才能得到说明。"①其直接把社会结构与生产方式之间的深层关联揭示出来。恩格斯在1892年的《社会主义从空想到科学的发展》英文版导言中还进一步指出："一切社会变迁和政治变革的终极原因，不应当到人们的头脑中，到人们对永恒的真理和正义的日益增进的认识中去寻找，而应当到生产方式和交换方式的变更中去寻找；不应当到有关时代的哲学中去寻找，而应当到有关时代的经济中去寻找。"②不但强调了生产方式对人类社会历史的基础性决定作用，还强调了它在历史变迁中的"终极原因"地位。可以说，物质生产方式决定论比物质生产决定论有着更为丰富的内涵。

　　实际上，更多的人主张的是生产力决定论。生产力决定论在马克思恩格斯理论中有更多大量的、明确的文本支撑，这不仅表现为马克思、恩格斯经常有这样的明确论述，而且表现为在一些标志性的文本中反复可见，如《形态》强调"人们所达到的生产力的总和决定着社会状况"③；马克思致安年科夫的信强调，"人们不能自由选择自己的生产力——这是他们的全部历史的基础"，"在人们的生产力发展的一定状况下，就会有一定的交换和消费形式"④；《哲学的贫困》强调，"随着新生产力的获得，人们改变自己的生产方式，随着生产方式即

---

①　中共中央马克思恩格斯列宁斯大林著作编译局编：《马克思恩格斯文集》第2卷，人民出版社2009年版，第591、14页。
②　中共中央马克思恩格斯列宁斯大林著作编译局编：《马克思恩格斯文集》第3卷，人民出版社2009年版，第547页。
③　中共中央马克思恩格斯列宁斯大林著作编译局编：《马克思恩格斯文集》第1卷，人民出版社2009年版，第533页。
④　中共中央马克思恩格斯列宁斯大林著作编译局编：《马克思恩格斯文集》第10卷，人民出版社2009年版，第42～43页。

## 第四章　中国特色社会主义新时代与经典马克思主义新阐释

谋生的方式的改变，人们也就会改变自己的一切社会关系。手推磨产生的是封建主的社会，蒸汽磨产生的是工业资本家的社会"，"人们生产力的一切变化必然引起他们的生产关系的变化"①；《资本论》第3卷强调资本主义生产方式是以"社会生产力及其发展形式的一个既定的阶段作为自己的历史条件"，社会生产力构成"新的生产方式由以产生的既定基础"②。更为重要的是，生产力决定论较之物质生产决定论、生产方式决定论有着更为丰富的内容，它不仅彰显了静态意义上的决定，也彰显了动态意义上即社会形态何以更替意义上的决定，而且它还非常明晰地强调生产力决定生产关系、生产力决定生产方式。

因此，生产力决定论受到了从考茨基、普列汉诺夫、梅林到列宁、布哈林、斯大林等著名的马克思主义者的竭力坚守和捍卫，以至形成"正统马克思主义"的思想谱系；而以卢卡奇、科尔施、葛兰西、法兰克福学派为代表的"西方马克思主义"的一个中心任务就是反思、诘疑乃至批判正统马克思主义所理解的生产力决定论；时至今日，以鲍德里亚为代表的后现代主义的马克思主义、以拉克劳和墨菲为代表的"后马克思主义"，我们之所以谓之与马克思主义的距离越来越远，很重要的缘由就在于他们对生产力决定论的拒斥与批判。在当代，马克思主义生产力决定论在赞成、反对正反两方面都有著名的、让人信服的论说。前者以柯亨为代表，他以"首要性命题"（生产力的水平决定社会关系的性质）、"发展命题"（生产力不断发展并进而推动人类历史变迁）、"功能解释"（被决定者由决定者的功能来解释）三大理论支点较为详尽且很有文本依据地有力阐发、辩护了生产力决定论，产生了非常广泛的影响。③ 后者以里格比为代表，他虽然认为生产力决定论缺乏对历史的有效解释，但认为在马克思主义那

---

① 中共中央马克思恩格斯列宁斯大林著作编译局编：《马克思恩格斯文集》第1卷，人民出版社2009年版，第602、613页。
② 中共中央马克思恩格斯列宁斯大林著作编译局编：《马克思恩格斯文集》第7卷，人民出版社2009年版，第994页。
③ 参见［英］G. A. 柯亨《卡尔·马克思的历史理论——一个辩护》，岳长龄译，重庆出版社1989年版，第六章、第七章、第十章。

里，主导理路是生产力决定论，并从九个方面做出了很有说服力的解析。①

第二种，结构主义和人本主义之争。

我们知道，人本主义一般有两种意义上的：一种是价值关怀意义上的，即为了人的自由发展、人类理想社会理想境界鼓与呼；另一种是认识论意义上的，强调从人出发认识世界。应该说，受费尔巴哈的影响，马克思很早就把这两种向度统一起来，把人的解放思想和异化劳动理论结合起来，建构了著名的人本主义异化劳动史观。历史唯物主义形成以后，马克思的人本主义实现了格式塔转换，人本主义和他自谓的"历史科学"实现有机结合。因为从人出发还有一个前提性的问题，即如何正确认识人，现实的人总是指处在一定社会关系中、进行实践活动的人，只有从现实的人及其最基本的实践即生产劳动出发才能正确把握历史。《形态》为此指出："我们开始要谈的前提不是任意提出的，不是教条，而是一些只有在想象中才能撇开的现实前提。这是一些现实的个人，是他们的活动和他们的物质生活条件，包括他们已有的和由他们自己的活动创造出来的物质生活条件。"② 这样认识历史才使认识论意义上的人本主义成为科学。

当然，这也同时使价值论、价值关怀意义上的人本主义有了科学支撑。第一，人的解放首先是无产阶级的解放，而无产阶级的解放是历史运动（核心是生产力与生产关系的矛盾运动）的必然结果，它有客观的历史前提，不再是一种价值悬设和人道呐喊。第二，新的历史观同样关注现实的人（主要指无产阶级）的现实存在状况，同样批判无产阶级劳动的罪恶性、劳动过程的剥削性，可是，这种批判不再基于一种先验的价值认定，而是深入揭示了它背后的社会根源——资本主义私有制，而且以辩证的眼光科学地看待，即这种非人的劳动恰恰为工人阶级的自我解放创造着条件——它在资本主义社会极大地促进

---

① 参见〔英〕S. H. 里格比《马克思主义与历史学》，吴英译，译林出版社2012年版，第三章、第四章。
② 中共中央马克思恩格斯列宁斯大林著作编译局编：《马克思恩格斯文集》第1卷，人民出版社2009年版，第518～519页。

# 第四章　中国特色社会主义新时代与经典马克思主义新阐释

了生产力的发展。

换言之，历史唯物主义把从劳动出发看历史与从劳动出发看现实的人、关心现实的人很好地统合起来，它把人本主义的关怀和科学分析很好地融合起来。国内学者张一兵先生很早就提出，在历史唯物主义那里，历史辩证法既具有强调生产力和生产关系辩证运动的客体向度，也具有重视主体生存状况、实践状态的主体向度，是两者的统一①；而笔者则提出，历史辩证法是生产力—生产关系辩证法和体现主体活动状态的劳动辩证法的统一。②

可惜的是，第二国际和斯大林教科书体系却把历史唯物主义实证化为一般的社会科学，甚至不惜向自然科学看齐，因此，它们在强调历史唯物主义社会结构分析的时候，却忽视了社会结构内部特别是经济基础和上层建筑之间复杂的相互作用，也忽视了社会结构与人类社会实践之间复杂的共生共促关系，以至于把历史唯物主义理解为生产力单线决定论甚至是机械的技术决定论，与此同时，历史辩证法的主体向度、对现实的人道关怀逐渐退出理论视野。正如有学者所分析的，在这种理解模式中，社会生活的实践本质被淡化了，人的主体性、选择性、创造性被忽视了，社会发展规律在人的活动中的生成性不见了，历史规律成了一种处在人的活动之外并超乎人的活动之上的预成的、神秘的"计划"，社会发展因此成为一种"无主体的过程"③。

西方马克思主义正是为纠正这个迷失应运而生。其开创者卢卡奇呼吁要准确理解历史辩证法，要记住："人本身作为历史辩证法的客观基础，作为历史辩证法的基础的同一的主体—客体，是以决定性的方式参与辩证过程的。"④ 而葛兰西、科尔施则强调要把历史唯物主义

---

① 参见张一兵《马克思历史辩证法的主体向度》，武汉大学出版社2009年版。
② 参见关锋《劳动辩证法：马克思历史辩证法的新解读》，载《天津社会科学》2007年第2期，第18～23页。
③ 杨耕：《苏联马克思主义哲学模式：形成、特征和缺陷》，载《学术月刊》2012年第7期，第30～39页。
④ ［匈］卢卡奇：《历史与阶级意识——关于马克思主义辩证法的研究》，杜章智、任立、燕宏远译，商务印书馆1996年版，第279页。

理解为"实践哲学"，主体性是其最根本的向度。到法兰克福学派的弗洛姆、马尔库塞那里，强调历史唯物主义就是人道主义、人的哲学。及至存在主义大师萨特那里，直接点明历史唯物主义"研究的中心是具体的人"，第二国际、斯大林教科书体系等所谓"正统马克思主义"严重无视这一点，形成"一种普遍的贫血"即"人学的空场"。①

然而，这种纠正同时蕴藏着矫枉过正，因为在把历史唯物主义人道化、哲学化的过程中，历史唯物主义通过社会结构对社会历史的科学分析、深刻洞察悄然遁形。阿尔都塞借助结构主义对此奋起抗击，强调历史唯物主义作为历史科学，其核心在于结构分析，历史甚至是"无主体的过程"。阿尔都塞明确指出，在历史唯物主义那里，"一个简单范畴都意味着社会是一个有结构的整体"，而生产总是"一个有结构的社会整体之中的生产"②；由此，"生产关系的结构决定生产当事人所占有的地位和所担负的功能，而生产当事人只有在他们这些功能的'承担者'的范围内才是这些地位的占有者。因此，真正的'主体'（即构成过程的主体）并不是这些地位的占有者和功能的执行者。同一切表面现象相反，真正的主体不是天真的人本学的……'具体的个体''现实的人'，而是这些地位和功能的……规定者和分配者：生产关系"③。历史是结构的历史，而不是人的历史，人只是结构关系的承担者。所以，在成熟期的马克思那里，"历史是无主体的过程，在历史中起作用的辩证法不是任何主体的作用"④。

如此一来，历史到底是主体及其活动的历史，还是结构的历史？

第三种，人类社会历史的一般性理论与资本主义社会的特殊性理论之争。

---

① 参见［法］让-保罗·萨特《辩证理性批判》，林骧华、徐和瑾、陈伟丰译，安徽文艺出版社1998年版，第15、140页。

② ［法］路易·阿尔都塞：《保卫马克思》，顾良译，商务印书馆1984年，第167页。

③ ［法］路易·阿尔都塞、艾蒂安·巴里巴尔：《读〈资本论〉》，李其庆、冯文光译，中央编译出版社2001年版，第209页。

④ ［法］阿图塞：《列宁和哲学》，杜章智译，台湾远流出版事业股份有限公司1990年版，第146页。

## 第四章　中国特色社会主义新时代与经典马克思主义新阐释

我们知道，从《形态》到《共产党宣言》，甚至到1859年的《〈政治经济学批判〉序言》所谓关于历史唯物主义的经典阐述，历史唯物主义都致力于构建一种解释整个人类社会发展内在趋势和规律的"历史科学"。马克思、恩格斯自己也说他们致力于"发现现实的联系……发现那些作为支配规律在人类社会的历史上起作用的一般运动规律"，还说"现代唯物主义把历史看作人类的发展过程，而它的任务就在于发现这个过程的运动规律"。①

因此，布哈林在其苏联第一本以教科书的形式"系统阐述"历史唯物主义的著作中明确指认历史唯物主义是"关于社会及其发展规律的一般学说"②；随后的亚多夫也认为，"历史唯物主义把整体的社会发展作为自己的研究对象，旨在阐明一切经济形态的或若干经济形态的社会机体基本成分之间共同的规律性的联系和社会发展的规律性趋势"③。后来的巴加图利亚在其名作中同样声称："唯物主义历史观是马克思创立的关于人类社会发展的普遍规律的科学。"④ 我国权威教科书也认为，"历史唯物主义就是关于社会发展一般规律的科学"⑤。

但我们也不能否认的是，马克思、恩格斯从接触政治经济学开始，就离不开对资本主义的关注，而且，从撰写《资本论》手稿开始，资本主义无疑成了马克思最重要、最中心的关注对象，他还公开承认，历史唯物主义对整个人类社会历史的把握是建基于对资本主义社会结构的深刻理解的基础上。如前所述，历史唯物主义建构了完整而又科学的资本主义生理学和病理学。心理学家哈内科尔认为"马克思对资本主义做了最杰出的最深刻的批判"，而著名的左翼学者卡利

---

① 参见中共中央马克思恩格斯列宁斯大林著作编译局编《马克思恩格斯文集》第9卷，人民出版社2009年版，第28页。
② ［苏］尼·布哈林：《历史唯物主义理论》，李光谟等译，人民出版社1983年版，第6页。
③ 高平主编：《马克思主义社会学史》，中央党校出版社1997年版，第484～485页。
④ ［苏］Г·А·巴加图利亚：《马克思的第一个伟大发现——唯物史观的形成和发展》，陆忍译，中国人民大学出版社1981年版，第1～2页。
⑤ 肖前、李秀林、汪永祥：《历史唯物主义原理》，人民出版社1991年版，第32页。

尼科斯认定"马克思主义是对资本主义唯一的也是最好的批判"①。缘于此，著名左翼文艺理论家詹姆逊认为"马克思主义恰恰是关于资本主义的科学"，它"以无与伦比的能力来描述资本主义的历史独创性，揭示资本主义的根本结构性矛盾"②。而望月清司撰写《马克思历史理论的研究》的一个很重要的目的，就是告诉大家，历史唯物主义与其说是反映人类社会历史发展普遍规律的历史哲学，不如说是主要局限于地中海和阿尔卑斯山脉以北的西欧市民社会兴起过程问题研究的历史理论，有地域和社会形态的双重限制。③ 当代北美著名的马克思主义者伍德更明确地说："如果说在马克思的历史唯物主义和构成马克思毕生著作核心的政治经济学批判中，有什么支配其他一切的唯一线索的话，那就是他对资本主义特殊性的坚持。"历史唯物主义只是关于"资本主义特殊性的科学"④。

那么，历史唯物主义到底是关于人类社会历史普遍性的科学，还是关于资本主义特殊性的科学？

### （三）反思性历史社会学：一种解题的尝试

面对以上因历史唯物主义三种面相而引起的争议，我们该怎么办？应该说，上述争议的每一种说法，大都可以在历史唯物主义文本中找到一些语句来支持自己，因为历史唯物主义立足于不同的角度分析历史，确实呈现出不同的理论面相。问题在于，这些争议实际上各执一端，甚至画地为牢、自我框限，而忽视了这些理论面相之间有互相支撑、互相统一的一面，这才是正确把握历史唯物主义更为重要的一点。也正因此，有必要找一种能把以上三种理论面相统摄、整合起来的探析视角，或者理论形态，或者学科归属，方能有效化解上述三

---

① 毛禹权：《西方马克思主义学者关于全球替代运动的评论》，载《国外理论动态》2009年第9期，第17～23页。
② F. Jameson, *Valences of the Dialectic*, London: Verso, 2009, p.409.
③ 参见［日］望月清司《马克思历史理论的研究》，韩立新译，北京师范大学出版社2009年版。
④ ［加］艾伦·伍德：《民主反对资本主义——重建历史唯物主义》，吕薇洲、刘海霞、邢文增译，重庆出版社2007年版，第134页。

## 第四章　中国特色社会主义新时代与经典马克思主义新阐释

种争议。笔者认为，反思性历史社会学应该是一种有益的、必要的尝试。

不少学者认为，历史社会学已然成为当今西方学术界、思想界一股四处激荡的"湍流"，阵营蔚为可观，名家云集，有一批声誉卓著、影响盛隆的知识分子置身其间，如福柯、斯考切波（Theda Skocpol）、蒂利（Charles Tilly）、布尔迪厄、吉登斯、安德森、华勒斯坦。

关于什么是历史社会学，一般公认无法用简单的几句话对之进行界定，在历史社会学界本身，历来也是歧义丛生。不过，大部分人都承认，其最根本的一点，就是实现了历史学和社会学的融通汇聚、有机化合。当然，在具体结合时，会发生偏重取舍，主要有两种情况：一则立足于历史学而汲取、吸纳社会学的理论和方法，由此涌现了一批具有明显社会学倾向的著名历史学家，如以布洛克、布罗代尔为代表的第一、第二代的年鉴学派；以汤普森、布伦纳为代表的史学马克思主义，以及摩尔（Barrington Moore）、斯考切波、蒂利、迈克尔·曼（Michael Mann）等具有师承关系的"回归国家学派"；二则相反，立足于社会学而积极借鉴、运用历史学研究的理路与材料，也涌现了一批社会学名家，如赖特·米尔斯、布尔迪厄、吉登斯。

当然，历史学和社会学的融合是偏重于形式上总体而言，实质上，历史社会学主要追求以下两点：①强调对人类历史的理解，不能是先验的、形而上学的，必须立足于具体的、经验的历史事件、历史活动。可是，我们对社会历史的认识不能局限于此；拘泥于此，相反，则必须超越对历史事件的陈列和考证，超越经验主义的简单实证，深入挖掘事件内在的隐秘关联、长期趋势乃至稳定的规律，由此，有必要把具体历史事件、历史活动和内在的、抽象的社会结构关联起来，用抽象理论特别是社会结构理论、社会规律理论来解释历史现象。英国历史学家琼斯明了地说："理论性是社会科学的基本特征。"历史学家要使他的著作有深度，"就必须采取非历史学的方法和原则"①。②我们对社会的理解,一是不能沉湎于抽象的理论和模型,必须结合具体的事件、数据和例证;二是不能痴迷于一些琐碎的调查,精心构建静态的解释。相反,必须把抽象理论和历史结合起来进行探究。米尔斯为此提醒:"如果不运用历史,不具备心理事件的历史感,社会科学家就不可能对现在应成为研究定位点的那些问题进行完整的表述","非历史研究通常易成为对有限环境的静态或短期性的研究"②。

显然,历史社会学的背后,历史唯物主义的影子清晰可见。历史唯物主义在历史观上之所以表现出三种理论面相,就是因为它既强调从具体的、现实的人及其具体的实践活动出发看历史,也强调要立足于抽象的社会结构来分析经验事实、经验活动以把握历史规律。正如康士坦丁诺夫所说:"马克思以前的历史学家和社会学家只看到和描述历史事件、社会现象的偶然的、外部的联系。最多,他们也只能描述历史过程的个别方面,积累片段的历史材料,但是他们不能提供关于社会及其发展规律的真正科学。"③ 然而,历史唯物主义则做到了,所以,马克思一方面说:"这些抽象本身离开现实的历史就没有任何价值。它们只能对整理历史资料提供某些方便,指出历史资料的各个层次的顺序。但是这些抽象与哲学不同,它们绝不提供可以适用于各个历史时代的药方和公式。"另一方面又说:"经验的观察在任何情况下都应当根据经验来提示社会结构和政治结构同生产的联系。"④ 普遍性的社会理论必须与具体的历史事实结合,具有历史意识和历史感,必须依据和结合历史事实来建构社会理论和社会模型,把握社会变革。被公认为社会学经典著作的《资本论》,恰恰建立在对欧洲近代

---

① [英] G. S. 琼斯:《从历史社会学到理论历史学》,载蔡少卿主编《再现过去:社会史的理论视野》,浙江人民出版社1988年版,第226页。
② [美] C. 赖特·米尔斯:《社会学的想像力》,陈强、张永强译,生活·读书·新知三联书店2005年版,第154、160页。
③ [苏] 康士坦丁诺夫:《历史唯物主义》,刘丕坤等译,人民出版社1955年版,第15页。
④ 中共中央马克思恩格斯列宁斯大林著作编译局编:《马克思恩格斯文集》第1卷,人民出版社2009年版,第526、524页。

## 第四章　中国特色社会主义新时代与经典马克思主义新阐释

工业文明、商业文明的历史熟稔和通透理解的基础上。马克思一方面强调他的"资本的理论","即现代社会结构的理论"①；另一方面又说《资本论》"用了很大篇幅来叙述英国工厂立法的历史"②。正因此,很多学者都承认马克思、历史唯物主义对历史社会学的重要性,如科卡强调,马克思主义为批判性历史社会科学提供了具体的工具③,卡尔霍恩概括说"多数'学统'都将马克思视为第一位伟大的历史社会学家"④。

不过,笔者以为,"反思性历史社会学"应该是历史唯物主义更好的定位。⑤ 较之于一般性的历史社会学,历史唯物主义更强调反思性。这种反思性,主要表现在以下三点：其一,内蕴辩证法而形成的强烈的批判精神、革命意识,马克思为此说："辩证法不崇拜任何东西,按其本质来说,它是批判的和革命的。"其二,从后思索法和实践反思法,马克思明确说："对人类生活形式的思索,从而对这些形式的科学分析,总是采取同实际发展相反的道路。这种思索是从事后开始的,就是说,是从发展过程的完成的结果开始的。"⑥ 前述提及的"人体解剖是猴体解剖的一把钥匙"是其运用的典型表现。其三,科学抽象法,以及抽象与具体辩证互动,这同时也凸显了理性反复思考、周密探究之意。这既体现了科学抽象所形成的抽象概念、抽象图式之重要性,也体现了感性具体和抽象理论之间的辩证法。

---

① 中共中央马克思恩格斯列宁斯大林著作编译局编：《马克思恩格斯文集》第 10 卷,人民出版社 2009 年版,第 429 页。
② 中共中央马克思恩格斯列宁斯大林著作编译局编：《马克思恩格斯文集》第 5 卷,人民出版社 2009 年版,第 9 页。
③ 参见［德］于尔根·科卡《社会史：理论与实践》,景德祥译,上海人民出版社 2006 年版,第 33 页。
④ ［英］杰拉德·德兰迪、恩靳·伊辛主编：《历史社会学手册》,李霞、李恭忠译,中国人民大学出版社 2009 年版,第 684 页。
⑤ 关于历史唯物主义和反思性历史社会学,详情可参见关锋《历史唯物主义与反思性历史社会学——关于马克思主义理论学科属性的思考》,载《南京大学学报（哲学·人文科学·社会科学）》2018 年第 2 期,第 12～27 页。
⑥ 中共中央马克思恩格斯列宁斯大林著作编译局编：《马克思恩格斯文集》第 5 卷,人民出版社 2009 年版,第 22、93 页。

由此，以上三种理论面相即立足于主体及其感性实践活动的劳动史观、偏重于抽象理论模型（社会结构）的结构史观和资本主义社会理论实际上统一于反思性历史社会学中，其中，资本主义社会理论既是早期历史唯物主义的深化，又是反思性历史社会学的典范。

如果这样来界定和理解历史唯物主义，前述的三种争议应该可以解决。

第一，关于三种决定论之争。显然，物质生产决定论偏重于描述性的，而且主要是从否定意义上理解的，这种说法成立，但它不应该成为历史唯物主义的实质。历史唯物主义立足于物质生产但又超越物质生产来分析历史。生产方式决定论较之生产决定论，明显体现了历史唯物主义社会结构分析的特质，它在解释一个社会何以如此方面是很有解释力的，但它在解释历史何以变迁、社会结构何以发生内在矛盾方面，往往捉襟见肘。我们知道，历史唯物主义作为反思性历史社会学，既从社会结构来分析历史，但又结合历史来分析社会结构，强调社会结构的变动。有必要把生产方式决定论再推进一格，走向生产力决定论，建构社会结构的变迁学、动力学。波兰当代社会学家什托姆普卡则为此提出，"历史唯物主义是关于社会和历史变迁的最复杂理论"，是一种"社会变迁的社会学"。①

第二，关于结构主义和人本主义之争。立足于反思性历史社会学，这个争议实际上是不成立的。因为反思性历史社会学既强调主体经验的历史活动、历史事件、历史事实是理解社会历史最基本的一环，也强调必须把社会结构和经验观察结合起来透视历史；而且，它还强调社会结构及其运动规律恰恰源自主体的实践活动，而社会结构又反过来影响生活主体活动。历史唯物主义既关注主体经验活动及由之形成的生存样态，也从结构运动角度客观地阐析历史变迁。所谓的结构主义和人本主义统一于对历史的深层分析中。被视为历史社会学代表人物而同时又是阿尔都塞结构主义马克思主义最重要的批评者的

---

① 参见［波］彼得·什托姆普卡《社会变迁的社会学》，林聚任等译，北京大学出版社2011年版，第168页。

## 第四章　中国特色社会主义新时代与经典马克思主义新阐释

英国著名马克思主义者汤普森，他也被公认为把马克思主义人道化、强调主体性的著名干将，其公开宣称："我绝不是全盘批判结构主义的马克思主义。马克思主义者也可以是结构主义者。当人们谈论一个社会时，只有从整体出发，它的各组成部分才能得到理解。事实上，如果你们看看《英国工人阶级的形成》中《论剥削》一章，你会看到那是一种结构主义表述。因此，我对阿尔都塞及阿尔都塞模式的理论批判，与对结构主义的批评是两回事。"[①]

第三，关于历史普遍性理论和历史特殊性理论之争。历史唯物主义作为反思性历史社会学，非常强调实践反思法。虽然"人体解剖是猴体解剖的一把钥匙"作为自觉的方法论意识，是马克思很晚才提出来的，但他很早就在运用这个方法，比如他对市民社会这个概念的接受和认可，早在历史唯物主义形成之前就开始了。但反思性历史社会学恰恰希望通过反思，超越当下体验和特定社会阶段来寻绎历史的普遍趋势，也希望将普遍的社会结构、历史趋势还原到具体的社会情境中去，以深化对特定社会形态的认识，最终实现抽象与具体的辩证统一。从这个意义上说，历史唯物主义既包含有对资本主义特殊性的认识，也含有对历史普遍性的把握，是在两者的互动中整体把握人类历史。

### 四、历史唯物主义与反思性历史社会学[②]

哲学、经济学、社会学和历史学相互交织形成的跨学科性研究，是使马克思成为现代思想史影响很大但又最具争议性人物的重要原因。这种相互交织和跨学科性，都是围绕着分析人类社会历史而形成的，马克思主义最核心的理论归属是社会历史理论。近年来兴起的历史社会学，是传统史学和主流社会学都面临危机后，各自向对方吸收

---

[①] Henry Abelove et al. (eds.), *Visions of History*, Manchester University Press, 1983, pp. 17–18.

[②] 本部分以《历史唯物主义与反思性历史社会学——关于马克思主义理论学科属性的思考》为题，载《南京大学学报（哲学·人文科学·社会科学）》2018年第2期，第12～27。

借鉴进而实现二者融合的结果。一般公认，历史唯物主义是其重要的思想渊源，马克思是历史社会学的创始人之一。历史社会学确系历史唯物主义的基本维度，但它在把社会学和历史学有机融合的同时，把哲学巧妙地融合进来。因此，历史唯物主义最具反思性、最能全面凸显反思内涵，"反思性历史社会学"是对它更为妥切的界定。这是我们今天思考其学科归属和理论特质所不能忽视的。

诚如柯林斯所言，马克思是所有现代思想家中最具争议的人物①。这不仅因为他人生经历曲折、社会角色多重（如革命家、思想家、科学家等）、政治立场和价值偏向独特，更因他著述宏阔浩瀚、牵涉领域广远、思想发展复杂。米尔斯认为，马克思建构了一种真正包罗万象的社会科学，其对现时代的意义首先就在于其百科全书式的渊博和企图解释的范围之广泛。② 不过，马克思最重要的理论素养和品质不在于此。正如布劳格指出的，马克思"是一位把经济学、社会学、政治学、历史学甚至人类学有机结合起来的社会科学家"③；海尔布伦纳等人说得更清楚，"使马克思超出如此众多的其他经济学家的，是他把哲学、历史、社会学、心理学、政治学和经济学联结到一起形成统一的整体的能力"④。这种跨学科所形成的整体视野和整合能力，也正是马克思主义卓尔不群、能洞彻事物本质的最重要的依仗之一。

然而，这也同时给我们带来一个问题：马克思因此可以被视为哲学家、社会学家、经济学家、历史学家等，相应地马克思主义在现代学科意义上可以被视为哲学、社会学、经济学、历史学，但是马克思主义最核心的理论归属怎么把握？在学科界划比较清晰、学科发展相对成熟的今天，马克思主义在何种意义上影响更大？这些问题绝非无

---

① 参见［美］兰德尔·柯林斯、迈克尔·马科夫斯基《发现社会之旅》，中华书局2006年版，第46页。
② 参见［美］C. 赖特·米尔斯《马克思主义者》，商务印书馆译，商务印书馆1965年版，第32～33页。
③ ［英］马克·布劳格：《凯恩斯以前100位杰出的经济学家》，丁之江、钦北愚、金祥荣等译，西南财经大学出版社1992年版，第140页。
④ ［美］罗伯特·海尔布伦纳、莱斯特·瑟罗：《经济学的秘密》，秦海译，海南出版社2001年版，第38页。

## 第四章 中国特色社会主义新时代与经典马克思主义新阐释

关宏旨、可有可无、不宜置喙的；相反，兹事体大，值得我们认真看待。

### （一）社会历史理论：马克思主义最核心的理论归属和学科支撑

正因马克思主义的这种综合性、跨学科性，马克思恩格斯去世以后，就其根本上是哲学还是经验科学，很快产生了很大的争议。

1895年，普列汉诺夫在其名作《论一元论历史观的发展问题》中，强调马克思主义是哲学，但被指定为恩格斯接班人的考茨基在1909年公开宣称："马克思主义不是哲学，而是一种经验科学，一种特殊的社会观。"① 这得到奥地利马克思主义者的诸多响应。1913年列宁专门指出哲学既是马克思主义的三个基本来源也是其三个基本组成部分之一，并强调"马克思加深和发展了哲学唯物主义，而且把它贯彻到底"，是"完备的哲学唯物主义"。1914年，他却专门补充说："马克思以前的'社会学'和历史学，至多是积累了零星收集来的未加分析的事实，描述了历史过程的个别方面。"② 就此而言，马克思主义同时具有社会学、历史学维度。到布哈林那里，公开主张马克思主义"是关于社会及其发展规律的一般学说，也就是社会学"③，同期的波格丹诺夫把马克思主义建构为"经验一元论社会学"。19世纪20年代，苏联的马克思主义者，大多数把马克思主义理解为科学的社会学，并由此引发了20世纪三四十年代颇有声势的哲学与社会学之争。

面对上述情景，柯尔施奋起反击，1923年推出名作特意争辩说，马克思主义"按其基本性质来说，是彻头彻尾的哲学……它是革命的哲学"④。这得到卢卡奇、葛兰西的有力声援，形成马克思主义阐释史

---

① ［德］卡·考茨基：《一封关于马克思和马赫的信》，见《国际共运史研究资料》（第三辑），人民出版社1981年版，第251页。
② 中共中央马克思恩格斯列宁斯大林著作编译局编：《列宁选集》第2卷，人民出版社2012年版，第311、425页。
③ ［苏］尼·布哈林：《历史唯物主义理论》，人民出版社1983年版，第7页。
④ ［德］卡尔·柯尔施：《马克思主义和哲学》，王南湜、荣新海译，重庆出版社1989年版，第37～38页。

## 经典马克思主义与中国特色社会主义新时代

上有名的"柯尔施命题"（即哲学与社会科学之争）。可到1938年，柯尔施却把马克思主义视为"新的、革命的社会科学"，强调其主要倾向"不再是一种'哲学的'方法，而是一种经验科学的方法"，不需要"哲学基础"①。而在同样反对和拒斥将马克思主义证化为具体社会科学的法兰克福学派那里，表现明显有异。其开创人霍克海默专门新造概念"社会批判理论"意指马克思主义，高调宣称批判理论"是哲学本身的传人"，但它"必须尊重""依靠"社会学等"科学"②；继后的阿多尔诺分辨说，有两种社会学，一种是孔德以降所形成的把经验事实奉为至上圭臬的实证的经验社会学，一种是以"社会总体及其运动规律"为研究对象、"源于哲学"的"辩证的、理论的社会学"，"重新论述哲学提出的问题"，马克思主义就是后者，是哲学的社会学或社会学的哲学③；马尔库塞同样主张，马克思主义不是纯粹的哲学，它"吸收了哲学的本质内容并把它代入社会理论和社会实践中"④，是哲学和社会学的有机结合；及至哈贝马斯，用"介于哲学和科学之间"⑤ 来定论马克思主义。

实际上，也有不少哲学专业人士基本不把马克思作为哲学家看待，比如梯利在其很有影响的《西方哲学史》中对马克思只字不提，雅斯贝斯《大哲学家》只在分析康德时简单提到马克思，几乎一笔带过。蒙克等小心翼翼地指认，把马克思纳入哲学家行列，"似乎具有挑衅性"，因为"许多人拒绝给予他作为纯粹哲学家和道德哲学家以任何重要地位"⑥。

---

① ［德］卡尔·柯尔施：《卡尔·马克思》，熊子云、翁廷真译，重庆出版社1993年版，第6、179、128页。
② ［德］马克斯·霍克海默：《批判理论》，李小兵等译，重庆出版社1989年版，第232页。
③ 参见于海《西方社会思想史》，复旦大学出版社1993年版，第467～468页。
④ ［美］马尔库塞：《理性和革命——黑格尔和社会理论的兴起》，程志民等译，重庆出版社1993年版，第338页。
⑤ ［德］尤尔根·哈贝马斯：《理论与实践》，郭官义、李黎译，社会科学文献出版社2004年版，第240～310页。
⑥ ［英］雷·蒙克、弗雷德里克·拉斐尔：《大哲学家——思想大师们的生平与精髓》，韩震、王成兵等译，海南出版社2004年版，"导言"。

## 第四章　中国特色社会主义新时代与经典马克思主义新阐释

而在当代，不少著名的西方马克思主义者也明确反对把马克思主义界定为哲学。如安德森理直气壮地争辩：马克思没有留下经典意义上的系统哲学著作，其早期哲学论著都是些未出版的手稿，到成熟期他从未再度涉猎纯哲学领域①。詹明信说得更明确："世界上并不存在任何可以写在纸上的马克思主义哲学体系。……也许在一个非常空泛模糊的意义上我们仍可以把马克思主义称作哲学。但我不会在任何实质意义上把它当哲学来看。"②

显然，把马克思主要视为哲学家，或把马克思主义界定为或主要视为哲学，存在很多争议；因为就其理论属性、理论表现和现代学科归属标准来看，的确存在让人难以充分信服的地方，而且，它其中的哲学是为分析社会历史服务的，阿尔多诺"理论社会学"之说正是据此提出的。国内外都有不少人为此退让一步，强调马克思主义主要是社会哲学、历史哲学，然而即使这样，如何处理其中大量存在（甚至构成主体）的社会科学内容？可是，说马克思主义有重要的哲学思想，有明显的哲学维度，应该没有争议。这种哲学维度主要体现在哪里？

马克思主义虽然与斯密、李嘉图等古典经济学有很深的亲缘关系，但是，后者奠定的经国济世、"发财致富"的经济学主旋律，恰恰被马克思嗤之以鼻，他要揭开并批判经济面纱背后的社会问题，成为正统的离经叛道者；另外，如曼德尔概括的，马克思"与19世纪和20世纪大多数重要经济学家的区别就在于，他根本不认为自己是一个纯粹的'经济学家'"。在他那里，经济学"不可能作为一门与社会学、历史学、人类学等完全无关的特殊科学而独立存在，……历史唯物主义试图尽可能地把有关人类的各门科学统一为一门'社会科

---

① 参见［英］佩里·安德森《西方马克思主义探讨》，高铦、文贯中、魏章玲译，人民出版社1981年版，第77页。
② ［美］詹明信：《晚期资本主义的文化逻辑》，陈清侨译，生活·读书·新知三联书店1997年版，第18页。

学'"①。马克思对经济的研究,具有旁人难及的综合性、整体性、跨学科性。

大部分主流经济学一般习惯于就经济谈经济,而马克思实现了双重突破,他既坚持从经济角度分析社会、历史,又坚持从社会、历史角度分析经济。特别是前者,影响卓著。吉登斯专门指出,"马克思的许多著作都是有关经济问题的。由于他总是把经济问题与社会制度联系在一起来加以思考,所以他的著作总是富有社会学的洞察力"②。马蒂内利和斯梅尔塞进一步分析说,相较于古典经济学,马克思"沿两个方向开阔经济视野",既建构了"一种可解释经济历史现象的社会变迁理论",又充分关注了经济及其结果(如阶级冲突)对历史变迁的动力作用,"创造一种几乎是全新的社会理论"③。阿隆为此说马克思是"一个特定形式的社会学家,即经济社会学家"④。这个指认,得到很多人的认同。如道宾说:"马克思开辟了经济社会学的历史方法","塑造了历史经济社会学的所有品牌"⑤。萨缪尔森等也明确表示,"解释历史的经济学是马克思对西方学术界的不朽贡献之一"⑥;还有人更为清晰地说,"清楚地理解和评价经济学和历史之间的相互关系,这正是马克思的独到之处"⑦。

马克思研究经济,根本上是为分析社会、历史服务的。其经济学

---

① [比]欧内斯特·曼德尔:《马克思》,见约翰·伊特韦尔英、默里·米尔盖特《新帕尔格雷夫经济学大辞典》第3卷,经济科学出版社1996年版,第395~412页。

② [英]安东尼·吉登斯:《社会学》(第4版),赵旭东、齐心、王兵等译,北京大学出版社2003年版,第15~16页。

③ [美]斯梅尔塞、[意]马蒂内利:《经济社会学:历史线索与分析的问题》,见苏国勋、刘小枫主编《社会理论的知识学建构》,上海三联书店、华东师范大学出版社2005年版,第28~53页。

④ [法]雷蒙·阿隆:《社会学主要思潮》,葛智强、胡秉诚、王沪宁译,华夏出版社2000年版,第94页。

⑤ [美]弗兰克·道宾:《经济社会学的比较与历史分析方法》,见斯梅尔瑟、斯威德伯格《经济社会学手册》(第二版),华夏出版社2009年版,第36页。

⑥ [美]保罗·萨缪尔森、威廉·诺德豪斯:《经济学》(第18版),人民邮电出版社2008年版,第513页。

⑦ [美]埃克伦德、赫伯特:《经济理论和方法史》,中国人民大学出版社2001年版,第192页。

## 第四章　中国特色社会主义新时代与经典马克思主义新阐释

从属于其社会学、历史学，进而实现对社会历史分析的革命性贡献。维拉尔由此强调："马克思的新观点既不是经济学上的观点，也不是理论上的观点，而是有关社会—历史的观点。"① 布罗代尔同样强调："社会历史分析是马克思著作中的伟大创新之一。"②

马克思的社会历史分析固然很有价值，但把他视为社会学家、历史学家，同样存在争议。

马克思是公认的早期社会学主要创始人，而且，早期社会学的几大巨擘，大都深受马克思的影响。不管是韦伯、迪尔凯姆的"对着讲"（在唯物史观的基本原理之外，另辟蹊径分析现代社会），还是席美尔的"接着讲"（其货币哲学大体上是马克思货币拜物教思想的延续），背后都有马克思或浓或淡的影子；而滕尼斯直陈自己受益于马克思很多③。吉登斯补充说，马克思"对于社会学来说有着根本的重要性"④。瑞泽尔尊称马克思提出了"古典时期最崇高、最重要，也最令人赞叹的大理论"⑤。另外，马克思对资本主义的病理学分析，对现代性的辩证思考，对商品拜物教入木三分的揭露，在今天仍然具有巨大的时空穿透力。以至于特纳明确承认马克思"对我们理解当代社会学理论也是有重大意义的"⑥。

可尽管如此，有着"社会学宪章之父"美誉的帕森斯，1937年推出其成名作《社会行动的结构》，书中韦伯、迪尔凯姆、帕累托等早期社会学名家被经常提及，唯独马克思严重缺席。马克思在相当长

---

① ［法］皮埃尔·维拉尔：《论马克思主义史学》，见雅克·勒戈夫，皮埃尔·诺拉《史学研究的新问题新方法新对象——法国新史学发展趋势》，社会科学文献出版社1988年版，第109页。
② ［法］费尔南·布罗代尔：《文明史纲》，广西师范大学出版社2003年版，第499页。
③ 参见［德］斐迪南·滕尼斯《共同体与社会——纯粹社会学的基本概念》，林荣远译，商务印书馆1999年版，第11～25页。
④ ［英］安东尼·吉登斯：《批判的社会学导论》，郭忠华译，上海译文出版社2007年版，第121页。
⑤ ［美］乔治·瑞泽尔：《当代社会学理论及其古典根源》，北京大学出版社2005年版，第17页。
⑥ ［美］乔纳森·H. 特纳：《现代西方社会学理论》，范伟达译，天津人民出版社1988年版，第182页。

时期内被排斥在主流社会学之外。科瑟则据此称马克思为社会学的"局外人",还说用"边缘"来指称其学术身份非常合适。①

尽管诚如科林伍德所言,马克思对当时的历史学实践并没有产生多大的直接影响②。但他对当今历史学的影响,却是毋庸置疑的。有人分析说,缘于"提供了合理地排列人类历史复杂事件的使人满意的唯一基础",马克思主义在当代历史学中的影响"日益增长"。③ 布罗代尔比较客观地指认:"在今天,任何一位历史学家,不论其政治立场或哲学立场如何,都躲不开马克思思想的侵袭和困扰。"④ 著名左翼史学家霍布斯鲍姆确信马克思最大的影响在于他是一位历史学家,对史学的现代化扮演着极其重要的角色,在历史编撰学中占据首屈一指的地位,是任何较为规范的历史研究不可或缺的基础。⑤ 福柯高调地宣称,如今在写历史的时候,不可能不直接地或间接地运用到与马克思思想相关的一系列概念,也不可能置身于其描述、定义的问题域之外,说到底,做个历史学家和做个马克思主义者是否有所不同,值得怀疑。⑥ 印第安纳大学信息学者 Filippo Menczer 创建的跨学科排名数据库"Scholarometer",马克思在历史学领域里的 H 因子是平均值的 21.5 倍,雄踞第一位。

然而纵使这样,古奇在其经典史著《19 世纪的历史学和历史学家》中甚至连马克思的名字都没提,以至伊格斯在肯定马克思对现代史学产生重要影响的同时,不得不承认历史唯物主义与学术性历史研

---

① 参见[美]刘易斯·A.科瑟《社会学思想名家——历史背景和社会背景下的思想》,石人译,中国社会科学出版社 1990 年版,第 30 页。
② 参见[英]科林伍德《历史的观念》(增补版),何兆武、张文杰、陈新译,北京大学出版社 2010 年版,第 126 页。
③ 参见[英]杰弗里·巴勒克拉夫《当代史学主要趋势》,杨豫译,上海译文出版社 1987 年版,第 26～27 页。
④ 引文来自布罗代尔为纪念马克思逝世一百周年于 1983 年 3 月 16 日在法国《世界报》上发表的一篇短文(http://wen.org.cn/modules/article/view.article.php/c12/3535)。
⑤ 参见[英]埃里克·霍布斯鲍姆《史学家——历史神话的终结者》,马俊亚译,上海人民出版社 2002 年版,第 181、193 页。
⑥ 参见福柯《福柯集》,杜小真编选,上海远东出版社 2003 年版,第 281 页。

## 第四章　中国特色社会主义新时代与经典马克思主义新阐释

究的主流很长时期处于相互隔膜的状态。① 确实,不少正统或主流的专业史家,拒绝把马克思归为同侪,反对把马克思主义视为历史学。

为什么会这样呢?首先,应该说,前述维拉尔、布罗代尔的定位,抓住了马克思主义最核心的理论归属即社会历史理论。它的哲学、经济学都从属于社会历史分析。因此,可以进一步确证,历史唯物主义是马克思主义最核心的内容。其次,马克思主义的跨学科性,造成它作为社会历史理论融社会学、历史学、哲学高度一体,具有很大的独特性。具体来说,一是理论性很突出。这也是人们谓之社会历史哲学很重要的因由,这同时使它和偏向于事实实证的主流社会学、历史学都有一定距离。二是社会学和历史学交织渗透。这两个独特性的叠加,使历史唯物主义无论是作为社会学还是历史学,总有人不置可否。

但是,这些独特性恰恰构成历史唯物主义的独特价值、独到魅力,也是我们进一步深入把握它的理论归属乃至学科属性的基本出发点。

### (二) 历史社会学与历史唯物主义

柯林斯(R. Colins)早在20世纪80年代就声称"历史社会学的黄金时代到来了"②,历史社会学的兴起的确成为晚近社会学最令人瞩目的发展之一,有人甚至主张它已成为当今西方学术界一股四处激荡的"湍流"。在今天,其不但阵营蔚为可观,名家云集,有一批声誉卓著、影响盛隆的知识分子置身其间,如福柯、斯考切波、蒂利、布尔迪厄、吉登斯、安德森、华勒斯坦,而且,萌生和建构了自己的专业性研究刊物(如《社会科学历史》《历史与社会》《跨学科历史杂志》)、研究文集(如《历史社会学的视野与方法》《历史社会学手册》)、研究组织(如社会科学历史协会),多次举办国际性会议。

---

① 参见〔美〕格奥尔格·伊格斯《欧洲史学新方向》,赵世玲、赵世瑜译,华夏出版社1989年版,第136页。
② R. Colins, *Three Sociology Traditions*, Oxford University Press, 1985, p.107.

## 经典马克思主义与中国特色社会主义新时代

关于何为历史社会学,一般公认无法用简单的几句话进行界定,在其学者群内部,也是歧义丛生。不过,正如蒂利所自陈的:它不具备完整的知识一致性,其共同性主要来自所用方法和材料而为世人所接受①,最根本的,就是实现了历史学和社会学的融通汇聚、有机化合。为什么会发生这种融会贯通呢?

有史学家指出,在1870到1930年间,历史学发展成一门独立存在的学科亦即"先进的、专业的或学术的历史学之典范"得以确立②。其间,兰克可谓居功至伟,一举确立正统主流史学范式,后人恭称之为"历史科学之父"。他申明:历史学的任务不过是说明事情的真实情况而已,如实直书,不惮细微,不究意义。卡尔说这影响了英、法、德整整三代史学家③。阿克顿在撰写皇皇巨著《剑桥近代史》时,几无保留地践行这一点,宣称历史是"经验所揭示的记录或事实";而其继承者伯里(J. B. Bury)相信"人类历史中全部最细微事实的集合终将说话"④。

兰克奠定的科学史学(以史料考据和还原事件为中心),很快战胜了以伏尔泰为代表的历史哲学传统,但在高歌猛进的同时,问题也不断呈现,形成公认的"史学危机"。择其要者有四点:第一,研究视野过于狭窄,集中于政治史,偏爱政治和军事事件的还原性研究,几成"重要人物、重大事件和成功的历史运动"之史学⑤;这既不能充分把握历史的复杂性,也远远跟不上当代的历史变化——如科技和

---

① 参见[美]查尔斯·蒂利:《未来的历史学》,见S. 肯德里克、P. 斯特劳、D. 麦克龙编《解释过去,了解现在——历史社会学》,王辛慧、江政宽、詹缘端、廖慧真等译,上海人民出版社1999年版,第11页。
② 参见 L. Stone, *The past and the Present* (*Revisited*), London & New York: Routledge & Kegan Paul, 1987, p. 5。
③ 参见[英]E. H. 卡尔《历史是什么?》,陈恒译,商务印书馆2012年版,第3页。
④ [英]杰弗里·巴勒克拉夫:《当代史学主要趋势》,杨豫译,上海译文出版社1987年版,第7~8页。
⑤ 参见[美]格特鲁德·希梅尔法布《新旧历史学》,余伟译,新星出版社2007年版,第13页。

## 第四章　中国特色社会主义新时代与经典马克思主义新阐释

经济日益重要、普通民众日益闪耀于历史舞台等①。第二，对历史事实的痴迷和膜拜，导致了"文献拜物教"（特别是"档案拜物教"）的产生；史学成了文献堆积和一个个事件深耕细究的"琐碎史学"、机械编排的"编年史学"，沉迷于"迂腐穷酸地追逐细枝末节"而严重"缺乏洞察力"。②　第三，"谨严的事实的陈述"成为其最高准则，再现而不分析，历史学成了单纯的追溯和陈列、叙述，不关注历史事件、现象的起因、结果，甚至不认为存在内在联系或普遍趋势、规律，更不谈及它们在当下的意义和在整个历史进程中的价值。美国历史学会主席麦克尼尔曾总结说，这种琐碎的历史编撰学"与散乱、混杂和无意义渐行渐近"③；历史学则由此"使自己脱离了作为普遍规律的科学"④。第四，归根结底，很大程度上源自对历史概念、历史理论的拒斥，缺乏必要的反思性和理论建构。

除了在事实客观性和价值中立性何以可能这两个最基本的问题上受到广泛诘疑外，以上四点也受到越来越多的冲击，促使现代史学发生重大转向。20世纪20年代，呼唤史学新范式逐渐成为一股强劲潮流，30年代以降，各种"新史学"（如年鉴学派、英美史学马克思主义、社会史学派等）纷纷登场。其核心诉求有四个方面。

（1）强调要扩大研究对象、范围，超越传统的政治史、国家史、帝王将相史，其结果一是出现了"自下而上的历史"即普通民众史，二是出现了把经济、文化、政治等诸多领域关联起来的整体性的"社会史"。

（2）要想真正把握人类社会历史，单一的传统史学方法不敷使用，跨学科综合研究势在必行。率先倡导"新史学"的鲁滨孙特意呼

---

① 参见［美］格奥尔格·伊格斯《欧洲史学新方向》，赵世玲、赵世瑜译，华夏出版社1989年版，第9～29页。
② 参见［英］杰弗里·巴勒克拉夫《当代史学主要趋势》，杨豫译，上海译文出版社1987年版，第8页。
③ ［英］理查德·埃文斯：《捍卫历史》，张仲民、潘玮琳、章可译，广西师范大学出版社2009年版，第84页。
④ ［英］科林伍德：《历史的观念》（增补版），何兆武、张文杰、陈新译，北京大学出版社2010年版，第147页。

吁,历史学必须放弃"个体主义","精通作为一切社会科学基础与初阶的社会学,以及各个专门的社会科学,如经济学、政治学、法律学、伦理学等等"①。而早在1900年,法国的贝尔创办《历史综合杂志》,批评传统史学封闭、狭隘、支离破碎,代表人类全部经验总结的新史学只能是在和其他学科综合过程中形成的。勒高夫等人总结到,新史学一是坚持总体的历史,要求"史学全部领域的更新";二是跨学科、专业,保有"不受任何专业限制的雄心"②。

(3) 强调历史学不仅是对事实的陈列、叙述和还原,更是分析、解释和探掘,关注历史事件的起因、结果及其当今意义。卡尔名作《历史是什么?》公开声称历史学就是现在与过去永无休止的对话,要理解过去以"增加把握当今社会的力量","穷究到底"即探寻主要原因或第一动因至关重要,因为"历史研究是一种因果关系的研究"③。年鉴学派元老布洛克坚信,历史学绝不能是事件的简单罗列,而是要"合理归类",探究"未来的可能性","寻找原因之流"④。年鉴学派干将布罗代尔直截了当地认许历史学"是一种关于现在的研究"⑤。勒高夫等人更为辩证地宣称新史学"注重现在与过去的关系",既"通过过去理解现在",也"通过现在理解过去"⑥。

(4) 为此,新史学强调两点:一是要结合必要的抽象理论解释历史现象,二是把历史事件和内在的抽象社会结构关联起来。英国历史学家琼斯明了地说明,"理论性是社会科学的基本特征",历史学家要

---

① [美]詹姆斯·哈威·鲁滨孙:《新史学》,齐思和等译,商务印书馆1989年版,第59、231页。
② [法]J. 勒高夫、P. 诺拉、R. 夏蒂埃、J. 勒韦尔:《新史学》,姚蒙编译,上海译文出版社1989年版,第5页。
③ [英]E. H. 卡尔:《历史是什么?》,陈恒译,商务印书馆2012年版,第115、146、186~189页。
④ [法]马克·布洛克:《历史学家的技艺》,黄艳红译,中国人民大学出版社2011年版,第35、63页。
⑤ [法]费尔南·布罗代尔:《论历史》,刘兆成、周立红译,北京大学出版社2008年版,第71页。
⑥ 参见[法]J. 勒高夫、P. 诺拉、R. 夏蒂埃、J. 勒韦尔:《新史学》,姚蒙编译,上海译文出版社1989年版,第14页。

## 第四章　中国特色社会主义新时代与经典马克思主义新阐释

使他的著作有深度,"就必须采取非历史学的方法和原则"①;而米尔斯同样直言,"作为一门学科,历史学确实要求发掘细节,但它也鼓励人们开拓眼光,把握社会结构发展中时代的关键事件"②;布罗代尔甚至吁求以长时段的"结构史"取代传统的"事件史"。

显然,历史学转向"新史学"即当代转向,"社会学转向"是其中尤为突出的维度,所谓"跨学科研究"中,首要的是吸纳社会学。这一则表现为社会史研究的兴起,使史学和传统社会学研究领域走向重合;二则表现为史学同样开始关注如历史规律、主要趋势等内在的普遍联系,开始强调整体性研究,关联到传统社会学的立家之本;三则表现为自觉运用传统社会学的强项——社会理论,特别是其关于社会结构、社会规律的抽象理论模型、框架来分析社会事件背后的深层背景。布罗代尔为此声称,在其长时段历史研究中,历史学和社会学"简直是亲密无间,融为一体的",凸显"结构组合的历史"③。由此涌现一批具有明显社会学倾向的著名史学家,如以布洛克、布罗代尔为代表的第一、第二代的年鉴学派;以汤普森、布伦纳为代表的史学马克思主义,以及摩尔、斯考切波、蒂利、迈克尔·曼等具有师承关系的"回归国家学派"。

社会学在初创期,尽管知道运用历史材料来追因溯源、探寻规律,但总体上对历史学相当轻视。譬如其首创人孔德毫不客气地认定:"历史学家是毫无用处的逸闻趣事的编者",而"历史资料是稚气地搜集在一起的乱七八糟的零碎"④。斯宾塞颇为轻蔑地强调,"历史学家所能达到的最高境界不过是对民族生活的叙述,不过是为比较社会学提供素材",君王传记之类的历史学"对社会科学几乎不能提供

---

① [英] G. S. 琼斯:《从历史社会学到理论历史学》,载蔡少卿主编《再现过去:社会史的理论视野》,浙江人民出版社1988年版,第226页。
② [美] C. 赖特·米尔斯:《社会学的想像力》,陈强、张永强译,生活·读书·新知三联书店2005年版,第175页。
③ [法] 费尔南·布罗代尔:《论历史》,刘兆成、周立红译,北京大学出版社2008年版,第83页。
④ [法] 奥古斯特·孔德:《论实证精神》,黄建华译,商务印书馆2001年版,第52页。

任何启示"①;他还认为,当掌握了真正的人性理论时,就不需要历史。稍后,对社会学的形成起了关键作用的涂尔干,虽运用历史比较的方法完成《教育思想的演进》等社会史学的典范之作,但其工作核心却是研究当下社会的现状,并批评当时历史学家流连于短暂事件,忽视社会结构和集体表征,炮制了"肤浅的表象"。

到20世纪20年代,社会学主阵地移转到美国,以帕克为代表的芝加哥学派,使社会学研究重心转向当下社会,大量汲取博厄斯等人类学家的田野调查法,深入细致地探究诸如当前城市中的贫民窟、失业、移民、黑帮等具体而微的社会热点问题。社会学逐渐走向"对历史的摒弃"②。

而到现代社会学之集大成者帕森斯那里,结构—功能主义大行其道。它长于建构"宏大理论"而不太关注细节,自然和历史学很难亲近起来;更重要的是,它偏向于挖掘共时态的社会结构,历时态受到冷落,以至于"把模式观或结构观理解为不受时间影响的互动现象"③。正如蒂利所说,这样的研究"没有时间、地点",社会学家变成了"结构专家"④。社会学和历史学进一步疏离。

帕森斯的宏大理论因其抽象演绎和现实明显脱节,即便其学生默顿提出"中层理论"也无法挽回其颓微之势。但美国主流社会学由此走向另一极端,以S. A. 斯托福和P. F. 拉扎斯菲尔德为代表的经验主义社会学,把帕克等人的经验观察和定量研究结合起来,使之向定量化凯旋前进,社会学家喜欢使用各种计量、统计方法来研究一些细枝末节的现实小问题(时间、空间、人群三种意义上的)。这既疏远了

---

① [英]彼得·伯克:《历史学与社会理论》,姚朋、周玉鹏、胡秋红等译,上海人民出版社2010年版,第9页。

② [英]彼得·伯克:《历史学与社会理论》,姚朋、周玉鹏、胡秋红等译,上海人民出版社2010年版,第11~13页。

③ [英]芭芭拉·亚当:《时间与社会理论》,金梦兰译,北京师范大学出版社2009年版,第12页。

④ [美]查尔斯·蒂利:《未来的历史学》,见S. 肯德里克、P. 斯特劳、D. 麦克龙编《解释过去,了解现在——历史社会学》,王辛慧、江政宽、詹缘端、廖慧真等译,上海人民出版社1999年版,第11页。

## 第四章　中国特色社会主义新时代与经典马克思主义新阐释

抽象理论，也和历史学更趋绝缘。后来行为科学化的社会学加重了这一点。斯通（L. Stone）总结说："社会学陷入静止的社会观这种状态中，部分是因为它对社会调查技术的过度青睐，部分是因为它对功能主义的迷信。"① 布罗代尔进一步分析：这些社会学家专注于对似乎停滞于某处的问题之解答，或不属于任何时代的重复现象，几乎一直回避社会时间。② 以至于吉登斯慨叹："在正统共识占主流地位的时期，社会学与历史学实现了最彻底的全面分离。"③

对此反对的声音不断出现。到 20 世纪五六十年代，随着一批具有强烈历史学取向的社会学家如米尔斯、布尔迪厄、本迪克斯、吉登斯等的崛起，这种反对臻于顶峰。布尔迪厄断言，将社会学和历史学分离开是灾难性的，在认识论上完全缺乏根据；④ 米尔斯认为，非历史研究常蜕变为对有限环境的静态研究，"如果不运用历史，不具备心理事件的历史感"，社会学家不可能对研究的问题"进行完整的表述"⑤；本迪克斯（R. Bendix）强调社会学的理论和概念，须依据具体的行为观察和历史证据来进行抽象，不能脱离历史事实；⑥ 吉登斯多次强调，把历史学和社会学人为地僵硬划分，是一种错误，现代社会科学的发展趋势，是淡化和模糊社会科学内部的划分和界线。⑦ 这些人的努力，促使社会学历史学化。

由此，卡尔提出的历史学社会学化，社会学历史学化，在 20 世

---

① L. Stone, *The past and the Present (Revisited)*, London & New York: Routledge & Kegan Paul, 1987, p. 9.
② 参见［法］费尔南·布罗代尔《论历史》，刘兆成、周立红译，北京大学出版社 2008 年版，第 88 页。
③ ［英］安东尼·吉登斯《社会理论与现代社会学》，文军、赵勇译，社会科学文献出版社 2003 年版，第 39 页。
④ 参见［法］布尔迪厄、［美］华康德《反思社会学导引》，李猛、李康译，商务印书馆 2015 年版，第 115 页。
⑤ ［美］C. 赖特·米尔斯：《社会学的想像力》，陈强、张永强译，生活·读书·新知三联书店 2005 年版，第 154、160 页。
⑥ 参见 R. Bendix, *Concepts and Generalization in Comparative Sociological Studies*, American Sociological Review, 1963, p. 28。
⑦ 参见［英］安东尼·吉登斯：《社会理论与现代社会学》，文军、赵勇译，社会科学文献出版社 2003 年版，第 38～40 页。

纪五六十年代实现合流,进而同期布罗代尔从历史学角度张扬的、米尔斯从社会学角度倡导的"历史社会学"(英文为 Historical sociology;法文为 La sociologie histoirique;德文为 Historische sozialwissenschaft,直译"历史社会科学")日渐成为显要学潮。

　　实际上,早在正统史学刚形成和社会学刚诞生时,就有人反对把社会学和历史学人为割裂开。如韦伯认为二者"都是研究行为的经验科学……都关注被视为整体的社会,关注全部人类行为,显然他们是学术上的近邻"①,其《新教伦理与资本主义精神》《经济与社会》等名作都是两者有机结合的典范;托克维尔的《旧制度与大革命》、迪尔凯姆的《教育思想的演进》亦是同样的典范。其中,马克思尤为特殊,他成熟期的主要著作,如《共产党宣言》《路易·波拿巴的雾月十八日》《1848年至1850年的法兰西阶级斗争》《资本论》及其手稿,以及晚年的《历史学笔记》《人类学笔记》等,无不贯彻了社会学和历史学的双向互动。斯考切波为此主张,正因"托克维尔、马克思、涂尔干和韦伯提出了一些重要问题","历史社会学的主要议程也因此得以首次提出"②;史密斯也认为,是马克思这些人推动形成了"持续时间很长的"历史社会学的"第一次浪潮"③;拉赫曼认定,当今的历史社会学就是要恢复并光大马克思、韦伯、涂尔干所开创的那种社会研究传统④。

　　前述汤普森、安德森、霍布斯鲍姆、华勒斯坦等左翼学者坦陈,其历史社会学直接受惠于历史唯物主义;而前述蒂利、斯考切波也不讳言自己获益于马克思的历史分析。科卡强调,马克思为历史社会学

---

　　① [德]马克斯·韦伯:《社会学的基本概念》,胡景北译,上海人民出版社2005年版,第1页。
　　② [美]西达·斯考切波:《历史社会学的新兴议题与研究策略》,载西达·斯考切波《历史社会学的视野与方法》,封积文等译,上海人民出版社2007年版,第373页。
　　③ [英]丹尼斯·史密斯:《历史社会学的兴起》,周辉荣、井建斌、赵怀英等译,上海人民出版社2000年版,第2~3页。
　　④ 参见[美]理查德·拉赫曼《历史社会学概论》,赵莉妍译,商务印书馆2017年版,第一章。

## 第四章　中国特色社会主义新时代与经典马克思主义新阐释

提供了具体工具①，卡尔霍恩概括说"多数'学统'都将马克思视为第一位伟大的历史社会学家"②。鉴于此，2003年英文首版的权威文集《历史社会学手册》，把凯利撰写的"卡尔·马克思与历史社会学"，专门作为第一章。

人们为什么把马克思摆在这么高的位置？历史唯物主义和历史社会学到底是什么关系？关于历史唯物主义的理论定位，马克思确实没有用专门的长篇大论来认真交代，但留下过不少亟须认真分析的重要说法。

标志唯物史观初步形成的《形态》提出："我们仅仅知道一门唯一的科学，即历史科学。"而唯物史观就是"人类史"③，即关于"政治、法律、哲学、神学。总之，一切属于社会而不是单纯属于自然界的领域的简单概括"④ 的历史科学，同时是"描述人们的实践活动和实际发展过程的真正实证的科学"⑤。

尽管与孔德的实证主义有根本的不同，德国具有宽泛意义的"科学"（Wissenschaft）一词，与意义更狭窄明确的英语词Science相比，也确有其独特性，但作为"真正实证的科学"，历史唯物主义始终坚持经验事实对科学研究的前提性和优先性。《形态》为此说，全部人类历史的第一个前提是有生命的、进行能动活动的"现实的个人"，他们及其现实活动是可以用"纯粹经验方法"来确认的；马克思还总结道："只要按照事物的真实面目及其产生情况来理解事物，任何深

---

① 参见［德］于尔根·科卡《社会史：理论与实践》，景德祥译，上海人民出版社2006年版，第33页。
② ［美］克雷格·卡尔霍恩：《为什么是历史社会学》，见杰拉德·德兰迪、恩靳·伊辛主编《历史社会学手册》，李霞、李恭忠译，中国人民大学出版社2009年版，第684页。
③ 中共中央马克思恩格斯列宁斯大林著作编译局编：《马克思恩格斯文集》第1卷，人民出版社2009年版，第516、519页。
④ 中共中央马克思恩格斯列宁斯大林著作编译局编：《马克思恩格斯文集》第10卷，人民出版社2009年版，第658页。
⑤ 中共中央马克思恩格斯列宁斯大林著作编译局编：《马克思恩格斯文集》第1卷，人民出版社2009年版，第526页。

奥的哲学问题——都可以十分简单地归结为某种经验的事实。"①《资本论》仍然强调"研究必须充分地占有材料，分析它的各种发展形式"②。胡克据此说，历史唯物主义之所以对理解过去与现代的历史做出很大贡献，缘于"它是以大量的经验材料作为推论基础的"③。

显然，这和历史学基本要求吻合，缘此判断历史唯物主义具有一般意义上的历史学维度，当然成立。恩格斯专门提到过，《1848年至1850年的法兰西阶级斗争》是对"现代历史"进行说明的初次尝试，而《共产党宣言》则概述了"全部近代史"④；《形态》指出在唯物史观诞生之前，德国人"从未拥有过一个历史学家"⑤，马克思后来还据此批评了"文化史家"对鲁滨孙故事的误读⑥。这意味着，他在某种程度上自认为是真正的历史学家。

马克思虽没有自诩为社会学家，但以《资本论》为典型的一些作品，一是重视客观社会现象、社会事实，二是更为关注当下资本主义的社会现象、事实。这也符合社会学经典形象。

不过，马克思绝没有停驻于此，历史唯物主义的独特性恰恰在于对历史学基本要求、社会学经典形象的超越。

其一，唯物史观立足于从现实的人及其物质生产劳动来理解历史，"在劳动发展史中找到了理解全部社会史的钥匙"⑦，这种"劳动史观"同时强调了物质生产主体——人民群众的重要性，亦是群众史

---

① 中共中央马克思恩格斯列宁斯大林著作编译局编：《马克思恩格斯文集》第1卷，人民出版社2009年版，第519、528页。
② 中共中央马克思恩格斯列宁斯大林著作编译局编：《马克思恩格斯文集》第5卷，人民出版社2009年版，第21页。
③ [美] 悉尼·胡克：《历史中的英雄》，王清彬等译，上海人民出版社1964年版，第53页。
④ 中共中央马克思恩格斯列宁斯大林著作编译局编：《马克思恩格斯文集》第4卷，人民出版社2009年版，第532页。
⑤ 中共中央马克思恩格斯列宁斯大林著作编译局编：《马克思恩格斯文集》第1卷，人民出版社2009年版，第531页。
⑥ 参见中共中央马克思恩格斯列宁斯大林著作编译局编《马克思恩格斯文集》第8卷，人民出版社2009年版，第5～6页。
⑦ 中共中央马克思恩格斯列宁斯大林著作编译局编：《马克思恩格斯文集》第4卷，人民出版社2009年版，第313页。

## 第四章　中国特色社会主义新时代与经典马克思主义新阐释

观。它宣称:"历史活动是群众的活动,随着历史活动的深入,必将是群众队伍的扩大","历史的活动和思想都是'群众'的思想和活动"①。由此,马克思"把群众在历史上的作用放在首位,这与新史学重视研究生活于一定社会中的普通人也不谋而合"②;以劳工史为代表的底层民众史、日常生活史,亦即屈威廉(G. M. Trevelyan)在其1942年名作《英国社会史》提出的"告别传统政治人物的人民的历史"③ 逐渐形成气候。社会史由之兴起。其中一些代表性人物,如早期的 G. S. 琼斯、汤普森、埃内斯特·拉布鲁斯斯(Ernest Labrusse)等都自认是马克思主义者。历史唯物主义的确为社会史学的诞生"做出独特贡献"④。

此外,重点关注从原始社会一直到资本主义社会人类几千年的历史演进过程,是历史唯物主义的另一重要维度,这种长时段的历史视野是正统史学比较欠缺的;另外,马克思明确说明,社会就是"一切关系在其中同时存在而又相互依存的社会机体",是由这些关系"形成一个统一的整体"⑤,这决定了必须把社会历史视为一个有机整体来分析观察。卢卡奇为此提出了一个对西方马克思主义影响很大的观点:"总体范畴,整体对各个部分的全面的、决定性的统治地位,是马克思取自黑格尔并独创性地改造成为一门全新科学的基础的方法的本质。"⑥ 长时段、整体性视野以及前面提及的跨学科研究,都使马克

---

① 中共中央马克思恩格斯列宁斯大林著作编译局编:《马克思恩格斯文集》第1卷,人民出版社2009年版,第287、286页。
② [法] J. 勒高夫、P. 诺拉、R. 夏蒂埃、J. 勒韦尔:《新史学》,姚蒙编译,上海译文出版社1989年版,第35页。
③ G. M. Trevelyan, *English Social History – A Survey of Six Centuries – Chaucer to Queen Victoria*, London: Orient Longman Limited, 1944, Introduction.
④ [美] 格奥尔格·伊格斯:《欧洲史学新方向》,赵世玲、赵世瑜译,华夏出版社1989年版,第191页。
⑤ 中共中央马克思恩格斯列宁斯大林著作编译局编:《马克思恩格斯文集》第1卷,人民出版社2009年版,第603、604页。
⑥ [匈] 卢卡奇:《历史与阶级意识——关于马克思主义辩证法的研究》,杜章智、任立、燕宏远译,商务印书馆1996年版,第76页。

思被公认为"新史学的大师之一"①。而新史学的萌生则是历史社会学复兴的重要支撑点。

其二，马克思左右开弓，既批评兰克，也批评了社会学创始人孔德。

马克思在克罗茨纳赫认真拜读过兰克的《法国史》，稍后《形态》批评说，"客观的历史编纂学正是脱离活动来考察历史关系"而具有"反动的性质"，进而成为把历史变为"一些僵死的事实的汇集"的"抽象经验主义"，②矛头直指兰克史学；后来他更明确地指认兰克这位"手舞足蹈的矮子"把历史贬低为"收集趣闻轶事和把一切重大事件归为琐碎小事"③。

这种抽象的经验主义，马克思后来又称之为"粗浅的经验主义"，并说斯密在最开始采用它而"立即产生了糊涂观念"④，因为它过于迷信直观到的经验事实，超越直观经验之外的所谓本质、原因、目的概不认许，它"只诉诸实际经验。而理由和原因仍然是秘密"⑤。这正是兰克正统史学的一个根本性问题。

对于孔德，马克思对他"评价很低"，和黑格尔比起来非常可怜，最多炮制了"实证主义的破烂货"⑥。较之兰克，孔德更关注社会现象之间的联系、规律，强调："科学能利用的只是那些互相联系的，至少假设性地包含某种规律的观察"，它研究的是经验事实之间"不

---

① [法] J. 勒高夫、P. 诺拉、R. 夏蒂埃、J. 勒韦尔：《新史学》，姚蒙编译，上海译文出版社1989年版，第35页。
② 参见中共中央马克思恩格斯列宁斯大林著作编译局编《马克思恩格斯文集》第1卷，人民出版社2009年版，第546、525～526页。
③ 中共中央马克思恩格斯列宁斯大林著作编译局编：《马克思恩格斯全集》第30卷，人民出版社1975年版，第423页。
④ 中共中央马克思恩格斯列宁斯大林著作编译局编：《马克思恩格斯文集》第6卷，人民出版社2009年版，第212页。
⑤ 中共中央马克思恩格斯列宁斯大林著作编译局编：《马克思恩格斯文集》第5卷，人民出版社2009年版，第264页。
⑥ 中共中央马克思恩格斯列宁斯大林著作编译局编：《马克思恩格斯文集》第10卷，人民出版社2009年版，第357、239页。

## 第四章 中国特色社会主义新时代与经典马克思主义新阐释

变的先后关系"或"自然的相继关系和相似关系"① 即规律。然而，孔德和庸俗经济学的问题如出一辙。马克思指认，以萨伊为代表的庸俗经济学，"粗俗的经验主义变成了虚伪的形而上学，变成了烦琐哲学，它绞尽脑汁，想用简单的形式抽象，直接从一般规律中得出不可否认的经验现象，或者巧妙地使经验现象去迁就一般规律"②；其核心在于"只是把生活过程中外部表现出来的东西，按照它表现出来的样子加以描写、分类、叙述并归入简单概括的概念规定之中"③，"只是在表面的联系内兜圈子，它为了对可以说是最粗浅的现象作出似是而非的解释……一再反复咀嚼科学的经济学早就提供的材料"④。孔德的社会学，以反形而上学为名却陷入了一种经验的肤浅的形而上学，没有抓住社会现象的根本和本质联系。

兰克史学和孔德社会学具有共同的问题，要么拘泥于把历史事件表浅化、孤立化，要么流于事物的表面和表面联系，忽视了本质和内在联系。针对此，马克思一方面说，"如果事物的表现形式和事物的本质会直接合而为一，一切科学就都成为多余的了"⑤，历史学、社会学绝不能停留在事物、事件的表面；另一方面说，"分析经济形式，既不能用显微镜，也不能用化学试剂，二者都必须用抽象力来代替"⑥，用建立在科学方法基础上的科学理论、概念指导，来观察、整理、分析历史事件和社会现象，不可或缺。

为此，马克思还旁敲侧击式地为孔德社会学指明了出路。第一，

---

① 赵修义、童世骏：《马克思恩格斯同时代的西方哲学——以问题为中心的断代哲学史》，华东师范大学出版社1996年版，第311～312页。
② 中共中央马克思恩格斯列宁斯大林著作编译局编：《马克思恩格斯全集》第26卷第1册，人民出版社1972年版，第69页。
③ 中共中央马克思恩格斯列宁斯大林著作编译局编：《马克思恩格斯全集》第26卷第2册，人民出版社1973年版，第182页。
④ 中共中央马克思恩格斯列宁斯大林著作编译局编：《马克思恩格斯文集》第5卷，人民出版社2009年版，第99页。
⑤ 中共中央马克思恩格斯列宁斯大林著作编译局编：《马克思恩格斯文集》第7卷，人民出版社2009年版，第925页。
⑥ 中共中央马克思恩格斯列宁斯大林著作编译局编：《马克思恩格斯文集》第5卷，人民出版社2009年版，第8页。

他专门指出，那些抽象的理论、模型"本身离开现实的历史就没有任何价值。它们只能对整理历史资料提供某些方便，指出历史资料的各个层次的顺序。……绝不提供可以适用于各个历史时代的药方和公式"①。孔德著名的"三段论"问题正在于此。第二，孔德虽也提出了分析社会历史演变的"社会动力学"，可最终只提供宏大的抽象推论和悬设，制造一些"自然的""永恒的"规律。所以说孔德和黑格尔压根不能相提并论，因为黑格尔的"思维方式有巨大的历史感做基础。……他是第一个想证明历史中有一种发展、有一种内在联系的人"②。

所以，普遍性的社会理论必须与具体的历史事实有机结合，具有历史意识和历史感，这是解决孔德社会学的基本要求。在今天，也就是社会学应与历史学结合起来，马克思也是这样做的。被公认为社会学经典著作的《资本论》，恰恰建立在对欧洲近代工业文明、商业文明的历史熟稔和通透理解的基础上。马克思既强调其"资本的理论"即"现代社会结构的理论"③，《资本论》的社会学地位无可疑辩，又强调《资本论》"用了很大篇幅来叙述英国工厂立法的历史"④，当然远非如此，还有价值形式发展史、剩余价值形成和演变史等。《资本论》无疑是社会理论和历史事实、历史感有机结合的典范。

这一点，得到广泛的肯赞。熊彼特赞扬说，马克思作为社会学家的主要手段就是"广泛掌握历史和当代事实……不仅使用巨大的历史图景而且也能使用种种历史细节来说明他的社会见解"，在这方面高于"他那个时候其他社会学家的水准"⑤。而米尔斯强调：马克思认

---

① 中共中央马克思恩格斯列宁斯大林著作编译局编：《马克思恩格斯文集》第1卷，人民出版社2009年版，第526页。

② 中共中央马克思恩格斯列宁斯大林著作编译局编：《马克思恩格斯文集》第2卷，人民出版社2009年版，第602页。

③ 中共中央马克思恩格斯列宁斯大林著作编译局编：《马克思恩格斯文集》第10卷，人民出版社2009年版，第429页。

④ 中共中央马克思恩格斯列宁斯大林著作编译局编：《马克思恩格斯文集》第5卷，人民出版社2009年版，第9页。

⑤ ［美］约瑟夫·熊彼特：《资本主义、社会主义与民主》，吴良健译，商务印书馆2002年版，第51～52页。

## 第四章　中国特色社会主义新时代与经典马克思主义新阐释

为，要有效地研究人类和社会，就绝不能脱离历史，他运用历史材料的技巧则已达到了炉火纯青的地步；正因此，他的理论模型不仅显示出整个社会的结构，而且展现了那个结构的历史变动情况。① 对于这种结构与历史、抽象社会理论与具体历史细节的有机结合，布罗代尔高度评价说："马克思的天才及其影响的持久性秘密，在于他第一个在历史长时段的基础上构造了真正的社会模式。"② 什托姆普卡指认，"历史唯物主义是关于社会和历史变迁的最复杂理论"，是一种"社会变迁的社会学"。③

应该说，帕森斯正统社会学的主要问题大体上类似，既建构了抽象的"宏大理论"，又制造了静态的社会模型，针对它，米尔斯正是在吁求关注历史事实的意义上呼喊"社会学的想象力"，呼唤历史唯物主义在社会学中的归位。

马克思同时也为兰克史学指明了出路。"历史不过是追求着自己目的的人的活动而已"，可人们及其活动"是受他们的物质生活的生产方式，他们的物质交往和这种交往在社会结构和政治结构中的进一步发展所制约的"，所以"经验的观察在任何情况下都应当根据经验来提示社会结构和政治结构同生产的联系"④，任何历史事件都不是自立和孤立的，背后总是有或明或暗、或强或弱的结构因素的影响，有因有果，有内在联系；历史既是事件史，更是结构史。所以，研究历史要牢记，"每一历史时代主要的经济生产方式和交换方式以及必然由此产生的社会结构，是该时代政治的和精神的历史所赖以确立的基础，并且只有从这一基础出发，这一历史才能得到说明"⑤。

---

① 参见［美］C. 赖特·米尔斯《马克思主义者》，商务印书馆译，商务印书馆1965年版，第34～35页。
② ［法］费尔南·布罗代尔：《论历史》，刘兆成、周立红译，北京大学出版社2008年版，第55页。
③ 参见［波］彼得·什托姆普卡《社会变迁的社会学》，林聚任等译，北京大学出版社2011年版，第168页。
④ 中共中央马克思恩格斯列宁斯大林著作编译局编：《马克思恩格斯文集》第1卷，人民出版社2009年版，第295、524页。
⑤ 中共中央马克思恩格斯列宁斯大林著作编译局编：《马克思恩格斯文集》第2卷，人民出版社2009年版，第14页。

伊格尔斯很中肯地评价说："马克思对现代史学最重要的贡献也许是强调了社会作为一个各种因素相互关系的整体而运动的思想以及力图找到历史现象在其中发生的结构要素。"① 有马克思主义者同样认为，历史唯物主义的精髓就是"用构成历史事实的基础的经济结构来归根到底解释每一个历史事实"②；而熊彼特则说"用穿透乱七八糟不规则的表层深入历史事物的宏伟逻辑的眼光抓住这些事实"是马克思"最伟大的个人成就之一"。③

当然，历史事件和社会结构结合起来描述和分析的过程，同时也是和抽象理论结合的过程，因为社会结构只能借助于抽象理论才能把握。伯克为此说："像马克思这样把理论与具体历史状况的细节结合起来的人是凤毛麟角的。"④ 有人总结道，马克思主义为历史学的"社会学化"送行了辩护，其影响在今天愈发明显。⑤

马克思实际上正是这样做的。比如其经典著作《路易·波拿巴的雾月十八日》，显然是一部政治事件史，它不但"研究法国过去的历史"，"考察了法国时事的一切细节"，而且将之与生产方式理论以及由之产生的社会结构、阶级斗争理论紧密结合起来，实现了对事变、时事"卓越的理解"和"透彻的洞察"⑥。这种政治事件史同时也是"事件社会学"。

正因此，诸如沙夫、布哈林等著名马克思主义者反对把历史学与社会学人为割裂开，主张两者结合是历史唯物主义极为突出的优点。

---

① ［美］伊格尔斯：《历史研究国际手册——当代史学研究和理论》，陈海宏、刘文涛、李玉林、张定河等译，华夏出版社1989年版，第15页。

② ［意］安·拉布里奥拉：《关于历史唯物主义》，杨启潾、孙魁、朱中龙译，人民出版社1984年版，第58页。

③ 参见［美］约瑟夫·熊彼特《资本主义、社会主义与民主》，吴良健译，商务印书馆2002年版，第52页。

④ ［英］彼得·伯克：《历史学与社会理论》，姚朋、周玉鹏、胡秋红等译，上海人民出版社2010年版，第9页。

⑤ 参见［英］杰弗里·巴勒克拉夫《当代史学主要趋势》，杨豫译，上海译文出版社1987年版，第24页。

⑥ 中共中央马克思恩格斯列宁斯大林著作编译局编：《马克思恩格斯文集》第2卷，人民出版社2009年版，第468～469页。

第四章　中国特色社会主义新时代与经典马克思主义新阐释

这个优点，也恰是帕森斯以后琐碎实证社会学的一种有效的清醒剂。米尔斯为此说："对于美国日益烦琐偏狭的社会学研究，马克思主义理当是一种特别吸引人的挑战。"①

显然，历史唯物主义在科学理论的指导下，实现了社会学和历史学的有机结合，形成了对待社会历史的总体性视角和跨学科研究法。这是人们为什么把马克思视为历史社会学最重要的开拓者之一，把历史唯物主义视为经典的历史社会学的根本缘由所在。

（三）反思性历史社会学：进一步的分析与思考

综上，不难发现，马克思确实对当今历史社会学的兴起产生过重大作用，他在此方面思想史、学术史的地位不应被疏漏；反过来，历史社会学确系历史唯物主义不应缺场的重要维度。问题在于，仅此就够了吗？

前面提过，把马克思视为哲学家或把历史唯物主义视为哲学，存在不少争议，但强调历史唯物主义具有哲学维度，当然没问题。从早期哲学味道明显而浓厚的《形态》到中晚期实证味道更为凸显的《资本论》，历史唯物主义一直具有很强的理论性。这无疑是历史唯物主义具有哲学维度的重要证据和表征。受此影响，吉登斯在总结经典社会学时承认"社会理论与哲学的界限模糊"②。

但是，这样来理解历史唯物主义的哲学维度，进而来理解马克思的历史社会学，远远不够，还需另辟蹊径。

当代社会学名家绍科尔采提出了一种越来越有影响力的说法即"反思性历史社会学"，主张它是社会理论与历史社会学的"交叉点"，一是与当代社会学的著名转向即"反思性转向"（the reflexive

---

① ［美］C. 赖特·米尔斯：《马克思主义者》，商务印书馆译，商务印书馆1965年版，第33页。
② ［英］安东尼·吉登斯：《社会理论与现代社会学》，文军、赵勇译，社会科学文献出版社2003年版，第56页。

turn）有关，二是与哲学的关系尤为紧密。① 这意味着，理论性、哲学、反思性在它那里具有高度的统一性。笔者以为，反思性社会学有两层基本指向，即"对社会的反思"之学和"反思性社会"之学。

前者的反思，也就是一般、常态意义上的，主要指主体思维的特殊形式、特殊的主观精神活动；后者的反思则具有社会学意义上的特殊性，源自吉登斯、贝克等提出的"反思性现代性"。大意指：现代的人们是在一定知识下进行规划和活动的，可社会知识又总是在一定的社会条件下获得的，社会本身的运行又有自己内在的某些趋势（如社会结构），它在运行中总是与人们开初的预期、欲求、规划有所偏离，甚至背道而驰；人们为此要运用新的知识进行调适（吉登斯谓之"反思性监控"），可调适的结果又会形成新的偏离。这样一来，现代性的反思性标志着一种客观的自悖、矛盾、偏向、背离的演进过程（吉登斯称之为"非意图性的结果"，贝克为之提出"风险社会"）。不少人建议将此意义上的 reflexive 译为自反性、反身性，确有道理。前种意义无疑最基本、最重要。所以，吉登斯在彰显后者的同时不忘强调社会学的反思"当然也包括对反思性自身的反思"即主观、传统意义上的反思，"社会学则是用最普遍化的方式反思现代社会生活"。② 这种反思主要源自哲学。绍科尔采可能因之强调反思性历史社会学与哲学之间的密切关联。

早在古希腊时期，亚里士多德就已提过"对思想的思想"，但反思作为一个影响很大的概念，是在近代哲学那里渐获明确而又丰富的内涵的。洛克明确说，它就是"人心对自己的活动所做的那种观察"，可称为"内感官"，即对与外物发生直接关系的感官的"再感觉"，在经验主义立场上把它作为"思之思"确立起来③；经过斯宾诺莎、

---

① 参见［匈］阿尔帕德·绍科尔采《反思性历史社会学》，凌鹏、纪莺莺、哈光甜译，上海人民出版社 2008 年版，导言。
② 参见［英］安东尼·吉登斯《现代性的后果》，田禾译，译林出版社 2000 年版，第 33～34、12 页。
③ 参见［英］洛克《人类理解论》，关文运译，商务印书馆 2012 年版，第 74～75 页。

## 第四章　中国特色社会主义新时代与经典马克思主义新阐释

康德等人的推进，在黑格尔那里以德语词 Nachdenken 获得了相对完整的意蕴①。

第一，反思首先是一种"后思"，因为它是"思之思"，是对已发生的思维、意识的思考。第二，反思是折返、反向性思考，一般的自然认识是对外在于人的事物的正向、直接认识，而反思是对内的，是对认识的再认识，是"自我认识"。第三，反思是对"初思""前思"的改造、升华，甚至是对直接意识、表象的颠倒。经过反思，"最初在感觉、直观、表象中的内容，必须有所改变"。反思就是哲学思维、更高的抽象思维乃至思辨思维。第四，由此，反思就成了"揭示出事物的真实本性""获得对象的真实性质"的深层思考，获致关于事物本质的普遍性的真知、真理。第五，为此，黑格尔又彰显了反思的另一重含义：反复思考、多次思考、重思和再思，"意指跟在事实后面的反复思考"②。

黑格尔之后，反思作为获取真知、通往真理的澄明性、厘清性思维方式，被广为称道，特别是其理性的深思熟虑、周密思考、反复探究之意蕴，早已超越了哲学领域而成为通识性说法。如卡西尔说："反思或反省的思想是人的这样一种能力：即人能够从混沌未分、漂浮不定的整个感性现象之流中择取出某些固定的成分，从而把它们分离出来并着重加以研究。"③ 杜威将反思表述为："对于任何信念或假设性的知识，按其所依据的基础和进一步结论而进行的主动的、持续的和周密的思考"，是"对其经验范围之内的事物愿意做出认真周密的思考"④。

在此基础上，其怀疑、批判意蕴也不断被凸显。因为厘清、澄明、辨别"前思"要发挥笛卡尔"我思"中的怀疑、批判精神和能

---

① 参见邓晓芒《思辨的张力——黑格尔辩证法新探》，湖南教育出版社 1992 年版，第 264～275 页。
② ［德］黑格尔：《小逻辑》，贺麟译，商务印书馆 1980 年版，第 68、78、74、7 页。
③ ［德］恩斯特·卡西尔：《人论》，甘阳译，上海译文出版社 1997 年版，第 51 页。
④ ［美］约翰·杜威：《我们怎样思维·经验与教育》，姜文闵译，人民教育出版社 2005 年版，第 15～16、37 页。

力、真知、真理在"前思"中不会自动显现出来。黑格尔为此说"批判即需要一种普通意义的反思"①。在今天,反思就意味着一定的怀疑和批判,这俨然已成为共识。所以,吉登斯认定,很早就提出社会学应具有反思性的米尔斯,其倡导"社会学的想象力",实质是建设"作为批判的社会学"②,两者同质。

除吉登斯、贝克以"自反性"拓展反思的意蕴外,前述布尔迪厄等社会学家也大大拓展了反思的传统含义。布尔迪厄强调"反思性社会学"首先意味着社会学家"将他的工具转而针对自身",即"一种对作为文化生产者的社会学家的自我分析,以及对一种有关社会的科学之所以可能的社会历史条件的反思",但其"基本对象不是个别分析学者",而是大家习以为常的集体性"社会无意识",所以反思社会学必须是"一项集体事业","反思性主体最终必然作为一个整体的社会科学场域"③。由此,反思则成了社会学家集体对其共同的研究基础(指共同接受、习以为常的指导理论、权威范式等所构成的"集体科学无意识")即"双重复数"的"反思"。

不过,绍科尔采在介绍反思性历史社会学代表人物时,重点以韦伯、埃利亚斯、博克瑙、沃格林、芒福德、福柯为例,而把马克思视为"作为反思性历史社会学主要背景的人物"④ 来看待。这大大值得商榷。因为历史唯物主义最能全景地、充分地凸显"反思性",最具反思性,而反思性是其哲学维度的主要体现之一。哲学在历史唯物主义那里,"就是展示出彻底的和激进的自我反思的力量"⑤。历史唯物主义是最典范的"反思性历史社会学"。

---

① [德] 黑格尔:《小逻辑》,贺麟译,商务印书馆1980年版,第7页。
② [英] 安东尼·吉登斯:《批判的社会学导论》,郭忠华译,上海译文出版社2007年版,第10页。
③ [法] 布尔迪厄、[美] 华康德:《反思社会学导引》,李猛、李康译,商务印书馆2015年版,第36、37、41页。
④ [匈] 阿尔帕德·绍科尔采:《反思性历史社会学》,凌鹏、纲莺莺、哈光甜译,上海人民出版社2008年版,导言。
⑤ [德] 尤尔根·哈贝马斯:《重建历史唯物主义》,郭官义译,社会科学文献出版社2000年版,第53页。

## 第四章 中国特色社会主义新时代与经典马克思主义新阐释

首先，对反思作为"后思"的理解和运用。马克思多次说他研究人类社会历史，是一种反思性研究即"从后思索法"，它是"事后开始"和"思维再现"的统一："对人类生活形式的思索，从而对这些形式的科学分析，总是采取同实际发展相反的道路。这种思索是从事后开始的，就是说，是从发展过程的完成的结果开始的"①，"从抽象上升到具体的方法，只是思维用来掌握具体、把它当作一个精神上的具体再现出来的方式"②。

其次，对反思作为揭示事物本质即作为一种抽象逻辑思维、理论思维方式和能力的认可和运用。前面的引文已表明，马克思认为事物的表现形式和其本质不会直接合而为一，科学需要"抽象力"。所谓抽象力，关键是"抽象的规定在思维行程中导致具体的再现"，形成"具体总体"，"具体总体作为思想总体、作为思想具体，事实上是思维的、理解的产物……是把直观和表象加工成概念这一过程的产物"，也就是黑格尔意义上的反思的产物，所以它是人类专有的，而又不同于"对于世界的艺术精神的、宗教精神的，实践精神的"③掌握世界的方式（即自然的、非反思的掌握方式）。

再次，对反思作为"反复思考、深思熟虑、周密分析"意蕴的理解和认同。这又分两种情况：第一，反对直观，认为对事物本质的认识不是依据直观一下子就通达的，马克思既反对仅仅看到"眼前的东西"的"普通直观"即费尔巴哈的"感性直观"，也反对标榜看出事物"真正本质"的"高级哲学直观"即某些老年黑格尔派的抽象直观。④ 诸如生产关系、生产方式等社会的本质结构直观不可能触及。第二，提出"抽象与具体的辩证法"，前已述及，作为抓住事物本质

---

① 中共中央马克思恩格斯列宁斯大林著作编译局编：《马克思恩格斯文集》第5卷，人民出版社2009年版，第93页。
② 中共中央马克思恩格斯列宁斯大林著作编译局编：《马克思恩格斯文集》第8卷，人民出版社2009年版，第25页。
③ 中共中央马克思恩格斯列宁斯大林著作编译局编：《马克思恩格斯文集》第8卷，人民出版社2009年版，第25页。
④ 参见中共中央马克思恩格斯列宁斯大林著作编译局编《马克思恩格斯文集》第1卷，人民出版社2009年版，第528页。

的反思，其实质就是科学抽象，是"从抽象到具体"即运用必要的概念图式去"看"，但不要忘记，在此之前还要完成"从具体到抽象"①，前者以后者为前提，科学的认识和反思实为抽象和具体的相互影响、反复作用。泽勒尼为此说，马克思的科学认识路线不是一条"从现象到本质"或者"从本质到现象"的"简单直线"，而是现象和本质之间的"来回波动"。②

最后，对反思作为怀疑、批判性思维方式的高度彰显。批判一词是马克思、恩格斯的著作标题中出现最多的概念，他们一些经典著作都冠有批判字样，批判性是唯物史观的根本理论特性之一。早在1843年，马克思就立志于创建"批判的哲学"③，《形态》则称唯物史观为"真正批判的世界观"④，《资本论》（第二版）的跋申明："辩证法不崇拜任何东西，按其本质来说，它是批判的和革命的。"⑤ 在其写作生涯中，马克思先后完成宗教批判、政治批判、哲学批判、政治经济学批判和人类学批判，并同时对兰克史学、孔德社会学进行了批判。历史唯物主义的形成、发展史，就是一部反思、批判史。

更重要的是，历史唯物主义在充分彰显反思的多维内涵、贯彻反思方法的同时，也实现了对黑格尔为代表的哲学意义上反思的革命性突破，将其推向更为激进和彻底的水平。而这恰恰对今天社会学、历史学的"反思转向"产生了直接的重要影响。

第一，在以黑格尔为代表的近代哲学那里，反思主要指个体对自己"前思"（特别是与外物发生关系所形成的感觉、表象之类的直接意识）的"思"，而马克思认为这是不彻底的，因为"意识在任何时

---

① 中共中央马克思恩格斯列宁斯大林著作编译局编：《马克思恩格斯文集》第8卷，人民出版社2009年版，第24～25页。

② 参见张一兵《回到马克思——经济学语境中的哲学话语》，江苏人民出版社1999年版，第591页。

③ 中共中央马克思恩格斯列宁斯大林著作编译局编：《马克思恩格斯文集》第10卷，人民出版社2009年版，第10页。

④ 中共中央马克思恩格斯列宁斯大林著作编译局编：《马克思恩格斯全集》第3卷，人民出版社1960年版，第10页。

⑤ 中共中央马克思恩格斯列宁斯大林著作编译局编：《马克思恩格斯文集》第5卷，人民出版社2009年版，第22页。

## 第四章　中国特色社会主义新时代与经典马克思主义新阐释

候都只能是被意识到的存在"①，真正的反思必须回溯到归根结底的东西，知道"前思"何以产生；人们的观念"都是他们的现实关系和活动、他们的生产、他们的交往、他们的社会组织和政治组织有意识的表现"②，人们的意识是主体在社会活动（实践）中与客体（各种社会存在）相互作用的结果。彻底的反思必须把思维指向最根本的社会现实。黑格尔没有坚持这一点，所以他的辩证法和反思最终走向概念的辩证法和泛逻辑论的神秘主义，恰恰背离了反思的目的；而当时的德国哲学炮制了各种各样的"德意志意识形态"，就是因为他们不知道其哲学反思与"德国现实之间的联系问题"③。马克思还严肃地指出，"德意志意识形态"各路英雄纷纷出马、大肆喧嚣，"只不过反映出德国现实状况的可悲"④，它们正是德国工业不发达状况的产物。阿尔都塞为此指出，马克思科学的辩证法、反思的成功之处就在于"重新退回"，"从意识形态的大踏步倒退中重新退回到起点"即德国的现实。⑤ 以上观点，使马克思成为默顿所谓"知识社会学的风暴中心"，成为曼海姆创建知识社会学、提出影响很大的社会建构论的重要支点。

第二，历史唯物主义强调，作为传统哲学反思对象的"意识"，究其实是"社会意识"。①它是对社会存在（特别是人们的社会活动、社会关系及其客观产物）的能动反映，不存在纯粹对自然的意识；②它是社会性的意识，不存在纯粹个体意义上的"我思"。"德意志意识形态"很典型，它是对德国社会现实所形成的群体性的意识，德国当时的哲学家，都是其建构者、分享者、传播者。由此，反思不应只

---

① 中共中央马克思恩格斯列宁斯大林著作编译局编：《马克思恩格斯文集》第 1 卷，人民出版社 2009 年版，第 525 页。
② 中共中央马克思恩格斯列宁斯大林著作编译局编：《马克思恩格斯文集》第 1 卷，人民出版社 2009 年版，第 524 页。
③ 中共中央马克思恩格斯列宁斯大林著作编译局编：《马克思恩格斯文集》第 1 卷，人民出版社 2009 年版，第 516 页。
④ 中共中央马克思恩格斯列宁斯大林著作编译局编：《马克思恩格斯文集》第 1 卷，人民出版社 2009 年版，第 510 页。
⑤ 参见 [法] 路易·阿尔都塞《保卫马克思》，顾良译，商务印书馆 1984 年版，第 73 页。

局限在个体自我意识领域，更应是对群体意识的反思；科学意义上的反思，不仅是个体的事业。科学的解放理论是整个无产阶级（特别是其知识分子）共同反思的结果。马克思在介绍、阐述历史唯物主义时，经常用"我们"一词，常意指整个先进阶级。反思是双重（主体和对象）意义上的集体反思。

这样一来，整个人类活动及其产物，也就是社会和历史，都是反思的对象。马克思为此说"要对现存的一切进行无情的批判"[①]；深受马克思影响的华勒斯坦为此简要地列举说，诸如"人类的本性、人类彼此之间的关系、人类与各种精神力量的关系以及他们所创造并生活于其间的社会制度"都应该受到"理智的反思"[②]。

以上两点，无疑对布尔迪厄等人建构"反思社会学"产生了直接影响。布尔迪厄明确指出，"我们用来思考历史的所有观念、词汇、概念，都是在历史中建构的"，都是社会存在的反映，是社会存在和社会意识相互作用的结果。但总有些人"用当今通行的词语去阐述历史现实，而这些词语在当时尚未出现或另具他意"。鉴于此，社会学的反思"极为重要"。[③] 很大程度上，这是在光大马克思当年对"德意志意识形态"寻根究底式的反思与批判；他对哲学反思概念进行双重改造，背后马克思的影子清晰可见。

第三，马克思把反思与批判紧密结合起来，使反思更为激进。比如马克思对当时德国哲学中思辨的人道主义"意识形态"本质的批判，对孔德以实证科学名义标榜"价值中立"的虚伪性、保守性的批判，都彻底而激进。深受马克思影响的法兰克福学派很多时候把马克思主义统称为"社会批判理论"或"辩证的批判的社会理论"，其代表人物霍克海默为马克思主义存在哲学维度辩护说："哲学的社会功

---

① 中共中央马克思恩格斯列宁斯大林著作编译局编：《马克思恩格斯文集》第10卷，人民出版社2009年版，第7页。
② ［美］华勒斯坦等：《开放社会科学：重建社会科学报告书》，刘锋译，生活·读书·新知三联书店1997年版，第3页。
③ 参见［法］皮埃尔·布尔迪厄、罗杰·夏蒂埃《社会学家与历史学家：布尔迪厄与夏蒂埃对话录》，马胜利译，北京大学出版社2012年版，第33页。

## 第四章　中国特色社会主义新时代与经典马克思主义新阐释

能首先不是研究社会问题，而是发展批判的和辩证的思维。"① 为了彰显激进，历史唯物主义常常将批判和革命并列使用。阿格尔为此称马克思为"革命的社会学家"②。这里的革命，固然主要指"使现存世界革命化，实际地反对并改变现存的事物"③，无疑也包括对"前思""往思"等既有意识、思想、理论的反思与革新。

总之，历史唯物主义的反思，就是针对问题（现实问题或意识问题），结合人们的实践活动进行寻根究底的澄清，对一切隐蔽的、伪饰的、虚假的东西进行无情的批判，在反复探索中达致彻底的解蔽，袒露真相和实质。

一般公认，《社会学的想象力》是很早具有"反思性社会学"意识的作品，米尔斯不讳言，历史唯物主义的批判性反思是该书重要的理论参照；古尔德纳（A. W. Gouldner）最早明确提出"反思性社会学"④，波洛玛对之分析说，古尔德纳怀疑价值中立的可行性，提醒社会学家们要认识到他们的理论假设和社会利益之间的深层关系，反思性社会学实质上是"批判的解放社会学"，这"比功能主义更接近马克思主义"。⑤ 这得到吉登斯的响应，他认为反思性社会学就是要像马克思那样"不把任何社会世界看作是既定的事物"，实质是"批判的社会学"。⑥ 有人总结说，当代反思社会学的根本目的就在于对社会学研究者本身及其学术实践保持一种批判的态度。⑦

---

① ［德］霍克海默：《论哲学的社会功能》，载苏国勋、刘小枫主编《社会理论的政治分化》，上海三联书店、华东师范大学出版社 2005 年版，第 13 页。
② ［加］本·阿格尔：《西方马克思主义概论》，慎之等译，中国人民大学出版社 1991 年版，第 10 页。
③ 中共中央马克思恩格斯列宁斯大林著作编译局编：《马克思恩格斯文集》第 1 卷，人民出版社 2009 年版，第 527 页。
④ A. W. Gouldner, *The Coming Crisis of Western Sociology*, Basic Books , 1970, pp. 483–490.
⑤ 参见［美］玛格丽特·波洛玛《当代社会学理论》，孙立平译，华夏出版社 1989 年版，第 318、304 页。
⑥ 参见［英］安东尼·吉登斯《批判的社会学导论》，郭忠华译，上海译文出版社 2007 年版，第 120 页。
⑦ 参见 P. Baert, *Social Theory In the Twentieth Century*, Cambridge：Polity Press, 1998, p. 31。

另外，即使是贝克、吉登斯意义上的作为"反思性（自反性）社会"之学，亦即当代社会学必须研究现代性中由人类主观反思活动、反思能力推动社会不断调适所形成的自悖、自反现象，历史唯物主义同样成立。因为揭示现代资本主义社会的二律背反，抨击启蒙运动自由、平等、博爱的伟大规划在现实中落空而沦为意识形态，是历史唯物主义最重要的理论自觉，亦是其公认的理论贡献。可以说，马克思是反身性社会理论最早的建构者之一。

显然，反思性历史社会学是我们把握实现哲学、历史学、社会学有机融合的历史唯物主义的一个更为妥切的理路，也是我们凸显它作为社会学之独特性的基本诉求，更是我们今天思考它的学科归属、理论特质不容忽视的要点。

## 五、"实证的人道主义"与历史唯物主义[①]

"实证的人道主义"是《1844年经济学哲学手稿》（以下简称《手稿》）中还没得到足够重视的关键词。围绕它形成了一些独特的文本现象，深入解密这些文本现象会发现：青年马克思在反思"物质利益难题"和自己的历史学、政治学、经济学研究中，对费尔巴哈强调感性客观现实在认识上的优先性和人本主义的结合，产生内在高度认同，在尊重、认可的基础上仿用费尔巴哈的说法创改新词以概要性地指称费尔巴哈的思想；不过，随着研究的深入，他也日益认识到，人是实践活动的人，进而是历史和社会关系中的人，而非费尔巴哈感性直观（"实证"）到的自然人；只有立足于"实证"所不能把握的人的社会实践活动及其所形构的社会关系，才能真正把握人类所处的世界；《手稿》由此自觉不自觉地实现了对"实证人道主义"的某些超越。这些超越，成为历史唯物主义很快形成的根基。

《手稿》中有一个重要的概念即"实证的人道主义"，围绕它形成了一些独特的文本现象。它能典型地体现青年马克思与费尔巴哈的

---

[①] 本部分以《解码"实证的人道主义"》为题载于《学术研究》2017年第6期，第20~27页。

## 第四章　中国特色社会主义新时代与经典马克思主义新阐释

关系；而且，随后的《神圣家族》《《形态》对之多有回应，它对理解历史唯物主义的形成亦颇为重要。围绕这两点，深入解密这些独特的文本现象，很有裨益。遗憾的是，它尚未引起人们足够的关注。

### （一）由与"实证的人道主义"相关的独特文本现象引发的重重追问

《手稿》以几近溢美之词肯定说："费尔巴哈是唯一对黑格尔辩证法采取严肃的、批判的态度的人；只有他在这个领域内做出了真正的发现，总之，他真正克服了旧哲学。费尔巴哈成就的伟大以及他把这种成就贡献给世界时所表现的那种谦虚的纯朴，同批判所持的相反的态度形成惊人的对照。"①"费尔巴哈的著作越不被宣扬，这些著作的影响就越扎实、深刻、广泛和持久；费尔巴哈著作是继黑格尔的《现象学》和《逻辑学》之后包含着真正理论革命的唯一著作。"②

为何这样说呢？因为费尔巴哈"证明了哲学不过是变成思想的并且经过思维加以阐述的宗教，不过是人的本质的异化的另一种形式和存在方式；因此哲学同样应当受到谴责"。费尔巴哈从感性直接可以确定的现实的人和自然出发、尊重现实的唯物主义立场有力地戳破了黑格尔思辨哲学的神秘面纱，同时也有力地戳破了各种思辨形而上学、唯心主义编织的花样繁多的"神圣家族"；非但如此，费尔巴哈"把基于自身并且积极地以自身为根据的肯定的东西同自称是绝对肯定的东西的那个否定的否定对立起来"。

这句话比较晦涩，它有三个地方值得特别关注：其一，它实际上脱胎于费尔巴哈的名作《未来哲学原理》，马克思直接转用，意味着对费尔巴哈的特殊尊重和肯定；其二，所谓"基于自身并且积极地以自身为根据的肯定的东西"就是"感性确定的、以自身为根据的肯

---

① 中共中央马克思恩格斯列宁斯大林著作编译局编：《马克思恩格斯文集》第 1 卷，人民出版社 2009 年版，第 199 页。
② 中共中央马克思恩格斯列宁斯大林著作编译局编：《马克思恩格斯文集》第 1 卷，人民出版社 2009 年版，第 112 页。

定"①，亦即具有感性现实性的东西，如现实中的人和自然，它绝非黑格尔所谓绝对精神否定（外化）的结果；其三，"积极地"，笔者认为译为"实证地"更好。②

马克思据此总结说："对国民经济学的批判，以及整个实证的批判，全靠费尔巴哈的发现给它打下真正的基础。从费尔巴哈起才开始了实证的人道主义的和自然主义的批判。"这句话是点睛之笔。在青年马克思眼中，费尔巴哈贡献的实质在于确立了整个实证的批判基础，建构了"实证的人道主义"；《手稿》后面强调必须扬弃私有财产，这样，"实证地以自身开始的即实证的人道主义才能产生"③，再次呼应性地专门提到"实证的人道主义"。显然，马克思有意新建该词来指称费尔巴哈的思想。

问题1：马克思为什么用"实证的人道主义"来指称费尔巴哈的思想？这个概念源自何处、有何用意？

实证的（positive）无疑是"实证的人道主义"的关键词。除这两处外，马克思在《手稿》序言中直言自己是"实证的批判者"，强调要确立"实证的真理"。"实证"在序言中成了高频词，并且明显

---

① 中共中央马克思恩格斯列宁斯大林著作编译局编：《马克思恩格斯文集》第1卷，人民出版社2009年版，第200页。

② 本句英文为：His opposing to the negation of the negation, which claims to be the absolute positive, the self-supporting positive, positively based on itself（参见Marx, *Economic and Philosophic Manuscripts of* 1844, Translated by Martin Milligan, New York: the Prometheus Books, 1988, p.144）。人民出版社2000年版的《手稿》把英文positive有时译为"积极的"，有时译为"实证的"，笔者认为，类似的地方统一译为"实证的"更好，当然，和否定相对时译为"肯定"；刘丕坤先生将此处"积极地"译为"实证地"（详见马克思《1844年经济学哲学手稿》，刘丕坤译，人民出版社1979年版，第111页），得到了吴晓明教授的首肯（参见吴晓明《形而上学的没落——马克思与费尔巴哈关系的当代解读》，人民出版社2006年版，第299页），笔者深表认同。具体因由，读完本文就可知悉。

③ 这句话英文为：does positively self-deriving humanism, positive humanism, come into being（参见Marx, *Economic and Philosophic Manuscripts of 1844*, Translated by Martin Milligan, New York: the Prometheus Books, 1988, p.161）。人民出版社2000年版的《1844年经济学哲学手稿》将其译为"积极地从自身开始的即积极的人道主义才能产生"，刘丕坤先生将之译为"积极地从自身开始的即实证的人本主义才能产生"（详见马克思《1844年经济学哲学手稿》，刘丕坤译，人民出版社1979年版，第127页）。我们认为译为"实证地以自身开始的即实证的人道主义才能产生"，更为妥当。

## 第四章　中国特色社会主义新时代与经典马克思主义新阐释

是在肯定、褒义上使用的。与之相反，序言一上来就说"我用不着向熟悉国民经济学的读者保证，我的结论是通过完全经验的……分析得出的"①，在某种意义上批判了古典经济学的经验实证，手稿后面还专门批评黑格尔是"非批判的实证主义"和"虚假的实证主义"。

问题2：马克思为什么多次使用"实证"一词并且表现出肯定和否定同时共存的复杂态度？

另外，还有一些重要的文本、语词变化现象，使人不得不产生相应的疑问。手稿后面第二次提及"实证的人道主义"时，马克思还专门新创"实践的人道主义"与之并置。

问题3：他为什么这样做？

到了稍晚同《手稿》在思想上总体接近的《神圣家族》，通篇不再提"实证的人道主义"，可其序言第一个语词就是"现实的人道主义"（real humanism），虽然两词表面词义有相近之处，可马克思故意不用前者。

问题4：这背后到底隐藏了什么秘密？

《手稿》中一方面站在费尔巴哈的立场上并直接援用费尔巴哈的话强调："感性必须是一切科学的基础"，"科学只有从……感性出发，因而，科学只有从自然界出发，才是现实的科学"，德文"positive"既有"实证的"又有"实际的""实在的"意思②，由此，费尔巴哈实证的人道主义同时是现实的科学或实证的科学。但另一方面，《手稿》在这句话相近之处郑重提醒，"工业的历史和工业的已经生成的对象性存在"，如果忽视了这一点，"就不能成为内容确实丰富的和真正的科学"③；在《神圣家族》中，马克思还站在反对思辨形而上学

---

① 中共中央马克思恩格斯列宁斯大林著作编译局编：《马克思恩格斯文集》第1卷，人民出版社2009年版，第111页。
② 中共中央马克思恩格斯列宁斯大林著作编译局编：《马克思恩格斯全集》第1卷，人民出版社2002年版，第230页注释2。
③ 中共中央马克思恩格斯列宁斯大林著作编译局编：《马克思恩格斯文集》第1卷，人民出版社2009年版，第192页。

的立场上肯定包括费尔巴哈在内的"实证科学"①，但到了《形态》中，他特别强调，"在思辨终止的地方，在现实生活面前，正是描述人们实践活动和实际发展过程的真正的实证科学开始的地方"②。

问题5：从"现实的科学"到"真正的科学"、从"实证科学"到"真正的实证科学"，这些概念称谓变化的背后，究竟有什么玄机？又意味着什么？

## （二）溯源和考证："实证的人道主义"何以提出（回答问题1、2）

作为对费尔巴哈思想的概括性指称，"实证的人道主义"很大程度上是受费尔巴哈的影响并且仿用其某些说法而新创的。

1838年12月，费尔巴哈匿名发表《实证哲学批判》，批评魏瑟等实证哲学派把上帝规定为人格性实体或绝对的人格性，使上帝实证化，把哲学、科学与宗教情感搅拌在一起，因为"人格只是一个崇拜、恐惧的对象，是感触到的和直观的对象，而非科学和思维的对象"，这样炮制的"实证哲学"充其量是"我们时代唯一浅薄的哲学"③，压根没搞清楚什么是实证。

此时费尔巴哈已由黑格尔主义转向感性经验论唯物主义。很快就完成的《黑格尔哲学批判》明确提到，"哲学是关于真实的、整个的现实界的科学"④，是关于感性直观到的现实存在的科学，而实证哲学派炮制各种各样的有神论，"有神论虽然将上帝设想成为一种思维的或精神的实体，而同时却又将他设想成为一种感性的实体"。"有神论不只将思辨的知识移置到上帝中，而且将感性的，经验的知识移置到

---

① 中共中央马克思恩格斯列宁斯大林著作编译局编：《马克思恩格斯文集》第1卷，人民出版社2009年版，第329页。
② 中共中央马克思恩格斯列宁斯大林著作编译局编：《马克思恩格斯文集》第1卷，人民出版社2009年版，第526页。
③ 李毓章、陈宇清选编：《人·自然·宗教——中国学者论费尔巴哈》，商务印书馆2005年版，第82～84页。
④ ［德］路德维希·费尔巴哈：《费尔巴哈哲学著作选集》（上卷），荣震华、李金山等译，商务印书馆1984年版，第84页。

## 第四章 中国特色社会主义新时代与经典马克思主义新阐释

上帝中。"① 充其量是一种"实证主义者的思辨"②；黑格尔的绝对哲学除以理性的名义使上帝以伪装形式复活，其宗教哲学规定哲学和宗教有同一对象，与实证哲学派沆瀣一气外，主张绝对理性先于感性现实，后者不过是前者外化的结果，完全颠倒了理性思维和感性直观的关系，因为"思维是通过感性而证实的"③。这才是真正的实证。黑格尔哲学只是表面上看好像很关注现实。《黑格尔哲学批判》由此得出一个有名的结论："我们跟着绝对哲学，从一种超批判的主观主义的极端，投到了一种无批判的客观主义的极端。"④ 这种无批判的客观主义，是一种虚假的实证。

到了写于1842年的《关于哲学改造的临时纲要》，费尔巴哈再次批判实证哲学派说："只有将一种实证哲学分析出来的结论当作前提，才能在这些结论中认识这种哲学的原则。"实证哲学派根本上是反实证的，因为它把抽象的观念（上帝）作为前提；而只有颠倒过来，从感性的具体现实存在出发，通达理性思维和抽象，才是唯一正确的实证路径。费尔巴哈自信地断言："新的唯一实证的哲学，是一切学院哲学的否定……把它当作一种抽象的、特殊的、经院派的性质。"⑤ 他由此确立了自己的实证立场。1843年《未来哲学原理》对之详细解释说："新哲学是不以抽象的方式，而以具体的方式思想具体事物的，是就现实的现实性，是以适合现实本质的方式，承认现实是真实的，并且将现实提升为哲学的原则和对象。"⑥

---

① ［德］路德维希·费尔巴哈：《费尔巴哈哲学著作选集》（上卷），荣震华、李金山等译，商务印书馆1984年版，第132～133页。
② ［德］路德维希·费尔巴哈：《费尔巴哈哲学著作选集》（上卷），荣震华、李金山等译，商务印书馆1984年版，第83页。
③ ［德］路德维希·费尔巴哈：《费尔巴哈哲学著作选集》（上卷），荣震华、李金山等译，商务印书馆1984年版，第165页。
④ ［德］路德维希·费尔巴哈：《费尔巴哈哲学著作选集》（上卷），荣震华、李金山等译，商务印书馆1984年版，第83页。
⑤ ［德］路德维希·费尔巴哈：《费尔巴哈哲学著作选集》（上卷），荣震华、李金山等译，商务印书馆1984年版，第116页。
⑥ ［德］路德维希·费尔巴哈：《费尔巴哈哲学著作选集》（上卷），荣震华、李金山等译，商务印书馆1984年版，第164页。

不过，费尔巴哈特别强调实证的、真实的就是感性的，"只有那种不需要任何证明的东西，只有那种直接通过自身而确证的，直接为自己做辩护的，直接根据自身而肯定自己，绝对无可怀疑，绝对明确的东西，才是真实的和神圣的。但是只有感性的事物才是绝对明确的；只有在感性开始的地方，一切怀疑和争论才停止。直接认识的秘密就是感性"①。"在我看来，感性不是别的，正是物质的东西和精神的东西的真实的、非臆造的、现实存在的统一；因此，在我看来，感性也就是现实。"② 这样一来，实证的就和人道主义、自然主义内在地具有密切的关联性。

正如洛维特指认的，费尔巴哈"全部努力是把精神的绝对哲学转化为人的人性哲学"③，创立人本主义。费尔巴哈反复申明："新哲学的认识原则和主题……是实在的和完整的人的实体"④，"只有人本学是真理，只有感性、直观的观点是真理"⑤。另外，他又多次强调："新哲学将人连同作为人的基础的自然当作哲学唯一的，普遍的，最高的对象——因而也将人本学连同自然学当作普遍的科学。"⑥

而且，新哲学"愉快地，自觉地承认感性的真理性；新哲学是光明正大的感性哲学"⑦。它是"感性本体论"，因为人的存在归功于他独特的感性。"人之所以为人，是因为他的感觉不像动物那样有局限，

---

① ［德］路德维希·费尔巴哈：《费尔巴哈哲学著作选集》（上卷），荣震华、李金山等译，商务印书馆1984年版，第170页。
② ［德］路德维希·费尔巴哈：《费尔巴哈哲学著作选集》（下卷），荣震华、王太庆、刘磊译，商务印书馆1984年版，第514页。
③ ［德］卡尔·洛维特：《从黑格尔到尼采》，李秋零译，生活·读书·新知三联书店2006年版，第417页。
④ ［德］路德维希·费尔巴哈：《费尔巴哈哲学著作选集》（上卷），荣震华、李金山等译，商务印书馆1984年版，第180页。
⑤ ［德］路德维希·费尔巴哈：《费尔巴哈哲学著作选集》（上卷），荣震华、李金山等译，商务印书馆1984年版，第205页。
⑥ ［德］路德维希·费尔巴哈：《费尔巴哈哲学著作选集》（上卷），荣震华、李金山等译，商务印书馆1984年版，第184页。
⑦ ［德］路德维希·费尔巴哈：《费尔巴哈哲学著作选集》（上卷），荣震华、李金山等译，商务印书馆1984年版，第169页。

## 第四章　中国特色社会主义新时代与经典马克思主义新阐释

而是绝对的。"① 自然界同样如此,"我所说的自然界,就是人拿来当非人性的东西从自己分别出去的一切感性的力量、事物和本质之总和"②,是不是自然界,取决于感觉能否感知到。

当然,感性本体论在很大意义上又是人学本体论,因为人的本质固然是感性的,但反过来,感性是人的感性,无论在认识论上还是价值论上,人都是中心。由此,感性、自然、人很大程度上是三位一体的。费尔巴哈总结说:"我的'方法'是什么呢?是借助人,把一切超自然的东西归结为自然,又借助自然,把一切超人的东西归结为人,但我一贯地只把明显的、历史的、经验的事实作为例证和依据。"③ 自然和人统一于感性经验的实证上。

费尔巴哈重视感性经验、实证的思想,开始并没有为青年马克思所特别重视和迎纳。

1837年前后,马克思毅然挥别康德、费希特,走向黑格尔主义,"从理想主义,转而向现实本身去寻求思想"④。在他看来,黑格尔更为关注诸如国家、法等现实问题,更具有现实感,是"真正现实精神的奠基者(现实的理念及其具体性和客观性的取向)"⑤。关于博士论文,麦克莱伦认为,马克思之所以推崇伊壁鸠鲁,是因为后者"强调人类精神的绝对自由",同时"指明了一条超越'整体哲学'体系的出路"⑥。确实,马克思把伊壁鸠鲁作为"自我意识哲学家"大书特书是为了张扬主体能动性,弘扬人道主义;研究伊壁鸠鲁不仅仅是为

---

① [德] 路德维希·费尔巴哈:《费尔巴哈哲学著作选集》(上卷),荣震华、李金山等译,商务印书馆1984年版,第212-213页。
② [德] 路德维希·费尔巴哈:《费尔巴哈哲学著作选集》(下卷),荣震华、王太庆、刘磊译,商务印书馆1984年版,第591页。
③ [德] 路德维希·费尔巴哈:《费尔巴哈哲学著作选集》(上卷),荣震华、李金山等译,商务印书馆1984年版,第249页。
④ 中共中央马克思恩格斯列宁斯大林著作编译局编:《马克思恩格斯全集》第40卷,人民出版社1982年版,第14～15页。
⑤ 吴晓明:《形而上学的没落——马克思与费尔巴哈关系的当代解读》,人民出版社2006年版,第416页。
⑥ [英] 麦克莱伦:《马克思主义以前的马克思》,李兴国等译,社会科学文献出版社1992年版,第62～63页。

了推陈出新和批判主流哲学范式，更重要的是伸张"哲学的世界化"，蕴涵着浓厚的现实主义倾向。强烈的人道关怀和现实主义[①]的致思路向无疑是马克思从事理论志业的两个基点。

《莱茵报》时期，青年马克思和自由人很快分道扬镳，提出"人民理性"的观点，希冀将黑格尔的理性主义进一步现实化。可随之而来的"物质利益"难题标志着该努力行不通，这预示着黑格尔的思辨哲学有问题。问题出在何处？为寻求解答，马克思一方面向外看，向同侪寻求援助。1843年2月《关于哲学改造的临时纲要》出版，费尔巴哈强调，"思辨哲学一向从抽象到具体、从理想到实在的进程，是一种颠倒的进程。从这样的道路，永远不能达到真实的、客观的实在，永远只能做到将自己的抽象概念现实化"[②]，还特意点明："我们只要经常将宾词当作主词，将主体当作客体和原则，就是说，只要将思辨哲学颠倒过来，就能得到毫无掩饰的、纯粹的、显明的真理。"[③]对此时的马克思来说，这无疑起到醍醐灌顶、拨云见日的作用。3月13日在致卢格的信中，他高度肯定了此文。

另一方面是内部自我努力，其一是阅读大量具有现实意义的历史著作，以廓清真相，《克罗茨纳赫笔记》由此产生，确证了费尔巴哈唯物主义基本原则的合理性。"观念变成了主体……家庭和市民社会都是国家的前提，它们才是真正活动着的；而在思辨的思维中这一切却是颠倒的。"[④] 此言挪用和模仿费尔巴哈的痕迹很明显，但它是内在

---

[①] 伯尔基认为，马克思主义首先是一种人类解放的学说，它同时承继并融合了西方文化的两大基本视角即超越性视角（强调超越此岸和当下实际状态，奔赴彼岸、未来的理想境界）和理解性视角（立足于现实的现实主义和科学分析），而"在我们的知识遗产中，超越性视角比理解性视角更早达到顶峰，因而前者支配着后者——在现时代，这或多或少调了个头"。（参见伯尔基《马克思主义的起源》，伍庆、王文杨译，华东师范大学出版社2007年版，第7、32页）在这个调头的大合唱中，马克思无疑贡献了强音。

[②] [德] 路德维希·费尔巴哈：《费尔巴哈哲学著作选集》（上卷），荣震华、李金山等译，商务印书馆1984年版，第108页。

[③] [德] 路德维希·费尔巴哈：《费尔巴哈哲学著作选集》（上卷），荣震华、李金山等译，商务印书馆1984年版，第102页。

[④] 中共中央马克思恩格斯列宁斯大林著作编译局编：《马克思恩格斯全集》第3卷，人民出版社2002版，第10页。

## 第四章　中国特色社会主义新时代与经典马克思主义新阐释

认同的结果。其二是阅读大量社会主义者和古典经济学著作。此间，一则是圣西门的影响（具体说是工业主义和实证思想的双重影响）[①]；二则是刚开始的经济学研究带来的冲击，使青年马克思愈益认识到实证的重要性。尽管他对古典经济学持批判态度，但它毕竟作为一门新兴的科学影响越来越大，肯定有其值得认许的地方。比如萨伊强调说："这门科学不是建立在假设上面，而是建立在观察结果和经验上面。"[②] 而麦克库洛赫则说，政治经济学之所以是科学，是因为它"建立在事实与实验"[③] 上，费尔巴哈也直言自己是"经验主义者"，他"公开地赞许经验主义，赞许经验哲学，而且他是唯物主义地理解经验的"[④]。

就此而言，圣西门、古典经济学、费尔巴哈实际上分享了广义实证主义（即强调经验材料的重要性，拒斥先验的、形而上学的思辨）的一些基本要素。当时主流观点所谓"科学"，一般指立足感性事实的经验观察和实证。古典经济学经常据此宣称自己是科学，而费尔巴哈也宣称"哲学必须重新与自然科学结合，自然科学必须重新与哲学结合"[⑤]。

正因这种内在认同愈渐强烈，到《手稿》时，马克思对费尔巴哈"实证"的肯定和接纳溢于言表。《手稿》序言强调费尔巴哈为"整个实证的批判""打下真正的基础"，其对黑格尔的批判使"从自身开始的实证真理这一范畴"得以确立，称自己是与大话连篇、崇尚空

---

[①] 马克思早在《德法年鉴》时期就转向社会主义和无产阶级立场，应该熟悉圣西门。他在《手稿》中直言读了很多法国社会主义者的著作，注释中没有提及圣西门。但据Georges Gurvitch 的考证，马克思早年已接触到圣西门的思想，而且圣西门对他的影响与黑格尔在某些方面不相上下。我们一般习惯在社会主义上谈圣西门对马克思的影响，实际上其工业主义、经验实证思想对马克思同样产生很大影响。（参见安东尼·吉登斯《资本主义与现代社会理论——对马克思、涂尔干河伟伯著作的分析》，郭忠华、潘华凌译，上海译文出版社2013年版，第5页）

[②] ［法］萨伊：《政治经济学概论》，陈福生、陈振骅译，商务印书馆1997年版，第49页。

[③] ［英］麦克库洛赫：《政治经济学原理》，郭家麟译，商务印书馆1983年版，第10页。

[④] ［苏］巴斯金：《费尔巴哈的哲学》，涂纪亮译，上海人民出版社1959年版，第25页。

[⑤] ［德］路德维希·费尔巴哈《费尔巴哈哲学著作选集》（上卷），荣震华、李金山等译，商务印书馆1984年版，第118页。

谈的鲍威尔等人完全不同的"实证的批判者";《手稿》引用费尔巴哈的话强调"感性必须是科学的基础",科学只有"从感性出发""从自然界出发","才是现实的科学"①,"感性的即现实的"亦即实证的。"实证"因此成了《手稿》的高频词。

不过同样重要的是,马克思通过自身的经历和阅读,这时不但认识到黑格尔思辨哲学的非现实性、假实证性,而且认识到它把现实的人看得"无限渺小"②,和人道主义不能兼容。早在筹办《德法年鉴》时,马克思就说"我们全部的任务只能是赋予宗教问题和哲学问题以适合于自觉的人的形态,像费尔巴哈在批判宗教时所做的那样"③,充分肯定费尔巴哈的人本主义。经过对历史学和经济学的研究,他更深刻地认识到:"费尔巴哈消解了形而上学的绝对精神,使之变为'以自然为基础的现实的人';费尔巴哈完成了对宗教的批判,因为他同时也为批判黑格尔的思辨以及全部形而上学拟定了博大恢宏、堪称典范的纲要。"④

正因此,《手稿》先后两次站在费尔巴哈实证立场上并模仿前述《黑格尔哲学批判》那句名言批判黑格尔是"非批判的实证主义和同样非批判的唯心主义"⑤,其通过思辨理性将哲学和宗教的调和是"虚假的实证主义"和"虚有其表的批判主义"(不关心人)。⑥

在青年马克思看来,费尔巴哈的"实证"也是他远胜于古典经济学的地方。后者虽口口声声强调从事实出发,可它只会选取一些自己

---

① 中共中央马克思恩格斯列宁斯大林著作编译局编:《马克思恩格斯文集》第1卷,人民出版社2009年版,第194页。
② 中共中央马克思恩格斯列宁斯大林著作编译局编:《马克思恩格斯文集》第1卷,人民出版社2009年版,第265页。
③ 中共中央马克思恩格斯列宁斯大林著作编译局编:《马克思恩格斯全集》第1卷,人民出版社1956年版,第418页。
④ 中共中央马克思恩格斯列宁斯大林著作编译局编:《马克思恩格斯文集》第1卷,人民出版社2009年版,第342页。
⑤ [德]路德维希·费尔巴哈:《费尔巴哈哲学著作选集》(上卷),荣震华、李金山等译,商务印书馆1984年版,第99～100页。
⑥ 参见[德]路德维希·费尔巴哈《费尔巴哈哲学著作选集》(上卷),荣震华、李金山等译,商务印书馆1984年版,第109页。

## 第四章　中国特色社会主义新时代与经典马克思主义新阐释

感兴趣的表面事实，而忽视背后更重要、更根本的事实。"国民经济学从私有财产的事实出发。它没有给我们说明这个事实"①，没有关注到这个事实背后的事实。蒲鲁东《什么是财产？》恰恰对私有财产做了批判考察，揭露了其背后的事实，进行"第一次具有决定意义、无所顾忌的和科学的考察"，因为"他严肃地看待国民经济关系的人性的假象，并让这种假象同国民经济关系的非人性的现实形成鲜明的对照"②，挖掘了私有财产这个事实背后更重要的非人性事实。换言之，他贯彻了费尔巴哈的人本主义。对此时的马克思来说，只有对以人道关怀为前提、立足于现实的人观察到的感性事实进行分析、批判，才是真正的实证和科学。古典经济学与之背道而驰，在它那里"人是微不足道的，而产品则是一切"，"以劳动为原则的国民经济学表面上承认人，毋宁说，不过是彻底实现对人的否定而已"，"是敌视人的"。③因此，序言一上来就对古典经济学的事实"实证"表达嘲讽和不满。

在青年马克思那里，真正的实证必须立足于人道主义，真正的人道主义必须是实证的（从现实的人出发，把感性事实摆在第一位），而费尔巴哈正好把两者很好地结合起来，同时实现了对黑格尔和古典政治经济学的双重批判。为此，《手稿》先后两次以"实证的人道主义"指称费尔巴哈思想，并多次高度肯定它；并将费尔巴哈感性本体论基础上自然主义和人道主义的统一阐释为"完成了的自然主义等于人道主义，而作为完成了的人道主义等于自然主义"④；因为立足于"现实的人"，费尔巴哈"实证的人道主义"强调"孤立的，个别的人，不管是作为道德实体或作为思维实体，都未具备人的本质。人的

---

① 中共中央马克思恩格斯列宁斯大林著作编译局编：《马克思恩格斯文集》第1卷，人民出版社2009年版，第155页。
② 中共中央马克思恩格斯列宁斯大林著作编译局编：《马克思恩格斯文集》第1卷，人民出版社2009年版，第256～257页。
③ 参见中共中央马克思恩格斯列宁斯大林著作编译局编《马克思恩格斯文集》第1卷，人民出版社2009年版，第179页。
④ 中共中央马克思恩格斯列宁斯大林著作编译局编：《马克思恩格斯文集》第1卷，人民出版社2009年版，第185页。

本质只是包含在团体之中，包含在人与人的统一之中"①。布伯称这一发现为现代思想上的"哥白尼革命"②。《手稿》为此称费尔巴哈"使'人与人之间的'社会关系成了理论的基本原则"，"创立了真正的唯物主义和实在的科学"。③

这一点，索珀倒是注意到了，强调此时的马克思为"实证的人道主义""所强烈吸引"。可惜的是，一则他的分析失之简单，二则他把"实证的人道主义"理解为"一种不再靠否定宗教来获得其肯定内容的人道主义"④，显然没有击中要害，所以也无法洞悉青年马克思思想的复杂性。

（三）解密与深掘："实践的、现实的人道主义""真正实证的科学"何以提出（回答问题3、4、5）

不过，青年马克思并没有一味地认同"实证的人道主义"。

我们知道，正当费尔巴哈的人本主义影响越来越大的时候，马克思毫不客气地指出："费尔巴哈的警句只有一点不能使我满意，这就是：他过多地强调自然而过少地强调政治。"⑤ 当他在克罗茨纳赫通过对23本历史和政治类书籍的阅读，于社会历史领域确证了费尔巴哈唯物主义一般原则的正确性（市民社会和国家理念的主宾颠倒）、人本主义的合理性（现实的个人是国家和社会的本质）时，同时从诸如切什考夫斯基、赫斯、卢格、蒲鲁东等身上汲取养料。按照洛维特的说法：卢格把普遍化了的劳动视为我们超出古代城邦的决定性进步，在他这里，费尔巴哈感性的—私人的人道获得了一种社会的—政治的

---

① ［德］路德维希·费尔巴哈：《费尔巴哈哲学著作选集》（上卷），荣震华、李金山等译，商务印书馆1984年版，第185页。
② ［德］马丁·布伯：《人与人》，张健、韦海英译，作家出版社1992年版，第206～209页。
③ 参见中共中央马克思恩格斯列宁斯大林著作编译局编《马克思恩格斯文集》第1卷，人民出版社2009年版，第200页。
④ 该书中译本将 positive humanism 译为"积极的人道主义"。（参见［英］索珀《人道主义与反人道主义》，廖申白译，华夏出版社1999年版，第29页）。
⑤ 中共中央马克思恩格斯列宁斯大林著作编译局编：《马克思恩格斯全集》第27卷，人民出版社1972年版，第442～443页。

## 第四章　中国特色社会主义新时代与经典马克思主义新阐释

内容。① 实际上，不唯卢格如此，赫斯不但关注过现实中的不幸劳动，而且提出过交往异化；而蒲鲁东强调"人是一种过着社会生活的动物。社会意味着各种关系的总和"②。马克思由此进一步确证人本主义的社会历史维度，《论犹太人问题》缘此提出"只有当现实的个人把抽象的公民复归于自身，并且作为个人，在自己的经验生活、自己的个体劳动、自己的个体关系中间，成为类存在物的时候"③，人类解放才能完成。这显然已大大超越了费尔巴哈自然主义的人道主义。这也促使他深入了解经济学，学会从经济方面分析和思考人、社会、历史。

"认识到人是本质、是人的全部活动和全部状况的基础……历史什么事情也没有做……正是人，现实的、活生生的人在创造这一切……历史不过是追求着自己目的的人的活动而已。"青年马克思称此为费尔巴哈"天才的阐述"④，因为其正确地指出，人是认识世界特别是社会历史最基本的立足点和出发点。《形态》继续强调这一点："全部人类历史的第一个前提无疑是有生命的个人的存在"，而且"这些前提可以用纯粹经验的方法来确认"。⑤ 但是，《手稿》已认识到从人出发认识社会历史，还存在一个前提性问题：什么是人？如何认识人？用山之内靖的话说，"马克思认识到认识人就要认识社会，认识社会要从人出发"⑥，两者是统一的。在此，费尔巴哈的问题就很明显了。

马克思在《手稿》中已明确，"通过实践创造对象世界，改造无机界，人证明自己是有意识的类存在物"。人本质上是实践者，社会

---

① 参见［德］卡尔·洛维特《从黑格尔到尼采》，李秋零译，生活·读书·新知三联书店2006年版，第420页。
② 张一兵：《回到马克思——经济学语境中的哲学话语》，江苏人民出版社1999年版，第103～111页。
③ 中共中央马克思恩格斯列宁斯大林著作编译局编：《马克思恩格斯文集》第1卷，人民出版社2009年版，第46页。
④ 中共中央马克思恩格斯列宁斯大林著作编译局编：《马克思恩格斯文集》第1卷，人民出版社2009年版，第295页。
⑤ 参见中共中央马克思恩格斯列宁斯大林著作编译局编《马克思恩格斯文集》第1卷，人民出版社2009年版，第51页。
⑥ ［日］山之内靖：《受苦者的目光：早期马克思的复兴》，彭曦、汪丽影译，北京师范大学出版社2011年版，第40页。

和历史是人实践活动的结果。而且,"在实践的、现实的世界中,自我异化只有通过对他人的实践的、现实的关系才能表现出来。异化借以实现的手段本身就是实践的"①。现实社会是怎样的,是因为人们的实践活动、社会关系是怎样的,后者又决定了现实的人们是怎样的。这种思考逻辑恰恰在费尔巴哈的视野之外,其"实证的人道主义"的感性和经验"实证"方法是有弊端的。《手稿》后面对此有了越来越多的认识。

首先,《手稿》强调:"感觉为了物而同物发生关系,但物本身是对自身和对人的一种对象性的、人的关系","对象性的现实在社会中……成为人的本质力量的现实","一切对象对他来说也就是成为他自身的对象化"。②费尔巴哈只注意到感性对象,可无法企及更根本的感性对象化即实践。马尔库塞据此认为《手稿》把感性和对象化联系起来,使感性成为"本体论的范畴","人的感性实质上是实践的对象化",马克思由此"把实践的和社会的存在这一根本特征引入关于人的本质的存在的定义之中"③。

"实证的人道主义"的实证方法究其实是"直观的唯物主义"。正如莱蒙所指出的,这时马克思已觉察到,"我们关于外部世界中事物的'概念'不是简单的'反映',而是通过这些事物作为这个世界上的存在物如何影响到我们的实践经验,得以中介的。作为有血有肉的存在物(而不是纯粹的精神存在物),我们注意到事物和它们的特性,只要它们'在实践中'与我们相关"④。《手稿》为此有针对性地提出,作为科学基础的自然界,是"在人类历史中即在人类社会的形

---

① 中共中央马克思恩格斯列宁斯大林著作编译局编:《马克思恩格斯文集》第1卷,人民出版社2009年版,第165页。
② 参见中共中央马克思恩格斯列宁斯大林著作编译局编《马克思恩格斯文集》第1卷,人民出版社2009年版,第191页。
③ 复旦大学哲学系现代西方哲学研究室编译:《西方学者论〈1844年经济学—哲学手稿〉》,复旦大学出版社1983年版,第113页。
④ [英]M. C. 莱蒙:《历史哲学:思辨、分析及其当代走向》,毕芙蓉译,北京师范大学出版社2009年版,第366页。

# 第四章　中国特色社会主义新时代与经典马克思主义新阐释

成过程中的自然界"①，这是对费尔巴哈所谓感性直观到的自然界是科学的基础等说法的纠正。

很快，《关于费尔巴哈的提纲》就直言不讳地批评说，费尔巴哈的主要缺点是"对对象、现实、感性，只是从客体的或者直观的形式去理解，而不是把它们当做感性的人的活动，当做实践去理解"，"没有把人的活动本身理解为对象性的活动"；费尔巴哈"喜欢直观"，"但是他把感性不是看做实践的、人的感性的活动"②。显然，感性的确证性不只是感性直观，更主要是由感性活动来保障的。

其次，《手稿》中，马克思把其现实主义视角推进到更为根本的经济现实中，提出"宗教的异化本身只是发生在意识领域、人的内心领域中，而经济的异化是现实生活的异化"③。

而且，在研究经济学过程中，萨伊提出的"存在着的物体"和"发生着的事件"两种事实之分影响了马克思，发生着的事件是人们实践活动造成的，形成"作为关系的事实"；关系的事实涉及外显的事实和潜隐的事实，以及事实与事实之间的内在联系（形成更复杂的"关系的事实"），《手稿》为此点明"私有财产的关系潜在地包含着作为劳动的私有财产的关系和作为资本的私有财产的关系，以及这两种表现的相互关系"④，《神圣家族》为此表扬蒲鲁东"认清了贫穷和财产这两个事实之间有一种内在联系"⑤。而所有这些，都不是感性直观乃至单一的感性认识所能洞悉的，必要的抽象在所难免。因此，《手稿》前面大力批评古典经济学炮制各种各样"抽象的公式"，《神圣家族》则站在肯定的立场上强调"科学是经验的科学，科学就在于

---

① 中共中央马克思恩格斯列宁斯大林著作编译局编：《马克思恩格斯文集》第1卷，人民出版社2009年版，第193页。
② 中共中央马克思恩格斯列宁斯大林著作编译局编：《马克思恩格斯文集》第1卷，人民出版社2009年版，第499、501页。
③ 中共中央马克思恩格斯列宁斯大林著作编译局编：《马克思恩格斯文集》第1卷，人民出版社2009年版，第186页。
④ 中共中央马克思恩格斯列宁斯大林著作编译局编：《马克思恩格斯文集》第1卷，人民出版社2009年版，第172页。
⑤ 中共中央马克思恩格斯列宁斯大林著作编译局编：《马克思恩格斯文集》第1卷，人民出版社2009年版，第259页。

把理性的方法运用于感性材料。归纳、分析、比较、观察和实验是理性方法的主要条件"①。在一定意义上认可"合理的抽象"。这种貌似匆遽的变化,在《手稿》中已有积淀和伏笔。另外,《手稿》多次提及感性所不能完全把握的、作为一种抽象存在的私有制,也是对费尔巴哈感性实证方法的偏离。

最后,"实证的人道主义"因其感性的实证方法导致严重缺乏历史性视角和思维。吉登斯曾分析说:"通常认为,马克思早期有关工业和政治领域中的异化现象的著作,不过是费尔巴哈'唯物主义'在社会领域的延伸,只不过后者没有去做而已。然而,这种观点是误导性的……即使在最热衷于费尔巴哈的时刻,马克思也始终把他与黑格尔同等对待。正因为如此,马克思成功地保留了作为黑格尔哲学核心的历史视角。"② 黑格尔哲学尽管充满抽象思辨,但无疑具有强烈的历史感;而英国古典经济学和圣西门关注工业生产的背后,同样具有深厚的历史感。马克思早在克罗茨纳赫研究政治、国家问题时,就已体会到历史思维、历史视角的重要性,《手稿》无疑加重了这一认识,并实现了主要突破:从工业生产角度理解当代历史。历史成为《手稿》的一个高频词,它不仅在一般意义上强调"历史之谜""历史的全部活动""历史必然性""历史的产物",特意点明"人也有自己的形成过程即历史……历史是人的真正的自然史"③,更重要的是,还特别分析说"工业的历史和工业的已经生成的对象性存在,是一门打开了关于人的本质力量的书","整个所谓世界历史不外是人通过人的劳动而诞生的过程"④。可以说,在青年马克思那里,分析历史的现实主义视角(立足于现实的人和客观的工业生产)和分析现实的历史主义

---

① 中共中央马克思恩格斯列宁斯大林著作编译局编:《马克思恩格斯文集》第 1 卷,人民出版社 2009 年版,第 331 页。

② [英]安东尼·吉登斯:《资本主义与现代社会理论——对马克思、涂尔干和韦伯著作的分析》,郭忠华、潘华凌译,上海译文出版社 2013 年版,第 7 页。

③ 中共中央马克思恩格斯列宁斯大林著作编译局编:《马克思恩格斯文集》第 1 卷,人民出版社 2009 年版,第 211 页。

④ 中共中央马克思恩格斯列宁斯大林著作编译局编:《马克思恩格斯文集》第 1 卷,人民出版社 2009 年版,第 196 页。

## 第四章 中国特色社会主义新时代与经典马克思主义新阐释

视角(从宏观视角探究基本的社会现象为何会演变成当前状态)的相互作用和辩证统一初步形成。这无疑是唯物史观形成的基本保障。

正因为对"实证的人道主义"上述问题有了越来越多的认识,所以,当《手稿》后面再次提到"实证的人道主义"时,还同时提出"实践的人道主义",后者是"以扬弃私有财产作为自己的中介"和"现实地占有自己的对象性本质"的人道主义,① 把对象化活动充分彰显出来,并有意用"实践"二字以示区别;《神圣家族》通篇不再提"实证的人道主义",而序言第一句话就用"现实的人道主义"(real humanism)代替之,虽然两词表面词义有相近之处,可马克思故意不用"实证的人道主义",显然马克思已经认识到,费尔巴哈的"实证"并不意味着就是"现实",恰恰相反,它仍然是抽象的和片面的,他对"实证的人道主义"的问题有了更清晰的把握。

而《手稿》一方面在说费尔巴哈"实证的人道主义"是"现实的科学""唯物主义和实在的科学"的同时,又把重视"工业的历史和工业的已经生成的对象性存在"亦即既重视实践活动又具有历史感的"现代心理学"称为"真正的科学",之所以这样,也是因为马克思已经觉察到费尔巴哈感性实证方法的缺陷;稍后的《形态》强调,"在思辨终止的地方,在现实生活面前,正是描述人们实践活动和实际发展过程的真正的实证科学开始的地方"。马克思专门用"真正的实证科学"来指认立足于社会实践活动认识历史的唯物史观(《形态》又称之为"历史科学"),这既是自我反思,同时也是对费尔巴哈"实证的人道主义"自觉而又明确的批判、扬弃。

显然,透过"实证的人道主义",我们可清楚地看出:第一,青年马克思是在通过自己的亲身经历、阅读研究形成一些基本想法、判断的基础上内在地认同和接受费尔巴哈唯物主义的基本原则和分析方法的;第二,即使是在他对费尔巴哈最为肯定的时候,他仍然自觉地保持一定的距离,同时对黑格尔、古典经济学、英法社会主义等兼收并蓄,自觉不自觉地开始对"实证人道主义"进行反思和超越。其核

---

① 参见中共中央马克思恩格斯列宁斯大林著作编译局编《1844年经济学哲学手稿》,人民出版社2000年版,第112页。

心靶标是感性直观的"实证"认识方法,涉及人的本质是什么和如何从人出发认识世界(特别是社会历史)两个关键问题;第三,这些反思和超越,是后来唯物史观很快形成的根基。

另外,对《手稿》中"实证人道主义"进行分析,对廓清一个重要的歧争即唯物史观到底是实证科学还是哲学很有裨益。马克思跟这个歧争直接相关的话语,即一方面提出哲学的扬弃或消灭,另一方面强调唯物史观是"真正的实证科学",主要就是在这一时期提出的。不过,如前分析,马克思提出"真正的实证科学",费尔巴哈"实证的人道主义"是其很重要的一个直接针对目标,这一点并没有受到我们的重视。如果清楚了这一点,我们就会确证,唯物史观既不是要退回到简单的经验实证,更不会停留在感性直观层面,但也不是否决经验事实的重要性;相反,承认它是对社会、历史观察、分析、思考的起点,换言之,立足于感性事实而超越感性事实。这也就意味着,唯物史观既超越通常的哲学思维范式,也超越传统的实证科学范式。

# 参考文献

[1] 中共中央马克思恩格斯列宁斯大林著作编译局. 马克思恩格斯文集［M］. 北京：人民出版社，2009.

[2] 中共中央马克思恩格斯列宁斯大林著作编译局. 马克思恩格斯全集［M］. 北京：人民出版社，1995.

[3] 中共中央马克思恩格斯列宁斯大林著作编译局. 资本论［M］. 北京：人民出版社，2004.

[4] 中共中央马克思恩格斯列宁斯大林著作编译局. 列宁全集［M］. 北京：人民出版社，1984，1985，1986，1990，2017.

[5] 中共中央马克思恩格斯列宁斯大林著作编译局. 列宁专题文集［M］. 北京：人民出版社，2009.

[6] 中共中央文献研究室. 毛泽东文集［M］. 北京：人民出版社，1993，1999.

[7] 毛泽东. 毛泽东选集：第1—4卷［M］. 北京：人民出版社，1991.

[8] 中共中央文献研究室. 毛泽东年谱（1949—1976）［M］. 北京：中央文献出版社，2013.

[9] 刘少奇. 刘少奇选集：上卷［M］. 北京：人民出版社，1985.

[10] 中共中央文献编辑委员会. 邓小平文选：第1—3卷［M］. 北京：人民出版社，1994，1993.

[11] 中共中央文献研究室. 邓小平年谱（1975—1997）：上［M］. 北京：中央文献出版社，2004.

[12] 中共中央文献研究室. 江泽民思想年编（1989—2008）［M］. 北京：中央文献出版社，2010.

[13] 江泽民. 论党的建设［M］. 北京：中央文献出版社，2001.

[14] 中共中央文献编辑委员会．江泽民文选［M］．北京：人民出版社，2006．

[15] 中共中央文献研究室．习近平关于协调推进"四个全面"战略布局论述摘编［M］．北京：中央文献出版社，2015．

[16] 中共中央宣传部．习近平总书记系列重要讲话读本［M］．北京：学习出版社，人民出版社，2014．

[17] 中共中央文献研究室．习近平关于全面深化改革论述摘编［M］．北京：中央文献出版社，2014．

[18] 中共中央文献研究室．习近平总书记重要讲话文章选编［M］．北京：中央文献出版社，2016．

[19] 中共中央文献研究室．习近平关于社会主义文化建设论述摘编［M］．北京：中央文献出版社，2017．

[20] 中共中央文献编辑委员会．习近平谈治国理政［M］．北京：外文出版社，2014．

[21] 中共中央文献编辑委员会．习近平谈治国理政：第二卷［M］．北京：外文出版社，2017．

[22] 习近平．决胜全面建成小康社会　夺取新时代中国特色社会主义伟大胜利［M］．北京：人民出版社，2017．

[23] 习近平．之江新语［M］．杭州：浙江人民出版社，2007．

[24] 人民日报评论部．习近平用典［M］．北京：人民日报出版社，2015．

[25] 中共中央文献研究室．建国以来重要文献选编［M］．北京：中央文献出版社，1994．

[26] 中共中央文献研究室．十三大以来重要文献选编：中［M］．北京：人民出版社，2011．

[27] 中共中央文献研究室．十六大以来重要文献选编：中［M］．北京：中央文献出版社，2006．

[28] 中共中央文献研究室．十七大以来重要文献选编：上，下［M］．北京：中央文献出版社，2011，2013．

[29] 中共中央文献研究室．十八大以来重要文献选编：上，中

［M］．北京：中央文献出版社，2014，2016．

［30］肖前，李秀林，汪永祥．历史唯物主义原理［M］．北京：人民出版社，1991．

［31］吴晓明．形而上学的没落：马克思与费尔巴哈关系的当代解读［M］．北京：人民出版社，2006．

［32］俞可平．治理与善治［M］．北京：社会科学文献出版社，2000．

［33］陈宴清，阎孟伟．辩证的历史决定论［M］．北京：中国社会科学出版社，2007．

［34］王列，杨雪冬．全球化与世界［M］．北京：中央编译出版社．1998．

［35］李毓章，陈宇清．人·自然·宗教：中国学者论费尔巴哈［M］．北京：商务印书馆，2005．

［36］周穗明，等．20世纪西方新马克思主义发展史：下［M］．北京：学习出版社，2004．

［37］陈永森，蔡华杰．人的解放与自然的解放［M］．北京：学习出版社，2015．

［38］张一兵．回到马克思：经济学语境中的哲学话语：第3版［M］．南京：江苏人民出版社，2014．

［39］段忠桥．重释历史唯物主义［M］．南京：江苏人民出版社，2009．

［40］赵家祥．唯物史观的核心与当代现实：论生产关系必须适合生产力性质的规律［M］．天津：天津人民出版社，1987．

［41］庄福龄，孙伯鍨．马克思主义哲学史：第2卷［M］．北京：北京出版社，1991．

［42］陈学明，马拥军．走近马克思：苏东剧变后西方四大思想家思想轨迹［M］．北京：东方出版社，2002．

［43］邓晓芒．思辨的张力：黑格尔辩证法新探［M］．长沙：湖南教育出版社，1992．

［44］张一兵．马克思历史辩证法的主体向度［M］．武汉：武汉大学

出版社，2009.

[45] 张文杰．历史的话语：现代西方历史哲学译文集［M］．桂林：广西师范大学出版社，2002.

[46] 赵修义，童世骏．马克思恩格斯同时代的西方哲学：以问题为中心的断代哲学史［M］．上海：华东师范大学出版社，1996.

[47] 于海．西方社会思想史［M］．上海：复旦大学出版社，1993.

[48] 张广智．西方史学史［M］．上海：复旦大学出版社，2000.

[49] 复旦大学哲学系现代西方哲学研究室．西方学者论《1844年经济学——哲学手稿》［M］．上海：复旦大学出版社，1983.

[50] 俞吾金，陈学明．国外马克思主义哲学流派新编·西方马克思主义卷：下［M］．上海：复旦大学出版社，2002.

[51] 复旦大学国外马克思主义与国外思潮研究国家创新基地．国外马克思主义研究报告2010［M］．北京：人民出版社，2010.

[52] 马涛．经济思想史教程［M］．上海：复旦大学出版社，2002.

[53] 费尔巴哈．费尔巴哈哲学著作选集：上卷［M］．荣震华，王太庆，刘磊，译．北京：商务印书馆，1984.

[54] 黑格尔．小逻辑［M］．贺麟，译．北京：商务印书馆，1980.

[55] 黑格尔．法哲学原理［M］．范扬，张企泰，译．北京：商务印书馆，1979.

[56] 黑格尔．逻辑学：下卷［M］．杨之一，译．北京：商务印书馆，1976.

[57] 洛维特．从黑格尔到尼采［M］．李秋零，译．北京：生活·读书·新知三联书店，2006.

[58] 贝克．风险社会［M］．何博闻，译．南京：译林出版社，2004.

[59] 哈贝马斯．重建历史唯物主义［M］．郭官义，译．北京：社会科学文献出版社，2000.

[60] 哈贝马斯．理论与实践［M］．郭官义，李黎，译．北京：社会科学文献出版社，2004.

[61] 贝克，吉登斯，拉什．自反性现代化：现代社会秩序中的政治、

传统与美学[M].赵文书,译.北京:商务印书馆,2001.

[62] 霍克海默.批判理论[M].李小兵,等译.重庆:重庆出版社,1989.

[63] 霍克海默,阿道尔诺.启蒙辩证法:哲学断片[M].渠敬东,曹卫东,译.上海:上海人民出版社,2003.

[64] 卡西尔.人论[M].甘阳,译.上海:上海译文出版社,1997.

[65] 考茨基.唯物主义历史[M].上海:上海人民出版社,1964.

[66] 柯尔施.马克思主义和哲学[M].王南湜,荣新海,译.重庆:重庆出版社,1989.

[67] 科卡.社会史:理论与实践[M].景德祥,译.上海:上海人民出版社,2006.

[68] 马尔库塞.理性和革命:黑格尔和社会理论的兴起[M].程志民,等译.重庆:重庆出版社,1993.

[69] 马尔库塞.审美之维[M].李小兵,译,桂林:广西师范大学出版社,2001.

[70] 马尔库塞.工业社会和新左派[M].任立,编译.北京:商务印书馆,1982.

[71] 滕尼斯.共同体与社会:纯粹社会学的基础概念[M].林荣远,译.北京:商务印书馆,1999.

[72] 托马斯.马克思主义与科学社会主义:从恩格斯到阿尔都塞[M].王远河,王克军,译.南京:江苏人民出版社,2011.

[73] 罗尔夫.法兰克福学派[M].孟登迎,赵文,刘凯,译.上海:上海人民出版社,2010.

[74] 韦伯.社会学的基本概念[M].胡景北,译.上海:上海人民出版社,2005.

[75] 阿多尔诺.否定的辩证法[M].张峰,译.重庆:重庆出版社,1993.

[76] 萨克塞.生态哲学[M].文韬,佩云,译.北京:东方出版社,1991.

[77] 库诺. 马克思的历史,社会和国家学说 [M]. 袁志英,译. 上海:上海译文出版社,2006.

[78] 施密特. 马克思的自然概念 [M]. 欧力同,吴仲昉,译. 北京:商务印书馆,1988.

[79] 文德尔班. 哲学史教程:下 [M]. 罗达仁,译. 北京:商务印书馆,1997.

[80] 埃利亚斯. 文明的进程:文明的社会起源和心理起源的研究 [M]. 王佩莉,译. 北京:生活·读书·新知三联书店,1998.

[81] 巴斯金. 费尔巴哈的哲学 [M]. 涂纪亮,译. 上海:上海人民出版社,1959.

[82] 艾文斯. 捍卫历史 [M]. 张仲民,潘玮琳,章可,译. 桂林:广西师范大学出版社,2009.

[83] 杜威. 我们怎样思维·经验与教育 [M]. 姜文闵,译. 北京:人民教育出版社,2005.

[84] 海尔布伦纳,瑟罗. 经济学的秘密 [M]. 秦海,译. 海口:海南出版社,2001.

[85] 胡克. 历史中的英雄 [M]. 王清彬,等译. 上海:上海人民出版社,1964.

[86] 华勒斯坦,儒玛,凯勒,等. 开放社会科学:重建社会科学报告书 [M]. 刘锋,译. 北京:生活·读书·新知三联书店,1997.

[87] 波普诺. 社会学:第4版 [M]. 赵旭东,齐心,等译. 北京:北京大学出版社,2003.

[88] 科瑟. 社会学思想名家:历史背景和社会背景下的思想 [M]. 石人,译. 北京:中国社会科学出版社,1990.

[89] 拉赫曼. 历史社会学概论 [M]. 赵莉妍,译. 北京:商务印书馆,2017.

[90] 柯林斯,马科夫斯基. 发现社会之旅 [M]. 李霞,译. 北京:中华书局,2006.

[91] 李. 马克思 [M]. 陈文庆,译. 北京:中华书局,2002.

[92] 鲁滨孙. 新史学 [M]. 齐思和, 等译. 北京: 商务印书馆, 1989.

[93] 米尔斯. 马克思主义者 [M]. 商务印书馆, 译. 北京: 商务印书馆, 1965.

[94] 米尔斯. 社会学的想象力 [M]. 陈强, 张永强, 译. 北京: 生活·读书·新知三联书店, 2016.

[95] 普雷斯曼. 五十位经济学家 [M]. 陈海燕, 李倩, 陈亮, 译. 南京: 江苏人民出版社, 2005.

[96] 瑞泽尔. 当代社会学理论及其古典根源 [M]. 杨淑娇, 译. 北京: 北京大学出版社, 2005.

[97] 瑞泽尔. 古典社会学理论 [M]. 王建民, 译. 北京: 世界图书出版公司北京公司, 2014.

[98] 萨缪尔森. 经济学: 下册: 第10版 [M]. 高鸿业, 译. 北京: 商务印书馆, 1982.

[99] 萨缪尔森, 诺德豪斯. 经济学: 第18版 [M]. 萧琛, 译. 北京: 人民邮电出版社, 2008.

[100] 斯考森. 现代经济学的历程: 大思想家的生平和思想 [M]. 马春文, 等译. 长春: 长春出版社, 2006.

[101] 斯考切波. 历史社会学的视野与方法 [M]. 封积文, 等译. 上海: 上海人民出版社, 2007.

[102] 特纳. 琼·罗宾逊与两个剑桥之争 [M]. 胡希宁, 范重庆, 译. 南昌: 江西人民出版社, 1991.

[103] 特纳. 现代西方社会学理论 [M]. 范伟达, 主译. 天津: 天津人民出版社, 1988.

[104] 沃勒斯坦. 否思社会科学: 19世纪范式的局限 [M]. 刘琦岩, 叶萌芽, 译. 北京: 生活·读书·新知三联书店, 2008.

[105] 熊彼特. 资本主义、社会主义与民主 [M]. 吴良健, 译. 北京: 商务印书馆, 2002.

[106] 希梅尔法布. 新旧历史学 [M]. 余伟, 译. 北京: 新星出版社, 2007.

[107] 伊格斯．欧洲史学新方向 [M]．赵世玲，赵世瑜，译．北京：华夏出版社，1989．

[108] 伊格尔斯．历史研究国际手册：当代史学研究和理论 [M]．陈海宏，刘文涛，李玉林，等译．北京：华夏出版社，1989．

[109] 伊格尔斯．二十世纪的历史学：从科学的客观性到后现代的挑战 [M]．何兆武，译．济南：山东大学出版社，2006．

[110] 海尔布隆纳．马克思主义：支持与反对 [M]．马林梅，译．北京：东方出版社，2014．

[111] 海尔布隆纳．资本主义的本质与逻辑 [M]．马林梅，译．北京：东方出版社，2013．

[112] 诺思．经济史中的结构与变迁 [M]．陈郁，罗华平，等译．上海：上海人民出版社，1994．

[113] 伯曼．一切坚固的东西都烟消云散了：现代性体验 [M]．徐大建，张辑，译．北京：商务印书馆，2003．

[114] 罗默．在自由中丧失：马克思主义经济哲学导论 [M]．段忠桥，刘磊，译．北京：经济科学出版社，2003．

[115] 贝斯特，科尔纳．后现代转向 [M]．陈刚，等译．南京：南京大学出版社，2002．

[116] 奥尔曼．辩证法的舞蹈：马克思方法的步骤 [M]．田世锭，何霜梅，译．北京：高等教育出版社，2006．

[117] 赫尔德．民主的模式 [M]．燕继荣，等译．北京：中央编译出版社，2008．

[118] 福山．国家构建：21世纪的国家治理与世界秩序 [M]．黄胜强，许铭原，译．北京：中国社会科学出版社，2007．

[119] 肖．马克思的历史理论 [M]．阮仁慧，钟石韦，冯瑞荃，译．重庆：重庆出版社，2007．

[120] 米勒．分析马克思：道德、权力与历史 [M]．张伟，译．北京：高等教育出版社，2009．

[121] 埃尔斯特．理解马克思 [M]．何怀远，等译．北京：中国人民大学出版社，2008．

[122] 奥康纳．自然的理由：生态学马克思主义研究［M］．唐正东，臧佩洪，译．南京：南京大学出版社，2003．

[123] 麦茜特．自然之死：妇女、生态和科学革命［M］．吴国盛，吴小英，曹南燕，等译．长春：吉林人民出版社，1999．

[124] 奥德姆，巴雷特．生态学基础：第5版［M］．陆健健，王伟，王天慧，等译．北京：高等教育出版社，2008．

[125] 卡普拉．转折点：科学·社会·正在兴起的文化［M］．卫飒英，李四南，译．成都：四川科学技术出版社，1988．

[126] 贾丁斯．环境伦理学：环境哲学导论［M］．林官明，杨爱民，译．北京：北京大学出版社，2002．

[127] 布克金．自由生态学：等级制的出现与消解［M］．郇庆治，译．济南：山东大学出版社，2008．

[128] 科尔曼．生态政治：建设一个绿色社会［M］．梅俊杰，译．上海：上海译文出版社，2006．

[129] 福斯特．生态危机与资本主义［M］．耿建新，宋兴无，译．上海：上海译文出版社，2006．

[130] 福斯特．马克思的生态学：唯物主义与自然［M］．刘仁胜，肖峰，译．北京：高等教育出版社，2006．

[131] 阿若诺威兹，布拉提斯．逝去的范式：反思国家理论［M］．李中，译．长春：吉林人民出版社，2008．

[132] 罗西瑙．没有政府的治理：世界政治中的秩序与变革［M］．张胜军，刘小林，等译．南昌：江西人民出版社，2001．

[133] 霍布斯鲍姆．史学家：历史神话的终结者［M］．马俊亚，郭英剑，译．上海：上海人民出版社，2002．

[134] 霍布斯鲍姆．如何改变世界：马克思和马克思主义的传奇［M］．吕增奎，译．北京：中央编译出版社，2014．

[135] 霍布斯鲍姆．论历史［M］．黄煜文，译．北京：中信出版社，2015．

[136] 吉登斯．现代性的后果［M］．田禾，译．南京：译林出版社，2000．

[137] 吉登斯. 社会理论与现代社会学 [M]. 文军, 赵勇, 译. 北京: 社会科学文献出版社, 2003.

[138] 吉登斯. 历史唯物主义的当代批判: 权力、财产与国家 [M]. 郭忠华, 译. 上海: 上海译文出版社, 2010.

[139] 吉登斯. 民族-国家与暴力 [M]. 胡宗泽, 赵力涛, 译. 北京: 生活·读书·新知三联书店, 1998.

[140] 吉登斯. 批判的社会学导论 [M]. 郭忠华, 译. 上海: 上海译文出版社, 2007.

[141] 吉登斯. 资本主义与现代社会理论: 对马克思、涂尔干和韦伯著作的分析 [M]. 郭忠华, 潘华凌, 译. 上海: 上海译文出版社, 2013.

[142] 波洛玛. 当代社会学理论 [M]. 孙立平, 译. 北京: 华夏出版社, 1989.

[143] 洛克. 人类理解论 [M]. 关文运, 译. 北京: 商务印书馆, 2012.

[144] 卡尔. 历史是什么? [M]. 陈恒, 译. 北京: 商务印书馆, 2012.

[145] 德兰迪, 伊辛. 历史社会学手册 [M]. 李霞, 李恭忠, 译. 北京: 中国人民大学出版社, 2009.

[146] 罗宾逊. 马克思、马歇尔和凯恩斯 [M]. 北京大学经济系资料室, 译. 北京: 商务印书馆, 1963.

[147] 布劳格. 凯恩斯以前100位杰出的经济学家 [M]. 丁之江, 钦北愚, 金祥荣, 等译. 成都: 西南财经大学出版社, 1992.

[148] 伊格尔顿. 马克思为什么是对的 [M]. 李杨, 任文科, 郑义, 译. 北京: 新星出版社, 2011.

[149] 伊格尔顿. 历史中的政治、哲学、爱欲 [M]. 马海良, 译. 北京: 中国社会科学出版社, 1999.

[150] 蒙克, 拉斐尔. 大哲学家: 思想大师们的生平与精髓 [M]. 韩震, 王成兵, 等译. 呼和浩特: 内蒙古人民出版社, 2004.

[151] 阿尔布劳. 全球时代: 超越现代性之外的国家和社会 [M].

高湘泽，冯玲，译．北京：商务印书馆，2001．

[152] 密利本德．马克思主义与政治学［M］．黄子都，译．北京：商务印书馆，1984．

[153] 密里本德．资本主义社会的国家［M］．沈汉，陈祖洲，蔡玲，译．北京：商务印书馆，1997．

[154] 莱尔因．重构历史唯物主义［M］．姜兴宏，刘明如，译．北京：中国社会科学出版社，1991．

[155] 波普尔．开放社会及其敌人：第二卷［M］．郑一明，李惠斌，陆俊，等译．北京：中国社会科学出版社，1999．

[156] 拉克劳，墨菲．领导权与社会主义的策略：走进激进民主政治［M］．尹树广，鉴传今，译．哈尔滨：黑龙江人民出版社，2003．

[157] 柯亨．卡尔·马克思的历史理论：一个辩护［M］．岳长龄，译．重庆：重庆出版社，1989．

[158] 里格比．马克思主义与历史学［M］．吴英，译．南京：译林出版社，2012．

[159] 伯林．自由论［M］．胡传胜，译．南京：译林出版社，2003．

[160] 卡利尼科斯．反资本主义宣言［M］．罗汉，孙宁，皇悦，译．上海：上海译文出版社，2005．

[161] 岩佐茂．环境的思想：环境保护与马克思主义的结合处［M］．韩立新，张桂权，刘荣华，译．北京：中央编译出版社，1997．

[162] 威廉斯．关键词：文化与社会的词汇［M］．刘建基，译．北京：生活·读书·新知三联书店，2005．

[163] 威廉斯．马克思主义与文学［M］．王尔勃，周莉，译．开封：河南大学出版社，2008．

[164] 博托莫尔．马克思主义思想辞典［M］．陈叔平，等译．郑州：河南人民出版社，1994．

[165] 佩珀．生态社会主义：从深生态学到社会正义［M］．刘颖，译．济南：山东大学出版社，2012．

[166] 休斯. 生态与历史唯物主义 [M]. 张晓琼, 侯晓滨, 译. 南京: 江苏人民出版社, 2011.

[167] 巴勒克拉夫. 当代史学主要趋势 [M]. 杨豫, 译. 北京: 北京大学出版社, 1987.

[168] 麦克库洛赫. 政治经济学原理 [M]. 郭家麟, 译. 北京: 商务印书馆, 1975.

[169] 莱蒙. 历史哲学 [M]. 毕芙蓉, 译. 北京: 北京师范大学出版社, 2009.

[170] 比岱. 总体理论 [M]. 陈原, 译. 北京: 东方出版社, 2010.

[171] 列菲弗尔. 论国家: 从黑格尔到斯大林和毛泽东 [M]. 李青宜, 等译. 重庆: 重庆出版社, 1988.

[172] 布罗代尔. 论历史 [M]. 刘北成, 周立红, 译. 北京: 北京大学出版社, 2008.

[173] 布罗代尔. 文明史纲 [M]. 肖昶, 冯棠, 张文英, 等译. 桂林: 广西师范大学出版社, 2003.

[174] 德里达. 马克思的幽灵: 债务国家, 哀悼活动和新国际 [M]. 何一, 译. 北京: 中国人民大学出版社, 1999.

[175] 萨特. 辩证理性批判 [M]. 林骧华, 徐和瑾, 陈伟丰, 译. 合肥: 安徽文艺出版社, 1998.

[176] 福柯. 福柯集 [M]. 杜小真, 编选. 上海: 上海远东出版社, 2003.

[177] 鲍德里亚. 生产之镜 [M]. 仰海峰, 译. 北京: 中央编译出版社, 2005.

[178] 阿尔都塞. 保卫马克思 [M]. 顾良, 译. 北京: 商务印书馆, 1984.

[179] 阿尔都塞, 巴里巴尔. 读《资本论》[M]. 李其庆, 冯文光, 译. 北京: 中央编译出版社, 2001.

[180] 阿尔都塞. 哲学与政治: 阿尔都塞读本 [M]. 陈越, 编译. 长春: 吉林人民出版社, 2003.

[181] 阿图塞. 列宁和哲学 [M]. 杜章智, 译. 台北: 远流出版事

业股份有限公司,1990.

[182] 阿隆. 知识分子的鸦片 [M]. 吕一民,顾杭,译. 南京:译林出版社,2005.

[183] 阿隆. 社会学主要思潮 [M]. 葛智强,胡秉诚,王沪宁,译. 北京:华夏出版社,2000.

[184] 巴加图利亚. 马克思的第一个伟大发现:唯物史观的形式和发展 [M]. 陆忍,译. 北京:中国人民大学出版社,1981.

[185] 康士坦丁诺夫. 历史唯物主义 [M]. 刘丕坤,等译. 北京:人民出版社,1955.

[186] 佩鲁. 新发展观 [M]. 张宁,丰子义,译. 北京:华夏出版社,1987.

[187] 拉布里奥拉. 关于历史唯物主义 [M]. 杨启潾,孙魁,朱中龙,译. 北京:人民出版社,1984.

[188] 韦尔,尼尔森. 分析马克思主义新论 [M]. 鲁克俭,王来金,杨洁,等译. 北京:中国人民大学出版社,2002.

[189] 贾汉贝格鲁. 伯林谈话录 [M]. 杨祯钦,译. 南京:译林出版社,2002.

[190] 尼科利奇. 处在21世纪前夜的社会主义 [M]. 赵培杰,冯瑞梅,孙春晨,译. 重庆:重庆出版社,1989.

[191] 托波尔斯基. 历史学方法论 [M]. 张家哲,王寅,尤天然,等译. 北京:华夏出版社,1990.

[192] 科拉柯夫斯基. 马克思主义的主流:一 [M]. 马元德,译. 台北:远流出版事业股份有限公司,1992.

[193] 阿格尔. 西方马克思主义概论 [M]. 慎之,等译. 北京:中国人民大学出版社,1991.

[194] 萨卡. 生态社会主义还是生态资本主义 [M]. 张淑兰,译. 济南:山东大学出版社,2008.

[195] 索珀. 人道主义与反人道主义 [M]. 廖申白,杨清荣,译. 北京:华夏出版社,1999.

[196] 埃克伦德,赫伯特. 经济理论和方法史 [M]. 杨玉生,张凤

林，等译. 北京：中国人民大学出版社，2001.

[197] 安德森. 西方马克思主义探讨［M］. 高铦，文贯中，魏章玲，译. 北京：北京人民出版社，1981.

[198] 特纳. Blackwell 社会理论指南［M］. 李康，译. 上海：上海人民出版社，2003.

[199] 伯克. 历史学与社会理论［M］. 姚朋，周玉鹏，胡秋红，等译. 上海：上海人民出版社，2010.

[200] 肯德里克，斯特劳，麦克龙. 解释过去，了解现在：历史社会学［M］. 王辛慧，江政宽，詹缘端，等译. 上海：上海人民出版社，1999.

[201] 古奇. 十九世纪历史学与历史学家：上册［M］. 耿淡如，译. 北京：商务印书馆，1989.

[202] 科林伍德. 历史的观念：增补版［M］. 何兆武，张文杰，陈新，译. 北京：北京大学出版社，2010.

[203] 里克曼. 狄尔泰［M］. 殷晓蓉，吴晓明，译. 北京：中国社会科学出版社，1989.

[204] 罗素. 西方哲学史：下［M］. 何兆武，李约瑟，译. 北京：商务印书馆，1963.

[205] 史密斯. 历史社会学的兴起［M］. 周辉荣，井建斌，赵怀英，等译. 上海：上海人民出版社，2000.

[206] 亚当. 时间与社会理论［M］. 金梦兰，译. 北京：北京师范大学出版社，2009.

[207] 麦克莱伦. 马克思主义以前的马克思［M］. 李兴国，等译. 北京：社会科学文献出版社，1992.

[208] 萨伊. 政治经济学概论［M］. 陈福生，陈振骅，译. 北京：商务印书馆，1997.

[209] 布洛克. 历史学家的技艺［M］. 黄艳红，译. 北京：中国人民大学出版社，2011.

[210] 布尔迪厄，华康德. 反思社会学导引［M］. 李猛，李康，译. 北京：商务印书馆，2015.

[211] 布尔迪厄，夏蒂埃．社会学家与历史学家布尔迪厄与夏蒂埃对话录［M］．马胜利，译．北京：北京大学出版社，2012.

[212] 勒戈夫，诺拉．史学研究的新问题新方法新对象：法国新史学发展趋势［M］．郝名玮，译．北京：社会科学文献出版社，1988.

[213] 勒高夫，诺拉，夏蒂埃，等．新史学［M］．姚蒙，编译．上海：上海译文出版社，1989.

[214] 斯梅尔瑟，斯威德伯格．经济社会学手册：第2版［M］．北京：华夏出版社，2009.

[215] 山之内靖．受苦者的目光：早期马克思的复兴［M］．彭曦，汪丽影，译．北京：北京师范大学出版社，2011.

[216] 今村仁司，三岛宪一，鹫田清一，等．马克思、尼采、弗洛伊德、胡塞尔［M］．卞崇道，周秀静，等译．石家庄：河北教育出版社，2001.

[217] 望月清司．马克思历史理论的研究［M］．韩立新，译．北京：北京师范大学出版社，2009.

[218] 布伯．人与人［M］．张健，韦海英，译．北京：作家出版社，1992.

[219] 伍德．民主反对资本主义：重建历史唯物主义［M］．吕薇洲，刘海霞，邢文增，译．重庆：重庆出版社，2007.

[220] 布哈林．历史唯物主义理论［M］．李光谟，任立，燕宏远，译．北京：人民出版社，1983.

[221] 卢卡奇．历史与阶级意识：关于马克思主义辩证的研究［M］．杜章智，任立，燕宏远，译．北京：商务印书馆，1996.

[222] 绍科尔采．反思性历史社会学［M］．凌鹏，纪莺莺，哈光甜，译．上海：上海人民出版社，2008.

[223] 普列汉诺夫．论一元论历史观的发展问题［M］．王荫庭，译．北京：商务印书馆，2012.

[224] 沙夫．历史规律的客观性［M］．郑开琪，叶元龙，祝百英，等译．北京：生活·读书·新知三联书店，1963.

[225] BOTTOMORE T. Introduction of austro-marxism [M]. Oxford: Clarendon Press, 1978.

[226] COLINS R. Three sociology traditions [M]. Oxford: Oxford University Press, 1985.

[227] GRUNDMANN R. Marxism and ecology [M]. Oxford: Oxford University Press, 1991.

[228] KOVEL J. The enemy of nature: the end of capitalism of the Word? [M]. London: Zed Books Ltd. 2002.

[229] STONE L. The past and the present [M]. London: Routledge & Kegan Paul, 1982.

[230] GORZ A. Critique of economic reason [M]. London: Verso, 1989.

[231] PARSONS H. Marx and Engels on ecology [M]. London: Greenwood Press, 1977.

[232] POULANTZAS N. Classes in contemporary capitalism [M]. London: Lowe & Brydone Printers Limited, 1975.

[233] GOULDNER A. The coming crisis of western sociology [M]. New York: Basic Books, 1970.

[234] WETHERLY P. Marxism and the state: an analytical approach [M]. New York: Palgrave Macmillan, 2005.

[235] BERLIN I. Karl Marx, his life and environment [M]. New York: Oxford University Press, 1996.

[236] RYAN M, Marxism and deconstruction [M]. Baltimore: Johns Hopkins University Press, 1982.

# 后　记

中国特色社会主义步入了新时代，中国的马克思主义研究者、理论工作者就有了新的理论任务，也应该有这样的理论自觉，那就是：既要立足于经典马克思主义的重要论述、基本原理来观察、思考中国特色社会主义新时代的实践创新，为这些实践创新提供深厚的学理支撑，又要立足于这些实践创新，来推动马克思主义的理论创新、守正出新。

本着这样的理论自觉，笔者最近几年，一直坚持把马克思、恩格斯创建的经典马克思主义和中国特色社会主义新时代对接起来，进行互文性解读，既关注经典文本的经典论述，又关注中国特色社会主义的当下现实和实践，以及马克思主义中国化的最新理论成果，在两者的关联中既深化对经典马克思主义的理解和创新性阐释，也深化对中国特色社会主义新时代的认知，深化对习近平新时代中国特色社会主义思想的理解。

为此，笔者先后撰写并以独撰或第一作者身份在诸如《马克思主义研究》《当代世界与社会主义》《教学与研究》《南京大学学报》《学术研究》等 CSSCI 刊物上发表了近 20 篇相关文章。为了集中呈现这种理论自觉和努力，现将其中部分文章结集出版。

特此感谢华南师范大学高水平大学建设经费的资助。